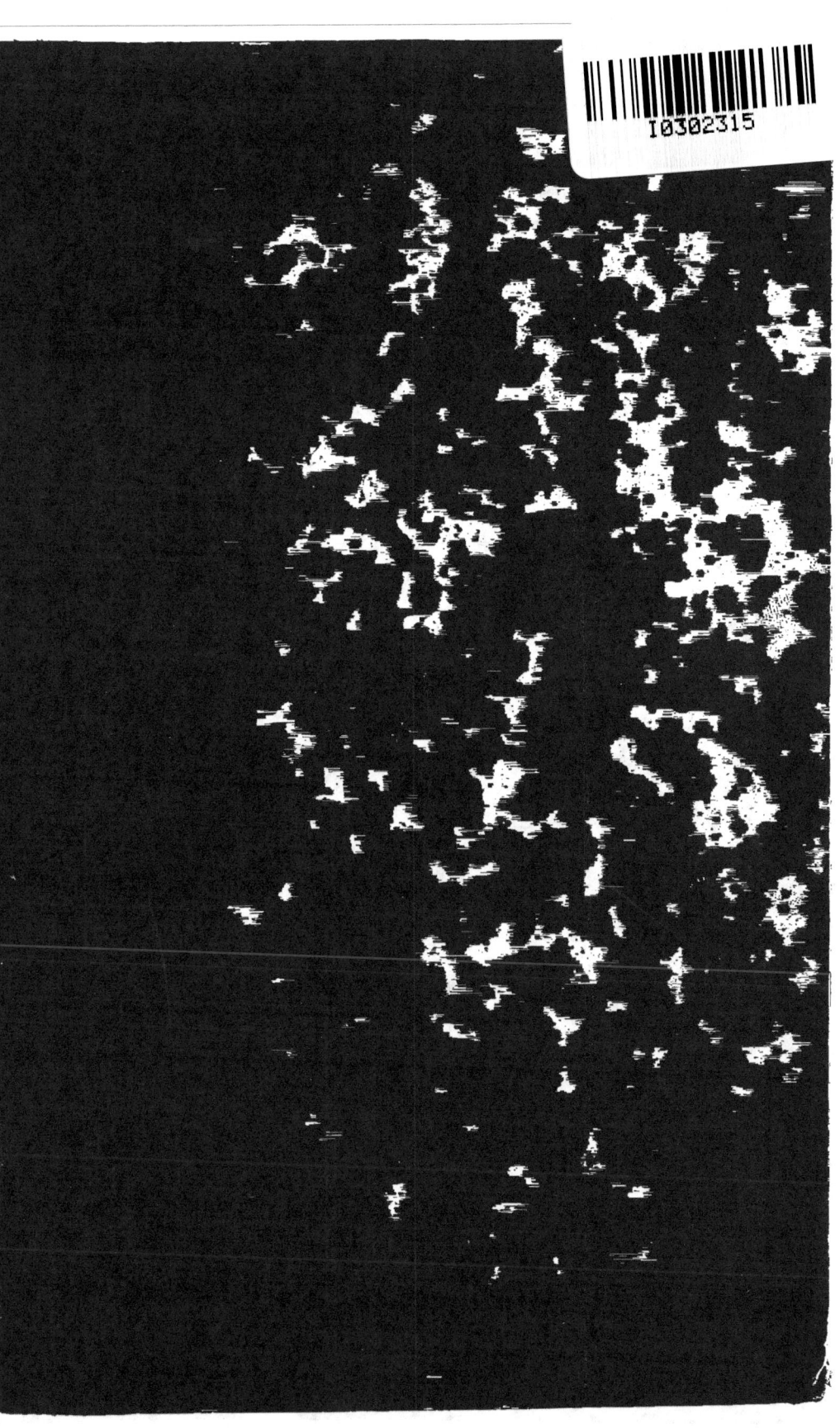

HISTOIRE GÉNÉRALE

DE

LA MARINE

PARIS. — TYPOGRAPHIE D'ALEXANDRE BAILLY
10, RUE DU FAUBOURG-MONTMARTRE

HISTOIRE GÉNÉRALE
DE
LA MARINE

COMPRENANT LES

NAUFRAGES CÉLÈBRES

LES VOYAGES AUTOUR DU MONDE, LES DÉCOUVERTES ET COLONISATIONS

L'HISTOIRE DES

PIRATES, CORSAIRES ET NÉGRIERS

EXPLOITS DES MARINS ILLUSTRES

VOYAGES DANS LES MERS GLACIALES

GUERRES ET BATAILLES NAVALES

JUSQU'AU

BOMBARDEMENT DE TANGER ET LA PRISE DE MOGADOR

PAR LE PRINCE DE JOINVILLE

ÉDITION SPLENDIDEMENT ILLUSTRÉE

PUBLIÉE SOUS LA DIRECTION

DE M. VAN TENAC

attaché au Ministère de la marine

TOME QUATRIÈME

PARIS
EUGÈNE ET VICTOR PENAUD FRÈRES, ÉDITEURS

10, RUE DU FAUBOURG-MONTMARTRE

1848

ENSEIGNE DE VAISSEAU DE LA MARINE FRANÇAISE.

Histoire générale de la Marine.

HISTOIRE GÉNÉRALE
DE
LA MARINE.

LIVRE QUATRIÈME.

DEPUIS LOUIS XVI JUSQU'A LOUIS-PHILIPPE.

CHAPITRE PREMIER.

VOYAGES DE DÉCOUVERTES. — *La Boussole* et *l'Astrolabe*. — Lapérouse. — Son départ de Brest. — L'Ile de la Trinité. — La baie de Cook. — La baie de Monti. — Le port des Français. — Naufrage d'une embarcation. — Ile de Necker. — Basses des frégates françaises. — Manille. — Ile Quelpaërt. — Le Kamtschatka. — Lapérouse y reçoit la correspondance de la cour de France. — Ile du Navigateur. — Nouvelle catastrophe. — Iles des Traîtres et des Cocos. — Botany-Bay. — Le capitaine Dixon. — *Le King-George* et *la Queen-Charlotte*. — Départ de Spithead. — Iles Sandwich. — Ile Montagu. — Port Mulgrave. — Cap Edgecumbe. — Détroit de Dixon. — Iles Mariannes. — Macao. — D'Entrecasteaux. — *La Recherche* et *l'Espérance*. — Ténériffe. — Cap de Bonne-Espérance. — Ile-de-France. — Iles de l'Amirauté. — Baie des Tempêtes. — Canal d'Entrecasteaux. — Nouvelle-Calédonie. — Dangers courus par *la Recherche* et *l'Espérance*. — Iles de l'Amirauté. — Ile d'Amboine. — M. Riche, naturaliste, égaré pendant trois jours. — Baie de l'Aventure. — Ile des Amis. — Retour en Europe. — Archipel de Santa-Cruz. — Mort d'Entrecasteaux. — Désastres de l'expédition. — Vancouver. — *La Découverte* et *le Chatam*. — Départ de Falmouth. — Nouvelle-Hollande. — Port du roi George. — Ile Chatam. — Taïti. — Port Nootka. — Retour en Europe. — Naufrage du capitaine Viaud.

Dans le dernier chapitre du volume précédent (p. 387), nous n'avons pu donner qu'un seul épisode du voyage de Lapérouse (1). Nous allons compléter ici, d'après M. de Fréminville, la relation succincte de cette expédition et de celles qui ont été envoyées à la recherche de l'illustre et infortuné navigateur.

(1) Et non Lapeyrouse, comme on l'a imprimé par erreur.

Deux flûtes du port de cinq cents tonneaux furent équipées à Brest pour un nouveau voyage autour du monde. On les arma en frégates, et l'on substitua à leurs anciens noms ceux de *la Boussole* et *l'Astrolabe*. Le comte de Lapérouse, capitaine de vaisseau, déjà renommé par les connaissances et les talents dont il avait fait preuve dans la guerre d'Amérique, fut choisi pour commander en chef l'expédition. Le vicomte de Langle, aussi capitaine de vaisseau, l'un des plus savants officiers de son corps, commanda sous ses ordres le second bâtiment. Les états-majors furent composés d'officiers distingués par leur mérite.

Depuis que les puissances de l'Europe, jalouses de contribuer à l'accroissement des connaissances humaines, envoient des bâtiments chargés d'explorer les contrées lointaines, jamais aucune expédition du même genre n'avait été entreprise avec autant de motifs de sécurité. Par quelle inconcevable fatalité fut-elle la plus malheureuse de toutes?

La Boussole, que monta M. de Lapérouse, et *l'Astrolabe*, commandée par M. de Langle, furent prêtes à partir vers le milieu de l'été de 1785. Ces deux bâtiments appareillèrent de la rade de Brest le 1ᵉʳ août de cette année. Le 13, ils mouillèrent à Madère, et le 19 à Ténériffe.

Les deux navires reprirent la mer le 30 août, coupèrent l'équateur le 29 septembre, et, le 16 octobre, furent en vue des îles de Martin-Vaz. Deux jours après, ils atteignirent l'île de la Trinité, où l'on espérait pouvoir faire de l'eau; mais, la chose s'étant trouvée impossible, Lapérouse se hâta de se rendre à l'île de Sainte-Catherine, sur la côte du Brésil. Dans cette traversée, il chercha vainement l'île de l'Ascension, indiquée par d'Après à cent lieues dans l'ouest de la Trinité, et il s'assura que cette île n'était autre chose que la Trinité elle-même, mal placée, sur l'autorité d'anciennes cartes.

Il mouilla à Sainte-Catherine le 6 novembre, s'y procura aisément les rafraîchissements dont il avait besoin, et en partit, le 19 du même mois, pour aller doubler le cap Horn. Il chercha l'île Grande-de-la-Roche, et s'assura qu'elle n'existait pas, ou que, du moins, il y avait de grandes erreurs dans la position qui lui avait été assignée. Le 21 janvier 1786, on eut connaissance de la côte des Patagons; on entra dans le détroit de Lemaire, et l'on doubla sans accident le cap Horn.

Enfin, le 22 février, l'expédition arriva à la Conception, sur la côte du Chili.

Lapérouse reprit la mer le 17 mars, se dirigeant sur l'île de Pâques, dont il eut connaissance le 8 avril. Il y mouilla le lendemain dans la baie de Cook. Toutes les observations qu'y avait faites le célèbre navigateur dont elle porte le nom, furent trouvées d'une exactitude parfaite par le commandant français. La partie de l'histoire naturelle seulement laissait beaucoup à désirer. Le séjour trop court que l'expédition fit dans cette île ne permit pas à nos observateurs de s'en occuper comme ils l'eussent désiré. On leur doit, du moins, une description et des figures exactes de ces singuliers monuments, de ces statues colossales dont Cook avait déjà fait mention, et dont l'origine, inconnue aux insulaires actuels, semble avoir appartenu à une peuplade qui n'existe plus.

La Boussole et *l'Astrolabe* quittèrent l'île de Pâques le lendemain même de leur arrivée, et firent route directement pour les îles Sandwich. Leur traversée, jusque-là, ne présente rien de particulier. Le 28 mai, elles furent en vue d'Owyhée, et mouillèrent le lendemain dans une baie de l'île de Mowee. Elles s'y procurèrent une assez grande quantité de provisions fraîches, quoique leur séjour dans cette baie n'eût été que d'une seule journée.

Un des points sur lesquels insistaient le plus les instructions données à Lapérouse était la reconnaissance des parties de la côte nord-ouest de l'Amérique, d'où Cook avait toujours été repoussé par de gros temps, et où l'on supposait encore qu'il existait quelque entrée communiquant avec la baie d'Hudson. Il se hâta donc de se rendre sur cette côte; mais le vaste plan de sa campagne lui donnait trop peu de temps à consacrer à une semblable investigation.

Le 23 juin, il eut connaissance de la côte d'Amérique et du mont Saint-Elie. C'est de ce point qu'il devait commencer son exploration, en revenant vers le sud. Il découvrit d'abord une baie qu'il nomma *baie de Monti*, du nom d'un des officiers de l'expédition; il reconnut ensuite la rivière de Behring, et entra enfin dans une baie vaste et profonde, inconnue jusqu'alors, et à laquelle il donna le nom de *baie du Port des Français*.

C'est là qu'un affreux événement devait commencer la chaîne des infortunes de cette malheureuse expédition. Jusque-là, tout l'avait favorisée; les bâtiments n'avaient éprouvé aucun accident; la santé des équipages était parfaite. Un si heureux début avait, s'il se peut, redoublé le zèle et l'ardeur dont chaque personne des deux navires était animée pour le succès d'un si intéressant voyage; mais là la fortune les abandonna, ou plutôt le destin s'attacha dès lors à les poursuivre jusqu'à ce qu'il eût enfin consommé leur perte.

La Boussole et *l'Astrolabe* étaient mouillées depuis dix jours dans le Port des Français; le plan en avait été levé, et il ne restait plus que les sondes à y rapporter. Le 13 juillet, la biscaïenne, le petit canot de *la Boussole*, et la biscaïenne de *l'Astrolabe,* montés par des officiers des deux bâtiments, furent expédiés pour effectuer ce travail. Ces trois embarcations étaient sous les ordres de M. d'Escures, lieutenant de vaisseau, auquel Lapérouse avait fortement recommandé de ne pas s'approcher trop près de la passe de l'entrée avant l'heure de la mer étale, parce que, pendant l'action de la marée, il y régnait une barre fort dangereuse. M. d'Escures, n'ayant pu bien juger jusqu'à quelle distance de la passe ce courant se faisait sentir, se trouva dans ses eaux lorsqu'il croyait encore n'en avoir rien à redouter. Vainement l'équipage de la biscaïenne fit force de rames pour rétrograder; l'embarcation, entraînée dans la barre, fut renversée par la force des lames: tous ceux qui la montaient furent engloutis.

La biscaïenne de *l'Astrolabe* se trouvait encore à une assez grande distance de la passe pour n'avoir rien à craindre; mais les deux messieurs de la Borde, qui la montaient, à l'aspect du péril de leurs camarades, n'hésitèrent pas à voler à leur secours, et à s'engager dans les brisants malgré l'imminence du danger; ils ne purent que partager leur sort. Le petit canot de *la Boussole,* commandé par M. Boutin, entraîné pareillement sur la barre, fut le seul qui ne périt pas. Sa meilleure construction, sa légèreté, qui lui permit, quoique rempli d'eau, de continuer à gouverner, surtout la présence d'esprit et le sang-froid de M. Boutin, lui firent éviter le naufrage. Il fut entraîné hors de la passe, et, rentrant à l'étale marée, alla annoncer à son chef le cruel événement dont il avait été témoin, et sur le point d'être la victime.

Des vingt et une personnes qui montaient les deux biscaïennes, pas une ne fut sauvée; on ne trouva pas même leurs restes : dans ce nombre étaient six officiers. Sur une petite île de l'intérieur de la baie, un cénotaphe avec une inscription fut érigé à la mémoire de ces infortunés. Malgré les droits incontestables de première découverte, malgré ceux du malheur, plus sacrés encore, les navigateurs et géographes anglais n'ont conservé, ni à cette île, ni même au Port des Français, les noms que Lapérouse leur avait imposés.

Le 30 juillet, l'expédition quitta ces funestes bords pour continuer l'exploration des côtes de l'Amérique; mais Lapérouse ne put la faire que très-superficiellement. La mauvaise marche, les mauvaises qualités de ses bâtiments, dont il ne cesse de se plaindre, lui faisaient perdre du temps. Il n'ajouta donc que peu de choses aux connaissances que Cook avait données sur ces parages. Il y éprouva d'ailleurs une partie des inconvénients qui avaient empêché le commandant anglais de perfectionner cette partie de ses travaux : des brumes continuelles lui dérobaient la vue des terres, et des courants, portant constamment au large, l'en écartaient sans cesse. Ce furent ces courants qui firent soupçonner à Lapérouse une vérité constatée depuis par Dixon et Vancouver : c'est que ce que Cook et lui avaient généralement regardé comme la côte du continent même, n'était qu'une chaîne d'îles qui la prolongeait, et qui, coupée par des canaux entre lesquels les eaux s'échappaient avec violence vers l'ouest, occasionnait la direction constante de courants vers ce point. Ainsi donc l'expédition française, après avoir seulement fixé les positions de quelques lieux isolés, atteignit les bords de la Californie, et y relâcha dans le port de Monterey, le 14 septembre.

Lapeyrouse reprit la mer le 24 du même mois, et fit route au sud-ouest. Il chercha d'abord, mais vainement, à retrouver l'île de Nuestra Senora de la Gorta. Cette île, de même que celles de la Mesa et des Jardins, ont été placées par des géographes sur leurs mappemondes d'après une vieille carte espagnole, prise par Anson à bord du galion qu'il avait capturé. Il est très-probable que ces îles ne sont autre chose que les îles Sandwich elles-mêmes, dont les positions ont été faussement déterminées par d'anciens navigateurs.

Le 14 novembre, étant par 24 degrés de latitude et 165 degrés de longitude, Lapérouse découvrit un îlot ou plutôt un gros rocher de cinq cents toises d'étendue, qu'il appela *île Necker*. Trente-six heures après, *la Boussole* et *l'Astrolabe* faillirent se perdre au milieu de la nuit sur un écueil presque à fleur d'eau : on l'aperçut à la faveur d'un très-beau clair de lune; le temps était si calme, que la mer n'y brisait presque pas; et les deux navires s'en trouvaient à peine à deux encâblures, lorsque, à l'aspect inopiné de ce danger, on changea promptement de route. Pour peu que le temps eût été obscur, c'en était fait de l'expédition.

Dès qu'il fit jour, Lapérouse revira de bord et alla reconnaître en détail l'écueil qui avait failli lui être si funeste : il trouva qu'il avait quatre lieues d'étendue; sa position fut exactement fixée, et il fut nommé *basse des Frégates françaises*.

Les deux navires se dirigèrent de ce point vers les îles Mariannes, dont on eut connaissance le 14 décembre. Le commandant eût bien désiré faire un examen détaillé de cet archipel; mais pressé par le temps, afin de se trouver dans les mers de Chine à l'époque de la mousson favorable, il fut obligé de renoncer à ce dessein, après avoir fixé seulement la position de l'île de l'Assomption, où il mouilla pendant quelques heures. Il passa outre, et, le 28 du même mois, aperçut les îles Bashées. Le 3 janvier 1787, il entra dans la rade de Macao. Ses équipages, fatigués d'une traversée si longue et pendant laquelle les relâches avaient été de trop peu de durée, avaient grand besoin de se reposer dans un lieu abondant en rafraîchissements. Ils eurent le plaisir de trouver, à Macao, des compatriotes, des amis, à bord de la flûte française *le Maréchal-de-Castries*, que commandait M. de Richery, enseigne de vaisseau. Lapérouse en reçut trois gardes de la marine et quelques matelots, pour remplacer ceux qu'il avait eu le malheur de perdre d'une manière si désastreuse. Toutefois, il ne put trouver dans ce port les moyens de faire à ses bâtiments les réparations dont ils avaient besoin, ni de reconstruire deux canots pour remplacer ceux qui avaient naufragé au Port des Français. Il quitta donc ce lieu au bout d'un mois de séjour, et se rendit à Manille, où il devait trouver des ressources de tous genres. Il découvrit l'île de Luçon, le 15 février, et mouilla à Cavite le 28.

Accueilli de la manière la plus favorable par le gouvernement espagnol, tout ce que renfermait l'arsenal de Cavite fut mis à sa disposition pour les besoins de ses bâtiments; ils y furent parfaitement radoubés, et un séjour de quarante jours permit aux équipages de jouir d'un repos indispensable pour se préparer à de nouvelles fatigues.

Les instructions de Lapérouse lui prescrivaient d'apporter une attention particulière à d'importantes reconnaissances dans les mers orientales, et à explorer avec soin la partie nord-est des côtes de Tartarie et îles adjacentes, à peine connues jusqu'alors et seulement d'après les indications vagues des Russes et des Hollandais.

En partant de la baie de Manille, le 10 avril 1787, Lapérouse se dirigea vers le nord, entra dans le canal qui sépare les côtes de la Chine de l'île de Formose, et y découvrit un banc inconnu, lequel, avec les îles Pong-hou, rend très-dangereuse la navigation de ce canal. Contrariées par les vents et le gros temps, *la Boussole* et *l'Astrolabe* ne purent le traverser en entier ; elles en ressortirent pour passer au large de l'île. Elles reconnurent celles de Botol, de Kumi et d'Hoapinsu. Continuant ensuite de s'avancer au nord, on alla chercher l'île Quelpaërt, qui avoisine la côte de Corée, île qui n'était encore connue que par le naufrage qu'y fit, en 1635, le navire hollandais *le Sparrow-Hawk*. Les frégates françaises la retrouvèrent et y abordèrent le 21 mai.

Lapérouse, traversant le détroit qui sépare la Corée des îles du Japon, entra dans la mer de Tartarie, et découvrit, le 27 mai, une île qu'il appela *île Dagelet*, du nom de l'astronome qui l'aperçut le premier. Quoique petite, elle était habitée, mais n'offrait pas de mouillage. Il alla ensuite reconnaître le cap Noto, sur l'île de Niphon ; et de ce point il vint attaquer la côte orientale de Tartarie. Ses travaux dans ces parages sont les plus importants de la campagne : il y mouilla dans les baies de Ternay, de Suffren, de Langle et d'Estaing, découvertes par lui. Il communiqua avec les naturels, peuples inconnus jusqu'alors. Il parcourut ensuite le canal qui sépare la Tartarie orientale de la grande île de Ségalien, canal que personne n'avait exploré avant lui, mais qui, vers son extrémité nord, se trouva obstrué par des bancs de vase sur lesquels il y avait si peu d'eau que les canots mêmes n'auraient pu passer par dessus. Lapérouse revint donc sur ses pas, faisant la reconnaissance la plus exacte des côtes de l'île de Ségalien et de celles du continent asiatique qui sont à l'opposite. Le 28 juillet, il mouilla dans une baie du continent qu'il nomma *baie de Castries* ; il y séjourna jusqu'au 2 août. Les détails que cette partie de son voyage ont procuré sur la géographie, les mœurs des habitants et l'état physique de ces contrées, sont absolument neufs.

N'ayant pu débouquer par le nord du canal qui sépare la grande terre de l'île de Ségalien, Lapérouse craignit d'être obligé de rétrograder fort avant dans le sud, pour trouver, entre cette île et celles du Japon, un passage qui lui permît de gagner la haute mer. S'il eût été dans cette nécessité, il n'aurait pu, comme le comportait le plan ultérieur de sa navigation, se rendre au Kamtschatka dans ce même été, qui déjà était avancé. Mais il découvrit, entre l'île de Ségalien et la terre de Jesso, un détroit considérable et d'une navigation sûre. Cette importante découverte le mit à portée de suivre ses opérations : il franchit ce détroit, qui fut nommé à juste titre *détroit de Lapérouse.* Il alla ensuite reconnaître toutes les îles découvertes par les Hollandais, sous les noms d'*îles des Etats, de la Compagnie* et *des Quatre-Frères.* Il traversa un nouveau passage entre ces dernières et celle de Marikan, la plus méridionale des Kuriles : on le nomma *canal de la Boussole.* Enfin, le 7 septembre, il entra au port Saint-Pierre et Saint-Paul, sur la côte du Kamtschatka. Il était attendu dans cet établissement russe ; l'impératrice de Russie avait d'avance donné les ordres nécessaires pour qu'il y reçût un accueil distingué et qu'on s'empressât de subvenir à tous ses besoins. Ce fut là que lui parvinrent les paquets de la cour de France, contenant sa nomination au grade de chef d'escadre, et ce fut aussi de cet endroit qu'il expédia par terre pour Paris M. Lesseps, embarqué sur *l'Astrolabe,* qu'il chargea de présenter au roi les journaux, cartes, dessins, en un mot tous les résultats des travaux de l'expédition jusqu'au jour de son arrivée au Kamtschatka.

Les frégates françaises reprirent la mer le 29 septembre. L'hiver s'approchant à grands pas, il était temps de quitter ces climats rigoureux pour rentrer dans la zone torride. Elles parvinrent à l'équateur sans avoir rencontré aucune terre. Le 6 novembre suivant, elles atteignirent les îles des Navigateurs, et mouillèrent le 9 à celle de Maouna. L'ancrage y était très-mauvais, mais le besoin urgent de faire de l'eau ne permettait pas de quitter cette île avant de s'être procuré un article si nécessaire. Lapérouse expédia ses embarcations à terre, et y descendit lui-même avec M. de Langle, qu'un trépas prématuré attendait, comme on l'a vu, sur ces bords malheureux.

Ce fut ainsi que la route de ce navigateur infortuné fut jalonnée en quelque sorte par de lugubres événements, présages trop certains de la catastrophe qui a causé sa perte entière.

Lapérouse, se dirigeant au sud-ouest, reconnut les îles des Traîtres et des Cocos, découvertes par Schouten et revues par le capitaine Wallis, qui, selon l'invariable coutume des Anglais, en a changé les noms primitifs en ceux de *Keppel* et de *Boscawen*. De là le général français alla ranger la partie nord de l'archipel des Amis, et communiqua même avec les naturels de Tongatabou. Il eût bien désiré relâcher dans cette île ; mais l'événement qui venait d'avoir lieu à celle de Maouna l'avait rendu défiant envers les naturels ; et malgré les couleurs favorables sous lesquelles ses prédécesseurs avaient dépeint ceux des îles des Amis, il n'osa s'y fier. Il considérait avec juste raison que ses équipages étaient diminués de beaucoup par les pertes qu'il avait essuyées. D'ailleurs, il avait perdu ses grandes chaloupes, et il ne pouvait trouver aux îles des Amis les moyens de reconstruire ces embarcations.

Ces considérations déterminèrent Lapérouse à se rendre au plus tôt à Botany-Bay, où il espérait trouver les moyens de réparer une partie de ses pertes. Il y mouilla le 26 janvier 1788, et, à sa grande surprise, y trouva une flotte anglaise. C'était celle qui, sous les ordres du commodore Philipp, était venue jeter les fondements des colonies de la Nouvelle-Galles-du-Sud.

C'est de là, c'est de ce lieu qu'on reçut les dernières nouvelles de l'expédition commandée par Lapérouse.

Le voyage des capitaines Portlock et Dixon fut entrepris moins dans le but de faire des observations nautiques, que pour se livrer à des spéculations commerciales, en faisant le trafic des pelleteries sur la côte nord-ouest de l'Amérique ; ces deux marins firent quelques découvertes intéressantes.

Cook, dans son dernier voyage, s'était aperçu que l'on pouvait se procurer sur cette côte, et principalement à Nootka, une grande quantité de peaux de loutre dont on pouvait ensuite se défaire très-avantageusement à la Chine, où elles sont très-estimées. La perspective de cette nouvelle branche d'un commerce lucratif engagea une compagnie de négocians anglais à équiper deux navires pour en tenter l'exploitation. Ils se nommaient *le King-George* et *la Queen-Charlotte*. Dixon commandait ce dernier ; l'autre était sous les ordres du capitaine Portlock, qui était en outre commandant en chef.

Ces deux bâtiments partirent de Spithead le 16 septembre 1785, touchèrent à Guernesey, à Madère, à Sant-Iago et aux îles Malouines. Le 23 janvier 1786, ils partirent de ce dernier lieu, et, doublant le cap Horn, entrèrent dans la mer du Sud. Ils se rendirent directement aux îles Sandwich, qu'ils parcoururent l'une après l'autre pour s'y procurer des rafraîchissements. Ils quittèrent cet archipel le 13 juin et se dirigèrent vers la côte nord-ouest de l'Amérique. Le capitaine Portlock, croyant qu'on se procurerait plus de pelleteries dans les parages du nord de cette côte qu'à Nootka même, alla d'abord mouiller dans la rivière de Cook. Son attente y fut trompée, ainsi qu'à l'île Montagu, où il relâcha ensuite. Il voulut alors aller à Nootka ; mais de très-gros temps et des vents contraires l'empêchèrent d'y rentrer. La mauvaise saison s'approchant, il revint la passer dans les latitudes plus douces des îles Sandwich. Il demeura dans cet archipel jusqu'au mois de mars 1787, et reprit la route de la côte d'Amérique. Il y mouilla au commencement de mai dans une baie de l'île Montagu, devant le sound du Prince-William. Là, il caréna ses bâtiments, et y fit la rencontre du navire anglais *le Nootka*, commandé par le capitaine Meares, parti du Bengale l'année précédente, pour venir aussi dans ces parages faire la traite des pelleteries. Son équipage avait horriblement souffert du scorbut, et près de la moitié en était mort.

Le 14 mai, les deux navires du capitaine Portlock entrèrent dans la baie du Prince-William. Là, il fut convenu qu'on enverrait de nouveau une grande chaloupe dans la rivière de Cook pour y tenter le trafic des peaux de loutre ; que le capitaine Dixon, avec son bâtiment, se rendrait sur un autre point, tandis que *le King-George* demeurerait dans la baie du Prince-William. Dixon se mit en mer de suite, et longeant la côte vers l'est, il parvint devant une grande baie au fond de laquelle il mouilla le 23 mai. Il la nomma *port Mulgrave :* c'est le Port des Français de Lapérouse.

Dixon, continuant ensuite son voyage, alla reconnaître le cap Edgecumbe. De ce point, en allant au sud, la côte jusqu'à Nootka était inconnue, Cook n'ayant pu, à cause des mauvais temps, s'en tenir à proximité. Dixon, qui l'approcha et la suivit d'assez près, découvrit que c'était une terre remplie d'entrées et d'enfoncements profonds, et bordée d'îles qu'il nomma *îles de la Reine-Charlotte;* le détroit qui les sépare du continent fut appelé *détroit de Dixon.* Ces découvertes étaient sans doute importantes; mais la nature de la mission de ce capitaine ne lui permit pas d'employer le temps nécessaire pour en faire une reconnaissance détaillée. Cette tâche était réservée à un autre officier anglais, Vancouver.

Dixon continua de descendre vers le sud jusqu'à la hauteur de Nootka; de ce point, il quitta définitivement les côtes de l'Amérique, se rendit encore une fois aux îles Sandwich, et en repartit, après un mois de séjour, pour revenir en Europe. Le 22 octobre, il eut connaissance des îles Mariannes. Le 8 novembre, il mouilla à Macao, où il fut rejoint par le capitaine Portlock, qu'il avait laissé dans la baie du Prince-William. Ces deux capitaines, après s'être avantageusement défaits de leurs pelleteries, revinrent en Angleterre, où ils arrivèrent en juin 1788.

Depuis le 7 février, on n'avait plus reçu aucune nouvelle de l'expédition de Lapérouse. En exposant, dans sa lettre datée de Botany-Bay, le plan des opérations ultérieures par lesquelles il comptait terminer sa campagne, il annonçait qu'il espérait être rendu à l'Ile-de-France pour la fin de cette même année. Non-seulement il n'y était pas arrivé à cette époque, mais deux ans s'écoulèrent encore sans qu'on eût aucune connaissance de sa destinée.

L'agitation qui, en France, faisait fermenter toutes les têtes lors des premiers temps d'une révolution naissante, empêcha d'abord de songer sérieusement au sort d'une expédition scientifique; mais quelques savants de la capitale, que leur amour exclusif pour les sciences rendait étrangers à toutes les agitations politiques, furent les premiers frappés de ce lugubre silence. La société d'histoire naturelle de Paris souleva le voile funèbre qui dérobait le sort de Lapérouse à ses compatriotes; on ne pouvait douter que l'expédition qu'il commandait n'eût éprouvé quelque grand malheur. Cette société s'adressa donc à l'assemblée nationale, pour exposer ses alarmes et demander que d'autres bâtiments fussent expédiés pour aller sur les traces de *la Boussole* et de *l'Astrolabe,* afin de recueillir du moins ceux des hommes de leurs équipages qui, échappés à un naufrage plus que probable, végétaient peut-être sur quelque île de l'océan Pacifique, en invoquant les secours de leur patrie.

Cette demande fut accueillie avec empressement, et le roi fut prié par l'assemblée d'ordonner l'armement de deux navires pour aller à la recherche de Lapérouse.

Le commandement de cette nouvelle expédition fut donné à M. d'Entrecasteaux, capitaine de vaisseau, déjà connu par ses belles campagnes dans les mers orientales. Outre la mission de rechercher Lapérouse, il eut celle de continuer ses découvertes et d'achever la partie de son plan de campagne qu'il n'avait pu accomplir.

On fit à son égard la même faute que pour l'expédition de Lapérouse : on donna à M. d'Entrecasteaux les deux plus mauvais navires qu'on put choisir pour une campagne de cette nature ; ce furent encore deux grosses flûtes de quatre à cinq cents tonneaux, marchant fort mal, évoluant difficilement, et qui, au lieu d'être doublées en cuivre, ce qui eût pu en partie remédier à ces défauts, furent doublées en bois et mailletées. La première, que monta le commandant en chef, fut appelée *la Recherche;* l'autre, dont le commandement fut donné au major de vaisseau Huon de Kermadec, reçut le nom de *l'Espérance.*

Ces deux bâtiments appareillèrent de la rade de Brest le 28 septembre 1791 ; une foule de canots, montés par nombre de personnes de distinction, les environnaient au moment de leur départ ; chacun, les saluant de la voix et du geste, exprimait avec attendrissement ses vœux pour le succès d'un voyage qui intéressait l'humanité bien plus encore que les sciences.

Le lendemain de sa mise en mer, M. d'Entrecasteaux décacheta des dépêches de la cour qui lui apprirent qu'il était élevé au grade de contre-amiral, et que M. Huon était nommé capitaine de vaisseau. Ainsi, le roi récompensait d'avance le zèle et le dévouement de ces deux officiers. On relâcha d'abord à Ténériffe, puis au cap de Bonne-Espérance, où l'on arriva le 17 janvier 1792.

De ce lieu, le général se proposait de se rendre directement aux îles des Amis, pour se mettre sur la route de Lapérouse ; car celui-ci avait annoncé, dans sa dernière lettre datée de Botany-Bay, qu'il irait d'abord visiter cet archipel, puis la Nouvelle-Calédonie et les Nouvelles-Hébrides. C'était en suivant cet itinéraire qu'on avait sans doute le plus d'espoir de le retrouver ; mais une circonstance imprévue engagea M. d'Entrecasteaux à changer le plan de sa campagne.

Deux capitaines de commerce français, arrivés depuis peu de Java à l'Ile-de-France, y déposèrent que le commodore Hunter, qu'ils avaient vu à Batavia, leur avait affirmé que, passant lui-même près des îles de l'Amirauté, il y avait aperçu sur la côte des hommes revêtus d'uniformes français, et qui paraissaient faire des signaux avec des morceaux d'étoffe ; mais que la violence extrême des courants de ces parages l'avait empêché d'approcher assez près de la terre pour les bien reconnaître et leur porter secours, quoiqu'il ne doutât pas que ces hommes fussent des débris des équipages de Lapérouse. Effectivement, *la Boussole* et *l'Astrolabe* avaient dû passer dans le voisinage des îles de l'Amirauté, en revenant de la mer du Sud dans celles des Moluques et de l'Inde.

Sur cette déclaration, M. de Saint-Félix, commandant alors notre station navale à l'Ile-de-France, sachant que M. d'Entrecasteaux ne devait pas tarder à arriver au Cap, y envoya sur-le-champ la frégate *l'Atalante*, commandée par M. Bolle, pour lui transmettre des renseignements qui pouvaient être si importants pour le succès de sa mission, mais qui malheureusement se trouvèrent controuvés.

Le commodore Hunter était lui-même mouillé en rade du Cap, lorsque *l'Espérance* et *la Recherche* y arrivèrent. M. d'Entrecasteaux s'attendait à recevoir directement de cet officier anglais des détails qui confirmassent le rapport des deux capitaines français. Non-seulement il n'en fit rien, mais il appareilla pour l'Europe, quelques heures après l'arrivée sur la rade de l'expédition qu'il savait très-bien être celle envoyée à la recherche de Lapérouse, et cela sans avoir communiqué avec elle.

De plus, on s'assura dans la ville, et surtout près du gouverneur hollandais, que le commodore Hunter n'y avait jamais dit, pendant son séjour, un mot de cette rencontre prétendue des restes d'un équipage français sur les îles de l'Amirauté ; et pourtant, cette nouvelle était assez intéressante pour que lui ou ses officiers se fussent empressés de la répandre.

Tout cela rendit la déposition des deux capitaines marchands si suspecte à M. d'Entrecasteaux, qu'il fut tenté de n'y avoir aucun égard.

Cependant, cette déposition, toute invraisemblable qu'elle était, n'avait pas laissé de faire impression sur l'esprit de beaucoup de personnes de ses deux bâtiments. En conséquence, changeant dès le début le plan de sa campagne, il se décida à se rendre, par la voie la plus prompte, aux îles de l'Amirauté.

La Recherche et *l'Espérance* partirent donc du cap de Bonne-Espérance pour entreprendre ce trajet.

Le 28 mars, on passa à vue de l'île d'Amsterdam, découverte en 1696 par Vlaming. Les forêts y parurent tout en feu : on crut d'abord que c'était par suite de quelque éruption volcanique ; on a su depuis que cet incendie avait été causé par l'imprudence de quelques matelots anglais établis dans cette île pour la pêche des phoques. Le 21 du mois suivant, on mouilla dans la baie des Tempêtes, sur la terre de Diémen. Cette baie, découverte par Tasman en 1642, n'avait été alors que très-imparfaitement examinée ; elle le fut en détail par les officiers français, et l'on découvrit au fond une large ouverture, qui était l'entrée d'un canal considérable et jusqu'alors inconnu.

Cette intéressante découverte retint quelque temps le général d'Entrecasteaux dans cette contrée. Il entra dans ce canal, le parcourut dans toute son étendue : il était large, offrait sur ses deux rives des ports nombreux et spacieux, et débouchait au nord vis-à-vis la presqu'île Tasman. On s'aperçut par là que la terre sur laquelle est située la baie de l'Adventure, et que Cook lui-même avait cru appartenir à celle de Diémen, n'est qu'une grande île qui en est séparée par ce nouveau détroit, nommé à juste titre *canal d'Entrecasteaux*.

Après avoir terminé en détail toutes les opérations relatives à la découverte de ce canal, le général, voyant qu'il lui restait encore beaucoup de temps avant le commencement de la mousson d'est, qui devait le conduire aux îles de l'Amirauté, résolut d'aller préalablement découvrir la côte sud-ouest de la Nouvelle-Calédonie, que Cook n'avait pas vue, et que les instructions données à Lapérouse lui prescrivaient de visiter : outre une nouvelle découverte à faire dans cette contrée, on avait donc encore l'espoir d'y apprendre de ses nouvelles. Dans ce double but, l'expédition quitta la terre de Diémen le 28 mai, et fit route au nord-nord-est. Le 16 du mois suivant, elle atteignit l'île des Pins, et commença de ce point à longer, le plus près possible, la côte encore inconnue de la Nouvelle-Calédonie. Ce fut là que, le 20 juin, *la Recherche* faillit se perdre. Cette côte est environnée de toute part d'une ceinture de récifs qui la rend inaccessible. Les deux bâtiments furent portés sur ces écueils par la violence des courants, et s'en trouvèrent inopinément si rapprochés, qu'on ne pouvait trop se hâter de revirer pour s'en éloigner. *L'Espérance* exécuta cette manœuvre assez promptement ; mais *la Recherche* essaya trois fois inutilement d'en faire autant : déjà elle n'était plus qu'à deux encâblures des brisants et sa perte semblait inévitable, lorsqu'une quatrième tentative lui réussit ; ce fut son capitaine de pavillon, M. d'Auribeau, qui vint lui-même commander la manœuvre qui la sauva.

On continua, malgré le danger sans cesse renaissant que présentait cette navigation, à suivre la côte de la Nouvelle-Calédonie en remontant au nord : on la trouva, dans toute son étendue, bordée d'une chaîne d'écueils qui ne permirent d'y aborder nulle part ; même lorsqu'on eut atteint l'extrémité nord de cette grande île, on vit que dans cette direction les récifs se prolongeaient au large dans une étendue de près de cinquante-deux lieues ; on en fit une reconnaissance exacte, on en détermina la position et les limites, et ce service n'est pas un des moindres que l'expédition de d'Entrecasteaux a rendus à l'hydrographie. Cette suite de récifs et d'îlots presque à fleur d'eau, reçut le nom de *récifs d'Entrecasteaux* et d'*îles Huon,* du nom du capitaine de *l'Espérance.*

La saison favorable approchant, on fit voile pour les îles de l'Amirauté. On reconnut en passant celles des Arsacides, la partie ouest de l'île de Bougainville, et l'on relâcha le 17 juillet au port Carteret, dans la Nouvelle-Irlande. Les pluies continuelles qu'on y éprouva, développant parmi les équipages des germes de scorbut, on n'y séjourna que jusqu'au 24 ; le 28, on arriva en vue des îles de l'Amirauté.

On approcha de très-près de ces petites îles, et l'on n'y vit rien qui annonçât la présence des naufragés qu'on y cherchait. Les courants, il est vrai, empêchèrent d'y mouiller ; mais on communiqua avec leurs habitants : on leur fit toutes les questions possibles pour savoir d'eux si des Européens étaient réfugiés sur leurs îles ; leurs réponses furent unanimement négatives, et de plus on ne vit en leur possession aucun objet de fabrique française. Dès lors M. d'Entrecasteaux demeura convaincu que le rapport des capitaines de commerce qu'on lui avait fait parvenir au Cap, était absolument faux, et qu'il n'y avait aucune apparence de retrouver dans ces parages des vestiges de l'expédition de Lapérouse. Il ne lui restait plus, pour y parvenir, qu'à reprendre l'exécution du plan de son voyage dans l'ordre qui lui avait été prescrit par ses instructions; mais avant tout, il fallait procurer, dans une relâche commode et abondante, quelque repos à ses équipages épuisés par les fatigues et les privations d'une navigation déjà bien longue : dans cette intention, le général fit route pour l'île d'Amboine; il visita l'extrémité occidentale de la Nouvelle-Guinée, traversa le détroit de Pitt, et arriva à Amboine le 6 septembre.

Un séjour d'un mois dans cette fertile colonie, chef-lieu des établissements hollandais aux Moluques, permit à nos voyageurs d'y prendre un repos salutaire, et pourvut les bâtiments de tous les rafraîchissements nécessaires. L'île d'Amboine, si riche en productions variées, offrit aux naturalistes ample matière d'observer et de décrire une foule d'objets rares ou nouveaux.

Le général d'Entrecasteaux quitta Amboine le 13 octobre, dans l'intention de faire, du côté du sud-ouest, le tour de la Nouvelle-Hollande, dont les côtes, dans cette partie, étaient encore inconnues depuis la terre découverte par Nuyts en 1692, jusqu'à celle de Diémen. On commença ce nouveau travail géographique au cap Leewin, sur lequel on atterrit le 5 décembre. On suivit la côte de fort près pendant quatre jours. Le 9, une tempête engagea *la Recherche* et *l'Espérance* au milieu d'un groupe d'îlots et de rochers, et mit ces deux bâtiments dans la position la plus dangereuse. Dans l'impossibilité de regagner le large, et voyant sa perte prochaine, le capitaine Huon de Kermadec voulut tenter du moins de sauver son équipage en se jetant à la côte : M. Legrand, enseigne sur *l'Espérance,* monte au grand perroquet, chargé de reconnaître de là un endroit du rivage favorable à l'exécution de cette triste et dernière ressource ; par un bonheur inespéré, il découvre, entre une petite île et un banc de roches, un abri qui lui paraît sûr, et vers lequel le bâtiment se dirigeait. Il avertit le pilote du haut du mât, et le fait parvenir au mouillage, qui se trouve bon et où on laisse tomber l'ancre.

Pendant ce temps, *la Recherche,* qui avait quelque supériorité sur sa conserve, essayait, en louvoyant à force de voiles, de regagner la haute mer : mais bientôt ses écoutes sont brisées et ses voiles mises en lambeaux ; il ne lui reste d'autre parti à prendre que celui qu'elle croyait avoir été déjà embrassé par *l'Espérance*. Avec quel plaisir on l'aperçut en sûreté dans un bon mouillage, et qui, par ses signaux, invitait le général à venir s'y réfugier !

Les deux bâtiments, réunis dans cet abri, y firent quelque séjour pour reconnaître les productions de la grande terre. Cette partie de la Nouvelle-Hollande n'offrait qu'une côte basse couverte de dunes, de sable et de broussailles ; on n'y vit aucune apparence de rivière, aucune baie ou enfoncement remarquables. Ce fut sur cette terre désolée que M. Riche, se livrant avec trop d'ardeur à des recherches d'histoire naturelle, et s'étant enfoncé assez avant dans l'intérieur du pays, s'y égara pendant deux jours entiers, précisément au moment où l'on songeait à se remettre en mer sans délai. La disette d'eau se faisait sentir, et plusieurs personnes étaient d'avis d'appareiller au plus tôt, persuadées que ce naturaliste avait été rencontré et massacré par quelque horde de sauvages ; le général d'Entrecasteaux ne fut heureusement pas de cette opinion. Par ses ordres, divers détachements furent envoyés à terre, à la recherche du naturaliste ; on lança des fusées et l'on tira des coups de canon de quart d'heure en quart d'heure. Le troisième jour on retrouva enfin M. Riche, qui fut ramené à bord à demi mort d'épuisement et d'inanition.

On partit le 17 décembre, et l'on continua la découverte de la côte jusqu'au 2 janvier 1793. On en avait parcouru une étendue de 9 degrés en longitude, sans trouver le moindre ruisseau où l'on pût faire de l'eau ; il n'en restait plus que trente barriques sur chaque bâtiment ; et, quoique les équipages fussent réduits à la plus mince ration, il était impossible de côtoyer plus longtemps cette terre pour atteindre celle de Diémen, incertain que l'on était de trouver, dans l'intervalle qui restait encore à découvrir, un lieu propre à une aiguade. Laissant donc cette partie de la Nouvelle-Hollande dans l'obscurité où elle avait été jusqu'alors, d'Entrecasteaux se décida à faire route directement et le plus promptement possible pour la baie des Tempêtes, où l'on avait déjà séjourné l'année précédente, et où l'on arriva le 21 janvier.

On traversa de nouveau le détroit de d'Entrecasteaux. On mouilla le

24 février dans la baie de *l'Aventure ;* on se procura pendant ce temps l'eau et le bois nécessaires, et le 27 l'expédition reprit la mer, faisant route au nord-est pour se rendre aux îles des Amis. C'était là qu'on avait le plus d'espoir d'apprendre des nouvelles de Lapérouse, puisqu'il avait dû s'y rendre en quittant Botany-Bay.

Dès qu'on y fut arrivé, on s'empressa de prendre à son sujet tous les renseignements possibles. Les naturels firent l'énumération de tous les bâtiments européens qu'ils avaient vus depuis Cook, en indiquant les époques par le nombre des récoltes d'ignames. On reconnut très-bien dans cette énumération le passage de Lapérouse au nord des îles des Amis, quand il se rendait des îles des Navigateurs à Botany-Bay. Nous avons vu qu'alors il communiqua même avec les pirogues de pêcheurs de Tongataboo ; mais depuis on ne l'avait pas revu dans ces parages.

L'espoir de retrouver leurs compatriotes s'affaiblit dès lors de jour en jour dans l'âme de nos navigateurs. M. d'Entrecasteaux voulut faire encore une tentative vers la Nouvelle-Calédonie, où Lapérouse avait aussi dû passer. Comme les récifs qui entourent la côte occidentale de cette île n'avaient pas permis d'y débarquer lorsqu'on l'avait visitée l'année précédente, qu'on n'avait même jamais pu s'en approcher assez près pour distinguer les hommes, s'il s'en était trouvé sur le rivage, le général se détermina à aller relâcher dans un havre de la côte orientale, beaucoup plus accessible. Il quitta les îles des Amis le 23 mars, et arriva, le 27 avril, dans la baie de Balade, à la Nouvelle-Calédonie, après avoir découvert, chemin faisant, quelques petites îles.

On chercha à retrouver à Balade des traces du passage de *la Boussole* et de *l'Astrolabe.* On questionna les naturels : plusieurs d'entre eux assurèrent que, du haut de leurs montagnes, ils avaient aperçu précédemment deux grands navires européens de l'autre côté de leur île ; mais ils ne purent déterminer à quelle époque, ou du moins, s'ils en parlèrent, la difficulté de s'entendre avec eux fit qu'on ne put les comprendre.

Ce fut dans cette relâche que mourut le chevalier Huon de Kermadec, capitaine de *l'Espérance.* Son tempérament usé ne put résister plus longtemps aux fatigues de cette campagne. Il fut enterré sur la petite île où l'on avait dressé l'observatoire. M. d'Hesmivy d'Auribeau lui succéda dans le commandement de son bâtiment.

Le général, renonçant à toute recherche ultérieure sur le sort de Lapérouse, et ne doutant plus de sa perte absolue, songea à revenir en Europe. On fit d'abord route pour l'archipel de Santa-Cruz, dont on fit une nouvelle exploration. On alla ensuite faire une reconnaissance de la partie nord de la Louisiade ; on franchit le détroit de Dampier, et l'on explora la partie septentrionale de la Nouvelle-Bretagne. Les travaux des officiers de l'expédition contribuèrent beaucoup au perfectionnement de la géographie de ces parages, si rarement visités. Le 21 juillet 1793, on perdit le général d'Entrecasteaux, marin d'un mérite supérieur, et dont la carrière fut honorée par les services les plus distingués. Après sa mort, M. d'Auribeau passa sur *la Recherche* en qualité de commandant en chef, et M. de Rossel prit le commandement de *l'Espérance*.

Le scorbut commençait à exercer ses ravages d'une manière alarmante parmi les équipages : on se hâta de gagner les Moluques pour y trouver une relâche. On arriva à Waygiou le 14 août, et l'on y séjourna jusqu'au 27. Le 5 septembre, on mouilla à Bourro, où l'on demeura jusqu'au 15 du même mois ; de là, passant par le détroit de Boutton, l'expédition arriva le 18 octobre devant Sourabaya, port de la partie orientale de l'île de Java. C'est là que commença la suite de désastres et de discordes qui terminèrent le voyage d'une manière malheureuse : les détails en sont demeurés jusqu'à présent peu connus.

On envoya d'abord à terre M. de Trobriant, lieutenant de vaisseau, pour solliciter du commandant hollandais la permission de relâcher dans le port de Sourabaya, et lui demander les secours dont on avait besoin. Il devait être de retour à bord le soir même ou le lendemain matin au plus tard ; on l'attendit en vain pendant trois jours. Inquiet de ce retard inexplicable, M. d'Auribeau expédia un second canot, commandé par M. Mérite, pour avoir des nouvelles du premier. Quel fut l'étonnement de cet officier, lorsque, en arrivant à terre, il apprit que M. de Trobriant et les gens de son canot étaient détenus prisonniers de guerre, la Hollande se trouvant alors en guerre avec la France, assaillie elle-même par presque toutes les puissances de l'Europe !

Depuis leur départ de Brest, en 1791, nos navigateurs n'avaient eu aucune nouvelle de ce qui s'était passé dans leur patrie. Ils l'avaient laissée, il est vrai, dans un état d'agitation inquiétant ; mais ils étaient loin d'en avoir prévu les suites. Les Hollandais les leur représentèrent sous les plus affreuses couleurs; ils leur firent un tableau horrible de l'état de la France; ils la leur peignirent comme déchirée par les factions, en proie à la guerre civile et à moitié conquise par l'étranger. Ceux mêmes des gens de l'expédition que leur défiance portait à ne pas ajouter une foi entière aux récits des Hollandais, ne purent discerner jusqu'à quel point l'exagération s'y mêlait à la vérité, et tous se livrèrent à la douleur.

Cependant le commandant hollandais, ayant informé la régence de Batavia de l'arrivée de l'expédition à la recherche de Lapérouse, en reçut l'ordre de la considérer, malgré l'état de guerre, comme appartenant à une nation amie, à raison de la nature de sa mission. On annonça à M. d'Auribeau que, son voyage n'ayant pour objet que des recherches paisibles, on recevrait les bâtiments avec hospitalité, et qu'ils seraient admis dans le port, où l'on subviendrait à tous leurs besoins. On y entra donc le 28 octobre, et, pendant un mois, tout se passa avec la plus parfaite tranquillité.

Mais l'esprit soupçonneux des Hollandais fit bientôt concevoir des inquiétudes à la régence, quand elle sut que les bâtiments français avaient navigué dans les Moluques, et y avaient pu prendre connaissance de la situation de leurs établissements dans ces îles. Craignant que, par la suite, ils ne donnassent des renseignements qui pourraient porter la France à des hostilités contre ces colonies, dont ils étaient si jaloux, ils firent jurer aux officiers de l'expédition de ne point naviguer ultérieurement dans les mers de l'Inde, de ne point passer à l'Ile-de-France en retournant en Europe, mais de se rendre directement au cap de Bonne-Espérance, où l'on se chargeait de leur faire donner toute sorte de secours.

Tous s'étant volontiers soumis à ces conditions, on demeura fort paisiblement deux mois entiers dans le port de Sourabaya; mais bientôt des nouvelles arrivées de France vinrent diviser entre eux les équipages français eux-mêmes, ce qui, au bout de quelques mois, nécessita leur dissolution.

Cependant, depuis longtemps, l'insalubrité du climat de l'île de Java exerçait ses ravages parmi ces malheureux Français; nombre d'entre eux avaient déjà succombé à la dyssenterie, dont presque tous étaient atteints. Le commandant d'Auribeau mourut au commencement de septembre 1794, au moment où il venait de signer avec la régence une transaction pour remettre en dépôt les deux frégates, qu'il n'espérait plus pouvoir ramener en France.

A la mort de M. d'Auribeau, toutes les collections du voyage restèrent entre les mains de M. de Rossel, devenu le chef de l'expédition.

En 1795, la régence procura à cet officier les moyens d'opérer son retour en France sur un bâtiment de la Compagnie des Indes; mais il fut arrêté par les Anglais dans les parages de l'île de Sainte-Hélène, et conduit en Angleterre.

En 1799, sur les réclamations de M. Prony, sir Joseph Banks, président de la Société royale de Londres, eut la générosité de faire rendre à la France tout ce qui concernait l'histoire naturelle. On n'obtint que beaucoup plus tard ce qui était relatif à la géographie et à la navigation; mais on le recouvra enfin.

Des obstacles insurmontables, et surtout la brièveté du temps qui leur avait été fixé pour achever des travaux qui en exigeaient beaucoup, avaient empêché Cook et Lapérouse de faire, de la côte nord-ouest de l'Amérique, l'examen détaillé qui devait constater l'existence présumée de ce canal traversant le continent pour communiquer de l'océan Pacifique dans la baie d'Hudson. Cette importante question de géographie demeurant encore indécise, l'Angleterre se détermina à en donner la solution positive, et à fixer enfin tous les doutes sur ce sujet.

Une expédition d'exploration fut donc ordonnée dans cet unique but par le gouvernement britannique; le commandement en fut confié au capitaine Vancouver, qui avait antérieurement servi avec distinction sous le capitaine Cook, lors de son deuxième voyage. On ne lui limita point le temps pour la durée de ses opérations; mais il eut ordre de ne pas revenir en Europe qu'elles ne fussent complétement achevées; et un bâtiment d'approvisionnement (*le Dédale*) devait l'aller ravitailler, si sa campagne se prolongeait au delà de la durée des munitions qu'il prendrait sur son propre navire.

Pour exécuter ce voyage, on ne lui donna, ainsi qu'on l'avait toujours fait en France en pareil cas, ni vaisseaux ou frégates, ni de ces grandes corvettes tirant beaucoup trop d'eau, encore moins de ces grosses et lourdes flûtes marchant mal, évoluant moins bien encore, et dérivant de manière à ne pouvoir jamais se relever d'une côte en cas d'affalement. On fit pour lui ce qu'on avait fait pour le capitaine Cook, c'est-à-dire qu'on acheta du commerce un navire de médiocre grandeur, mais dont la carène avait des formes assez fines pour assurer une marche convenable; on y établit quelques petits canons sur le tillac, et on lui donna le nom de *la Découverte;* on lui adjoignit un petit brick nommé *le Chatham,* dont le commandement fut confié au lieutenant Broughton. Ces deux bâtiments appareillèrent de la rade de Falmouth le 1er avril 1791, relâchèrent à Ténériffe et au cap de Bonne-Espérance, dont ils repartirent le 17 août pour aller attaquer la côte sud-ouest de la Nouvelle-Hollande. Vancouver désirait en faire la découverte entière, que jusqu'alors on n'avait pu compléter. Il y atterrit le 26 septembre près du cap Lewen, et commença, à partir de ce point, le travail que fit aussi, comme on l'a vu, M. d'Entrecasteaux, en 1792. Il découvrit, en longeant cette côte, un port qui avait échappé à l'investigation de ce général; il le nomma *port du Roi-George,* et y fit une relâche de quelques jours. Mais son équipage attaqué de la dyssenterie, et ne pouvant y trouver les rafraîchissements nécessaires, il repartit bientôt après, et renonça même à une plus longue exploration de la côte de la Nouvelle Hollande, afin de se rendre le plus tôt possible à Dusky-bay (baie Noire), dans la Nouvelle-Zélande.

Il y arriva le 2 novembre 1791, et, après quelque séjour, fit route pour l'île de Taïti. Dans cette traversée, il se sépara de sa conserve *le Chatham,* et découvrit quelques écueils isolés qu'il nomma *les Snares* (les embûches); puis il rencontra l'île d'Oparo, et arriva à Taïti. Il y fut rejoint par le capitaine Brougthon, qui avait aussi, de son côté, découvert, en se rendant aux îles de la Société, une petite île qu'il appela *île Chatham.*

Le 24 janvier 1792, *la Découverte* et *le Chatham* quittèrent Taïti, et firent route au nord-est. Le 1er mars suivant, ces deux bâtiments abordèrent à Owyhée, allèrent visiter de là les îles Woaho et Aloui; après quoi Vancouver se hâta de se rendre sur le théâtre des opérations principales de sa campagne, la côte nord-ouest de l'Amérique. Le 17 avril, il atterrit sur la Nouvelle-Albion, et commença son travail géographique en remontant vers le nord.

Il serait beaucoup trop long de le suivre dans les détails minutieux de l'exploration parfaite qu'il fit de ces côtes, depuis le cap Mendocin jusqu'à l'entrée de Cook, ce qui comprend une étendue de plus de 20 degrés de latitude. Il y employa les étés des années 1792, 1793 et 1794, et apporta à ses travaux une persévérance, une sagacité et une patience sans égales. Les terres qu'il reconnut sont très-découpées par une multitude de bras de mer, d'entrées et de baies profondes; Vancouver pénétra partout, et ne laissa pas le plus petit espace sans l'avoir reconnu parfaitement. Ce fut surtout avec ses canots qu'il effectua ces navigations difficiles dans une infinité de passages étroits, où les plus petits navires n'eussent souvent pas trouvé assez d'eau pour flotter; c'est de cette manière seulement qu'on peut faire avec succès une reconnaissance géographique de détails.

Vancouver constata ce que Lapérouse et Dixon avaient déjà soupçonné; c'est que ce qu'on avait cru jusqu'alors la côte ferme de l'Amérique n'était, dans ces parages, qu'une continuité d'îles plus ou moins grandes, bordant les rives du véritable continent. Le port de Nootka, découvert par Cook, se trouva être lui-même situé sur la plus grande de toutes ces îles, laquelle est séparée de la grande terre par l'entrée de Juan de Fuca. Cette entrée n'est qu'un simple détroit remontant du sud au nord, et se rouvrant dans l'océan Pacifique, sans pénétrer à l'ouest vers la baie d'Hudson, comme on l'avait supposé jusqu'alors.

Vancouver, après avoir relâché à Valparaiso, doubla le cap Horn, et revint en Angleterre, où il arriva en octobre 1795, après une absence de près de cinq années.

Nous terminerons ce chapitre par la relation d'un sinistre, dont les détails offriront au lecteur un puissant intérêt.

Le naufrage du capitaine Viaud et les aventures qui en furent la suite, sont si extraordinaires, qu'on se sentirait tenté de douter de leur réalité, si les faits n'étaient appuyés de témoignages irrécusables.

Le capitaine Viaud partit de la rade de Saint-Louis, île Saint-Domingue, le 2 janvier 1766. Il était comme simple négociant sur le brigantin *le Tigre*. Ce navire faisait voile pour la Louisiane, ayant à son bord M. Viaud, le capitaine, sa femme et son fils, le second du bâtiment, neuf matelots, un nommé Desclau, colon de l'île Saint-Domingue, et un nègre que M. Viaud avait acheté pour son service.

Notre capitaine, dit M. Viaud, était un homme qui avait beaucoup de jactance, mais qui ne savait pas son métier. Lorsque nous fûmes à la hauteur de l'île des Pins, située à environ quatre lieues de la partie occidentale de Cuba, cet homme soutint que c'était le cap Saint-Antoine que nous voyions. Je pris hauteur, et reconnus facilement qu'il se trompait ; mais j'essayai vainement de lui démontrer qu'il était dans l'erreur ; son opiniâtreté ne lui permit pas d'en convenir. Il continua sa route sans précaution, et il nous conduisit dans les brisants ; nous y étions déjà engagés, quand je m'en aperçus à la clarté de la lune. Je ne m'amusai pas à lui faire des reproches ; il avouait d'ailleurs son tort ; je me hâtai de prendre le commandement du navire à la place du second, qui était très-malade et hors d'état de nous conduire. Je fis virer de bord et commandai la manœuvre qui, seule, pouvait nous sauver la vie : le succès y répondit ; mais, après avoir évité ce péril, nous nous trouvâmes exposés à une infinité d'autres.

Notre bâtiment, fatigué par la mer, faisait déjà eau dans plusieurs endroits. L'équipage était inquiet : il voulait que je me chargeasse de la route ; mais je n'avais qu'une connaissance théorique de ces côtes : je sentais d'ailleurs que ce serait faire de la peine au capitaine ; quel qu'il fût, on ne pouvait refuser à ce marin le droit de conduire un navire qui lui appartenait. Je me contentai d'observer attentivement sa manœuvre.

Nous doublâmes enfin le cap Saint-Antoine. De nouveaux coups de vent nous assaillirent et ouvrirent encore des voies d'eau, que les deux pompes épuisaient avec peine, quoiqu'on y travaillât sans relâche.

Le vent nous était contraire ; le mauvais temps augmentait, la mer s'agitait et nous menaçait d'une tempête furieuse ; le navire n'aurait pu y résister. L'alarme était générale sur notre bâtiment ; cette situation douloureuse et terrible ne paraissait pas devoir changer. Dans ces circonstances funestes, le 10 février, à sept heures du soir, nous rencontrâmes une frégate espagnole venant de la Havane, et portant le gouverneur et l'état-major, qui allaient prendre possession du Mississipi. Elle nous demanda compagnie, ce que nous accordâmes avec joie, car nous l'aurions priée de nous permettre de la suivre, si elle ne nous eût pas prévenus.

Nous ne marchâmes pas longtemps avec notre conserve ; nous la perdîmes pendant la nuit. Elle faisait route à petites voiles; nous n'en pouvions porter aucune, et nous étions contraints de tenir la cape. Le lendemain, nous trouvant seuls, nous découvrîmes une nouvelle voie d'eau. On me consulta sur ce qu'il fallait faire. Je sentis qu'il était nécessaire d'alléger promptement le bâtiment, nécessité cruelle pour des marchands qui sont obligés de jeter eux-mêmes dans la mer une partie des biens qu'ils ont acquis avec beaucoup de peine, et sur lesquels ils ont fondé leurs espérances. Je fis décharger le brigantin de toutes les marchandises de poids ; j'établis un puits au grand panneau, et je cherchai à étancher l'eau en aidant les deux pompes de l'action continuelle des seaux. Ces soins furent inutiles ; l'eau nous gagnait de plus en plus. Il était impossible de tenir la mer encore longtemps; nous prîmes la résolution de relâcher à la Mobile, c'était le seul port où le vent nous permettait de nous rendre c'était aussi le plus près : nous étions à quatre ou cinq lieues des îles de la Chandeleur.

Nous dirigeâmes donc notre route vers la Mobile ; mais le vent, qui nous était d'abord favorable, changea au bout de deux heures. Nous fûmes obligés de renoncer à notre projet. Nous fîmes alors tous nos efforts pour gagner Pensacola, port plus éloigné que celui de la Mobile ; mais cette tentative échoua aussi ; les vents nous contrarièrent de nouveau et nous retinrent au milieu d'une mer agitée, en attendant le moment où l'Océan ouvrirait ses abîmes pour nous engloutir.

J'ai fait plusieurs voyages dans ma vie, je ne me souviens pas d'en avoir fait où j'aie tant souffert, et où la fortune m'ait été aussi contraire. Jamais le ciel et la mer ne se sont réunis avec plus de fureur et de constance contre de malheureux marins. Nous essayâmes de faire côte aux îles Apalaches ; mais nous ne pûmes parvenir à les gagner. Nous restâmes à la merci des flots, entre la vie et la mort. Tel fut notre état depuis le 12 février jusqu'au 16. Le soir, à sept heures, nous échouâmes sur une chaîne de brisants, à deux lieues de la terre. Les secousses furent terribles ; elles ouvrirent l'arrière de notre bâtiment. Nous demeurâmes une demi-heure dans cette triste situation, en présence d'une mort inévitable ; mais la violence et la force des lames nous rejetèrent hors des brisants. Nous nous retrouvâmes à flot sans gouvernail, combattus par l'eau qui nous environnait, par celle qui entrait dans notre vaisseau, et elle augmentait rapidement...

Le peu d'espoir qui nous avait encore soutenus jusqu'alors s'évanouit tout à fait; notre bâtiment retentit des cris lamentables des matelots, qui se faisaient leurs adieux, se préparaient à la mort, imploraient la miséricorde du ciel, lui adressaient leurs prières, et les interrompaient pour faire des vœux, malgré l'affreuse certitude où ils étaient de ne pouvoir jamais les accomplir. Je partageais les terreurs de l'équipage. Si mon désespoir éclatait moins, il était égal au sien. L'excès du malheur, l'assurance qu'il était inévitable, me rendirent un reste de fermeté; je me soumis au sort qui m'attendait et qu'il n'était pas en mon pouvoir de changer. J'abandonnai ma vie à l'Être qui me l'avait donnée, et je conservai assez de courage pour envisager de sang-froid le moment fatal, et pour m'occuper des moyens qui pouvaient le retarder.

Ma tranquillité apparente imposa à l'équipage, je lui inspirai dans cet instant affreux une espèce de confiance qui le rendit docile à mes ordres. Le vent nous poussait vers la terre; je fis gouverner avec les bras et les écoutes de misaine. Et par un bonheur inouï, auquel nous ne devions pas nous attendre, nous arrivâmes, le même soir, à neuf heures, à l'est de l'île des Chiens, et nous y fîmes côte à une portée de fusil de la terre. L'agitation de la mer ne nous permettait pas d'y parvenir; nous songeâmes à couper nos mâts, pour faire un radeau qui pût nous y porter. Pendant que nous nous occupions de cet ouvrage, la violence du vent, la force des vagues, jetèrent notre brigantin sur le côté de babord. Ce mouvement imprévu faillit nous être funeste; nous devions tomber à la mer: mais nous échappâmes à ce péril; bien plus, quelques matelots, que la secousse y avait précipités, eurent le bonheur de rattraper le bâtiment, en profitant des secours que nous leur offrîmes pour y remonter,

La lune, qui jusqu'à ce moment nous avait prêté une faible clarté, que les nuages interceptaient souvent, se cacha tout à coup. Privés de sa lumière, il nous fut impossible de nous rendre à terre; il fallut nous résoudre à passer la nuit sur un côté de notre vaisseau. Que cette nuit nous parut longue! Nous étions exposés à une pluie affreuse, on eût dit que le ciel se fondait en eau. Les vagues, qui s'élevaient à chaque minute, couvraient notre navire, et se brisaient sur nous. Le tonnerre grondait de toutes parts; les éclairs, qui brillaient par intervalles, nous faisaient découvrir dans un horizon immense une mer furieuse et prête à nous engloutir : les ténèbres qui leur succédaient étaient plus terribles encore.

Attachés au côté de notre bâtiment, cramponnés, pour ainsi dire, à tout ce que nous avions pu saisir, mouillés par la pluie, transis de froid, fatigués des efforts que nous faisions pour résister à l'impétuosité des flots qui menaçaient de nous entraîner, nous vîmes renaître le jour. Il éclaira les dangers que nous avions courus et ceux que nous courions encore : ce spectacle nous parut encore plus effrayant. Nous apercevions la terre à peu de distance, et nous ne pouvions nous y rendre. L'agitation de la mer épouvantait les plus intrépides nageurs ; les lames roulaient avec une fureur inouïe, le malheureux qui s'y serait précipité eût été écrasé contre le navire ou contre les récifs. Le désespoir s'empara de nos matelots ; à cet aspect leurs cris de détresse redoublèrent.

Plusieurs heures s'écoulèrent sans apporter aucun changement à notre état. Un matelot, qui depuis le jour n'avait cessé de verser des larmes, et qui s'était montré plus faible que ses compagnons, les sèche tout à coup, garde un profond silence pendant quelques minutes, se lève enfin avec une agitation extraordinaire : « Qu'attendons-nous ! s'écrie-t-il avec la fermeté d'une résolution désespérée ; la mort nous environne de tous côtés ; elle ne tardera pas à fondre sur nous ; volons au-devant d'elle ! hâtons ses coups, lents à nous frapper ! C'est dans les flots que nous devons la trouver ! Peut-être que si nous la cherchons, elle nous fuira. La terre est devant nous ; il n'est pas impossible d'y arriver : je vais le tenter ! Si je ne réussis point, j'avance la fin de mes jours de quelques heures, et je diminue la durée de mes maux. »

A ces mots, il se plonge dans la mer ; plusieurs, animés par son exemple, veulent le suivre ; je leur montre leur camarade roulé par les flots, se débattant inutilement contre les lames, jeté sur le rivage, remporté par la mer, disparaissant quelques minutes, et ne reparaissant que pour être écrasé contre un rocher. Ce tableau les fit frémir, et leur ôta l'envie de l'imiter.

La plus grande partie du jour s'était écoulée ; il était cinq heures du soir ; nous songions avec terreur à la nuit que nous avions déjà passée ; nous frémissions d'avance de celle qui allait la suivre. Les mâts et les hauts bancs, que nous avions coupés la veille, avaient été emportés par les vagues ; l'espoir de nous sauver sur un radeau s'était évanoui. Nous avions un mauvais canot, mais hors d'état de faire le court trajet du navire jusqu'à terre; nous l'avions examiné à diverses reprises, et chaque fois nous avions renoncé à nous en servir. Trois matelots, plus courageux ou plus désespérés, osèrent s'embarquer sur cette frêle machine. Ils y descendirent sans avertir personne de leur dessein; nous ne nous en aperçûmes que lorsqu'ils se furent éloignés. Nous les regardâmes comme des hommes perdus; nous fûmes témoins de leurs efforts, des peines qu'ils se donnèrent et des risques qu'ils coururent. Ils réussirent cependant, contre notre attente; ils abordèrent au rivage. Nous enviâmes leur félicité: tous regrettèrent de n'avoir pas eu la même hardiesse; chacun se plaignit de n'avoir pas été prévenu de leur projet.

La nuit nous déroba bientôt la vue de ces anciens compagnons de notre infortune: contraints de rester encore sur notre bâtiment, nous comparions leur situation à la nôtre, qui nous paraissait plus mauvaise; nos souffrances semblaient augmenter, parce qu'ils ne les partageaient pas. Cette nuit fut aussi terrible que la première; la fatigue fut la même, et l'épuisement où nous étions de la veille nous laissait à peine la force de la supporter.

Depuis que notre navire était sur le côté, nous n'avions pas pu pénétrer dans l'intérieur; nous n'avions pas osé y faire des ouvertures, dans la crainte d'ouvrir de nouveaux passages à l'eau. Nous étions, en conséquence, sans provisions: nous n'avions pas le pouvoir de nous en procurer, et nous avions passé tout ce temps sans boire et sans manger.

Le ciel semblait avoir pris plaisir à rassembler sur nous toutes les infortunes: nos corps fatigués demandaient en vain du repos et des aliments pour réparer leurs forces, l'un et l'autre leur étaient refusés; jamais nous n'avions vu la mort dans un appareil plus affreux. Notre brigantin échoué était retenu dans la terre par de gros rochers, les vagues lui donnaient des secousses épouvantables qui l'ébranlaient et menaçaient à chaque instant de le rompre et de nous ensevelir: heureusement pour nous il était bon.

Le lendemain, 18 février, nous revîmes le jour dont nous avions désespéré de jouir encore. La mort, qui nous aurait délivrés de nos souffrances, eût été sans doute un bienfait; mais l'amour de la vie se conserve jusqu'au dernier instant. Notre premier mouvement, en nous voyant encore sur le côté du brigantin, fut de remercier le ciel de nous avoir conservés jusqu'à ce moment, et d'élever vers lui nos mains suppliantes pour le conjurer d'achever son ouvrage, en nous facilitant les moyens de nous rendre à terre.

Jamais prière ne fut plus ardente; le ciel parut l'exaucer : le vent se calma un peu; l'agitation furieuse de la mer diminua, et nous offrit un spectacle terrible, à la vérité, mais beaucoup moins que les jours précédents. Un de nos matelots, excellent nageur, après avoir examiné quelque temps le chemin qu'il y avait à faire pour atteindre la terre, se détermina à risquer le passage. « J'irai, nous dit-il, rejoindre mes compagnons; nous essayerons de calfater et de ceintrer le canot; peut-être parviendrons nous à le mettre en état de faire quelques voyages à bord. Nous ne devons pas différer : nos forces s'affaiblissent à chaque instant; n'attendons pas qu'elles soient absolument éteintes; employons le peu de vigueur qui nous reste encore pous nous tirer de cette horrible situation. »

Nous applaudîmes à son discours; nous l'encourageâmes du mieux qu'il nous fut possible. Nous lui donnâmes des mouchoirs et dix brasses de ligne qui pouvaient servir à calfater le canot. Il s'en chargea et se jeta dans la mer. Nous le vîmes plusieurs fois sur le point de périr : nos yeux inquiets s'attachaient à tous ses mouvements; nous le regardions comme notre unique ressource, notre unique sauveur; nous partagions les risques qu'il courait, nous l'encouragions du geste et de la voix; nous travaillions pour ainsi dire avec lui, nous souffrions avec lui; notre imagination, nos désirs ardents nous mettaient à sa place; enfin, après avoir passé cent fois, alternativement, de la crainte à l'espérance, nous le vîmes gagner le rivage avec des efforts infinis. Nous tombâmes à genoux pour en remercier le ciel; un rayon de joie se répandit dans nos âmes, et les fortifia.

Il était alors sept heures du matin : nous attendîmes avec impatience le moment où l'on viendrait nous chercher; nous restions continuellement tournés vers la terre. Nos yeux avides regardaient nos quatre matelots occupés autour du canot; ils ne perdaient aucun de leurs mouvements, autant que l'éloignement le leur permettait. Nous hâtions leur travail par nos vœux : il avançait cependant avec lenteur, et nous frémissions quelquefois qu'il ne fût inutile. Il fut fini à trois heures après midi. Nous le vîmes lancer à l'eau; il s'approcha de notre bâtiment. Comment peindre la joie de l'équipage à cette vue. Elle éclatait par des cris, par des larmes délicieuses; chacun embrassait son compagnon et se félicitait de cette faveur du ciel.

Cet attendrissement, cette sensibilité mutuelle ne durèrent pas; tout changea lorsqu'il fut question de s'embarquer : le canot était petit, il ne pouvait contenir qu'une partie de notre monde, tous ne pouvaient y entrer sans le surcharger. Chacun le sentait; mais aucun ne voulait rester pour un second voyage. La crainte de quelque accident qui pût l'empêcher de revenir, celle de rester encore exposé sur le brigantin, portaient tous les matelots à demander à passer les premiers. Ceux qui avaient amené le canot me conjurèrent d'en profiter sur-le-champ, en me disant qu'ils n'espéraient pas qu'il fût en état de venir deux fois.

Ces mots, entendus de tout le monde, excitèrent de nouveaux gémissements, et rendirent les sollicitations plus pressantes. Je pris aussitôt mon parti; j'élevai la voix, et j'imposai silence à tous. « Vos clameurs, vos inquiétudes, leur dis-je, sont inutiles et ne servent qu'à retarder notre délivrance. Vous périssez tous si vous persistez à vouloir être tous transportés à la fois; écoutez la raison, soumettez-vous à ce qu'elle dicte, et espérez. Nous courons tous les mêmes risques; les préférences seraient odieuses dans une occasion telle que celle-ci. Le malheur nous rend tous égaux; que le sort choisisse ceux qui doivent partir les premiers, soumettez-vous à sa décision. Pour montrer à ceux de vous qu'il ne favorisera pas, que ce n'est point une raison de perdre l'espérance, je resterai avec eux, et je ne quitterai le brigantin que le dernier. »

Cette résolution les étonna et les mit d'accord. Un matelot avait, par hasard, un jeu de cartes dans sa poche : ce fut avec ce jeu que nous fîmes parler le sort. De onze que nous étions encore, quatre s'embarquèrent avec les quatre matelots qui avaient amené le canot; ils arrivèrent heureusement à terre, et l'on revint chercher les autres. Pendant ce temps, j'avais remarqué que la violence de la mer avait détaché la partie supérieure de notre chaloupe : à l'aide de M. Desclau et de mon nègre, je parvins à l'en séparer tout à fait. Ce débris me parut propre à suppléer au canot pour me conduire à terre. M. Desclau, à qui j'en parlai, en jugea comme moi; nous lui confiâmes notre existence et celle de mon nègre. Lorsque tout le monde fut embarqué, nous suivîmes le canot, et nous abordâmes presque en même temps.

Avec quelle joie ne nous vîmes-nous pas sur la terre! Quelles grâces ne rendîmes-nous pas au ciel! Des huîtres que nous trouvâmes sur le bord d'une rivière dont l'embouchure n'était pas éloignée, nous fournirent un repas délicieux. Nous passâmes une nuit paisible dans un sommeil profond qui répara nos forces et qui ne fut point troublé par les inquiétudes de l'avenir. Le lendemain nous nous éveillâmes avec la même satisfaction; mais elle ne fut pas de longue durée. Nous étions dans un lieu désert, la terre ferme n'était pas éloignée, mais comment nous y transporter! Nous nous promenâmes sur le bord de la mer; nous y trouvâmes nos malles, plusieurs barriques de tafia, quantité de ballots de marchandises, des avirons et des gaffes que la mer y avait jetés, et qui devaient y être avant nous. Ces objets, à la réserve du tafia, étaient alors d'une bien faible valeur à nos yeux; nous aurions préféré un peu de biscuit, des armes à feu pour nous défendre, pour nous procurer du gibier, et surtout du feu dont nous manquions, et qui aurait séché nos habits et nos membres, transis par le froid et l'humidité. Ce dernier besoin était celui qui se faisait sentir avec le plus de violence. Nous essayâmes envain la méthode des sauvages, en frottant deux morceaux de bois l'un contre l'autre; mais notre maladresse ne nous permit pas d'en venir à bout.

Nous renoncions enfin à l'espoir de faire du feu, lorsque je remarquai que la mer s'était presque entièrement calmée. Je résolus de faire un voyage à bord, à l'aide du canot. Si par hasard il venait à me manquer, le trajet n'était pas long, je saurais nager, et les flots considérablement abaissés ne m'exposaient pas à un grand danger. Je tâchai d'engager un ou deux matelots, très-bons nageurs, à m'accompagner. Ils frémirent à ma seule proposition; ils se souvenaient de ce qu'ils avaient souffert sur le côté du brigantin; ils tremblaient de s'y revoir encore, sans espérance de revenir, si la mer recommençait à s'agiter; je ne jugeai pas à propos d'insitier : l'idée seule de notre navire effrayait tout le monde. On essaya de me détourner de mon projet; je plaignis cette terreur panique, et je courus m'embarquer avec précipitation, sans vouloir rien entendre.

J'arrivai heureusement au brigantin. La mer en s'abaissant avait laissé une partie de l'entrée libre. J'y amarrai mon canot, et je passai dedans, non sans peine ; il y avait beaucoup d'eau : j'en eus quelquefois jusqu'à la poitrine. Je ne trouvai pas facilement ce que je cherchais, tout avait été bouleversé. Par un hasard dont je me félicitai, je rencontrai sous ma main un petit baril qui contenait environ vingt-cinq livres de poudre à tirer. Il était placé dans un endroit où l'eau n'était pas montée. Je pris avec cela six fusils, plusieurs mouchoirs de Pariaca, des couvertures de laine, et un sac qui pouvait contenir trente-cinq à quarante livres de biscuit ; je trouvai encore deux haches. »

Je revins dans l'île avec ma petite cargaison ; elle y fut reçue joyeusement. Je fis ramasser un gros tas de bois sec, dont on trouvait une grande quantité sur la côte, et j'allumai aussitôt du feu. Ce fut une douceur incroyable pour toute notre petite troupe. Nous nous occupâmes à sécher nos habits, les couvertures que j'avais apportées et quelques-unes des hardes que nous avions trouvées dans nos malles. J'ordonnai ensuite à quelques matelots de prendre de l'eau de la rivière pour passer notre biscuit que la mer avait presque entièrement gâté. Cette eau était plus salée que douce ; mais elle n'était point amère : nous la corrigions avec du tafia, et nous nous en contentions, parce que nous n'imaginions pas que cette île en fournît d'autre.

Pendant que quelques-uns s'occupaient à passer notre biscuit, et à l'étendre ensuite pour le faire sécher, d'autres nettoyaient les fusils. J'avais dans ma malle quelques livres de plomb en grains : j'en donnai avec de la poudre à nos plus adroits chasseurs ; ils nous apportèrent, au bout d'une heure, cinq ou six pièces de gibier, car il est très-abondant sur cette côte. Nous le fîmes cuire et il nous fournit un excellent souper, le soir même. Nous passâmes ensuite la nuit auprès de notre feu, enveloppés dans nos couvertures, qui étaient sèches ; nous étions chaudement, et les autres commodités nous eussent paru peu de chose en comparaison de celle-là.

Le lendemain, 20 février, nous réfléchîmes sur ce que nous avions à faire, le passage du mal-être à un état meilleur, nos occupations de la veille, ne nous avaient pas permis de songer à l'avenir. Nous étions dans un lieu désert ; il n'y avait aucun chemin frayé pour nous conduire à quelque endroit habité. Il fallait traverser des rivières extrêmement larges, des bois épais et inaccessibles dans lesquels on risque de s'égarer à chaque pas. Les bêtes féroces étaient à craindre; la rencontre des sauvages n'était pas moins dangereuse. Nous ignorions s'il n'y en avait pas actuellement dans notre île. Nous savions que ceux qui habitent la côte des Apalaches abandonnent leurs villages pendant l'hiver, se rendent dans les îles voisines, où ils chassent jusqu'au mois d'avril; qu'ils retournent sur la terre ferme avec les dépouilles des animaux qu'ils ont tués, et vont les troquer avec les Européens contre les armes, la poudre et l'eau-de-vie dont ils ont besoin.

Nous demeurâmes ce jour entier et le jour suivant dans les inquiétudes que ne pouvaient manquer de nous attirer ces réflexions. Nous tremblions à chaque instant d'être attaqués par les sauvages; nous n'osions plus nous écarter les uns des autres. Le jour et la nuit, nous veillions alternativement dans la crainte d'être surpris; quelques-uns, qui se défiaient de la vigilance de celui qui faisait sentinelle, interrompaient leur repos pour veiller en même temps.

Le 22 février au matin, presque toute la troupe, fatiguée de la veille de la nuit, s'était enfin laissée surprendre au sommeil. Tout à coup deux matelots, que la crainte tenait encore les yeux ouverts, s'écrient d'un ton lamentable: *Alerte! voici les sauvages; nous sommes perdus!* Tous se lèvent à ces mots, et, sans songer à prendre d'autres informations, se préparent à fuir. Je réussis à les arrêter. Je les forçai à regarder ces sauvages qu'on nous annonçait; ils étaient au nombre de cinq, deux hommes et trois femmes, tous armés d'un fusil et d'un casse-tête. « Que craignez-vous? leur dis-je. Cette troupe est-elle si redoutable? n'est-elle pas inférieure à la nôtre? Nous sommes en état de leur faire la loi, s'ils ne viennent pas avec des intentions pacifiques. Attendons-les, ils peuvent nous servir et nous aider à sortir de ce lieu.»

Mes compagnons rougirent de leur terreur. Ils s'assirent tranquillement auprès de leur feu. Les sauvages arrivèrent. Nous les reçûmes avec de grandes démonstrations d'amitié; ils y répondirent de même. Nous leur fîmes présent de quelques-unes de nos hardes et de quelques tasses de tafia, qu'ils burent avec plaisir. Celui qui était à leur tête parlait un peu espagnol. Un de nos matelots, qui entendait cette langue, lia conversation avec lui, et nous servit d'interprète.

Nous apprîmes du sauvage qu'il s'appelait Antonio, et qu'il était de

Saint-Marc-des-Apalaches. Nous lui demandâmes s'il voulait nous conduire dans ce lieu, en l'assurant qu'il serait content de nous. Il nous offrit de venir nous prendre incessamment, et nous dit que nous n'étions qu'à dix lieues de Saint-Marc-des-Apalaches; et il nous trompait, car il y en avait vingt-six; mais nous l'ignorions. Peut-être que, si nous eussions été instruits de la vérité, ce petit défaut de bonne foi nous aurait fait tenir sur nos gardes.

Antonio repartit avec nos présents. Trois de nos matelots ne firent point difficulté de s'en aller avec lui. Il promit de venir le lendemain avec sa pirogue. Il tint parole : il nous apporta une outarde et la moitié d'un chevreuil. Le 24, nous chargeâmes une partie de nos effets, et nous partîmes au nombre de six, parce que sa pirogue n'en pouvait contenir davantage. Ceux qui restèrent derrière nous exigèrent que je m'en allasse le premier, bien assurés, disaient-ils, que je ne les oublierais pas, et que, si le sauvage refusait de les venir prendre, je saurais l'y forcer.

Antonio nous débarqua dans l'autre île, où nous trouvâmes nos trois compagnons, qui, l'avant-veille, avaient pris les devants. Je n'eus rien de plus pressé, en arrivant, que de répondre à la confiance qu'avaient eue en moi les cinq matelots que nous avions laissés dans l'île aux Chiens. Je conjurai notre hôte de les amener avec le reste de nos effets; mais je ne pus le déterminer à entreprendre de suite ce voyage. Il voulait, disait-il, nous conduire auparavant en terre ferme. Je n'y consentis point : son opiniâtreté me devint suspecte, et je le forçai de céder à la mienne. J'obtins enfin qu'il se mît en route, et, le 28 février, nous nous trouvâmes tous réunis. Ce fut une consolation pour nous. Dès que nous n'étions pas ensemble, il semblait qu'il nous manquait quelque chose. Rien de plus tendre que les liaisons formées par le malheur : nous étions quatorze, nous ne formions tous qu'une famille.

Dès que tout le monde fut rassemblé, je sommai le sauvage de tenir sa promesse, de nous conduire en terre ferme; mais l'ardeur qu'il avait d'abord montrée s'était beaucoup ralentie : il nous fuyait pour éviter nos sollicitations. Nous ne savions que penser de sa conduite : que voulait-il faire de nous? Épiait-il le moment de s'emparer de nos effets et de nous quitter? Quelques-uns de nos matelots proposèrent un parti violent : c'était de s'emparer de la pirogue; mais les conséquences m'en parurent dangereuses. Mais nos soupçons nous excitèrent à la vigilance, et nous la fîmes si exacte, qu'il fut impossible au sauvage de nous voler.

Nous demeurâmes cinq jours dans cette île, vivant de notre pêche et de notre chasse, économisant notre biscuit en nous bornant à une once par jour. Enfin, Antonio se laissa gagner par nos prières et par quelques présents : il consentit à nous mener. Notre troupe se divisa encore, et, le 5 mars, nous chargeâmes dans la pirogue la meilleure partie de nos effets. Nous nous y embarquâmes au nombre de six, savoir : M. Lacouture, sa femme, son fils, âgé de quinze ans, et qui, par un prodige inconcevable, avait résisté, ainsi que sa mère, à toutes nos traverses; M. Desclau et moi. J'emmenai aussi mon nègre, qui faisait le sixième. Antonio et sa femme vinrent avec nous, les trois autres sauvages restèrent avec nos huit matelots, dont nous ne nous séparâmes pas sans verser bien des larmes.

Ce voyage si ardemment désiré, obtenu avec tant de peine, devait nous être plus funeste que celui où nous avions fait naufrage. Nous avions déjà essuyé bien des infortunes, de nouvelles nous attendaient. On trouvera, dans ce que je vais raconter, des malheurs extraordinaires et des événements horribles dont le souvenir seul me fait frémir encore.

Antonio s'arrêta après trois lieues de marche, et nous descendit dans une île, où il nous força de demeurer jusqu'au lendemain, que nous ne fîmes pas un chemin plus considérable. Je remarquai qu'au lieu de nous passer du côté de la grande terre, il s'amusait à nous promener d'îles en îles. Cela me donna des inquiétudes, et augmenta la défiance que sa conduite m'inspirait. Six jours s'écoulèrent dans ces petites traversées; nos provisions étaient épuisées; nous n'avions plus d'autre nourriture que les huîtres que nous rencontrions sur le rivage, et un peu de gibier que le sauvage nous donnait quelquefois. La terre ferme, objet de tous nos désirs, ne paraissait point. Nous étions accablés de fatigues, épuisés par la mauvaise nourriture que nous prenions en très-petite quantité; nous étions déjà sans forces, et presque incapables de pouvoir manier les pagaies. Cet état cruel fit sur moi une impression terrible; je ne vis bientôt plus dans Antonio qu'un scélérat adroit qui voulait abuser de notre infortune, et nous faire périr insensiblement. Ces réflexions m'agitaient au milieu de la nuit. L'excès du malheur échauffa mon sang et aigrit mon caractère. J'étais éveillé une nuit autour d'un grand feu qu'avaient allumé mes compagnons. J'appelai M. Desclau et M. Lacouture ; je leur fis part des idées sinistres qui m'occupaient. Je leur dis nettement que ce perfide sauvage en voulait à nos jours, et que c'était fait de nous, si nous ne le prévenions pas. Je ne conçois pas comment je pus insister avec tant de chaleur sur la nécessité de tuer Antonio ; c'était moi qui, dans l'île, avais empêché nos matelots de s'en défaire.

M. Desclau et M. Lacouture me rappelèrent les raisonnements dont je m'étais servi pour détourner les hommes d'un aussi horrible dessein. Ils ne me persuadèrent pas, mais je cédai à leurs représentations.

Le lendemain, 2 mars, nous fîmes encore deux lieues, et nous descendîmes à l'ordinaire dans une île, abattus par la misère, pressés du besoin de dormir. Nous prîmes chacun une couverture dans laquelle nous nous enveloppâmes, suivant notre usage, et nous nous couchâmes autour d'un grand feu. Le sommeil nous gagna, et nous nous y livrâmes avec joie, parce que pendant ce temps nous perdions de vue notre infortune. Mais le mien ne fut pas long ; mes inquiétudes me reprirent avec plus de force : les idées les plus funestes se présentaient à mon imagination. Bientôt à demi assoupi, je crus me voir sur le bord de la mer, où j'aperçus le sauvage et sa femme gagnant le large dans leur pirogue. Mon esprit était si fortement frappé de cette idée, qu'il me sembla la voir se réaliser. Il m'échappa un cri perçant qui réveilla mes compagnons ; ils me tirèrent, en m'interrogeant, de l'espèce d'extase où j'étais plongé. Je leur dis ce qui m'occupait ; ils se moquèrent de mes terreurs. Je finis par rire, comme les autres, de ce qui venait de se passer. Ils ne tardèrent pas à se rendormir : moi-même je me laissai aller à un sommeil profond, et ce ne fut qu'à minuit que je me réveillai en sursaut, avec la même idée dont je m'étais moqué quelques heures auparavant.

Mes inquiétudes furent alors plus vives ; je ne pus résister au désir d'aller voir ce qui se passait sur le bord de la mer. Je me lève seul, sans rien dire, sans réveiller personne. Je marche d'un pas chancelant sur le rivage. Le ciel était serein : la lune répandait une clarté vive que rien n'interceptait ; elle aide mes yeux, je les dirige vers l'endroit où devait être la pirogue..... Je ne l'aperçois plus; je cherche, je regarde de tous les côtés..... Elle avait disparu. J'appelle le sauvage: personne ne répond. Mes compagnons, éveillés par mes cris, accourent sur les bords de la mer; je n'ai pas besoin de les informer de ce qui se passe; ils poussent des plaintes douloureuses, ils gémissent d'avoir retenu mon bras, lorsque j'allais, la veille, prévenir les desseins du perfide.

Nous voilà donc, une seconde fois, seuls dans une île déserte, sans secours, sans aliments, sans armes, sans moyens pour nous en procurer. Nous n'avions que les vêtements qui étaient sur notre corps, et nos couvertures. Nos fusils, nos effets étaient dans la pirogue; nos épées mêmes, que nous emportions ordinairement avec nous, y étaient restées ce jour-là. Toutes nos armes offensives et défensives consistaient dans un mauvais couteau qui se trouva par hasard dans ma poche, et j'étais le seul de la troupe qui en eût un. L'île ne produisait aucune racine, aucun fruit que nous pussions manger; la mer n'y entretenait aucun coquillage de plage. Quelle situation affreuse! Quelle espérance nous restait-il? et comment se soutenir par le courage, avec tant de raison de le perdre?

Dès que le jour commença à paraître, nous ramassâmes nos couvertures, qui étaient l'unique bien qui nous restât, et nous nous rendimes sur le rivage, dans l'espérance incertaine d'y trouver quelques huîtres pour soulager notre faim. Nos recherches furent inutiles; nous marchâmes pendant près de deux heures, sans apercevoir le moindre aliment, ni même une goutte d'eau potable.

Nous arrivâmes enfin au bout de cette île stérile; de là, nous en découvrîmes une autre, qui n'était séparée de celle où nous étions, que par un trajet d'eau d'un demi-quart de lieue. Nous y avions passé un jour et une nuit avec le sauvage. Je me rappelai que nous avions trouvé d'excellents coquillages et de bonne eau. Combien nous regrettâmes de n'avoir pas été plutôt abandonnés sur celle-là. Nous y aurions du moins vécu. Cette réflexion ajoutait à notre douleur. Nous nous assîmes sur le sable, en contemplant d'un œil avide cette île désirée, et en gémissant de la stérilité de la nôtre.

Après nous être reposés quelque temps, nous sentant pressés par la faim, nous délibérâmes s'il fallait hasarder de traverser le bras de mer qui séparait les deux îles : nous devions nous attendre à mourir, si nous ne le tentions pas. Personne n'hésita ; mais lorsque nous allions l'entreprendre, nous fûmes arrêtés par une réflexion qui ne s'était pas encore présentée. Nous avions avec nous madame Lacouture et son fils : comment pourraient-ils nous suivre ? Ce passage n'était pas dangereux pour les hommes accoutumés à l'eau ; mais comment une femme et un enfant l'entreprendraient-ils sans danger ? Nous voyions déjà M. Lacouture inquiet, mesurant des yeux le canal, et songeant au moyen de conduire sûrement deux personnes qui lui étaient si chères. L'humanité ne nous permettait pas de les laisser derrière nous. Nous offrîmes de nous relayer successivement pour leur donner la main à tous les deux, tandis que mon nègre, qui était le plus petit de la troupe, marcherait devant, sonderait le terrain, et nous avertirait des endroits où il ne serait pas uni.

Je pris la main de madame Lacouture ; M. Desclau prit celle du jeune homme : le mari fit deux paquets de nos couvertures et d'une partie de nos habits que nous quittâmes, en chargea un sur la tête de mon nègre, garda l'autre, et nous nous mîmes en route. Heureusement le fond était assez solide et assez égal ; l'eau, dans sa plus grande profondeur, ne nous allait que jusqu'à l'estomac. Nous marchâmes avec lenteur ; et nous arrivâmes à l'autre bord. Madame Lacouture, pendant cette traversée pénible, montra un courage et une vigueur qui me surprirent.

Parvenus enfin à cette île, où nous espérions trouver des aliments, nous éprouvâmes une autre incommodité qui pensa nous être funeste. Nous avions passé une heure et demie dans l'eau : le froid nous saisit aussitôt que nous en fûmes sortis ; il nous était cependant impossible de faire du feu pour nous sécher et pour nous réchauffer, car nous n'avions aucun instrument pour cela.

Nous sentîmes vivement la privation du feu ; c'est en nous donnant du mouvement, en nous agitant sans cesse, que nous parvînmes à nous réchauffer. Nous marchâmes pour cet effet pendant quelques heures, en cherchant des huîtres que nous dévorions à mesure que nous les rencontrions. Dès que nous fûmes rassasiés, nous en fîmes une petite provision, que nous portâmes près d'une source d'eau douce, où nous nous établîmes. Nous nous y reposâmes. Le soleil, qui était fort chaud, nous permit de rester quelque temps assis, sans souffrir du froid ; il sécha nos habits mouillés, sans quoi l'humidité nous aurait prodigieusement incommodés pendant la nuit. Cela n'empêcha pas que nous ne la passassions d'une manière très-désagréable ; le froid nous réveilla plusieurs fois, et nous n'eûmes pas d'autre parti à prendre pour l'éloigner que celui de nous lever et de nous promener.

Le lendemain, il fit un vent de sud et de sud-est, qui contribua à nous échauffer. Nous allâmes chercher des coquillages vers le bord de la mer ; mais la marée était haute, et nous n'en trouvâmes point. Nous fûmes forcés de nous en tenir à ceux que nous avions amassés la veille : nous eûmes occasion de remarquer que lorsque le vent soufflait du sud, la mer ne se retirait point, et qu'il fallait se précautionner d'avance pour des provisions, et les faire pour plusieurs jours lorsque les circonstances favorables le permettaient. Nous n'acquîmes cette connaissance qu'à nos dépens : étant restés quelquefois sans vivres, nous fûmes obligés de chercher parmi les herbes et les racines celles que nous croyions pouvoir suppléer aux coquillages : nous ne pûmes faire usage que d'une plante qui est une espèce d'oseille sauvage.

Je ne m'arrêterai pas sur ce que nous fîmes pendant les dix premiers jours qui s'écoulèrent depuis celui où Antonio nous avait abandonnés. Nous eûmes beaucoup à souffrir du froid pendant la fraîcheur des nuits, et quelquefois de la faim. Nous passions les journées entières à chercher de quoi fournir à notre subsistance, à pleurer sur nos infortunes, et à demander au ciel de daigner y mettre un terme. Notre état était toujours le même, et nos peines, nos plaintes, nos inquiétudes ne présenteraient que des détails monotones, sur lesquels il est inutile que je m'appesantisse.

Le 22 mars, ou environ, car je ne puis répondre de l'exactitude des dates qui vont suivre, pendant que nous continuions nos gémissements ordinaires, et que nous rêvions aux moyens de quitter ce triste séjour, nous nous rappelâmes que dans une île voisine, où notre sauvage nous avait menés, il y avait une vieille pirogue qu'on avait abandonnée sur la côte. Nous imaginâmes qu'il ne serait peut-être pas impossible de la raccommoder, et de nous en servir pour traverser le bras de mer qui nous séparait de la terre ferme. Cette idée nous séduisit ; l'espoir qu'elle nous inspira pouvait être chimérique, mais nous nous y livrâmes avec autant d'ardeur que si nous eussions été certains de sa réalité. Les malheureux ne sont pas difficiles en espérances; ils ne voient dans tous les projets qu'ils font que le terme de leurs maux : c'est à ce point que se terminent toutes leurs combinaisons. Les circonstances qui peuvent les empêcher d'y arriver, les obstacles inévitables qu'ils trouveront souvent devant eux, ne se présentent que faiblement à leur imagination; leur esprit les rejette avec effroi, et refuse de les examiner, de peur qu'ils ne lui fassent perdre l'idée flatteuse qui les console.

Nous raisonnâmes donc, M. Desclau, M. Lacouture et moi, sur les moyens de nous rendre auprès de cette vieille pirogue. Nous nous orientâmes du mieux que nous pûmes : nous évaluâmes le chemin que nous aurions à faire pour arriver à cette île : nous conjecturâmes que nous n'en étions qu'à quatre ou cinq lieues, et effectivement nous ne nous trompions pas. Nous ne nous dissimulâmes point les difficultés que nous rencontrerions dans ce voyage : nous nous attendîmes à trouver des rivières et un bras de mer à traverser; mais cela ne nous rebuta point. Nous résolûmes de tenter l'entreprise, sûrs de l'exécuter, pourvu qu'elle fût possible. Dès le même jour, nous nous mîmes en marche. Nous ne voulûmes point conduire avec nous madame Lacouture et son fils : l'un et l'autre n'auraient fait que nous retarder. Ils ne pouvaient supporter comme nous la peine et la fatigue. Nous aurions été obligés peut-être de les laisser derrière nous sur le bord de quelque rivière où nous n'aurions pas trouvé de gué, et qu'il aurait fallu absolument passer à la nage. Madame Lacouture sentit ces raisons; elle consentit à nous attendre avec son fils; je leur laissai mon nègre pour les servir, et nous partîmes après leur avoir promis de revenir incessamment avec la pirogue, si nous la raccommodions, et sans elle si elle ne pouvait nous être utile, ou si nous ne pouvions la trouver.

Ce projet était notre unique espoir et notre seule ressource; nous nous mîmes en route; nous en parlions comme d'une chose dont l'exécution était sûre; cela ranimait notre courage, nous donnait une nouvelle vigueur, et nous faisait trouver le chemin moins long. Dans tous les états de la vie, dans toutes les circonstances, les hommes se bercent de chimères : on en voit quitter les plaisirs réels dont ils jouissent, pour en imaginer de nouveaux et s'amuser de l'illusion : c'est pour les infortunés que celle-ci est réellement un bonheur; tant qu'elle les occupe, le sentiment de leur peine les affecte moins vivement, ils les oublient pour ainsi dire.

Nous arrivâmes, après trois heures et demie de marche, à l'extrémité de notre île. Nous n'avions point rencontré de rivière assez large pour nous arrêter longtemps; celles que nous vîmes n'auraient passé que pour de faibles ruisseaux en Europe; il ne nous fut pas difficile de de les traverser. Nous trouvâmes au bout de l'île une espèce de canal d'un quart de lieue, qui nous séparait de celles où nous dirigions nos pas : cette étendue d'eau à traverser nous causa quelque effroi; nous la mesurions des yeux avec une certaine inquiétude; le désir de nous procurer un moyen de transport, l'ardeur avec laquelle nous nous occupions à sortir de notre position, soutinrent notre résolution. Nous nous assîmes pendant une heure pour nous reposer; nous avions besoin de toutes nos forces pour réussir dans le trajet que nous allions entreprendre; nous ignorions si le canal était partout guéable; nous tremblions qu'il ne le fût pas, et que l'espace que nous aurions à traverser à la nage, ne fût trop considérable : cette idée nous retint encore en suspens pendant une demi-heure, enfin nous résolûmes de tout risquer. Avant d'entrer dans l'eau, nous nous jetâmes à genoux ; nous adressâmes au ciel une prière courte, mais fervente, dans laquelle nous lui demandions son appui : des infortunes aussi longues que les nôtres, les périls sans cesse renaissants auxquels nous étions exposés, nous avaient fait sentir plus que jamais le besoin d'un secours surnaturel, et la nécessité de recourir à Dieu. Après avoir rempli ce devoir, nous nous jetâmes dans l'eau, en nous confiant à la Providence ; ce fut elle qui nous soutint et qui nous empêcha de périr dans cette traversée.

Le terrain sur lequel nous marchions était très-inégal; nous ne faisions pour ainsi dire que monter et descendre ; nous n'étions pas à cent pas du bord, que nous perdîmes tout à coup le gué ; nous plongeâmes malgré nous ; ce contre-temps nous étourdit, il nous fit presque prendre la résolution de revenir sur nos pas : nous trouvâmes bientôt le fond, et nous nous aperçûmes que ce qui nous avait si fort effrayés était un trou dans lequel nous étions tombés, et que nous aurions évité si nous nous étions écartés de dix ou douze pas. Néanmoins nous finîmes notre route sans accident, trouvant tantôt plus d'eau, tantôt moins, et en ayant quelquefois jusqu'au menton.

Nous n'en pouvions plus lorsque nous arrivâmes à l'autre bord ; nous fûmes contraints de nous jeter par terre, et de nous y reposer en attendant que nous eussions repris assez de forces pour pouvoir aller plus loin. Le temps, heureusement pour nous, était très-serein, aucun nuage ne cachait le soleil ; ses rayons, qui dardaient d'aplomb sur nous, nous garantirent du froid dont nous n'aurions pu nous défendre sans ce secours, et séchèrent nos habits et nos couvertures que nous avions apportées avec nous.

Dès que nous nous fûmes reposés pendant quelque temps, nous ramassâmes des coquillages que le hasard nous présenta, et qui réparèrent nos forces. Nous rencontrâmes à peu de distance une espèce de puits, dans lequel nous trouvâmes de l'eau douce qui servit à nous désaltérer. Nous marchâmes ensuite vers la côte où devait être la pirogue ; nous ne tardâmes pas à la découvrir ; personne ne pouvait nous en disputer la possession. Nous l'examinâmes, en arrivant, d'un œil avide et curieux ; elle était dans l'état le plus déplorable. Au premier aspect, il nous parut impossible de la rendre jamais capable de quelque usage. Nous ne nous en tînmes cependant pas à ce premier examen ; il eût été affreux pour nous d'avoir fait un voyage aussi pénible et aussi long dans cette espérance, pour la voir ensuite trompée. Nous la retournâmes de tous les côtés, nous en sondâmes toutes les parties, et je reconnus que tous nos efforts seraient inutiles. M. Desclau et M. Lacouture n'en jugèrent pas comme moi ; je me rendis à leur raisonnement : après tout, il n'y avait aucun risque d'essayer de la raccommoder ; ce ne serait que du temps et de la peine perdus. Nous étions accoutumés à la peine ; et quant au temps, à quelle autre chose pouvions-nous l'employer ? Cette occupation pouvait d'ailleurs nous distraire, nourrir un faible reste d'espérance, et tout cela était précieux dans une situation aussi fâcheuse que la nôtre.

Nous nous mîmes sur-le-champ à cet ouvrage ; nous ramassâmes des gaules et une certaine herbe qui croît au haut des arbres, et qu'on appelle *barbe espagnole* : c'étaient les matériaux que nous devions employer pour radouber notre frêle bâtiment. Ce soin nous occupa le reste de la journée : nous fûmes obligés de quitter ce travail de bonne heure pour chercher des aliments, et heureusement nous n'en manquâmes pas.

Le soleil venait de se coucher : un vent frais commençait à s'élever, et nous menaçait d'une nuit qui serait très-froide. Chaque fois que nous nous trouvions dans ces circonstances, nous déplorions amèrement l'impuissance où nous étions de faire du feu : la découverte du moindre caillou aurait été pour nous le trésor le plus précieux ; mais j'ai dit qu'on n'en voyait aucun dans ces îles. Dans ce moment, je me rappelai que le sauvage qui nous avait si cruellement trahis, avait changé la pierre de son fusil le jour qu'il nous avait fait faire halte dans cette île. Ce souvenir fut un trait de lumière qui ramena un légéer espoir dans mon âme. Je me lève avec une précipitation qui surprend mes deux camarades ; je les quitte sans leur dire où je vais ; je cours vers le lieu où Antonio nous avait débarqués : il n'était pas éloigné.

J'y arrive, je reconnais la place où nous avions passé la nuit : on y voyait encore les restes des cendres du feu que nous y avions allumé. Je parcours lentement les endroits voisins ; je cherche avec attention le lieu où le sauvage avait changé sa pierre ; il n'y a pas un coin que je n'examine avec l'attention la plus scrupuleuse, pas un brin d'herbe que je ne soulève pour savoir si elle ne me cache point cette pierre si précieuse : pendant un gros quart d'heure je fais des recherches vaines : la nuit approche ; je ne jouis plus que d'un faible crépuscule, à l'aide duquel je discerne à peine les objets. Je renonçais déjà à mon espérance, et je me disposais à rejoindre mes compagnons, plus triste et plus affligé que je ne l'étais en les quittant, lorsque je sens sous mes pieds nus, car j'avais quitté mes souliers qui ne pouvaient plus être d'aucun usage ; je sens, dis-je, un corps dur ; je m'arrête avec un secret frémissement, partagé entre la crainte et l'espérance : je me baisse, je porte une main tremblante sous mon pied que je n'avais osé déranger, de peur de perdre le corps qu'il couvrait ; je le saisis : c'était en effet la pierre à fusil que je cherchais ; je la reconnais avec une joie qu'il me serait difficile de vous exprimer, et qui vous surprendra sans doute, ainsi que ceux qui n'ont pas été dans ma situation, et qui dans cette vieille pierre ne verront qu'un misérable caillou. O mon ami ! puissiez-vous ignorer toujours ce que c'est que le besoin, le malheur qui empêche de le satisfaire, et quelle importance et quel prix ils attachent aux choses les plus viles à nos yeux.

Transporté de joie, je courus à mes compagnons : « Bonne nouvelle, m'écriai-je de fort loin, et avant même qu'ils pussent m'entendre : je l'ai trouvée, je l'ai trouvée! » Ils accoururent à mes cris, et m'en demandèrent la cause. Je leur montrai ma pierre à fusil ; je leur dis de cueillir du bois sec ; je tirai mon couteau, le seul instrument de fer que nous possédions ; je déchirai mes manchettes qui me servirent d'amadou, et je parvins à allumer un grand feu qui nous défendit contre la fraîcheur de la nuit, et reposa en les échauffant nos membres fatigués. Que cette nuit nous parut délicieuse en comparaison de celles que nous avions passées précédemment! Avec quelle volupté nous nous étendîmes autour de notre feu! Que notre sommeil fut long et paisible ! Les rayons du soleil en tombant sur nous à son lever occasionnèrent seuls notre réveil.

Il est inutile de vous dire avec quel soin je serrai cette pierre véritablement précieuse ; la crainte de la perdre et d'être privé de ce secours, nous garantit des précautions que je pris ; je n'en négligeai aucune : je ne voulus jamais m'en séparer ; elle resta enveloppée dans deux mouchoirs que j'attachai à mon cou, et encore ne pus-je m'empêcher d'interrompre plusieurs fois mon ouvrage pour y porter la main, et tâter si elle y était encore.

Nous passâmes le second jour de notre arrivée dans cette île à continuer nos travaux pour réparer la pirogue ; nous la cintrâmes avec une de nos couvertures que nous sacrifiâmes à cet objet : nous achevâmes notre ouvrage au moment où le jour finissait, et nous passâmes une seconde nuit avec l'espoir de ne pas voir notre peine inutile : le désir d'en faire l'épreuve nous éveilla de bonne heure : nous n'eûmes rien de plus pressé que de mettre notre pirogue à l'eau ; tout ce que nous avions fait ne l'avait pas rendue meilleure ; il était impossible de s'y exposer sans danger. M. Lacouture en jugea autrement, et dit qu'on la remettrait peut-être en état, en employant deux autres couvertures. Il se proposa de la conduire dans l'île où nous avions laissé sa femme et son fils. M. Desclau et moi, nous songeâmes à chercher les moyens de rejoindre celle du sauvage où étaient nos huit matelots, dans l'espérance d'y trouver Antonio, et de le forcer à nous mener aux Apalaches. Nous promîmes à M. Lacouture de ne point l'abandonner si nous réussissions, et de lui envoyer des secours prompts, ou de le rejoindre si nous ne venions pas à bout de notre dessein. Nous lui fîmes nos adieux, et nous gagnâmes l'autre extrémité de l'île ; mais nous ne fîmes encore que nous fatiguer inutilement par ce voyage : nous n'aperçûmes aucun passage qu'il fût possible et même prudent de tenter. Un canal d'une lieue nous retenait loin de l'île d'Antonio : un pareil trajet n'était pas praticable à deux hommes seuls, qui n'avaient d'autre secours que celui qu'ils pouvaient tirer de leurs bras et de leurs jambes. Nous revînmes sur nos pas ; nous ne trouvâmes plus M. Lacouture sur la côte où nous l'avions laissé ; il en était déjà parti avec sa pirogue pour se rendre auprès de sa femme ; il avait côtoyé le rivage, et nous reprîmes le chemin que nous avions fait lorsque nous étions venus. Nous n'arrivâmes que sur le soir au bord du canal qui nous restait à traverser : nous attendîmes le lendemain pour entreprendre ce passage : notre lassitude ne nous aurait sans doute pas permis de l'exécuter avec succès. Les alarmes que nous avions eues la première fois, se représentèrent à notre souvenir, et nous ne jugeâmes pas à propos de nous y exposer pendant la nuit. L'infortune rend l'homme extrêmement timide : en vain dans certains moments il appelle la mort qu'il regarde comme son asile et le terme de tous ses maux : dès qu'elle s'approche, il fait tous ses efforts pour l'éloigner.

Le lendemain nous repassâmes le canal avec autant de bonheur que la première fois, et avec moins de risque. Nous arrivâmes auprès de madame Lacouture, qui n'avait pas passé le temps de notre absence sans inquiétude sur notre sort et sur notre retour : nous trouvâmes son mari auprès d'elle ; il était arrivé la veille avec la pirogue qu'il avait amenée heureusement ; mais ce voyage, quelque court qu'il eût été, n'avait pas laissé de l'endommager beaucoup. Le travail que nous y avions fait n'avait aucune solidité ; la plupart de ses parties s'étaient disjointes, et ouvraient de tous côtés des passages à l'eau. Ce peu de succès nous découragea d'abord, et nous fit renoncer à l'idée d'y travailler encore. Nous passâmes le reste de cette journée à nous reposer. Notre retour avec ma pierre à fusil fut un bonheur pour madame Lacouture, qui depuis si longtemps avait été privée de feu. Nous en allumâmes un qui lui donna de nouvelles forces.

Les huîtres et les racines avaient fait jusqu'à ce moment notre unique nourriture, et quelquefois nous n'en avions pas une quantité suffisante. La Providence nous en fournit ce jour-là d'une autre espèce. J'avais quitté mes compagnons pour me promener sur la côte : les réflexions déchirantes qui m'occupaient, m'empêchèrent de m'apercevoir que je m'en écartais beaucoup ; elles me menèrent loin et longtemps. Un chevreuil mort que je rencontrai devant mes pas, me retira de ma rêverie : je l'examinai et le tournai de tous côtés ; il était encore assez frais : il me parut avoir été blessé, et s'être sauvé à la nage jusque dans ce lieu, où la perte de son sang, la douleur que devait lui avoir causée sa blessure, l'avaient sans doute forcé de s'arrêter, et où il était mort ensuite. Je le regardai comme un présent du ciel, et le chargeant avec peine sur mes épaules, je revins auprès de mes compagnons, que je ne retrouvai qu'après environ une heure de marche.

Tout notre monde fut surpris de mon heureuse découverte, et en remercia le ciel. Nous avions besoin d'une nourriture plus solide que celle dont nous usions tous les jours. Nous nous préparâmes à faire le meilleur repas que nous eussions fait depuis longtemps. Nous nous empressâmes tous autour de notre chevreuil, que nous eûmes bientôt écorché et dépecé. Nous en fîmes cuire à notre feu une quantité suffisante pour nous rassasier, et nous passâmes ensuite une nuit paisible.

Le jour suivant, qui était, je crois, le 26 mars, le désir de sortir de cette île nous fit encore courir à notre pirogue, à laquelle nous revenions sans cesse avec une nouvelle ardeur, et que nous n'abandonnions jamais sans un regret mortel. Le peu de succès de notre premier travail ne nous empêcha pas d'en entreprendre un second. Nous nous flattâmes de réussir mieux, et de profiter de l'expérience que pouvaient nous donner les fautes que nous avions faites la première fois. Nous fîmes usage de la même espèce de matériaux que nous avions déjà employés : nous ne nous pressâmes point ; nous fûmes trois jours entiers à cet ouvrage, auquel nous sacrifiâmes encore deux couvertures pour le cintrer. Lorsqu'il fut achevé, nous n'eûmes pas lieu d'en être plus contents. Cette malheureuse pirogue ne pouvait être un quart d'heure sur l'eau sans se remplir. Cet inconvénient nous désespérait, et nous n'y trouvions pas de remède. Cependant nous n'avions pas d'autre bâtiment pour nous tirer de l'état déplorable auquel nous étions réduits. Empressés d'en sortir, nous fermâmes les yeux sur le danger. Nous n'avions que deux lieues à faire pour arriver à la terre ferme ; mais il était impossible de nous embarquer tous ; c'eût été submerger la pirogue et la faire enfoncer en y entrant. Nous nous déterminâmes à partir tous trois, M. Lacouture, M. Desclau et moi. Pendant que deux de nous rameraient, le troisième devait s'occuper sans cesse à tirer l'eau qui entrerait dans le bâtiment. Nos chapeaux devaient servir à ce travail; nous pouvions par ce moyen diminuer le danger. Il n'en existait pas moins, à la vérité; mais enfin il fallait s'y exposer, s'abandonner à la Providence, et attendre d'elle les secours dont nous avions besoin pour réussir dans ce trajet périlleux.

Cette résolution ayant été prise, nous en remîmes l'exécution au lendemain. Nous employâmes le reste de la journée à faire consentir madame Lacouture à attendre, avec son fils et mon nègre, que nous puissions lui envoyer un bateau plus solide, ce qui ne nous serait pas difficile, si nous parvenions à la terre ferme. Ce ne fut pas sans peine que nous vînmes à bout de la consoler et de la déterminer à nous laisser partir sans elle. Je lui promis de lui laisser ma pierre à fusil et mon couteau; et j'avoue que ce ne fut pas sans quelques regrets que je consentis à céder ces deux meubles qui nous avaient été si utiles, et dont je pourrais avoir besoin moi-même, si je faisais un second naufrage avec la pirogue, ou si j'arrivais dans un lieu désert; mais il fallait bien qu'elle eût quelques secours.

Dès que nous eûmes apaisé ses regrets et mis fin à ses plaintes, nous ramassâmes des provisions pour elle et pour nous; nous en embarquâmes quelques-unes pour nous en servir pendant notre voyage. Enfin, le 22 mars, au lever du soleil, nous entrâmes dans la pirogue : elle était à flot; nous sentions le plancher sur lequel nous étions fléchir sous nos pieds : le poids de trois corps tels que les nôtres la fit un peu enfoncer, et nous vîmes bientôt l'eau qui la gagnait. Cet aspect m'ôta toute espérance; je ne pus me défendre d'un secret frémissement : la terreur la plus profonde s'empara de mon âme; il me fut impossible d'y résister : je voyais déjà la mort devant moi; je ne voulus plus risquer le trajet; je sortis avec précipitation de la pirogue. « Non, mes amis, m'écriai-je en me tournant vers M. Lacouture et M. Desclau, non, nous ne pouvons entreprendre ce voyage : nous ne ferons pas un quart de lieue avec ce bâtiment; il s'enfoncera avant ce temps, et nous laissera au milieu d'une mer inconnue, et loin de toute île où nous puissions nous réfugier. Restons dans celle où nous sommes; attendons-y les secours du ciel ou la mort; mais n'en précipitons pas l'instant : il mettra fin à nos longues souffrances, et notre patience et notre résignation nous mériteront peut-être bientôt ce bienfait. »

J'avais sauté sur le rivage en disant ces mots. M. Lacouture me pressait de revenir, et se moquait de ma peur. Mes sollicitations, mes raisonnements ne purent le gagner : il persista dans le dessein de tout risquer, et M. Desclau partit avec lui. Je restai sur le bord, d'où je les regardai avec tristesse. Je les vis avancer avec peine, tourner une petite île qui était à portée de fusil de la nôtre, et qui les déroba bientôt à nos yeux. Je ne doute point qu'ils n'aient péri : je n'en ai jamais eu aucunes nouvelles, et sans doute leur naufrage ne tarda pas longtemps. Sans l'île qui était entre nous, et qui me les cachait, j'aurais vu la pirogue s'enfoncer, et mes malheureux compagnons s'ensevelir avec elle dans les flots. L'état de ce bâtiment est une preuve à laquelle il n'y a point de réplique à faire; et quelques rapports, que j'eus occasion d'entendre et dont je parlerai dans la suite, ne servirent qu'à m'assurer de leur perte.

Je revins auprès de madame Lacouture, qui ne s'attendait plus à me revoir : elle n'avait pas voulu être présente à notre embarquement; comme elle n'y consentait qu'avec peine, ce spectacle aurait augmenté sa douleur. Je la trouvai assise auprès du feu, le dos tourné contre le rivage, et pleurant amèrement sur sa situation. Ma présence la ranima. « Vous n'êtes donc pas encore partis? me dit-elle. Ah! qui vous arrête? Croyant votre départ certain, je cherchais à m'accoutumer à notre séparation : cette idée affligeante commençait à m'affecter moins, par l'espérance que vous ne m'oublieriez pas; mais je vous revois, je n'ose me livrer à la joie ; les regrets vont bientôt la faire disparaître, et se renouveler avec plus d'amertume.

Je ne jugeai pas à propos de lui donner de plus vives inquiétudes en lui disant la cause de mon retour, et les craintes que je concevais pour nos deux voyageurs, dont l'un était son mari. Je lui cachai le péril auquel il était exposé; je lui dis simplement que, pour surcharger moins la pirogue, j'avais préféré rester avec elle; que M. Lacouture, enchanté de ma résolution, qui rendait son voyage moins périlleux, et l'assurait qu'il laissait du moins un ami sûr auprès de sa femme et de son fils, avait continué sa route avec plus de tranquillité, et que je lui avais promis de ne rien épargner pour leur rendre tous les services qui seraient en mon pouvoir. Madame Lacouture me remercia avec la plus vive reconnaissance.

Nous n'étions enfin plus que quatre dans notre île, et j'étais obligé de songer à la conservation et à la subsistance de tous. Madame Lacouture et son fils étaient trop faibles pour m'être d'un grand secours; je n'en tirais guère que de mon nègre; mais c'était une espèce de machine organisée, qui n'avait que des bras et des jambes à employer à notre service; il manquait à chaque instant de jugement et de prévoyance, et j'étais obligé d'en avoir pour lui comme pour les autres; il ne m'était utile que dans les occasions où il fallait agir et où ses forces m'étaient nécessaires.

Pendant quelques jours que nous passâmes encore dans cette île, les vents de sud et de sud-est soufflèrent longtemps, et nous furent très-funestes en nous empêchant de trouver des provisions. Nous fûmes obligés de nous restreindre à l'oseille sanguine, qui faisait une nourriture très-légère, sans substance, et qui affaiblissait notre estomac sans le rassasier. Le chevreuil avait été bientôt dévoré; le hasard, qui me l'avait procuré, ne renaissait plus, et il ne fallait pas compter deux fois sur ses bienfaits. Nos peines enfin augmentaient à chaque instant.

Six jours s'étaient écoulés depuis le départ de M. Lacouture et de M. Desclau : j'avais quelquefois espéré, faiblement à la vérité, de recevoir de leurs nouvelles et des secours de leur part; mais je n'osai plus m'en flatter. Madame Lacouture elle-même ne comptait plus sur eux; elle me disait qu'elle croyait ne plus les revoir, et que sans doute ils avaient péri. Je ne pouvais calmer ses craintes et ses soupçons; je les éprouvais moi-même, et je connaissais d'ailleurs la fragilité de leur bâtiment. Le malaise que je ressentais, mes longues infortunes, me donnaient de l'humeur, de l'ennui, du dégoût, et dans cet état j'étais incapable de déguiser ce que je pensais et d'avoir des ménagements.

Las de ma situation douloureuse, reconnaissant avec amertume que je ne devais attendre que de moi les moyens de la changer, j'imaginai de faire un radeau sur lequel nous puissions nous embarquer. Je saisis vivement cette idée, et je regrettai de ne l'avoir pas eue avant le départ de mes deux compagnons; ils m'auraient secondé dans ce travail, plus utile et plus sûr que celui que nous avions fait à cette malheureuse pirogue que nous avions été chercher si loin. Je résolus du moins de ne pas différer l'exécution de ce nouveau dessein tandis qu'il me restait encore des forces pour l'entreprendre. J'en fis part à madame Lacouture, qui l'adopta avidement, et qui, surmontant la faiblesse naturelle à son sexe et que nos malheurs avaient encore augmentée, mit elle-même la main à l'ouvrage : nous nous en occupâmes tous les quatre. Je chargeai le jeune Lacouture de dépouiller quelques arbres de leur écorce, en lui indiquant ceux qui pouvaient nous être utiles. Nous nous mîmes, sa mère, mon nègre et moi, à rassembler les plus grosses pièces de bois sec que nous pûmes trouver. Il y en avait de considérables que nous avions de la peine à remuer, et que nous roulâmes tous les trois avec effort sur le rivage. Nous y en conduisîmes une douzaine : ce soin nous retint un jour entier, à cause de notre faiblesse ; à chaque instant nous étions contraints de nous reposer : après avoir pris haleine pendant quelques moments, nous recommencions à travailler avec une constance que soutenait seul le désir de sortir du lieu de notre exil.

Nous étions tous extraordinairement fatigués, lorsque la nuit nous força d'interrompre notre besogne. Nous trouvâmes heureusement près de notre feu une grande quantité d'huîtres, de palourdes, de lambies et d'autres coquillages que le jeune Lacouture avait pris sur le bord de la mer, et qu'il y avait transportés. Ces aliments crus étaient très-grossiers et très-indigestes ; nous imaginâmes de les faire griller sur des charbons : c'était la première fois que cette idée nous était venue ; nous l'essayâmes, et nous nous en trouvâmes bien. Ces sortes de poissons perdirent toute leur mauvaise qualité par la cuisson ; ils devinrent plus légers, plus nourrissants, mais ils furent moins agréables au goût : nous ne pouvions les assaisonner ; un peu de sel nous aurait suffi, mais nous n'en avions point, et nous ne savions comment en faire. Le radeau qui nous occupait absolument, ne nous permit pas d'en chercher les moyens. Nous pouvions nous passer de sel, mais nous ne pouvions songer à finir nos jours dans cette île.

Le lendemain, nous reprîmes notre ouvrage de la veille : les écorces d'arbre que le jeune Lacouture avait préparées me servirent à attacher nos pièces de bois les unes aux autres. Ce lien ne me parut pas suffisant ;

j'occupai madame Lacouture à couper une de nos couvertures par bandes qui me servirent à faire un lien plus solide. Mon nègre, pendant ce temps, roula près de moi quelques autres pièces de bois moins pesantes, que je joignis à celles qui étaient déjà assemblées. Mon radeau fut fini à midi. Je pris un morceau de bois que j'assujettis de mon mieux au milieu de mon ouvrage pour servir de mât ; j'y attachai une couverture entière qui devait nous tenir lieu d'une voile.

Nous défîmes ensuite une partie de nos bas, dont le fil fut employé à faire des cordages pour les haubans, les bras et les écoutes. Tous ces différents travaux nous tinrent le reste de la journée ; mais enfin nous les achevâmes. Je me munis d'une dernière pièce de bois de moyenne grosseur, dont je me proposai de me servir comme d'un gouvernail. Résolus de partir le lendemain de grand matin, nous commençâmes tout de suite à faire provision d'huîtres et de racines : nous fûmes assez heureux pour en trouver une quantité prodigieuse, dont nous chargeâmes ce que nous crûmes nécessaire sur notre radeau. Il était amarré avec soin dans le sable ; la marée montante devait le mettre à flot : elle commençait ordinairement à se retirer au point du jour, et nous comptions en profiter pour partir. En attendant ce moment, nous nous reposâmes près de notre feu : nous n'y goûtâmes pas longtemps le sommeil : il survint un orage affreux pendant la nuit ; la pluie, la clarté des éclairs, le bruit du tonnerre nous réveillèrent : la mer s'enfla beaucoup ; elle s'agita avec la plus grande fureur : nous tremblâmes pour le radeau qui nous avait donné tant de peine. Hélas ! nous ne pûmes point en profiter ; les vagues le détachèrent et l'entraînèrent dans la mer, après l'avoir mis en pièces. Ce temps affreux dura toute la nuit ; il ne cessa qu'au retour du soleil.

Nous étions accourus sur le rivage pour voir si notre machine n'aurait point résisté à la tempête : nous ne la vîmes plus ; elle avait disparu. Le courage nous abandonna ; nous passâmes le reste du jour à nous désoler, à nous plaindre, sans songer à rien entreprendre de nouveau. Un autre fléau vint encore nous accabler : depuis que nos malheurs avaient commencé, nous n'avions point été malades ; notre santé s'était conservée, et nous n'éprouvions point d'autres incommodités que notre faiblesse. Mon nègre, pendant que nous nous affligions, avait couru la côte pour chercher quelques coquillages : il n'en vit aucun, mais il trouva la tête et la peau d'un marsoin qu'il nous apporta. Le tout nous parut fort corrompu ; mais le besoin écarte la délicatesse, et notre estomac avide demandait cette nourriture dont la vue était si dégoûtante. Nous la mangeâmes tout entière : une heure après, nous sentîmes un malaise insupportable ; notre estomac était surchargé, et ne pouvait se débarrasser de cet horrible aliment. Nous eûmes recours à l'eau, dont heureusement nous ne manquions pas : nous en bûmes beaucoup ; elle ne nous soulagea que par degré. Nous fûmes tous incommodés d'une dyssenterie cruelle qui nous fatigua pendant cinq jours, et qui mit le fils de madame Lacouture aux portes du tombeau.

L'idée de construire un autre radeau m'était venue lorsque j'avais vu le premier emporté ; mais la lassitude me força de renoncer à l'entreprendre sur-le-champ, et je ne fus pas en état de le faire tant que dura notre maladie. Elle finit enfin ; mais elle nous laissa tous dans une faiblesse extraordinaire. La crainte de la voir augmenter me détermina à m'occuper à l'instant de la construction d'un nouveau radeau : il ne fallait pas attendre que l'épuisement total de mes forces me mît dans la nécessité de renoncer pour toujours à ce projet. J'exhortai madame Lacouture à me seconder encore : elle fit comme moi un effort sur elle-même, et nous nous mîmes tous à l'ouvrage, à l'exception de son fils, qui était très-mal, et dont l'état me causait les plus vives alarmes.

Nous étions alors au 11 d'avril, ou environ. Nous travaillâmes sans relâche, et avec autant de promptitude que notre faiblesse, qui était extrême, nous le permit. Nous n'eûmes entièrement achevé que le 15 au soir. Les pièces de bois que nous employâmes nous donnèrent beaucoup de peine à rouler ; nous étions obligés de les aller chercher au loin : celles qui étaient le plus près de la mer avaient été employées déjà au radeau que nous avions perdu. Nous tremblions à chaque instant que le mauvais temps ne vînt interrompre notre ouvrage, et le détruire avant qu'il ne fût achevé : nous ne pouvions prendre aucune précaution ; il fallait l'exécuter sur le rivage, et dans le lieu le plus près de la mer, afin qu'en montant elle le mît elle-même à flot : il nous aurait été impossible de l'y mettre nous-mêmes ; comment serions-nous venus à bout de le remuer ? Le moindre nuage que nous apercevions dans le ciel, le moindre degré de force qu'acquérait le vent, nous faisaient frémir et semblaient nous présager une tempête. Nous nous arrêtions alors ;

nous n'osions poursuivre notre travail, dans la crainte qu'une seconde fois nous ne pussions en profiter.

Nous nous y remettions cependant, mais c'était avec dégoût, avec inquiétude. Nous sacrifiâmes à ce bâtiment le reste de nos couvertures et de nos bas. Si les flots nous l'avaient encore enlevé, il ne nous restait plus aucune ressource, aucune espérance, et nous n'aurions plus attendu que la mort.

Les craintes ne nous quittèrent point durant la nuit du 15 au 16; la sérénité du ciel nous rassurait à peine; nous ne dormîmes point; nous la passâmes à ramasser des provisions pour deux jours en coquillages et en racines, et à les charger sur notre radeau, résolus de partir le lendemain, si nous le possédions encore. Le jour vint enfin; il nous permettait un temps favorable. J'allai réveiller le jeune Lacouture pour nous embarquer; il était le seul que la fatigue avait forcé de se reposer. Je l'appelle; il ne me répond point. Je m'approche de lui pour le réveiller en le secouant; je le trouve froid comme le marbre, sans mouvement, privé de sentiment. Pendant quelques minutes, je le crus mort; en passant la main sur son cœur, je sentis qu'il battait encore. Notre feu était presque éteint; comme nous devions quitter l'île, et que nous ne pensions plus en avoir besoin, nous ne nous étions pas donné la peine de l'entretenir. J'appelai mon nègre pour le ranimer, tandis que je cherchais à réchauffer ce malheureux jeune homme en lui frottant les bras, les mains et les jambes. Madame Lacouture, qui était éloignée, arrive dans ce moment. Qui pourrait peindre son état, ses cris, sa douleur, à la vue de son fils expirant! Il reprit enfin connaissance : le froid l'avait saisi pendant la nuit, et cela, joint à l'épuisement où il était, l'avait plongé dans cette léthargie, qui eût terminé ses jours, si j'avais tardé un instant à le secourir.

Quelle situation était alors la mienne! Abandonné dans une île déserte, manquant de tout, entre deux personnes dangereusement malades, ne sachant quel remède leur donner, des poissons, de mauvaises racines et de l'eau à ma portée. Dans quel moment surtout étaient-elles tombées dans ce funeste état? à l'instant où nous nous préparions à quitter cette île, à nous rendre dans un lieu où nous trouverions des hommes et des secours. Il ne fallut plus songer à les embarquer ce jour-là : la mère et le fils étaient trop faibles. Partir, c'était les exposer à une mort certaine ; les laisser, c'était une inhumanité dont l'idée seule révoltait mon cœur, et dont j'étais incapable ; rester moi-même avec eux, c'était m'exposer à ne voir jamais la fin de mes peines, à perdre le radeau qui m'avait tant coûté, à le voir emporté par les flots. Cette dernière idée, que le premier malheur que nous avions éprouvé fortifiait encore, déchirait mon cœur, et me jetait dans un désespoir que rien ne pouvait calmer, et que chaque minute augmentait. Je ne balançai pas cependant : je remplis les devoirs que l'humanité m'imposait ; je me résignai à tous les maux qui m'étaient encore préparés ; je les offris au ciel, et j'en attendis ma récompense.

Je courus décharger le radeau des provisions que nous y avions placées. Mon cœur saigna encore à la vue de cet ouvrage qui m'allait peut-être devenir inutile. Je songeai à l'amarrer de manière qu'il pût résister longtemps à l'impétuosité des flots, s'il survenait une nouvelle tempête. J'en détachai le mât, les cordages, et tout ce que je ne pouvais plus espérer de recouvrer si je venais à le perdre, et je les mis dans un lieu sûr, à l'abri de la fureur de la mer. Je pris la couverture surtout que je portai à nos malades qui avaient besoin de ce meuble. Je passai la journée à leur donner des soulagements : heureux s'ils pouvaient contribuer à les rétablir, et à lever les obstacles qui s'opposaient à notre départ !

La douleur de madame Lacouture, ses inquiétudes sur son fils, étaient la seule cause de son mal. Je parvins à les dissiper en partie, non pas en lui donnant des espérances que je n'avais pas, car j'étais persuadé que nous perdrions le jeune homme, mais en lui inspirant du courage, et en l'exhortant à la soumission aux volontés du ciel. Je croyais qu'il était important de la préparer ainsi par degrés au coup qui devait la frapper, et que je n'imaginais pas être fort éloigné. En effet, le jeune homme était dans la position la plus douloureuse ; il avait toute sa connaissance ; mais sa faiblesse était si grande, qu'il était forcé de se tenir couché. Ses membres ne pouvaient soutenir le poids de son corps, et ce n'était qu'avec des efforts infinis qu'il se tournait d'un côté sur l'autre. S'il voulait changer de place, il était obligé de ramper et de se traîner sur le ventre.

Je veillai sans cesse auprès de lui pendant la nuit, lui-même ne ferma pas l'œil : il me parlait quelquefois, c'était pour me remercier de mes soins, et pour me témoigner combien il y était sensible, et le regret qu'il avait de retarder notre voyage. Je n'ai rien entendu de plus tendre et de plus touchant que les discours qu'il me tenait sur ce sujet. Ce jeune homme avait une sensibilité profonde, un sens et une fermeté qu'on n'a pas ordinairement à cet âge. Il se trouva très-mal vers le point du jour; il n'y avait presque pas de minutes où je ne m'attendisse à le voir passer: j'avais eu la précaution de tenir sa mère à quelque distance de lui, afin qu'elle ne le vît point expirer, s'il venait à rendre le dernier soupir. Ce spectacle est toujours affreux pour des étrangers; combien l'aurait-il été pour une mère! Je n'aurais pas répondu que madame Lacouture eût conservé la fermeté que j'avais tâché de lui inspirer, et je voulais lui dérober au moins cette cruelle image, dont l'effet est souvent moins sensible lorsqu'on ne l'a pas sous les yeux.

Le jeune homme, dans ce moment, me dit avec effort: « Pardonnez-moi les inquiétudes et les peines que je vous donne; je n'attends plus aucun succès de vos soins; je sens que l'instant de ma mort est proche; je ne quitterai pas cette île; quand même mes jours se prolongeraient, je ne pourrais vous suivre, mes jambes me refuseraient absolument tout service: arrivé avec vous sur la terre ferme, je n'en serais pas plus heureux: les endroits habités ne se trouvent pas sur la côte; comment pourrais-je m'y rendre? Il me faudrait rester exposé dans les bois aux bêtes farouches, et à des incommodités plus cruelles encore que celles que j'éprouve à présent. M'en croirez-vous, M. Viaud, ajouta-t-il après un instant de réflexion, partez sans m'attendre; ne vous inquiétez pas de mon sort, il ne peut être long; profitez de votre radeau; craignez de perdre avec lui l'espérance qui vous reste de vous sauver: emmenez ma mère, ce sera une consolation pour moi; tant qu'elle sera avec vous, je ne craindrai rien pour elle. Vous laisserez seulement auprès de moi le plus de provisions que vous pourrez ramasser, et j'en ferai usage tant que le ciel me laissera la vie. Si vous arrivez en lieu de sûreté, vous ne m'oublierez point, et vous aurez sans doute l'humanité de revenir ici me porter des secours dont je profiterai si je respire encore, ou me donner la sépulture si vous me trouvez mort. Ne me répondez point, ajouta-t-il en voyant que j'allais l'interrompre; ce que j'exige est juste: il ne faut pas que l'espérance incertaine de me mettre en état de partir avec vous vous fasse risquer de périr avec moi:

je suis déterminé à périr seul, mais éloignez-vous : sauvez ma mère, et cachez-lui mon état et le conseil que je vous donne. »

Je demeurai confondu à ce discours ; je n'y répondis point ; j'en étais incapable. Je le quittai ; mais je songeais en frémissant que c'était fait de nous si je balançais à entreprendre un voyage qu'il paraissait désirer. Cependant, l'idée de le laisser me désespérait ; j'aurais pu le porter sur le radeau, et lui faire partager notre fortune pendant la traversée, mais qu'en aurais-je fait quand nous serions arrivés à terre ? Il ne pouvait se remuer.

Je dois cependant dire qu'au milieu de ces réflexions, je pensais que mon voyage serait court, que j'arriverais promptement dans un lieu habité, où je pourrais prendre un bateau et des hommes pour le venir chercher et le transporter auprès de sa mère.

Cependant, je ne pus me résoudre à partir de toute la journée. Le soir, le jeune Lacouture me fit des reproches de mes délais. « Si votre séjour en ce lieu pouvait prolonger ma vie, me dit-il, je n'aurais rien à vous opposer ; mais vos efforts seront inutiles, je le sens ; je puis languir encore un jour ou deux, et pendant ce temps il peut s'élever une autre tempête qui vous privera de votre radeau : vous voudrez alors vous éloigner, et vous n'en aurez plus le pouvoir ; vous gémirez d'avoir différé, et vos regrets seront d'autant plus violents que ce délai m'aura été inutile ; j'aurai péri sous les yeux de ma mère, j'emporterai en mourant l'affreuse assurance qu'elle me suivra bientôt. Profitez de cette nuit pour faire vos préparatifs ; raccommodez votre bâtiment ; ramassez vos provisions, laissez-m'en une certaine quantité, et partez demain au point du jour : réveillez ma mère au moment du départ ; elle croira que je ne suis plus, et que vous voulez l'arracher à ce spectacle funeste ; ne la tirez pas de son erreur ; partez et consolez-la. »

L'état de ce jeune homme, le sang-froid avec lequel il prononçait ce discours, la nécessité enfin, tout me détermina. Je pris la couverture dont il était enveloppé, et je lui donnai à la place une redingote que je portais par-dessus mon habit. Je me dépouillai encore de ma veste, que je lui laissai : j'allai redresser le mât de mon radeau, j'y attachai la couverture ; pendant ce temps, mon nègre fut ramasser des coquillages ; il en trouva beaucoup ; ma cargaison fut bientôt prête ; je l'aidai à transporter une quantité suffisante de vivres auprès du jeune Lacouture.

Nous séchâmes plusieurs poissons au feu, afin qu'ils pussent se conserver plus longtemps, et nous les mîmes à sa portée. Le printemps était venu, les nuits n'étaient plus aussi fraîches, et le feu lui devenait moins nécessaire.

Je me reposai quelques heures en attendant celle de mon départ, mais je ne dormis point; je parlai longtemps avec le jeune homme, qui faisait des efforts continuels sur lui-même pour me consoler de notre séparation, et pour me recommander sa mère. Une heure avant le jour, il tomba dans une nouvelle faiblesse; il perdit connaissance; je ne pus réussir à le faire revenir : dès cet instant, je le regardai comme un homme mort. Le dirai-je? je vis dans son trépas un bonheur pour lui et un soulagement pour moi; je l'abandonnais avec moins de regrets. Le jour vint, il respirait encore, mais il ne parlait plus, il me paraissait dans les douleurs de l'agonie; je ne pensai pas qu'il pût vivre encore une demi-heure. Je mis cependant près de lui le plus d'aliments qu'il me fut possible; je remplis d'eau toutes les écailles des huîtres que nous avions ouvertes, afin qu'il trouvât des secours s'il reprenait assez de forces pour pouvoir en profiter; mais je ne l'espérais pas, et en remplissant ce soin, je ne doutais pas qu'il ne fût inutile. Je le recommandai au ciel, et je courus auprès de sa mère, que je réveillai avec peine. « Ranimez votre courage, lui dis-je brusquement, le ciel veut que nous nous éloignions; obéissons à ses décrets; hâtons-nous, craignons un délai qui nous serait sans doute funeste, et qu'il ne serait plus en notre pouvoir de réparer. — Juste ciel! s'écria-t-elle, mon fils est mort... je n'ai déjà plus d'époux... j'ai tout perdu. »

Elle se tut à ces mots; elle répandit un torrent de larmes; je ne m'amusai pas à les essuyer : je la pris dans mes bras, et avec l'aide de mon nègre, je la transportai dans le radeau, sans qu'elle fît la moindre résistance. J'avais craint qu'elle ne demandât à voir son fils : ce mouvement naturel eût pu lui être dangereux, et retarder encore notre départ jusqu'au lendemain. La persuasion où elle était qu'il avait rendu le dernier soupir l'empêcha d'y songer. De quel secours lui eût-elle été après sa mort? Elle n'avait pas besoin d'un spectacle de cette espèce, capable de lui ôter les forces qui lui restaient, et qu'il lui était important de conserver.

Moi-même, quand nous eûmes gagné le large, je fus persuadé que le jeune homme n'était plus. Occupé de ces idées en gouvernant notre bâtiment, j'adressai pour lui mes prières au ciel, et je le conjurai en même temps de nous être plus favorable.

Nous étions partis le 19 avril, si ma mémoire ne me trompe point. Nous voguâmes vers la terre ferme sans éprouver le moindre accident, si ce n'est beaucoup de fatigue. Notre navigation dura douze heures, au bout desquelles nous prîmes terre. Notre premier mouvement fut de rendre grâce à Dieu de notre heureuse arrivée. Nous nous avançâmes dans le pays, que nous trouvâmes impraticable, et presque généralement inondé. Cet inconvénient nous affligea ; il nous fit reconnaître que le malheur ne nous quitterait pas de sitôt, et qu'il nous accompagnerait encore sur la terre ferme.

Le soleil allait se coucher ; la lassitude que nous éprouvions, la crainte de nous égarer pendant la nuit, dans un lieu que nous ne connaissions pas, nous firent songer à chercher un endroit où nous pussions la passer avec le moins d'incommodité. Nous choisîmes un tertre que son élévation mettait à l'abri de l'humidité. Trois gros arbres, qui étaient à peu de distance les uns des autres, et dont les branches épaisses se joignaient, nous servirent de couvert. Je tirai ma pierre à fusil, que je n'avais point négligé d'emporter, et j'allumai un grand feu, auprès duquel nous mangeâmes une partie des provisions que nous avions apportées.

Nous nous attendions à reposer tranquillement, et nous en avions un véritable besoin ; mais à peine nos yeux furent-ils fermés, que nous entendîmes des hurlements affreux qui nous réveillèrent et portèrent l'effroi dans nos âmes : c'étaient les cris des bêtes féroces. Nous les entendions de tous côtés : elles semblaient se répondre et nous environner. Nous nous levâmes avec une terreur dont rien ne peut rendre l'idée. Nous nous attendions à chaque minute à voir fondre sur nous ces monstres furieux. Nous portions nos regards partout où nous entendions leurs hurlements, qui ne faisaient qu'augmenter. Il semblait que ces animaux farouches s'approchaient de nous : nous en jugions du moins ainsi par leurs cris, qui, de minute en minute, nous paraissaien plus violents et plus forts.

Mon nègre, dans ce moment, ne put résister à sa peur : il courut à l'un des arbres sous lesquels nous étions, et, s'élançant avec une rapidité inconcevable, il y grimpa sur-le-champ, et courut se cacher au sommet. Madame Lacouture l'avait suivi : elle le priait à mains jointes de l'attirer avec lui, et de l'aider à gagner cet asile. En vain je l'appelais, et lui criais de ne pas s'éloigner du feu, dont les bêtes féroces ne s'approcheraient pas, et que je tâchais d'augmenter en y jetant beaucoup de bois ; elle ne m'écoutait point ; elle continuait à pleurer, à supplier mon nègre, que sa propre frayeur rendait sourd à sa voix. Je tâchais vainement aussi de me faire entendre, et je n'osais courir auprès d'elle pour la ramener ; je craignais de m'écarter du feu qui faisait ma sûreté. Dans un instant je l'entendis pousser un cri terrible, et crier : « Au secours, M. Viaud ! je suis perdue ! » Je ne pus me résoudre à l'abandonner ; je saisis un gros tison enflammé, et mon zèle, supérieur à mon effroi, me conduisit de son côté. Je la vis accourant de toutes ses forces, et poursuivie par un ours d'une grosseur démesurée, qui s'arrêta à mon aspect. J'avouerai que sa vue me fit frémir. Je m'avançai d'un pas chancelant en lui présentant mon tison. Je joignis madame Lacouture, et je la ramenai à notre brasier, où l'ours ne nous suivit pas. Je le lui fis observer, en lui apprenant que l'on se servait du feu avec succès pour écarter les animaux des forêts. L'ours qu'elle vit de loin immobile, et nous regardant d'un œil étincelant, la persuada de la vérité de ce que je lui disais, et la rassura.

L'arbre sur lequel était mon nègre était à quelques pas de nous ; sa terreur ne lui avait pas permis de choisir : il n'avait pas même fait attention qu'il y en avait un beaucoup plus proche. Je l'entendis bientôt pousser à son tour un cri horrible : je portai mes regards de ce côté. Le feu que j'avais allumé était très-flamboyant ; il m'aida à voir l'ours qui s'était dressé contre l'arbre sur lequel s'était réfugié ce malheureux, et qui se disposait à y monter. Je ne savais comment m'y prendre pour le secourir. Je lui criai de monter au sommet de l'arbre, de chercher les branches les plus pliantes, mais qui fussent capables de le soutenir, et où il ne fût pas possible à l'ours de le joindre ; car ces animaux, guidés par leur instinct, s'attachent, autant qu'il est possible, aux branches les plus grosses, et craignent de se fier à celles qui plient sous leurs corps. Je m'avisai en même temps de lancer près de cet arbre de gros tisons allumés, qui pussent effrayer l'animal et l'engager à quitter son entreprise. La clarté que jetèrent ces sortes de brandons éblouit l'ours, qui redescendit avec précipitation, en prenant le côté du tronc qui leur était opposé, et s'éloigna sur-le-champ.

Il ne fallut pas songer à dormir de toute cette nuit : c'était une chose impossible avec l'épouvante que nous inspiraient les bêtes farouches, dont les hurlements étaient continuels et redoublaient de moment en moment. Jamais je n'ai rien entendu de si terrible et de si affreux. Plusieurs ours s'approchèrent encore de nous, et à une distance assez peu éloignée pour que nous pussions les apercevoir à la clarté de notre feu. Nous découvrîmes aussi des tigres qui nous semblèrent d'une grosseur extraordinaire ; peut-être la crainte nous les montrait-elle ainsi. Il y en eut un qui s'avança même beaucoup, malgré nos cris. Quelques brandons allumés que nous lançâmes de son côté l'obligèrent de s'éloigner ; mais ce ne fut pas sans avoir jeté des cris furieux, auxquels tous ces monstres répondirent.

Pour nous débarrasser de la visite que d'autres auraient été tentés de nous faire encore, et de plus près, nous jetâmes beaucoup de tisons à une certaine distance autour de notre grand feu, de manière que nous en étions presque environnés.

Cette précaution, en forçant ces animaux à s'écarter loin de nous, les dérobait à notre vue, et diminuait par là nos frayeurs ; mais nous ne pûmes le faire qu'aux dépens de notre bûcher. Le bois qui le composait était presque tout consumé, et nous craignions fort qu'il ne le fût entièrement avant le jour ; mais heureusement la nuit était plus avancée que nous ne le croyions. Les hurlements qui nous avaient si fort épouvantés diminuèrent, s'éloignèrent, et cessèrent enfin aussitôt que le jour parut. Les bêtes féroces, à son approche, rentrent dans leurs repaires, pour n'en sortir que lorsque les ténèbres ont pris sa place.

Je profitai de ce moment pour ramasser quelques pièces de bois, que je jetai encore dans notre feu. J'appelai ensuite mon nègre, que j'eus bien de la peine à faire descendre de l'arbre où il s'était caché, et qui vint enfin plus mort que vif.

Après la fatigue et l'effroi de la nuit, nous ne pouvions nous remettre sur-le-champ en route : nous avions besoin de repos, et nous le cherchâmes. Notre agitation ne nous permit pas de le trouver facilement ; nous sommeillâmes plutôt que nous ne dormîmes jusqu'à midi ; alors nous prîmes un léger repas, qui consomma le reste de nos provisions.

Nous nous mîmes ensuite en route, et nous marchâmes du côté de l'est, dans le dessein de nous rendre à Saint-Marc des Apalaches, espérant de rencontrer dans notre marche quelques sauvages qui daigneraient nous guider, nous fournir quelques vivres, ou nous donner la mort : nous n'en avions rien de pis à craindre, et nous aurions mieux aimé mourir tout d'un coup que de vivre comme nous avions vécu, passant de malheurs en malheurs, exposés à périr par la faim, ou sous la dent des animaux.

Nos forces ne nous permirent pas de faire beaucoup de chemin ; notre journée se borna à une marche d'une heure et demie : nous nous hâtâmes de faire halte avant l'entier épuisement de nos forces. Encore pleins de l'effroi de la veille, nous voulions avoir le temps et le courage de faire le plus grand amas de bois. Nous en entassâmes autant que nous pûmes dans un lieu situé comme celui où nous nous étions arrêtés la veille. Après avoir préparé notre bûcher, sans y mettre le feu, j'en disposai douze autres à l'entour, à vingt pas de distance, et dans un égal éloignement les uns des autres ; nous devions, par cette précaution, en être entourés de tous côtés : elle nous parut la plus sûre pour nous garantir des attaques des bêtes féroces.

La crainte était le premier sentiment qui avait réclamé nos soins : il fallait qu'il fût bien puissant, puisqu'il était supérieur à notre faim. Nous songeâmes enfin à chercher de quoi la contenter. Le terrain sur lequel nous étions était extrêmement stérile ; nous n'y voyions ni coquillages, ni racines bonnes à manger ; trop heureux de trouver une eau bourbeuse, mais douce, et dont nous bûmes beaucoup.

Dès que la nuit parut, je fis du feu, et j'allumai tous nos bûchers ; ce que je n'avais pas voulu faire plus tôt, parce que cela nous était inutile, et que je voulais ménager le bois, que j'avais amassé avec peine, afin qu'il durât jusqu'au jour. Nous nous couchâmes aussitôt, afin de goûter quelques heures de sommeil avant que les ours et les tigres se répandissent dans la plaine et vinssent nous troubler par leurs hurlements. Ils ne nous interrompirent en effet qu'à minuit : nous dormîmes très-profondément jusqu'à ce moment ; notre lassitude nous empêcha de les entendre plus tôt ; j'en juge par le bruit effroyable qu'ils faisaient à l'instant de notre réveil ; on eût dit que tous les monstres sauvages du nouveau monde s'étaient réunis dans ce désert pour nous épouvanter.

Nous distinguions ceux de différentes espèces : les rugissements des lions nous parurent surtout épouvantables ; ils perçaient par-dessus le bruit que faisaient les autres animaux. Nous les entendîmes à une distance peu éloignée : il semblait qu'ils étaient autour de nous, et que nous n'en étions séparés que par nos feux : c'était une barrière que nous nous savions bon gré de leur avoir opposée. Aucun n'en approcha assez près pour se laisser distinguer, et ce fut un bonheur pour nous : car étourdis comme nous l'étions de leurs hurlements, qui les annonçaient en si grand nombre, nous n'aurions pu soutenir leur vue ; un seul que nous aurions aperçu nous aurait fait craindre l'approche d'un plus grand nombre, et nous aurions succombé à notre effroi.

Le jour, en écartant les bêtes féroces, mit fin à nos alarmes ; elles avaient suspendu le sentiment de la faim ; nous l'éprouvâmes dans sa plus grande violence, aussitôt que nos craintes furent dissipées. C'est ainsi que nous souffrions alternativement les maux les plus cruels. Le besoin de manger, l'impossibilité de le satisfaire, sont assurément les plus insupportables. Nous essayâmes de tout ce qui se présentait à nos yeux ; nous ramassions de la terre, nous la portions dans notre bouche, et nous la rejettions aussitôt.

Nous ne pensâmes point à nous reposer le matin, comme nous avions fait la veille ; nous marchâmes dans l'espérance de rencontrer quelque chose. Nous goûtâmes de toutes les plantes que la terre produisait dans ce désert ; mais c'étaient des espèces de bruyères, des ronces sans feuilles, dont la tige était un bois si dur que nos dents avaient de la peine à le broyer, et que nous ne pouvions l'avaler ensuite. Chaque essai que nous faisions avec aussi peu de succès nous arrachait des larmes, et augmentait notre désespoir. A une heure après midi, nous nous arrêtâmes, accablés de douleur, et hors d'état de pouvoir aller plus avant. Nous nous couchâmes sur la terre, incertains si nous aurions la faculté de nous relever, et attendant la mort, l'appelant par nos cris, et mettant en elle tout notre espoir.

Mon nègre, qui était aussi faible que nous, ranimé par la fureur du besoin, se lève et court à un arbre dont les branches étaient peu élevées, et auxquelles il pouvait atteindre en levant les bras. Il en arrache les feuilles et les dévore avec une avidité qui nous étonne, et qui nous fait imaginer que ces feuilles ont un goût délicieux. L'idée qu'elles peuvent servir de nourriture, leur donne à nos yeux un air appétissant : nous volons après mon nègre, pour partager son triste repas : notre imagination prête à ces feuilles une saveur qu'elles n'ont point ; nous ne les mangeons pas, nous les dévorons : ce mets charge notre estomac sans le rassasier. Après en avoir pris beaucoup, nous songeons que la quantité peut nous être nuisible, et nous nous imposons la loi d'être sobres.

Contents de ce repas, que nous supposons nourrissant, nous travaillons à nous mettre en état de passer la nuit ; nous ranimons nos forces pour préparer des bûchers comme la veille ; nous nous mettons à cet ouvrage ; l'abondance du bois sec qui est répandue autour de nous facilite ce travail ; il est bientôt fini. Nous nous asseyons en attendant l'heure d'y mettre le feu ; mais à peine nous fûmes-nous reposés une heure, que nous nous sentîmes tous très-mal ; les feuilles que nous avions mangées causèrent un ravage affreux dans notre estomac. Nous recourûmes à l'eau ; nous nous traînâmes avec effort près d'une source d'eau voisine, à laquelle nous arrivâmes avec bien des difficultés. A peine eûmes-nous bu que nous nous sentîmes extrêmement gonflés : il semblait que ces feuilles étaient des éponges : nous essuyâmes un vomissement qui nous en débarrassa par degrés, avec des convulsions horribles, et nous les rendîmes mêlées avec beaucoup de sang.

Nous demeurâmes longtemps sans force et presque sans mouvement près de cette source, croyant toucher à notre dernière heure, incapables de nous en éloigner. Le soleil en se couchant nous laissa dans cette situation déplorable. La nuit s'avançait ; nous n'avions plus la faculté de nous remuer ; nous gémissions de ne pouvoir retourner à nos feux pour les allumer ; nous nous représentions déjà les bêtes féroces fondant sur nous et nous dévorant. Cette appréhension augmentait encore notre faiblesse ; nous soupirions, nous versions des larmes, nous proférions quelques plaintes ; nous n'avions pas la force de pousser des cris.

La nuit augmenta notre effroi. Nous essayâmes de nous traîner encore vers nos bûchers ; nous fîmes les plus grands efforts pour y réussir, et nous frémissions des obstacles que nous éprouvions. Nous nous y rendîmes enfin, mais nous étions épuisés. A peine pus-je frapper des coups assez forts sur ma pierre pour en tirer des étincelles ; je parvins difficilement à les recevoir sur une manchette que madame Lacouture avait arrachée de sa chemise ; et lorsque je l'eus enfin allumée, je me vis presque sur le point de renoncer à l'espoir de communiquer le feu à quelques morceaux d'écorces sèches et à des feuilles : ni les uns ni les autres nous ne pouvions souffler pour les enflammer : ce travail nous tint près d'une demi-heure. Nous jetâmes ces écorces allumées sur notre bois, qui s'enflamma heureusement sans difficulté.

Le bruit affreux que nous avions entendu les nuits précédentes, recommença alors dans l'éloignement. Nous nous félicitions d'être parvenus à faire du feu, nous en sentions la nécessité. Pour nous rassurer tout à fait, il fallait allumer les autres bûchers que nous avions dressés autour de nous. Nous fîmes de nouveaux efforts pour cela ; nous nous partageâmes cette besogne, et chacun ayant pris deux brandons dans chaque main, alla les jeter dans différents tas de bois, et vint en prendre de nouveaux pour allumer les autres. La peur qui nous animait nous donna les forces et l'activité nécessaires ; nous demeurâmes même moins de temps à cette opération que notre faiblesse n'en semblait exiger. A peine l'eûmes-nous finie, que les cris que nous avions entendus s'approcher de nous retentirent de toutes parts et à une très-légère distance.

Combien alors nous sentîmes-nous heureux d'avoir pu allumer nos feux, et de nous trouver au moins en sûreté sous leur abri ! Nous les avions beaucoup multipliés ce soir-là, et ce soin nous avait rendus plus tranquilles : il ne nous empêcha cependant pas de sentir la plus vive épouvante : elle était augmentée par la faiblesse où nous étions, et par le besoin de nourriture. Celle que nous avions prise nous avait encore plus affaiblis ; elle nous avait horriblement fatigués. Sur la fin de la nuit, nous nous endormîmes cependant ; ce fut l'épuisement qui en fut sans doute la cause.

Nous ne nous réveillâmes qu'au grand jour, un peu reposés à la vérité, soulagés en partie, mais tourmentés plus vivement par le besoin dévorant de la faim. Nous regardâmes avec un frémissement et un dégoût supérieur encore au besoin l'arbre dont les feuilles nous avaient semblé si appétissantes la veille, et qui nous avaient mis à deux doigts de la mort. Nous nous levâmes pour continuer notre route, dans l'espoir de faire enfin quelque découverte plus heureuse qui nous soutînt. Nous fîmes, comme le jour précédent, divers essais de différentes substances, mais avec aussi peu de succès : nous ne rencontrions plus que des arbres et des arbrisseaux qui ne nous fournissaient rien.

La faim cependant devenait plus vive ; l'espoir de la soulager nous soutenait à chaque pas, et nous fit continuer notre marche jusqu'à midi : nos regards erraient autour de nous et s'élançaient dans le plus grand éloignement sans rien découvrir. Nous étions sur une hauteur d'où nous apercevions de tous côtés un horizon immense : à droite était la mer, un bois à notre gauche qui s'étendait à perte de vue, et devant nous, sur le chemin que nous devions prendre, une plaine aride et déserte, où l'œil n'apercevait que des traces de bêtes féroces, et rien qui pût nous nourrir. Cette perspective nous jeta dans le désespoir le plus amer ; notre âme abattue perdit tout courage ; nous ne songeâmes plus à continuer notre route, puisque nous ne voyions pas à quoi elle devait aboutir, et qu'il n'y avait pour nous aucune apparence de consolation ou d'aliments.

Nous descendîmes vers la gauche ; nous dirigeâmes nos pas vers la forêt : elle n'était pas éloignée. Son épaisseur nous fit trembler : les arbres étaient pressés les uns contre les autres ; on ne pouvait passer entre eux que dans certains endroits ; le chemin qu'on eût voulu y prendre y finissait après quelques pas, et l'on trouvait d'autres passages dont plusieurs ramenaient à l'entrée, tandis qu'un plus grand nombre auraient pu conduire le voyageur plus loin dans l'intérieur, où il se serait égaré sans espoir d'en sortir jamais, et sûr d'y périr victime de la faim ou des bêtes féroces.

Aucun de ces arbres n'offrait quoi que ce soit à nos yeux pour notre subsistance : la plupart portaient des feuilles de l'espèce de celles qui nous avaient causé tant de mal. « C'en est fait, m'écriai-je avec le sentiment le plus amer de la douleur, c'en est fait, il faut mourir : nous ne pouvons plus soutenir notre misérable vie ! »

Je me jetai à terre en prononçant ces mots ; madame Lacouture se mit à côté de moi ; mon nègre se plaça à nos pieds, et à quelque distance. Nous répandions tous des larmes ; nous ne nous regardions pas ; nous observions un silence farouche ; nous étions ensevelis dans des réflexions funestes ; nous n'avions pas besoin de nous les communiquer : elles ne roulaient que sur notre affreuse situation.

Dans ce moment, les plus noires idées m'agitaient. « Est-il quelqu'un, me disais-je, qui jamais se soit vu réduit à la même extrémité que moi? Quel homme s'est trouvé dans un désert, manquant de tout, et prêt à succomber sous la faim? » Il me vint aussitôt à l'esprit les aventures de quelques voyageurs, qui, éloignés de leur route par la tempête, retenus dans des mers inconnues par des vents contraires, surpris quelquefois par des calmes, ont vu épuiser leurs provisions sans pouvoir les renouveler. Je songeai qu'après avoir souffert la faim jusqu'à la dernière extrémité, ces malheureux n'avaient pas eu d'autre ressource que de sacrifier l'un d'eux pour le salut de tous, et que le sort avait choisi quelquefois la victime qui devait, en perdant la vie, soutenir celle de ses compagnons, en leur donnant son corps même pour aliment.

Oserai-je l'avouer? Lorsque ces aventures terribles se présentèrent à mon imagination, mes yeux égarés tombèrent sur mon nègre; ils s'y arrêtèrent avec une espèce d'avidité. « Il se meurt, m'écriai-je avec fureur; la mort la plus prompte serait un bienfait pour lui : il va y succomber lentement; tous les efforts humains sont insuffisants pour l'en garantir; pourquoi sa mort ne me serait-elle pas utile? »

Cette réflexion affreuse, je l'avouerai, ne révolta pas mon imagination : ma raison était aliénée; elle éprouvait la faiblesse de mon corps; la faim me pressait; je souffrais des déchirements cruels dans mes entrailles; le désir de les apaiser me dominait tout entier; tous les autres moyens étaient impossibles; il n'y avait que celui-là.

« Quel mal ferai-je? continuai-je encore; il est à moi; je l'ai acheté pour me servir; quel plus grand service peut-il jamais me rendre? » Madame Lacouture, agitée des mêmes idées, avait entendu ces derniers mots; elle ignorait les réflexions qui les avaient amenés, et les raisonnements qui les avaient précédés; mais le besoin l'éclairait : elle m'appela d'une voix faible; je jetai les yeux sur elle; elle porta les siens sur mon nègre, et, me le montrant de la main, elle les retourna sur moi d'une manière terrible, et fit un geste plus expressif encore, et que j'entendis.

Il semblait que ma fureur attendait le moment où elle serait avouée par un conseil : je n'hésitai plus. Ravi de la voir penser comme moi, je me crus justifié. Je me lève avec précipitation, et, saisissant un bâton noueux dont je me servais pour m'appuyer dans nos marches, je m'approche du nègre, qui était assoupi, et je lui en décharge un coup violent sur la tête. Il le tira de son assoupissement, et l'étourdit. Ma main tremblante n'osa pas redoubler; mon cœur frémit; l'humanité gémissante y poussa un cri qui m'ôta la force de continuer.

Le nègre, revenant à lui, se leva sur ses genoux, joignit les mains, et, me regardant d'un air troublé, me dit d'un ton languissant, et avec l'accent de la douleur: « Que fais-tu, mon maître?... Que t'ai-je fait?... Grâce... grâce au moins pour la vie!... »

Je ne pus résister à mon attendrissement : mes larmes coulèrent. Pendant deux minutes, il me fut impossible de répondre et de prendre un parti. Les déchirements de la faim étouffèrent enfin en moi la voix de la raison. Un cri lugubre, un nouveau coup d'œil de ma compagne me rendirent toute ma fureur. Egaré, hors de moi-même, plein d'un transport inouï, je me jette sur ce malheureux, je le précipite à terre, je pousse des cris pour achever de m'étourdir et pour m'empêcher d'entendre les siens, qui auraient détruit ma cruelle résolution. Je lui lie les mains derrière le dos; j'appelle ma compagne, qui vient m'aider dans cette barbare opération. Elle appuie un genou sur la tête de l'infortuné, tandis que moi je tire mon couteau... Je l'enfonce de toutes mes forces dans sa gorge, et j'y fais une ouverture très-large, qui le prive sur-le-champ de la vie.

Il y avait un arbre renversé auprès de nous : j'y traînai le nègre; je l'y plaçai dessus, en travers, pour faciliter l'écoulement de son sang. Madame Lacouture me prêta encore la main dans cette circonstance.

Ce coup horrible avait épuisé nos forces et notre fureur : nos yeux se détournèrent avec effroi de ce corps sanglant, qui vivait le moment d'auparavant; nous frémîmes de ce que nous venions de faire. Nous courûmes rapidement à une source voisine pour y laver nos mains sanglantes, que nous ne regardions plus qu'avec horreur. Nous tombâmes à genoux pour demander pardon au ciel de l'acte d'inhumanité que nous venions de commettre; nous le priâmes aussi pour le malheureux que nous venions d'égorger.

Combien la nature réunit les extrêmes! La piété succédait à la férocité : celle-ci reprit bientôt ses droits. La faim pressante interrompit nos prières. « Grand Dieu! nous écriâmes-nous, vous voyez notre situation et notre misère épouvantable!... Pardonnez à des infortunés, et bénissez au moins la nourriture affreuse qu'ils vont prendre. Ne la leur rendez pas funeste... elle leur a suffisamment coûté. »

A ces mots, nous nous levons; nous allumons un grand feu; nous consommons enfin notre action inhumaine.

Aussitôt que notre feu fut prêt, j'allai couper la tête du nègre; je l'attachai au bout d'un bâton, et la plaçai devant le brasier, où j'eus soin de la retourner souvent pour la faire cuire également. Notre faim ne nous permit point d'attendre que cette cuisson fût entière : nous la dévorâmes en peu de temps, et, après nous être rassasiés, nous nous arrangeâmes pour passer la nuit dans ce lieu et pour nous garantir des atteintes des bêtes féroces. Nous nous attendions à ce que leur approche nous empêcherait de dormir. Nous passâmes la nuit à dépecer par morceaux la chair de notre nègre, à la faire griller sur des charbons, à la passer à la fumée pour la rendre propre à se conserver. Ce que la faim nous avait fait souffrir nous faisait craindre d'y être exposés encore, et nous ne pouvions l'éviter qu'en nous assurant des provisions qui pussent durer longtemps. Nous restâmes encore le lendemain et la nuit suivante dans le même lieu pour finir nos préparatifs. Pendant ce temps, nous fûmes très-économes de nos aliments, et nous ne mangeâmes que ce qu'il était difficile de conserver, et que, par conséquent, nous ne pouvions pas emporter avec nous. Nous fîmes plusieurs paquets du reste, que nous enveloppâmes dans des mouchoirs qui nous restaient, dans des morceaux de l'étoffe de nos habits, et nous les attachâmes sur nous avec les cordages de notre radeau.

Le 24 avril ou environ, nous nous remîmes en chemin. Le séjour que nous avions fait nous avait reposés; la nourriture que nous avions prise nous avait rendu des forces. Sûrs de n'en pas manquer de quelque temps, nous ne craignîmes point de nous engager au milieu du désert qui nous avait paru si terrible le jour où nous avions donné la mort au nègre. Notre voyage se fit avec lenteur. Nous ne nous remîmes pas en route, tous deux seuls, sans regretter le compagnon qui nous suivait auparavant, et dont nous portions les tristes restes avec nous. Nous marchâmes plusieurs jours, avec beaucoup de fatigue et d'embarras, à travers des joncs voisins de la mer ou au milieu des ronces, des épines et d'autres plantes non moins dangereuses, qui nous mettaient les pieds et les jambes en sang.

Cette incommodité, moins terrible que la faim, ne laissa pas de nous retarder souvent. Les piqûres des moustiques, des maringouins, et de la multitude des autres insectes que l'on rencontre sur ces côtes, nous avaient défigurés de manière que nous n'étions plus reconnaissables. Notre visage, nos mains, nos jambes étaient couverts de ces piqûres, qui les avaient prodigieusement enflés. Pour les éviter, s'il était possible, nous nous rendîmes sur le bord de la mer, résolus de la suivre désormais, dans l'espérance d'y faire aussi quelquefois d'heureuses découvertes qui, nous procurant sur-le-champ quelques vivres, ménageraient ceux que nous portions. Nous ne fûmes point trompés dans cette attente; lorsque la mer était basse, et que le temps était beau, nous trouvions quelquefois sur le sable de petits coquillages et de petits poissons plats, que nous prenions à l'aide d'un bâton pointu par un bout avec lequel nous les percions; mais nous n'en avions jamais suffisamment pour nous rassasier, et nous en trouvions encore très-rarement; c'était cependant un secours qui n'était pas à dédaigner, et que nous recevions de la Providence avec reconnaissance.

Les joncs dont le bord de la mer était couvert dans plusieurs endroits, et à travers lesquels nous étions contraints de passer, nous étaient aussi funestes que les ronces que nous avions voulu fuir: ces joncs, secs et cassés par les vents, nous déchiraient les jambes, et les entamaient de la manière la plus cruelle. Les bêtes féroces nous effrayaient toutes les nuits, et ce que nous trouvions de plus affreux, c'était la nécessité de manger souvent de l'horrible mets que nous avions préparé. Notre fureur s'était apaisée avec la faim; la raison avait repris son empire; elle frémissait à l'idée seule d'une nourriture humaine; nous n'y recourions qu'à l'extrémité, lorsque nous ne trouvions absolument rien, et que la faim renaissante faisait disparaitre le dégoût.

Un soir, comme nous faisions notre halte ordinaire, je me sentis si faible, qu'à peine eus-je la force de ramasser le bois nécessaire pour notre feu; il me fut impossible de préparer des bûchers autour de notre asile, comme je le faisais toutes les nuits; mes jambes, prodigieusement enflées, ne pouvaient plus me soutenir. J'imaginai de suppléer à ces bûchers en mettant le feu aux joncs et aux bruyères: le vent qu'il faisait ne pouvait manquer de l'étendre; cela suffisait pour écarter les bêtes féroces. Il devait en résulter un autre avantage pour notre voyage, c'est qu'il dépouillerait notre chemin de ces joncs incommodes, et que nous pourrions marcher plus facilement sur le rivage en suivant la trace du feu. Effectivement, le lendemain le feu nous avait marqué notre route. Je regrettai de ne m'être pas avisé plus tôt de cet expédient, qui nous aurait préservés des blessures que nous avions aux jambes ; ces blessures nous faisaient beaucoup souffrir, et nous obligeaient de faire de très-petites journées.

Nous trouvâmes deux serpents à sonnettes ; ils étaient très-gros ; le feu les avait surpris pendant leur sommeil, et les avait étouffés. Ces serpents nous fournirent des aliments frais pour toute cette journée et la suivante ; nous séchâmes une partie de leur chair pour la conserver, et nous la joignîmes aux provisions que nous avions déjà.

Dans le cours de notre voyage, je trouvai encore l'occasion de les augmenter. J'aperçus un matin, dans une marre d'eau voisine, un caïman endormi : je m'en approchai pour le reconnaître. La vue de ce monstre ne m'inspira aucune terreur, quoique je susse combien il est dangereux. La seule idée qui se présenta à mon imagination fut que, si je pouvais le tuer, ce serait un supplément considérable à nos aliments. J'hésitai un moment à l'attaquer ; mais ce ne fut pas la crainte qui m'arrêta, ce fut l'incertitude de la manière dont je devais m'y prendre.

Je m'avançai avec mon bâton, qui était d'un bois dur et pesant ; je lui en déchargeai précipitamment trois coups sur la tête avec une telle vigueur, que je l'étourdis au point qu'il ne put se jeter sur moi, ni fuir : il ouvrit seulement une gueule affreuse, dans laquelle j'enfonçai promptement le bout de mon bâton, qui formait une pointe assez aiguë ; je trouvai la gorge, que je traversai, et, baissant aussitôt l'extrémité de mon arme sur la terre, j'y tins le monstre comme cloué. Il faisait des bonds et des mouvements si affreux que, si mon bâton n'avait pas été si fortement assujetti dans le sable et à une certaine profondeur, il m'eût été impossible de contenir cet animal, et j'aurais été la victime de ma témérité.

Cependant, j'étais dans une position fatigante qui ne me permettait pas de faire d'autre mouvement pour achever de tuer le monstre. J'appelai madame Lacouture, en la priant de venir me secourir ; mais elle n'osa pas le faire ; elle alla seulement me chercher un morceau de bois de trois ou quatre pieds de longueur, et me l'apporta. Je m'en servis pour achever d'étourdir l'animal, en le frappant d'une main et en tenant mon bâton de l'autre. Dès qu'il ne fit presque plus aucun mouvement, ma compagne, rassurée, prit ma place, et, pouvant alors employer mes deux mains, j'achevai de casser la tête au caïman, et je lui coupai la queue.

Ce triomphe me coûta beaucoup de peine, mais j'en fus dédommagé. Nous ne songeâmes point à poursuivre notre route de ce jour-là : nous nous occupâmes à faire un bon repas, et à préparer la chair du caïman comme nous avions préparé celle de notre nègre ; nous la coupâmes par morceaux de la grandeur de la main, afin qu'ils séchassent plus facilement et nous retinssent moins longtemps. La peau me servit à faire des souliers, à la manière des sauvages, pour madame Lacouture et pour moi ; nous nous enveloppâmes les jambes d'un morceau de peau, qui nous tint lieu de bottines, et nous garantit de la piqûre des insectes. D'autres morceaux servirent à couvrir nos mains et notre visage. Nous nous fîmes des espèces de masques, que nous trouvâmes d'abord incommodes, mais qui, nous préservant encore des morsures, nous rendirent le plus grand service.

Tels furent les divers secours que nous tirâmes de notre caïman : nous passâmes tout ce jour et la nuit suivante à ces préparatifs ; nous ne voulûmes point dormir, et nous renvoyâmes à la nuit suivante le soin de goûter quelque repos : nous craignions d'allonger notre voyage par des séjours trop prolongés. Le lendemain, notre marche fut arrêtée au bout d'une heure par une rivière qui se jetait dans la mer : elle était peu large, mais son courant était très-rapide. Je me déshabillai et j'allai la sonder : je trouvai des obstacles insurmontables ; la profondeur de l'eau était considérable ; il fallait se mettre à la nage, et le courant menaçait de m'entraîner dans la mer. Quand j'aurais pu vaincre ces difficultés, madame Lacouture ne l'aurait pu. Je revins à terre avec un chagrin inconcevable : il n'y avait pas d'autre parti à prendre que celui de remonter cette rivière, en suivant le bord, jusqu'à ce que nous trouvassions son cours plus tranquille, ou quelque haut-fond qui rendît le passage plus aisé.

Nous recommençâmes à marcher : deux jours entiers s'écoulèrent, et nous ne vîmes rien qui nous donnât de l'espérance. Plus nous allions, plus la rivière nous paraissait impraticable : nos inquiétudes et notre désespoir augmentèrent ; nous désespérions déjà de quitter le pays ; nous n'avions rencontré aucun aliment pendant ce temps ; nous avions été en conséquence forcés de recourir au caïman, laissant le nègre pour la dernière extrémité : nous tremblions d'épuiser nos provisions avant d'être arrivés dans quelque lieu habité, et de ne trouver aucun moyen de les renouveler.

Effrayés du passé, incertains de l'avenir et de la durée de nos infortunes, nous passions les heures à espérer, à gémir, à désespérer ! La vue d'une rivière toujours rapide ajoutait à notre lassitude ; l'impossibilité de la traverser, la nécessité de marcher encore, sans savoir quand nous trouverions un lieu favorable, nous ôtaient le courage.

Sur la fin du second jour que nous suivions cette rivière, je trouvai sur ses bords une tortue qui pouvait peser environ dix livres. Cette nouvelle ressource, que la Providence nous envoyait, suspendit les murmures qui nous échappaient à chaque instant, et les changea en actions de grâces. Nous avions vu auparavant une grosse poule d'Inde qui venait boire tous les soirs et tous les matins à notre vue, et qui paraissait avoir son nid dans les environs ; mais nous le cherchâmes en vain : l'espoir de trouver un aliment très-sain dans ses œufs, nous avait fait faire les recherches les plus exactes ; elles ne nous réussirent point : c'était un chagrin pour nous, qui ne contribuait pas peu à nous donner de l'humeur, et à nous faire maudire notre destinée.

La découverte de la tortue nous réconcilia un peu avec la fortune : nous songeâmes à la faire cuire ; notre foyer était déjà préparé. Quelle fut ma consternation, lorsque je ne trouvai plus ma pierre à fusil ! Je vidai toutes mes poches, je les retournai ; je défis les paquets qui contenaient nos vivres ; je fouillai partout avec l'attention la plus scrupuleuse ; madame Lacouture me secondait ; nous ne la trouvâmes point Jamais perte n'a donné plus de douleur à un homme. Nous regardions cette tortue, que nous avions trouvée avec tant de joie, de l'œil le plus indifférent ; nous l'aurions troquée volontiers contre la pierre ; nous aurions perdu avec moins de chagrin la moitié des provisions que nous avions. Comment, sans son secours, nous garantir du froid et des attaques des bêtes féroces ? Comment cuire nos aliments, nous en procurer, nous mettre à l'abri de l'humidité ?

Madame Lacouture n'était pas moins affligée que moi. Je songeai que nous n'avions pu perdre cette pierre que dans le lieu où nous avions reposé la nuit précédente, ou sur la route que nous avions faite depuis. Malgré ma faiblesse et ma lassitude, je ne balançai pas un instant à retourner sur mes pas pour la chercher. Je proposai à madame Lacouture de me suivre ou de m'attendre. Elle fut obligée de se déterminer au dernier parti; elle n'avait pas assez de forces pour entreprendre de marcher encore. Elle tremblait cependant de rester seule; mais elle ne désirait pas moins que moi que nous eussions le bonheur de recouvrer le trésor que nous avions perdu. Elle me fit promettre de ne pas l'abandonner, et de revenir le plus tôt qu'il me serait possible.

Nous avions fait heureusement peu de chemin; une heure et demie avait été la durée de la course du jour; la nuit était encore éloignée: je retournai sur mes pas, dans le dessein d'être de retour avant le soir; mais la chose me fut impossible. J'étais trop faible pour avancer promptement; je ne faisais d'ailleurs pas un pas sans regarder si je ne retrouverais pas ma pierre; j'espérais qu'elle aurait été perdue sur le chemin, que je la rencontrerais sans être obligé d'aller bien loin; mais il fallut poursuivre jusqu'au lieu où nous nous étions reposés.

J'avais mis beaucoup de temps; la nuit paraissait déjà lorsque j'arrivai; je ne distinguais presque plus les objets; je cherchai partout où je remarquai des traces de nos pas: soins inutiles, je ne découvris rien. Je me couchais sur la terre; je passais mes mains partout; elles suppléaient à mes yeux, dont l'obscurité ne me permettait pas de faire usage.

Las de me fatiguer en vain, je courus au feu que j'avais allumé la nuit précédente, pour voir si j'y trouverais encore quelque charbon qui me mit en état de le renouveler, et de m'éclairer ensuite dans mes perquisitions. Il était absolument éteint; je n'y vis plus que des cendres, et pas la moindre étincelle.

Accablé de ce nouveau contre-temps, comme si je n'eusse pas dû m'y attendre, je restai couché, livré à la douleur la plus profonde, désespérant de tirer aucun fruit de ma peine, incapable de rejoindre madame Lacouture de cette nuit, et ne songeant pas même à l'entreprendre. L'idée de repartir sans ma pierre me désolait; je résolus d'attendre le jour, pour la chercher de nouveau, espérant de réussir enfin à la trouver.

J'allai me jeter sur le tas de fougères, de feuilles et de plantes différentes qui nous avaient servi de lit ; je pensai que c'était peut-être dans cet endroit que j'avais fait ma perte. Je délibérai un instant si j'attendrais le lendemain pour y faire mes recherches : c'était le parti le plus raisonnable. Le grand jour m'était absolument nécessaire ; je ne devais pas m'attendre à rien trouver dans l'obscurité : j'en étais bien persuadé ; mais mon inquiétude était trop vive pour supporter des délais.

Je passai mes mains à plusieurs reprises sur tous les points de la surface de ce lit ; elles ne sentirent rien sous elles. Mon premier dessein était de me borner à cet essai, et de renvoyer au jour des recherches plus exactes ; mais je ne pus résister à mon impatience. Je dérangeai cet amas de plantes, poignée par poignée : il n'y en eut pas une qui ne me passât par les mains. Je les mettais dans un autre endroit après les avoir bien examinées. Je demeurai la plus grande partie de la nuit dans cette occupation ; je désespérais déjà de retrouver mon trésor. Toutes ces plantes avaient changé de place. J'étendis mes mains sur le terrain nu qui en était auparavant couvert, et elles s'arrêtèrent sur l'objet de mes recherches. Je le saisis avec une joie égale au regret que m'avait causé sa perte, je le serrai soigneusement, et je pris toutes sortes de précautions pour n'en être plus privé à l'avenir.

Pendant que j'avais été occupé de ce soin, je n'avais pas été sans inquiétude au sujet des bêtes féroces. Leurs cris s'étaient fait entendre, mais dans un grand éloignement. Je frémis plusieurs fois et pour moi et pour ma malheureuse compagne, qui se trouvait seule, et dont l'effroi devait être extrême au milieu de la nuit. Je songeai à me rendre auprès d'elle pour la rassurer, s'il était possible ; mais j'avoue que la crainte de faire quelque rencontre dangereuse me retint longtemps en suspens. Je réfléchis enfin que le soin que nous avions eu de mettre le feu partout sur notre route avait dû éloigner les monstres, et qu'ils s'étaient retirés, pour le fuir, aux extrémités de ces déserts. En effet, depuis ce temps, ils ne s'étaient jamais approchés des lieux où nous faisions nos haltes, et nous n'avions plus entendu leurs hurlements que dans un certain éloignement, qui diminuait de beaucoup nos terreurs. Je me persuadai enfin que je n'en rencontrerais aucun, et je me mis en route ; mais ce ne fut pas sans frémir, et sans être plusieurs fois sur le point de m'arrêter et de faire du feu pour me rassurer.

Je poursuivis cependant mon chemin. La crainte me donna des ailes, et, malgré ma faiblesse, j'arrivai encore auprès de madame Lacouture environ deux heures avant le jour. Je faillis à la manquer et à m'écarter beaucoup de l'endroit où je l'avais laissée : l'obscurité, la peur, m'empêchaient de reconnaître ce lieu. Un gémissement que j'entendis par hasard, et qui me fit frissonner, m'avertit que j'allais passer auprès d'elle sans m'en apercevoir. Elle avait entendu le bruit de mes pas, et, dans son effroi, elle s'était imaginée que c'était une bête farouche qui venait à elle; c'est ce qui lui avait fait pousser ce gémissement. Je l'appelai à haute voix : « Est-ce vous, madame ? — Oui, me répondit-elle d'une voix presque éteinte. Bon Dieu ! que vous m'avez effrayée, et que votre éloignement et votre retard m'ont fait passer de cruels moments ! Avez-vous entendu ces hurlements horribles ?... Ils ont frappé mon oreille. J'ai cru que, puisque vous ne reveniez point, vous aviez été dévoré, et que je ne tarderais pas à l'être. — Je vis encore, m'écriai-je ; j'ai retrouvé ma pierre ; nous allons avoir du feu ; nous pourrons nous reposer et prendre quelque nourriture. »

Nous eûmes bientôt un grand feu, auquel nous fîmes cuire une partie de notre tortue, dont la chair se trouva très-tendre et très-succulente. Nous trouvâmes dans son corps, en l'ouvrant, une multitude de petits œufs, que nous grillâmes sur les charbons, et qui nous procurèrent un aliment également sain et rafraîchissant, qui nous fit beaucoup de bien. Nous nous endormîmes ensuite, et le repos, dont nous avions besoin, et qui dura cinq heures, nous soulagea et nous rendit quelques forces.

A notre réveil, nous consultâmes entre nous si nous continuerions notre route. En regardant la rivière, dont le cours était assez droit, nous désespérâmes de trouver de longtemps un lieu commode pour la traverser. Nous nous déterminâmes à risquer le passage dans celui où nous étions. Pour cela, j'imaginai de construire un radeau. Six arbres effeuillés par le temps, que l'eau avait entraînés, et qui s'étaient arrêtés vers le bord, auprès d'un autre arbre que le vent avait couché sur l'eau, et dont les racines tenaient encore fortement à la terre, me parurent des matériaux solides et faciles à employer. J'entrai dans l'eau, qui heureusement n'était pas profonde dans cet endroit; j'amarrai quatre de ces arbres ensemble : ils étaient suffisants. Les liens que j'employai furent des écorces. J'y ajustai de mon mieux une longue perche plus grosse à une extrémité qu'à l'autre, pour me servir de rame et de gouvernail.

Cet ouvrage étant fini, nous nous préparâmes à partir. Nous nous dépouillâmes de nos habits, dont nous fîmes un paquet que nous assujettimes avec des écorces. Nous prîmes cette précaution afin de pouvoir nous sauver plus facilement s'il nous arrivait quelque accident. Nos habits nous auraient incommodés, si nous étions tombés dans l'eau; et en les réunissant dans un paquet, nous nous ménagions la facilité de les rattraper, s'il fallait que je me misse à la nage pour les aller chercher. L'événement prouva que nous avions eu raison de nous précautionner ainsi.

L'état où nous étions, madame Lacouture et moi, nous rendait inutiles les ménagements qu'exige la pudeur. A peine songions-nous, depuis que nous voyagions ensemble, que nous étions d'un sexe différent. Je ne m'étais aperçu de celui de ma compagne que par la faiblesse ordinaire aux femmes. Elle ne voyait dans le mien que la fermeté, le courage que je tâchais de lui inspirer, et le secours que mes forces, un peu plus grandes que les siennes, me mettaient dans le cas de lui donner. Tout autre sentiment était mort en nous, et la nature épuisée, indifférente à tout autre objet, ne nous demandait que des aliments.

La crainte des accidents qui pouvaient nous arriver ne nous permit pas de nous séparer de nos provisions comme de nos habits; la perte de ceux-ci nous eût moins affligés que celle des autres. Nous défîmes nos paquets pour les arranger de manière à pouvoir les attacher autour de notre corps, assurés de les sauver avec nous, ou de périr avec eux. Nous descendîmes sur notre radeau, que je poussai au large, en gouvernant du mieux que je pus avec ma perche. Le courant nous entraîna d'abord avec une rapidité qui me fit trembler : il nous avait transportés en un instant à plus de trois cents pas du lieu où nous nous étions embarqués : je craignais qu'il ne nous entraînât de même jusqu'à la mer. Je manœuvrai avec une peine infinie, pour parvenir à le couper. J'y réussis à la fin, mais c'était toujours en cédant et en descendant prodigieusement, de manière que je ne comptais arriver à l'autre bord qu'à une demi-lieue plus bas que le point d'où nous étions partis.

Après bien des efforts, je parvins à passer le milieu de la rivière. Le courant allait bientôt cesser d'être si rapide. Nous étions presque près de l'endroit où il avait peu de violence, lorsqu'il jeta notre radeau en travers sur un arbre qui se trouvait près de nous à fleur d'eau. Le mouvement que je fis pour l'éviter contribua à notre naufrage. La secousse fut si forte, que les liens de notre bâtiment se rompirent : les pièces de bois qui le composaient se séparèrent; nous tombâmes dans l'eau, et nous nous serions infailliblement noyés, si je ne m'étais pas pris d'une main aux branches de cet arbre : je saisis en même temps, de l'autre, madame Lacouture par les cheveux, au moment où elle plongeait déjà, prête à disparaître sans doute pour toujours. Le sommet de sa tête était seulement à fleur d'eau. Je la tirai avec précipitation ; elle n'avait pas perdu connaissance : je lui criai de remuer les bras et les jambes, pour m'aider à la soutenir.

L'endroit où nous étions était très-profond. Je la fis grimper sur le corps de l'arbre, dont je fis le tour à la nage. L'autre extrémité touchait au bord, et cela me donna la facilité de l'y conduire : elle s'y assit. Je détachai les paquets de vivres que j'avais autour de moi, et que je mis à ses côtés. Je revins à la rivière pour voir si je découvrirais nos habits : ils s'étaient arrêtés aux branches de l'arbre où je les vis encore ; mais le mouvement de l'eau les en détachait, et au moment où je m'y jetais pour les aller chercher, le courant commençait à les emporter. Je nageai après eux ; j'eus le bonheur de les atteindre, et je les poussai devant moi vers le rivage où je les conduisis.

Mon premier soin fut de les porter à madame Lacouture, qui les délia, en exprima l'eau, et les étendit au soleil pendant que je préparais du feu pour les sécher plus promptement, et pour faire cuire encore quelques morceaux de notre tortue que nous avions apportée. Nous ne perdîmes rien dans notre naufrage. Nous ne regrettions pas notre radeau, qui, s'il nous avait menés à l'autre bord, eût alors cessé de nous être utile, et que nous aurions abandonné.

Après avoir pris un repas qui nous rétablit de notre fatigue, nous fîmes sécher nos provisions. Ce soin nous prit toute la journée. Nous passâmes la nuit dans ce lieu, et le lendemain nous trouvant reposés et rafraîchis, nous nous remîmes en marche, cherchant toujours à nous rendre à Saint-Marc des Apalaches, nous orientant comme nous pouvions, et tremblant toujours de nous égarer. Les bois qui se trouvaient de l'autre côté de la rivière n'étaient pas plus praticables; les bruyères, les joncs étaient aussi désagréables et aussi dangereux : nos chaussures, nos bottines, nos espèces de gants et de masques étaient usés; l'eau, qui les avait mouillés, les avait mis hors d'état de servir davantage : les ronces nous déchiraient; le moustiques et les maringouins nous tourmentaient comme auparavant : nous trouvions encore moins de vivres que de l'autre côté; notre nègre et notre caïman furent notre unique ressource.

Nous marchâmes plusieurs jours avec toutes ces incommodités, qui augmentaient journellement : nous souffrions également du corps et de l'esprit; l'espérance consolante ne venait plus nous bercer de ses chimères; nous étions dans un état affreux, et nous ressemblions plus à des tonneaux ambulants qu'à des êtres humains. Nous marchions pesamment, pouvant à peine mettre un pied devant l'autre, et nous relevant difficilement lorsque nous étions assis.

Madame Lacouture résista plus longtemps que moi : tant que j'avais eu quelques forces, j'avais ménagé les siennes, et je m'étais chargé de tous les soins pénibles; son esprit était aussi plus tranquille que le mien, parce qu'elle se reposait de tout sur moi seul. J'avais eu jusqu'alors tous les embarras; mais il était temps de céder à de si longues infortunes.

Un jour, n'en pouvant plus, abattu, voyant à peine, parce que les ampoules qu'avaient faites autour de mes yeux les insectes les couvraient presque tout à fait, je m'étais jeté sur le rivage, sous un arbre, à une centaine de pas de la mer. Après m'être reposé pendant une heure, j'essayai de me lever pour continuer de marcher : cette entreprise fut au-dessus de mes forces.

« C'en est fait, dis-je à ma compagne, je ne puis aller plus loin; ce lieu-ci sera le terme de mon voyage, de mes infortunes et de ma vie : profitez des forces qui vous restent encore, pour tâcher de gagner un lieu habité : emportez avec vous nos provisions : ne les consommez pas inutilement à m'attendre ici ! je vois que le ciel ne veut pas que j'en sorte; il m'en avertit par mon épuisement. »

Madame Lacouture ne me répondit que par des larmes; sa sensibilité me toucha : c'est une consolation pour les malheureux de voir qu'ils excitent la compassion ; elle me prenait les mains, les serrait avec tendresse : je tentais encore de la disposer à notre séparation ; je lui prouvai en vain qu'elle était nécessaire : « Non, mon ami, me dit-elle, non, je ne vous quitterai pas ; je vous rendrai les soins que j'ai reçus de vous si longtemps : prenez courage ; vos forces peuvent revenir : si mon espérance est trompée, je serai toujours à temps de m'exposer seule dans ce vaste désert, où je ne serais accompagnée que par mes craintes, où je croirais à chaque instant que le ciel enverrait contre moi des bêtes féroces, pour me déchirer et me punir de vous avoir laissé dans un moment où je pouvais vous être utile. A l'égard de nos provisions, nous tâcherons de les ménager : j'irai en chercher de fraîches sur le bord de la mer ; peut-être en trouverai-je ; elles vous seront plus salutaires. Je vais commencer dès à présent à vous servir ; mais pour vous garantir des insectes dont vous avez peine à vous défendre, prenez ceci. »

En disant ces mots, elle détachait un de ses jupons ; elle n'en avait que deux : à l'aide de mon couteau, elle le partagea en deux pièces, dont elle mit l'une sur mes jambes, et l'autre sur mes bras et sur mon visage ; ce fut un grand soulagement pour moi : ils me garantirent en effet des piqûres que je craignais. Ma compagne fit ensuite du feu, et alla vers la mer, d'où elle revint avec une tortue. J'imaginai que le sang de cet animal pourrait me soulager, j'en ai frotté mes blessures. Je l'essayai, et je conseillai à madame Lacouture de faire comme moi : elle m'imita volontiers, car elle avait aussi la tête, le cou et les bras couverts de piqûres des maringouins. Nous nous reposâmes ensuite ; mais ma faiblesse ne se passa point : je me sentais si mal, que je ne doutais pas que ma mort ne fût très-prochaine.

Une grosse poule d'Inde que nous aperçûmes alors, et qui se retirait dans un taillis qui n'était qu'à deux pas, nous fit penser qu'elle couvait, et nous donna le désir de nous emparer de ses œufs. Madame Lacouture se mit en devoir d'aller les chercher ; je n'étais pas en état de le faire moi-même ; il m'était impossible de me remuer, et je demeurai couché auprès de mon feu.

Je restai seul et dans cette position pendant environ trois heures. Le soleil venait de se coucher. J'étais dans une espèce d'anéantissement stupide, sans mouvement et presque entièrement privé de l'usage de la raison. Je ne pus comparer mon état qu'à ce calme qui est entre le sommeil et la veille. Un engourdissement affreux avait saisi mes membres appesantis : je ne sentais pas de douleur, mais un malaise général par tout mon corps. Dans ce moment j'entendis des cris qui me tirèrent de ma léthargie, et réveillèrent mon attention. Je prêtai l'oreille, ils me parurent venir du côté de la mer, et je les pris pour ceux de quelques sauvages qui s'approchaient en suivant le rivage.

Les mêmes cris se firent entendre à diverses reprises. Un rayon d'espoir vint luire dans mon âme. J'essayai de me lever pour me mettre sur mon séant, et je n'en vins pas à bout sans de violents efforts. Cette remarque cruelle vint diminuer ma joie. « Peut-être, pensai-je, les hommes que j'entends sont-ils sur la mer, dont ils côtoyent le bord dans leur canot; peut-être vont-ils plus loin : ils ne me verront pas, s'ils ne descendent à terre; et si leur dessein n'est pas d'y descendre ici, que deviendrai-je? Dans l'accablement où je suis, comment pourrai-je leur faire connaître qu'il y a dans ce lieu un être infortuné qui a besoin de leur secours? »

Cette idée me désespéra. J'essayai de crier : ma voix était éteinte. La crainte, cependant, de perdre l'unique ressource qui se fût présentée depuis si longtemps, me rendit une partie de mes forces ; je m'en servis pour me traîner, sur mes genoux et sur mes mains, le plus près du rivage qu'il me fut possible. J'aperçus distinctement un gros canot qui descendait le long de la côte, et qui ne m'avait pas encore passé. Je me levai sur mes genoux, et, prenant mon bonnet à la main, je fis des signes que j'étais forcé d'interrompre à chaque instant, parce que je ne pouvais me soutenir, et que je retombais sur le ventre. Combien ne regrettai-je point de n'avoir pas madame Lacouture auprès de moi! elle aurait pu gagner le bord de la mer, courir, crier, appeler au secours, et parvenir à se faire entendre; mais elle était éloignée, et il fallait que les cris des gens qui étaient dans le canot ne fussent point allés jusqu'à elle, puisqu'elle n'était pas accourue.

A son défaut, je n'épargnai rien pour me faire voir. Une longue perche, que je trouvai à côté de moi, me servit à élever mon bonnet et un morceau de jupon que ma compagne d'infortune m'avait laissé. Cette espèce de drapeau, flottant dans l'air, attira les regards de ceux qui conduisaient le canot. Je le connus aux nouveaux cris qu'ils poussèrent et au mouvement de leur bâtiment, qui cessa de descendre et qui s'approcha du rivage. Je plantai ma perche en terre, afin qu'ils ne perdissent pas de vue mon signal, et je me laissai aller sur le sable, où je me couchai tout de mon long, fatigué des efforts que je venais de faire, mais consolé par la certitude d'une prochaine délivrance, et en remerciant le ciel des bienfaits qu'il daignait m'accorder.

En considérant attentivement le canot, j'avais observé que les hommes qui le montaient étaient habillés. Cette observation, qui me convainquit que j'avais affaire à des Européens, et non à des sauvages, me délivra de toutes les inquiétudes que l'abord des premiers n'aurait pas manqué de me causer encore. En attendant mes libérateurs, je tournai mes regards du côté de mon feu : je cherchai madame Lacouture ; j'étais impatient de la voir pour lui annoncer le bonheur qui nous arrivait et le lui faire partager. Je n'en pouvais bien goûter l'étendue sans elle. Les soins tendres qu'elle prenait de moi, sa résolution de ne point m'abandonner, avaient resserré l'amitié qui m'unissait à elle, et que nos infortunes communes avaient fait naître. Je ne l'aperçus point, et ce fut le seul chagrin que j'éprouvai dans le moment ; mais il m'affecta faiblement, parce que sa félicité n'en était pas moins réelle, et qu'elle ne pouvait être différée que de très-peu d'instants. Il se faisait tard, et la nuit n'était pas éloignée.

Les personnes dont j'attendais tout désormais arrivèrent en ce moment. L'excès de ma joie, en les voyant si près de moi, faillit m'être funeste : elle m'occasionna un saisissement si violent, que je fus pendant quelques minutes sans répondre à leurs questions et sans pouvoir proférer une parole. Une goutte de tafia qu'ils me donnèrent me fortifia, et me mit en état de leur témoigner ma reconnaissance et de leur dire un mot de mes malheurs. Ils virent, au premier abord, tout le danger de ma situation : ils eurent le ménagement de ne pas m'obliger à parler, et moi, satisfait de voir des Européens, jugeant, à la manière dont ils s'exprimaient dans ma langue, qu'elle ne leur était pas familière, je ne songeai point à leur demander de quelle nation ils étaient. Cette connaissance m'importait peu : il me suffisait de voir que j'étais avec des hommes, et que je pouvais compter sur eux.

Je les priai de vouloir bien crier encore, et de chercher du côté du taillis qui était devant nous, pour se faire entendre à madame Lacouture, dont la longue absence commençait à m'inquiéter. Un moment après, je n'eus plus rien à désirer, elle parut; je la vis courir à moi de toutes ses forces : elle avait attrapé la poule d'Inde et son nid qu'elle nous apporta. « Ma bonne amie, lui dis-je, ces provisions arrivent fort à propos; nous allons les partager avec ces messieurs, que le ciel amène à notre secours. Réjouissez-vous, la fortune ne vous abandonne point, et votre compassion pour moi n'est pas sans récompense. »

Comme la nuit était venue, il fut inutile de songer à s'embarquer avant le lendemain. J'appris alors que nous étions au 6 du mois de mai; car jusqu'à ce jour je n'avais pas été sûr de la plupart des dates. Nous nous rendîmes tous auprès de mon feu, où mes libérateurs se donnèrent la peine de me porter. Nous mangeâmes notre poule d'Inde et ses œufs; on y joignit des viandes fumées et quelques verres de tafia.

Notre repas fut, on doit bien le penser, un des plus gais; le contentement de l'esprit contribue au soulagement du corps; je sentis revenir mes forces. Mes hôtes m'apprirent qu'ils étaient Anglais : leur chef était un officier d'infanterie au service de Sa Majesté Britannique; il s'appelait M. Wright. Je l'entretins, pendant le souper, d'une partie des aventures de madame Lacouture et des miennes. Je le vis frissonner plusieurs fois; lorsque je lui parlai de la nécessité qui nous avait contraints à chercher dans mon malheureux nègre une nourriture que la nature entière nous refusait dans ce désert, il voulut voir cet horrible mets! la curiosité l'engagea à en porter un morceau à sa bouche... il le rejeta sur-le-champ avec une horreur inexprimable...

J'observerai, en passant, que, comme il n'y avait que l'officier et un soldat qui parlassent français, et que tous les autres avaient témoigné le désir d'entendre notre histoire, j'avais été obligé de la faire en anglais : j'avais été fait deux fois prisonnier pendant la dernière guerre, j'avais eu occasion d'apprendre cette langue; elle me fut d'une grande ressource quelque temps après; pour le moment, elle me concilia l'affection de mes libérateurs.

Lorsque j'eus fini mon récit, je demandai à mon tour à M. Wright à quel heureux hasard nous devions sa rencontre. Il me répondit qu'il était du détachement de Saint-Marc des Apalaches, commandé par . M. Sevettenham : quelques jours auparavant, un sauvage avait trouvé sur la côte un homme mort; le reste de ses vêtements annonçait que c'était un Européen; il lui manquait le ventre et le visage, qui paraissaient avoir été dévorés; M. Sevettenham avait ordonné qu'une expédition parcourût la plage dans un canot, et ramassât les malheureux qui pourraient s'y trouver en état de profiter de ses secours. Il ajouta que son commandant, qui avait remarqué la constance du mauvais temps, avait soupçonné que quelque bâtiment avait fait naufrage, et il craignait que ce ne fût celui qu'il attendait de Passacole, chargé de vivres pour sa troupe.

Je ne doutai pas que ce cadavre, vu par le sauvage, ne fût celui du malheureux M. Lacouture, ou celui de M. Desclau, mon associé. Tous deux s'étaient noyés sans doute,... tout sert à m'en convaincre, puisqu'on n'en a reçu aucune nouvelle.

Après nous être entretenus ainsi pendant quelques heures, nous nous abandonnâmes au sommeil; il fut bientôt interrompu par un orage affreux qui s'éleva; la pluie, le vent, le tonnerre et les éclairs ne cessèrent pas pendant toute la nuit. Cette circonstance incommoda beaucoup les Anglais; mais, madame Lacouture et moi, nous y étions accoutumés; et il nous fut encore moins insupportable, à cause du secours dont nous étions assurés, et que nous possédions déjà; le sentiment de nos infortunes n'était plus si vif, depuis que nous en apercevions la fin; notre faiblesse, nos blessures semblaient nous faire moins souffrir, et nous commencions même à les regarder comme des accidents passagers qui se termineraient bientôt à l'aide d'un peu de soin et de repos.

Le jour naissant vit diminuer l'orage, qui se dissipa entièrement au lever du soleil; nous ne songeâmes plus qu'à nous embarquer. J'avais repris courage; il me soutenait assez pour me permettre de me rendre sans secours jusqu'au canot; mais M. Wright ne le voulut pas permettre; il eut l'attention de m'y faire porter. « Je vous félicite de reprendre des forces, me dit-il, mais il ne faut pas en abuser; ménagez-les, vous aurez le temps et l'occasion d'en user. » Madame Lacouture m'accompagna à pied : elle me regardait pendant le chemin avec une joie naïve. « Voyez, me dit-elle, si j'ai eu tort de vous résister et de rester auprès de vous; nous revenons tous les deux à la vie, et nous pouvons en jouir sans trouble et sans remords. — Ah! lui répondis-je, je ne me serais jamais consolé de vous avoir pressée de vous éloigner sans moi, si le secours m'était venu sans que vous en pussiez profiter. »

Nous entrâmes tous dans le canot, où j'achevai de me reposer. M. Wright songea à compléter sa mission : il avait déjà parcouru plusieurs îles; il lui en restait une à visiter avant de retourner à Saint-Marc des Apalaches. Il y dirigea son canot : nous y arrivâmes après douze heures de navigation par un vent favorable. Je la reconnus pour celle d'où nous étions partis, madame Lacouture et moi, et dans laquelle nous avions laissé son fils. Les malheurs que j'avais essuyés depuis notre départ ne m'avaient guère permis de songer à lui. Mon retour dans cette île le rappela à mon souvenir : je ne pus m'empêcher de donner encore quelques larmes à son sort. Au milieu de mes regrets, je me rappelai qu'il n'était pas encore mort lorsque je l'avais quitté. Cette idée m'agita; celle qu'il pouvait vivre encore et recevoir quelque secours me frappa; en vain la raison la rejetait comme une chose impossible; je voulus m'assurer de son état.

Nous voguions toujours dans le dessein de faire le tour de l'île; nos soldats, pendant ce temps, criaient de toutes leurs forces par intervalles, afin de se faire entendre; personne ne leur répondait. Ce silence ne calma ni mes inquiétudes, ni mon agitation; le malheureux jeune homme pouvait entendre ces cris et être hors d'état de faire entendre les siens. Je pensai à ma situation sur la côte lorsque les Anglais s'en étaient approchés; celle de Lacouture, s'il vivait, devait être encore plus déplorable. Je ne pus résister plus longtemps à l'impatience d'acquérir une certitude. Je fis part de mes soupçons à M. Wright; cet officier me fit quelques représentations sur le peu d'utilité d'une recherche de cette espèce, qui vraisemblablement ne ferait que nous retarder sans fruit. Cependant son humanité l'empêcha d'insister; il voulut bien s'arrêter, et il envoya un soldat à terre avec ordre de chercher le jeune homme.

Le soldat revint un demi-quart d'heure après; il l'avait vu, il était mort. M. Wright lui ordonnait déjà de se rembarquer, lorsque je m'approchai de lui : « Vous me trouverez indiscret sans doute, lui dis-je; mais j'ai une nouvelle grâce à vous demander. Ce jeune homme m'était cher; sa fermeté seule nous a fait sortir de cette île, sa mère et moi; je lui dois de la reconnaissance; elle ne peut éclater que faiblement, mais que je fasse ce que je puis. Permettez-moi de lui rendre les derniers devoirs; accordez-nous le temps de l'enterrer. »

M. Wright était la politesse et la complaisance même ; il consentit à me donner cette satisfaction. Il commanda à son monde de débarquer et de me porter auprès du mort. Nous nous y rendîmes tous. Madame Lacouture voulut aussi être présente à cette pieuse et triste cérémonie. « Mon fils infortuné, s'écria-t-elle en soupirant, a suivi son père au tombeau ! Sa mère lui survit ; mais la vie m'est moins chère, puisque je ne puis la partager avec lui... »

Nous nous approchâmes de ce malheureux jeune homme : il était couché sur le ventre, le visage contre terre ; son corps était d'un rouge hâlé ; il sentait déjà mauvais, ce qui nous fit présumer qu'il était mort depuis quelques jours : il avait des vers autour de ses jarretières ; c'était un spectacle hideux et dégoûtant dont nos cœurs s'affligeaient. Je me mis en prière pendant que les soldats creusaient la fosse ; dès qu'elle fut faite, ils vinrent le prendre pour l'y jeter... Quelle fut leur surprise, quelle fut la mienne et celle de sa mère, lorsque nous aperçûmes que son cœur battait encore ! Au moment où l'un des soldats s'avançait pour le prendre par la jambe, nous la lui vîmes retirer. Dans l'instant nous nous empressâmes de lui donner tous les secours qui étaient en notre pouvoir ; on lui fit avaler un peu de tafia avec de l'eau ; on se servit du même mélange pour laver les plaies qu'il avait sur les genoux, et d'où nous tirâmes plusieurs vers qui les envenimaient.

Madame Lacouture, immobile d'étonnement, passait tour à tour de la crainte à la joie, voyant son fils, qu'elle avait cru mort, respirer encore ; elle se défiait de ses yeux. « Cela est impossible ! s'écria-t-elle dans une espèce de délire. Au nom du ciel, ne m'en imposez pas ; assurez-moi de ce qui en est ; craignez de me donner une fausse espérance, qui rendrait ma douleur plus vive si je la voyais trompée... »

Elle courait à son fils, l'examinait, nous regardait ensuite, et cherchait à lire sur nos visages ce que nous pensions de son état. Un moment après, elle le prenait dans ses bras, tâchait de le réchauffer par ses baisers. Nous fûmes obligés de la forcer à s'en éloigner, parce qu'elle nous empêchait de lui donner les soins nécessaires. J'étais incapable d'y contribuer beaucoup. Je l'entretins de tout ce qui pouvait flatter son espoir. Elle m'écoutait avec inquiétude ; à chaque instant ses yeux se tournaient du côté de son fils : elle se levait avec précipitation ; j'étais souvent obligé d'employer toutes mes forces pour l'arrêter.

« Un moment! lui disais-je, laissez agir ces généreux Anglais; ne les interrompez point ; votre vivacité leur serait gênante.— Je le vois, me répondait-elle ; je vous obéis, je demeure... » Et un instant après, elle tentait de m'échapper : je l'exhortais à la patience ; je lui renouvelais mes représentations ; je lui rappelais qu'elle m'avait promis de rester tranquille. « Je le sais, je l'ai promis, je dois l'être ; mais, mon cher Viaud, je ne suis pas maîtresse de moi ; je serais rassurée, si je le voyais un instant, un seul instant... Pourquoi me retenez-vous ? Que vous êtes cruel ! Ah ! si vous saviez ce que c'est que d'être mère !... »

Enfin M. Wright vint à nous, et nous dit que Lacouture avait repris le sentiment, qu'il ouvrait les yeux, qu'il pleurait, qu'il regardait tout le monde, et qu'il demandait sa mère, qu'il m'appelait aussi. Nous nous transportâmes auprès de lui ; il nous reconnut. « C'est vous, nous cria-t-il d'une voix languissante! Est-il possible que vous soyez encore ici!... Je ne vous ai pas vus..... où étiez-vous donc ? »

Ce n'était pas le moment d'entrer dans des explications. Nous lui dîmes que nous venions le délivrer de ses misères, et nous l'exhortâmes à prendre courage. On le fit transporter dans le canot ; on m'y conduisit aussi ; je le fis coucher sur les habits de quelques soldats qui s'empressèrent de les prêter : je le couvris avec d'autres, et je me chargeai d'en avoir soin pendant toute la route. Sa mère ne le quitta pas d'un instant, et j'eus toutes les peines du monde à l'empêcher de se livrer à sa tendresse et à ses caresses, qui eussent été fatigantes.

Comme il était tard, nous ne fîmes pas beaucoup de chemin : nous nous rendîmes à l'autre extrémité de l'île, où nous débarquâmes pour y passer la nuit. Deux de nos soldats chassèrent, et eurent le bonheur de tuer trois outardes grasses qui nous procurèrent un bon souper. Le jeune homme prit quelque nourriture, et dormit toute la nuit. Le lendemain il se trouva mieux, c'est-à-dire qu'il reprit entièrement connaissance. Il ne put cependant nous rendre compte de ce qu'il avait fait depuis notre départ; il nous apprit seulement qu'il s'était trouvé mal plusieurs fois, et que lorsqu'il revenait à lui, il se sentait un grand besoin de boire et de manger. L'eau et les provisions que nous avions mises à sa portée, lui furent d'un grand secours. Il était si faible, qu'il se traînait sur les huîtres qu'il ramassait avec la bouche pour les manger. Il ignorait absolument le temps qu'il avait passé seul dans cette situation. Il croyait que nous n'étions point partis, et que nous avions trouvé sur-le-champ le secours dont il profitait.

Son existence ne nous en parut pas moins inconcevable. Nous étions sortis de l'île le 19 avril, et c'était le 7 mai que nous y étions revenus : cela faisait dix-neuf jours pendant lesquels il avait vécu. Comment avait-il pu se soutenir si longtemps sans miracle? Nous y vîmes le doigt de Dieu, madame Lacouture et moi. Elle se jeta à genoux : « Grand Dieu! s'écria-t-elle, tu as conservé mon fils..... tu me l'as rendu..... achève ton ouvrage... »

Je joignis mes vœux aux siens, et j'osais tout espérer. Nous nous embarquâmes le même jour pour Saint-Marc des Apalaches : le vent nous fut très-favorable. Cette traversée se fit heureusement, et je me convainquis par mes observations que, sans les Anglais, nous n'aurions jamais pu nous y rendre. La partie de la côte où l'on nous avait trouvés n'en est éloignée que de quinze lieues, en y allant par mer; mais la distance est bien plus considérable par terre, à cause des sinuosités que forme le rivage : on peut l'évaluer à plus du double. Que serions-nous devenus?

Le même jour, 8 mai, nous arrivâmes à sept heures du soir à Saint-Marc des Apalaches. M. Sevettenham nous reçut avec beaucoup d'humanité. Il commença par me faire porter chez lui, et il envoya madame Lacouture et son fils chez le caporal de son détachement. Il ordonna en même temps au chirurgien de nous donner tous les secours de son art; il poussa la bonté jusqu'à partager son lit avec moi, en me faisant prendre un de ses matelas. Il fit porter aussi des draps à madame Lacouture; il n'oublia aucun des soins qui pouvaient nous soulager, et dont nous avions un si grand besoin.

Je demeurai treize jours dans le fort : pendant ce temps, j'appris par un chef de sauvages, qui vint apporter des lettres à M. Sevettenham, de la part de l'officier anglais qui commandait à Passacole, des nouvelles du perfide Antonio, et des matelots qui étaient restés dans l'île où il nous avait tous conduits. Ces infortunés, après avoir attendu vainement le retour de ce sauvage, avaient surpris, pendant leur sommeil, sa mère, sa sœur et son neveu, et les avaient massacrés. Ils s'étaient emparés ensuite de leurs armes à feu, de leur poudre, et d'une petite pirogue. Comme le bâtiment ne pouvait contenir que cinq personnes, ils avaient tiré au sort quels seraient ceux qui s'embarqueraient, et ceux qui resteraient à terre. Trois furent contraints d'attendre dans ce lieu une meilleure fortune, et virent avec douleur le départ de leurs compagnons. Deux jours après, Antonio revint pour prendre le reste de nos effets, et les emporter chez lui : il vengea sur eux la mort de ses parents, et tua les nôtres les uns après les autres, à coups de fusil. De retour dans son village, il se vanta de cette expédition. Ce fut par ce moyen que le chef des sauvages en fut instruit, et qu'il m'apprit cette nouvelle atrocité et ces actes de vengeance. Je n'ai jamais pu savoir ce qu'étaient devenus les cinq qui s'étaient embarqués dans la pirogue : tout porte à me persuader que de seize personnes avec lesquelles j'avais entrepris ce funeste voyage, il n'en échappa que trois.

Après un séjour d'environ treize jours à Saint-Marc des Apalaches, me trouvant une meilleure santé, et n'ayant plus besoin que de l'améliorer, je songeai à quitter ce fort. J'avais été prévenu qu'il devait partir le 24 un bateau pour Saint-Augustin. Je me déterminai à m'y embarquer. Je pensai que je serais à portée de me procurer dans cette ville les secours nécessaires à ma situation.

Madame Lacouture m'aurait suivi bien volontiers ; mais son fils n'était pas encore en état de faire le voyage, et elle ne voulut pas l'y exposer. Comme elle était de la Louisiane, où ses parents étaient établis, elle préféra s'y rendre. On l'avait assurée qu'elle pourrait partir vers la fin du mois suivant, et que son fils ferait alors ce voyage sans péril. Nous nous séparâmes avec regret : l'habitude d'errer et de souffrir ensemble nous avait unis d'une amitié tendre ; l'infortune en avait formé les liens, les secours que nous nous étions prêtés réciproquement les avaient resserrés.

Nos adieux furent touchants : nous ne pûmes nous empêcher de verser des larmes ; nous nous promîmes de ne point nous oublier.

MATELOT FRANÇAIS A L'ABORDAGE.

Histoire générale de la Marine.

CHAPITRE II.

Le Directoire. — Prise de la flotte hollandaise par de la cavalerie française. — Expédition de Quiberon. — Défaite des émigrés. — Perfidie des Anglais. — Mort d'Hervilly. — Incurie de Puysaie. — Sombreuil fusillé. — Interpellation de la chambre des communes. — Pitt, Sheridan. — Situation des Iles de France et de Bourbon. — Le gouverneur Malartic — Rébellion des colons. — Croisières sur les côtes de l'Ile-de-France.— *La Cybèle* et *la Prudente*.— Le capitaine Robert Surcouf. — Le corsaire *l'Emile*. — Prise du *Triton*, de *la Clarisse*. — Le corsaire *la Confiance*. — Combat acharné. — Prise et pillage du *Kent*. — Surcouf reçoit un sabre d'honneur. — Le corsaire *le Revenant*. — Nouveaux exploits de Surcouf. — Sa tête est mise à prix par les Anglais. — Le capitaine Potier combat la frégate portugaise *la Conception* et s'en empare. — Mort de Surcouf. — Combat de la corvette *la Bayonnaise* contre la frégate *l'Embuscade*. — Bonaparte quitte l'Egypte. — Coup d'Etat du 18 brumaire. — Nomination du premier consul.

Pendant que, vainqueurs de la Prusse, de l'Autriche et de l'Angleterre, les Français poursuivaient leurs glorieux succès, préparés par la prise des villes d'Utrecht, de Gorcum, d'Amsterdam, de Rotterdam et de la Haye ; la Hollande offrait le spectacle, jusqu'alors inconnu, d'une cavalerie européenne manœuvrant sur une mer glacée, et faisant capituler des vaisseaux de ligne.

Des obstacles, qui auraient arrêté les armées les plus entreprenantes, venaient d'être franchis par nos démocrates. La rigueur des saisons, l'insalubrité du climat, les fatigues et la misère, causées par une campagne prolongée pendant l'hiver le plus rigoureux, étaient, pour les soldats de la République, autant de causes d'émulation; ils mettaient à vaincre les éléments autant d'obstination et de courage qu'ils en avaient montré contre les armées coalisées, dont l'intention manifeste était de renverser et de détruire le nouveau gouvernement de la république.

Etonnés du courage tranquille avec lequel les Français avaient combattu sur les glaces du Wahal, et de la promptitude qu'ils avaient mise à s'emparer de l'île de Bommel, les alliés s'étaient réfugiés derrière le Lech, où ils restaient plongés dans le découragement, dont le duc d'York lui-même donna le premier l'exemple.

Tous les efforts de ce prince, en effet, depuis qu'il était venu sur le continent prendre part à la grande querelle de la révolution, n'avaient abouti qu'à des défaites rarement rachetées par quelques actions d'éclat. Vaincu dès son début dans la carrière militaire, au siége de Dunkerque, il n'avait assisté aux campagnes de 1793 et 1794 que pour être témoin de la défaite des troupes, assez maladroitement confiées à son commandement.

Les derniers avantages obtenus par l'armée du Nord, persuadèrent sans doute au duc d'York qu'il ne serait pas plus heureux en Hollande qu'en Flandre. Pour ne pas être encore une fois spectateur impuissant des nouveaux triomphes des Français, il prit tout à coup le parti d'abandonner son armée, et se rembarqua pour la Grande-Bretagne, au moment où Pichegru se préparait à porter de nouveaux coups aux ennemis de la France. Ce général n'attendait plus, pour attaquer les alliés, que de voir le Wahal suffisamment gelé vers Nimègue, où son cours, beaucoup plus rapide, avait empêché le fleuve de prendre aussitôt que vers Bommel.

Enfin, l'époque tant désirée arrive, et le froid est si intense, que le Wahal, devenu solide par les effets d'une gelée continue, fournit aux Français un chemin praticable pour marcher à l'ennemi. Dans cette campagne mémorable, tout s'était fait par enchantement. L'espèce de prodige que nous allons rapporter fait naturellement partie de l'histoire de la marine.

Pichegru avait envoyé dans la Nord-Hollande des détachements de cavalerie et d'artillerie légère, avec ordre de traverser le Texel, de s'approcher de la flotte hollandaise, qu'il savait y être à l'ancre, et de s'en emparer. C'était la première fois qu'on parlait de prendre une flotte avec de la cavalerie. Cependant cette manœuvre réussit, comme toutes celles qui avaient été commandées. Les Français traversèrent au galop les plaines de glace, arrivèrent près des vaisseaux, les sommèrent de se rendre, et firent, sans combat et sans effusion de sang, l'armée navale prisonnière de guerre.

La guerre, quelle qu'en soit la cause, apparente ou cachée, est toujours une calamité ; mais les discordes civiles sont le fléau le plus désastreux qui puisse désoler un État, surtout quand elles sont fomentées par l'étranger. On pressent que nous allons parler de Quiberon.

Confiants dans les promesses du ministère britannique, les émigrés quittent la terre d'exil, accourent au rendez-vous de toutes les parties de l'Europe, et, dans l'ivresse de leur joie, ne doutant plus d'un succès dont les Vendéens eux-mêmes ont désespéré, ils se représentent le drapeau blanc flottant sur toutes les côtes de la France.

L'armement préparé par l'Angleterre était un des plus considérables qu'on eût faits depuis longtemps. Outre les émigrés sur lesquels on pouvait compter, Pitt avait employé tous les genres de séduction pour engager à servir la cause royale, les Français que le sort des armes exposait à périr de faim et de misère sur les pontons. Réunis, ils forment un corps de dix mille hommes.

Leurs chefs sont d'Hervilly, Puysaie, Conflans, Botherel, Levis, Contades, Broglie, Vauban, Dubois-Berthelot, Tinteniac et l'immortel Sombreuil, tous commissionnés par le comte d'Artois, que des affaires d'un intérêt sans doute très-grave retenaient en Angleterre, ainsi que les dix mille hommes de troupes, qui, d'après les promesses du cabinet de Saint-James, devaient, sous les ordres de Moira, chercher à surprendre Saint-Malo.

D'abondantes munitions, des armes pour quatre-vingt mille hommes, des habits pour soixante mille, des pièces d'artillerie de tout calibre, d'immenses provisions de bouche, deux millions en or, plusieurs milliards de faux assignats fabriqués à Londres, enfermés dans des barriques, chargent plus de cent bâtiments de transport.

Warren escorte ce convoi avec deux vaisseaux de soixante-quatorze, quatre frégates, deux corvettes, deux cutters et quatre chaloupes canonnières ; quinze vaisseaux de ligne croisent sur les côtes pour protéger le débarquement.

Maître de la mer et des côtes du Morbihan, Warren somme Belle-

Ile de se rendre. Boncret, commandant de la citadelle, répond qu'il s'ensevelira sous les ruines de la place plutôt que de la remettre à des Anglais. Warren, instruit qu'on ne peut prendre la forteresse que par terre, juge plus qu'inutile de canonner des rochers à pic, et se retire sur la côte du Morbihan, qu'il sait être dégarnie de troupes.

Déjà d'Hervilly, à la tête de quinze cents hommes, a sauté dans les chaloupes, et, sans avoir trouvé d'obstacle, il s'est avancé en bon ordre sur la place de Carnac, entre Quiberon et le golfe du Morbihan. Cadoudal et Lemercier accourent à la tête des chouans pour recevoir les émigrés. D'Hervilly se joint à eux, et marche de suite sur Carnac, dont il massacre la garnison, trop faible pour résister. Les batteries sont enlevées, le drapeau blanc flotte dans la presqu'île, Auray est pris, et la possession de cette ville ouvre tout le pays aux royalistes.

Cependant la position des émigrés allait devenir de jour en jour plus embarrassante. Hoche, qui les tenait comme bloqués, faisait des progrès bien propres à leur causer de vives inquiétudes. Il venait d'établir un camp retranché à une lieue et demie du fort Penthièvre, en avant de Sainte-Barbe, et en vue des Anglais, bravement immobiles sur leurs vaisseaux, des chaloupes canonnières et des bâtiments de transport.

Des fourneaux sont construits pour tirer à boulets rouges sur l'escadre anglaise et la forcer à s'éloigner de la côte. Meunier, vers Ploërmel, couvre les derrières de l'armée de Hoche, dont la gauche est gardée par Laviolais, maître du château de Kercado, de Saint-Clément et de Carnac, repris depuis peu sur les émigrés. Chérin et Canclaux envoient incessamment des troupes au quartier général, et Hoche, sans qu'on ait droit de l'accuser de présomption, peut écrire : « Je réponds des émigrés et des chouans amoncelés à Quiberon, j'en rendrai bon compte. »

Cette confiance du général en chef passe dans l'âme des soldats. Au contraire, chez les émigrés, tout annonce l'inquiétude et la crainte. Ajoutez à cela que la mésintelligence s'était introduite parmi les officiers supérieurs, et qu'on allait même jusqu'à accuser hautement d'Hervilly de s'être arrêté à Quiberon, dans le dessein de conserver le commandement en chef, qu'il craignait, dit-on, de perdre en rejoignant Charette et Stofflet, divisés eux-mêmes, parce que le premier était noble, et que le second avait été garde-chasse. Ce bruit injurieux pour un brave, arrache d'Hervilly à son inaction : il ordonne des reconnaissances qui, n'étant point appuyées, restent sans effet.

Des échanges de boulets ont lieu ; quelques bataillons se mettent en mouvement dans les deux armées, mais les émigrés sont repoussés sur tous les points; leur position devient d'autant plus cruelle, qu'ils sont abandonnés par ceux-là mêmes qui les avaient suivis uniquement pour se soustraire aux homicides pontons de l'Angleterre.

Il fallait donc ou se rembarquer, ou combattre contre l'avis de Puysaie, de Vauban et de plusieurs autres officiers généraux. D'Hervilly commande une attaque générale. Au milieu de la nuit, sa division tout entière s'ébranle et marche en colonnes serrées. Le silence règne dans tous les rangs, que précèdent huit pièces de canon et deux compagnies d'éclaireurs. Quinze cents chouans, que conduit Vauban, sont arrêtés par Lemoine : son feu nourri et bien dirigé les force à la retraite. Humbert, feint l'hésitation, et se replie vers le camp avec une précipitation étudiée.

Trompés par ce mouvement, les émigrés s'avancent dans le plus bel ordre, et se disposent à forcer les retranchements. Un feu terrible accueille les deux régiments qui ont commencé l'attaque ; la mitraille les foudroie. Le petit nombre de ceux qui échappent à ces décharges meurtrières, se jette entre la colonne de gauche et la mer, et répand la confusion parmi les troupes qui n'ont point encore combattu.

D'Hervilly renouvelle l'attaque des retranchements, mais on le repousse avec tant de vivacité que, bientôt, étourdi par le désordre qui règne autour de lui, il donne à sa droite l'ordre de la retraite, tandis qu'à la gauche il commande de battre la charge.

Un troisième effort allait être tenté par les émigrés quand, atteint d'un biscaïen, leur général tombe mortellement blessé. Cet événement décide du sort de la bataille; les soldats de Hoche se précipitent hors des redoutes, et fondent sur les royalistes en poussant des cris de victoire. La déroute est épouvantable, le carnage affreux.

La mort de d'Hervilly avait répandu la consternation et le découragement parmi les émigrés, qui restaient sans chef. Vauban refuse le commandement qu'accepte Puysaie.

Manquant de résolution et de talent, Puysaie fait débarquer la division Sombreuil, qui prend poste à Saint-Julien, amas de cabanes au milieu de la presqu'île. Vainement il avait espéré que ce renfort ramènerait la confiance.

Les prisonniers que l'Angleterre avait armés s'empressent de se joindre aux soldats de Hoche; le mot d'ordre est livré, et Mesnage, à la tête de trois cents grenadiers, soutenu par Valletaux, pénètre dans le fort Penthièvre.

Le plus épouvantable désordre y règne. Mesnage, le sabre à la main, abat tout ce qui résiste, s'empare de l'artillerie, la tourne contre les Anglais, et riposte avec avantage au feu que ces derniers dirigent sur les colonnes que Hoche conduit du côté de la mer, pour attaquer de front les royalistes, dont les régiments se rassemblent à la hâte. Béon et Damas se mettent en bataille derrière Saint-Julien; la légion de Rohan arrive au pas de charge; et tous, officiers et soldats, sont résolus de vendre chèrement leur vie. Puysaie seul, resté chef de l'expédition, ne songe qu'à sauver sa correspondance avec Pitt et le comte d'Artois. Il court à bord de Warren, et déserte des troupes dont il semblait n'avoir pris le commandement que pour les sacrifier.

Privés de canons, manquant même de cartouches, les émigrés, sous la conduite de Contades, se replient sur le camp, et répandent le désordre parmi ceux qui venaient trop tard pour les secourir. Sombreuil toutefois parvient à les rallier. « Ce n'est pas, s'écrie-t-il, à des braves tels que vous, qu'il faut dissimuler la vérité. Le fort Penthièvre est pris : il faut le reprendre ou tomber sous ses murs. Marchons! »

Mais l'aspect du danger a bientôt ralenti ce premier élan d'une valeur désormais impuissante. Un boulet tue sous lui le cheval de Sombreuil, qui s'était porté seul à l'endroit du plus grand danger.

Errant aux environs, poussant des cris de désespoir et n'attendant plus que la mort, les émigrés, foudroyés par les canons de Hoche, le sont encore par la mitraille des chaloupes anglaises. Une foule immense borde la falaise : hommes, femmes, enfants, vieillards, attendent les embarcations anglaises; les embarcations restent, par ordre supérieur, enchaînées à leurs bords.

Quelques-uns se jettent à l'eau, et gagnent les récifs et les rochers les plus voisins de la côte; d'autres, plus hardis, s'élancent à la nage, et s'efforcent de joindre la flotte de Warren. On repousse à coups de sabre ou d'aviron ceux qui, pour s'échapper, s'accrochent aux canots anglais!... Tombé au pouvoir de l'ennemi, l'intrépide Sombreuil est condamné à mort.

Telle fut l'issue d'une expédition dont la honte ne doit retomber que sur le ministère britannique, et qui rappelle ces mots de Chatam : « S'il fallait que l'Angleterre fût juste envers la France, il y a longtemps que l'Angleterre n'existerait plus. »

Des murmures d'improbation, adressés à Pitt dans la chambre des communes, le forcent à se justifier, et il ose dire, en parlant de Quiberon : « Du moins le sang anglais n'y a pas coulé! — Non, réplique Sheridan, cédant à un mouvement d'indignation, le sang anglais n'y a pas coulé, mais l'honneur anglais y a coulé par tous ses pores! »

La situation des îles de France et de Bourbon était alors assez précaire. Lorsque la révolution française s'étendit au delà des mers, et bouleversa la plupart de nos colonies, ces îles résistèrent seules au torrent dévastateur. La Convention ayant proclamé la liberté des noirs, les colons pensèrent que l'affranchissement de leurs nègres serait suivi des plus grandes calamités. Ils s'affermirent dans la résolution de résister au gouvernement de la mère-patrie, sans cependant cesser d'être Français. Le vertueux Malartic, nommé gouverneur des deux îles par Louis XVI, conserva pendant tout le temps de la révolution ce poste important. Deux envoyés du Directoire vinrent pour le destituer : ils furent obligés d'abandonner les îles, et Malartic, porté dans les bras des colons reconnaissants, fut conduit en triomphe à l'assemblée coloniale.

Chacune des colonies était gouvernée par une assemblée coloniale qui révisait les lois faites en France, et n'en permettait l'exécution qu'après examen. Les décrets des deux assemblées avaient force de loi après avoir reçu la sanction du gouverneur, qui avait toutes les attributions du pouvoir exécutif, et se trouvait seul chargé du commandement militaire, ainsi que de la police intérieure.

Les colons ayant fait acte de rébellion envers le gouvernement de la métropole, se virent réduits à le redouter et à craindre les ennemis de la patrie. Ils passèrent huit années dans cette position difficile. Il leur fallut des prodiges d'héroïsme pour repousser les Anglais, faire respecter le pavillon national dans les mers de l'Inde, et se suffire à eux-mêmes au milieu de l'abandon général.

Grâce à l'heureuse position de l'Ile-de-France, ses bâtiments de guerre, ses nombreux corsaires, sortaient de son port, faisaient des irruptions dans les mers de l'Inde, et s'emparaient souvent des riches navires de la compagnie anglaise. Le gouverneur de l'Inde, résolu de faire cesser cette calamité, envoya, à la fin de 1794, les deux vaisseaux de ligne *le Centurion* et *le Diomède*, pour croiser sur les côtes de l'Ile-de-France. La position des colons devint alors critique. Les habitants ne craignaient pas que leur île fût prise par l'ennemi; mais les subsistances commençaient à être rares : les bâtiments qui devaient approvisionner l'île étaient en retard. On résolut de tout faire pour tenter de débloquer l'île. A cet effet, les deux frégates *la Prudente* et *la Cybèle* et le brick *le Coureur* mettent à la voile. Leur but est d'attaquer l'ennemi, et de tâcher de le maltraiter au point de l'obliger de quitter le blocus pour aller se réparer; ce qui devait faciliter la rentrée des bâtiments chargés de vivres, des corsaires et de leurs prises.

Malgré l'effrayante disproportion entre nos forces navales et celles de l'ennemi, le brave Renaud, commandant la division française, reçoit avec joie l'ordre d'aller combattre. Les équipages partagent l'enthousiasme de leur chef. On appareille; bientôt on découvre l'ennemi au vent, à huit lieues de la côte. *La Prudente* se place par le travers du *Centurion*, *la Cybèle* par le travers du *Diomède*. Alors commence un combat terrible. Les canonniers français ne s'attachent qu'à frapper les mâts et les vergues des vaisseaux qu'ils ont en travers. Les Anglais sont obligés de quitter leur croisière pour se réparer, et les Français rentrent dans le port aux acclamations de toute la colonie; mais leur perte est énorme, et leur brave commandant est au nombre des blessés.

Robert Surcouf, né avec une inclination prononcée pour la guerre, voyait avec regret une lutte à laquelle il ne pouvait prendre une part active : sa grande jeunesse empêchait qu'on ne lui confiât un commandement. Enfin, il trouva celui de *l'Emile*, bâtiment destiné à faire la course; mais le gouverneur Malartic, qui voyait les corsaires se multiplier à l'Ile-de-France, en laissait difficilement augmenter le nombre. Surcouf, jeune, impatient, prend la résolution de partir sans lettres de marque. Il appareille sous le prétexte d'aller chercher une cargaison de **bois aux îles Séchelles.**

Il fit route pour cette destination; mais il comptait n'y prendre qu'un supplément de vivres et quelques volontaires pour augmenter son équipage.

Les îles Séchelles forment un petit archipel particulier; elles s'élèvent sur un banc de sable qui les entoure de toutes parts. Ces îles ne sont que des rochers. Quelques-unes étaient habitées par des émigrants de Bourbon et de l'Ile-de-France.

Dès que Surcouf y eut rempli le but de son voyage, il se dirigea vers le golfe de Bengale. A l'entrée du Gange, il rencontra un schouner anglais destiné à porter des pilotes à bord des navires qui devaient remonter le fleuve pour se rendre à Calcutta.

Surcouf l'attaque, et parvient à s'en rendre maître après une légère résistance. Le lendemain, il s'empare de deux navires chargés de riz. Encouragé par ces premiers succès, il prit la résolution de continuer sa croisière.

Bientôt il eut connaissance d'une frégate de la Compagnie, appelée *le Triton*. Elle était armée de vingt-huit canons de douze et de cent cinquante hommes d'équipage. La perte de Surcouf paraissait certaine; mais, dans cette position critique, il conserva tout son sang-froid et un calme qui inspirait autour de lui une audacieuse sécurité. Il calcula que la frégate anglaise devait le prendre pour un bateau-pilote du Gange; qu'il lui serait dès lors facile de s'approcher de son ennemi, et qu'une brusque attaque, dirigée contre des hommes non préparés au combat, pourrait le rendre maître du vaisseau. Il communique aussitôt ce hardi dessein. Son équipage, composé d'hommes choisis, accueille avec transport cette proposition et se dispose au combat.

Le Triton, en apercevant le schouner, le prit effectivement pour un pilote qu'on lui amenait à bord. Il fait le signal d'usage : Surcouf lui répond. Il a eu soin de faire cacher une partie de ses gens; ils ont tous leurs armes sous leurs vêtements. Resté avec peu d'hommes sur le pont, il manœuvre pour aborder le vaisseau anglais. Celui-ci, sans défiance, le laisse approcher; le schouner se place le long de son bord, et des amarres lui sont jetées. C'est alors que le capitaine Surcouf donne à ses gens le signal convenu. Ils se lèvent, s'élancent sur le pont ennemi, et renversent tout ce qui essaye de se défendre. Le capitaine anglais était dans l'entre-pont. En entendant le tumulte au-dessus de sa tête, il veut monter. Au moment où il met le pied sur le pont, et va prendre part au combat, Surcouf le tue d'un coup de pistolet. Cet incident achève de mettre le désordre parmi les Anglais. Les trois quarts de l'équipage, réfugiés dans la batterie, désespérés de ne pouvoir se défendre, prennent la résolution de pointer une pièce chargée à mitraille pour faire sauter le gaillard d'arrière, où Surcouf et une partie des siens se trouvent réunis. Celui-ci, se courbant sur le pont et prêtant l'oreille, devine leur intention ; il s'approche alors de l'écoutille à claire voie, la renverse, et, par cette ouverture, il lance des grenades dans la batterie au milieu des Anglais : elles y portent la mort et la terreur. Ils crient de toutes parts qu'ils se rendent. Alors, Surcouf leur commande de sortir deux à deux, et leur fait attacher les mains. On les descend sur le schouner, en laissant aux deux derniers l'usage de leurs mains pour délivrer leurs camarades ; puis l'équipage du corsaire coupe les amarres qui attachent *le Triton* au schouner, et fait route pour l'Ile-de-France, où il arrive heureusement.

C'est ainsi que Surcouf, avec un bateau et dix-neuf hommes, parvint, à force d'audace et de sang-froid, à prendre une frégate de vingt-six canons et cent cinquante hommes d'équipage : il ne perdit qu'un homme. Les Anglais en eurent cinquante tués ou blessés. Ce fait d'armes incroyable fut admiré de toute la colonie ; mais on blâma l'auteur pour avoir fait la course sans lettres de marque, et les tribunaux de l'île ayant refusé, d'après les lois existantes, de lui adjuger ses prises, elles furent confisquées et vendues au profit de l'Etat. Plus tard, le Directoire, jaloux de récompenser la bravoure de Surcouf, lui accorda, ainsi qu'à son équipage, une partie de la valeur des prises, à titre de récompense nationale.

Après avoir passé quelque temps dans sa patrie, Surcouf prit à Nantes, au commencement de l'année 1799, le commandement du corsaire *la Clarisse*, petit brick armé de quatorze canons et de cent vingt hommes d'équipage. Il se rendit dans les mers de l'Inde.

Dans la traversée de Nantes à l'Ile-de-France, il attaqua, aux approches de la ligne, un grand bâtiment anglais revenant de la traite. Le combat fut sanglant et bien soutenu de part et d'autre pendant plusieurs heures. *La Clarisse* fut en partie dégréée, elle reçut une bordée qui de cinq de ses sabords ne lui en fit plus qu'un. De son côté, le négrier souffrit beaucoup. Surcouf se vit dans la nécessité de l'abandonner; car son bâtiment ayant déjà beaucoup d'avaries, s'il en avait reçu de nouvelles, il eût été forcé de renoncer à sa course.

Peu de jours après, il rencontra un navire portugais et s'en empara. Il prit à bord tout ce dont il avait besoin pour se regréer, et réparer les pertes qu'il avait essuyées avec le négrier.

A peine de retour à l'Ile-de-France, il alla croiser dans les mers de l'Inde. Il y fit des prises considérables, et soutint deux combats remarquables.

Voici l'occasion du premier : Surcouf avait appris, durant une de ses croisières, qu'il y avait deux bâtiments de la compagnie anglaise de Bombay à Sosco, côte occidentale de l'île Sumatra, et que ces deux bâtiments y chargeaient du poivre ; il se décida à aller les attaquer. A l'entrée de la baie, il met sa chaloupe à la mer pour sonder la passe, et vient s'embosser par le travers du plus grand ; aussitôt le combat commence, et de part et d'autre il est vigoureusement soutenu, tant avec la mousqueterie qu'avec le canon. Surcouf fait embarquer dans la chaloupe, sous le commandement de son frère, intrépide comme lui, une vingtaine d'hommes auxquels il ordonne de monter à l'abordage du côté opposé à celui où ils se battent. La manœuvre est exécutée avec tant de promptitude, que les Français s'emparent aussitôt du bâtiment. L'autre navire, craignant d'éprouver le même sort, coupe ses câbles et largue ses voiles dans l'intention de se jeter à la côte ; mais poursuivi par plusieurs embarcations, il se voit obligé d'amener sans résistance.

Dans l'autre occasion, on était en guerre avec les Etats-Unis de l'Amérique. Surcouf rencontra deux bâtiments de cette nation, armés chacun de dix-huit pièces de canon, et montés par un nombreux équipage. Ils faisaient route de compagnie. Il se décide de suite à les attaquer, et comme ces bâtiments lui auraient fait beaucoup de mal, s'il se fût amusé à échanger avec eux des coups de canon, il prit la résolution de les aborder, et laissa arriver dessus; mais *la Clarisse,* ayant beaucoup d'aire, cassa son beaupré en abordant l'un des bâtiments ennemis ; cinquante hommes sautèrent à bord et s'en rendirent maîtres ; l'autre, voyant son compagnon pris, déploie aussitôt toutes ses voiles et se sauve. *La Clarisse,* débarrassée du navire qu'elle vient d'amariner, veut chercher le second ; mais sa mâture de devant ayant perdu tout appui par la perte du beaupré, elle démâta de son petit mât de hune, et ne put jamais joindre son adversaire.

Rentré à l'Ile-de-France, Surcouf y trouva une grande partie de ses prises. Décidé à laisser *la Clarisse,* petit brick dont la marche n'était pas satisfaisante, il la remplaça par un beau trois-mâts, corsaire de Bordeaux, appelé *la Confiance,* dont le commandement lui était offert. Ce bâtiment avait cent cinquante-neuf hommes d'équipage, dont une vingtaine de Cafres, et portait seize canons ; profitant de la mousson du sud-ouest, il fut bientôt sur les basses du Bengale.

Le 6 octobre après midi, il eut connaissance d'un bâtiment sous le vent ; un coup de canon le fit amener ; il l'envoya visiter, c'était un navire more venant de la côte de Malabar et se rendant dans le Gange ; ce navire n'ayant rien qui appartînt à la compagnie anglaise, on lui permit de continuer sa route.

Le 7 octobre, à la pointe du jour, le matelot placé en vigie sur la vergue du petit perroquet, signala une voile au vent.

Depuis son départ de l'Ile-de-France, notre corsaire n'avait fait aucune rencontre avantageuse ; l'annonce d'une voile était donc propre à ranimer son équipage : aussi ce fut avec la plus bruyante satisfaction que le cri parti du haut du mât fut accueilli d'un bout à l'autre du navire.

Le capitaine Surcouf ne tarde pas à paraître, il monte dans la hune, et, à l'aide de sa longue-vue, cherche à reconnaître la voile annoncée ; d'abord il ne la croit pas si redoutable ; mais lorsque son coup d'œil rapide et sûr lui a découvert toute la force de l'ennemi, l'audace et la difficulté de l'entreprise ne font qu'exciter davantage son courage ; il se décide au combat.

Surcouf fait battre le rappel, et dès que tout le monde est rendu sur le pont, sa voix mâle fait entendre ces mots : « Branle-bas de combat, chacun à son poste. »

Les canons sont mis en état de service, les munitions et les armes sont montées et distribuées, les gabiers se placent sur les mâts. Bientôt on n'entend plus que la voix des officiers, qui s'informent si chacun est au poste qu'il doit occuper pendant le combat ; puis règne ce silence profond et si imposant, ordinaire au moment du danger.

Cependant l'approche de la voile ennemie devenait de plus en plus sensible ; le petit point blanc que l'on avait d'abord aperçu au loin se montrait alors un gros vaisseau portant toutes ses voiles.

Le capitaine Surcouf fait manœuvrer pour gagner le vent à l'ennemi ; son navire, fin voilier, louvoie à cet effet : chaque fois qu'il passe par le travers du bâtiment étranger, celui-ci lui envoie sa bordée.

Alors Surcouf voulant communiquer à chacun de ses gens son intrépidité, leur parle en ses termes : « Si j'en crois mes pressentiments, ce vaisseau doit contenir de quoi faire la fortune de chacun de nous : outre vos parts, enfants, je vous accorde une heure de pillage. »

Aussitôt une bordée du vaisseau ennemi passe par-dessus le corsaire. On pouvait lire sur la figure de chacun de ceux qui le montaient avec quelle impatience ils attendaient l'instant d'en venir aux mains de plus près.

Ce vaisseau appartenait à la compagnie des Indes d'Angleterre ; c'était *le Kent,* du port de douze cents tonneaux, avec vingt-huit pièces de canon de dix-huit en batterie, douze de neuf sur les gaillards, et quatre cents hommes à son bord, dont cent de troupes passagères, et l'équipage d'un autre vaisseau recueilli à la suite d'un incendie.

Dès qu'on eut découvert le corsaire, la curiosité eut bientôt attiré tout le monde sur le pont. Le capitaine anglais, confiant dans la supériorité de son artillerie et de son nombreux équipage, ne doute pas un seul instant du succès du combat, si le corsaire ose l'attaquer. Sa sécurité est telle, qu'il engage quelques dames, passagères à bord, à monter sur le pont. « Vous allez voir, leur dit-il, la manière dont on prend un bâtiment français, ou dont on le coule, s'il refuse d'amener. »

L'officier de quart, marin expérimenté, pénétrant les intentions de l'ennemi, exprime la crainte qu'il ne cherche à tenter l'abordage ; ces paroles sensées ne sont pas écoutées par le capitaine.

Cependant *la Confiance* a réussi dans sa manœuvre, et est parvenue à gagner le vent sur son ennemi ; au moment où elle passe par le travers du *Kent* à contre-bord pour aller prendre ses eaux, elle reçoit une troisième bordée, que l'agitation de la mer fait dévier, et qui frappe dans sa voilure ; quelques manœuvres et son petit mât de perroquet sont coupés. Poussée par une jolie brise, *la Confiance* arrive sur *le Kent;* déjà les Anglais peuvent distinguer la contenance déterminée de leurs ennemis ; les dames alors ne jugent pas à propos de voir jusqu'au bout le capitaine anglais tenir sa promesse. Toutefois les Anglais, qui ne doutent plus que le corsaire ne tente de les aborder, veulent éviter ce genre de combat si souvent avantageux à la bravoure française; ils cherchent à virer vent devant; mais l'agitation de la mer et la pesanteur du vaisseau leur font manquer cette manœuvre : il cule sur le corsaire. Celui-ci arrivait alors à toutes voiles sur son ennemi; il est obligé de masquer partout dans la crainte de le dépasser. Au même instant la grande ancre du *Kent* se prend dans le sabord de *la Confiance,* lui coupe tout à coup son aire, et la colle le long du vaisseau anglais. Un craquement horrible se fait entendre; les bâtiments se trouvent vergue à vergue. Des grappins d'abordage sont jetés par les marins du corsaire sur l'arrière du *Kent,* et achèvent de tenir les deux bâtiments abordés de long en long.

Aussitôt les matelots, postés sur les vergues et les hunes de *la Confiance,* lancent des bombes et des grenades sur le pont du ***Kent ;*** elles y font d'autant plus de ravages qu'il est couvert de monde : le capitaine et plusieurs des siens sont tués sur place. Surcouf, au milieu de cette scène sanglante et terrible, observe que la mort et l'épouvante ont fait presque entièrement abandonner le gaillard d'avant; il saisit ce moment décisif, fait battre la charge, et cent cinquante braves s'élancent à l'abordage; les uns sont armés de sabres et de mousquets, les autres de lances d'abordage, tous de pistolets et de poignards. Les bords du *Kent* étaient beaucoup plus élevés que ceux du corsaire; ils ressemblaient à une haute muraille à escalader. En vain une mer grosse faisait-elle rouler ensemble les deux navires; à chaque roulis, cet énorme bâtiment de Compagnie semblait vouloir écraser le faible navire qui s'y était attaché. Malgré tous ces obstacles, le pont du *Kent* est bientôt couvert d'ennemis.

L'ancre du vaisseau, prise dans le sabord d'avant de *la Confiance,* offre une espèce de pont aux assaillants; les uns prennent cette voie, d'autres s'attachent aux manœuvres.

Un officier anglais, resté presque seul sur le gaillard d'avant, braque une pièce de manière à enfiler le corsaire, y met le feu, et plusieurs de ceux qui passaient alors sur la verge de l'ancre sont renversés. Cet aspect, loin de faire reculer les autres, les anime d'avantage; ils brûlent du désir de venger leurs camarades. Dès que le capitaine Surcouf a fait monter tout son monde, il monte à son tour, se met à leur tête, et ils chargent les Anglais, réunis sur le gaillard d'arrière. Ceux-ci ne peuvent longtemps résister à l'impétuosité et au courage de leurs adversaires; bientôt ils ne cherchent plus qu'à se dérober à leurs coups; plusieurs d'entre eux se réfugient dans l'entre-pont; d'autres dans la dunette; d'autres s'affalent par les sauve-gardes du gouvernail. Ceux qui s'étaient réfugiés dans la dunette s'y barricadent, et de là font un feu très-vif sur leurs ennemis. A un signe de Surcouf, les portes sont enfoncées; les obstacles qui séparent de l'ennemi tombent, et les Anglais, voyant toute résistance inutile, se rendent.

Mais le combat n'est pas encore terminé; le second du *Kent,* qui commandait dans la batterie, apprenant que son capitaine n'existait plus, veut monter sur le pont pour prendre le commandement; mais il était trop tard, l'ennemi en était le maître. Cet officier, honteux et désespéré qu'un si petit nombre d'hommes soient parvenus à s'emparer de son vaisseau, prend, avec le courage du désespoir, la résolution de se défendre dans l'entre-pont. Les Français y descendent, font une décharge de mousqueterie; puis tous, le poignard à la main, fondent sur les Anglais. La terreur et la précipitation avec laquelle ces derniers se sont réfugiés dans l'entre-pont sont cause que la plupart d'entre eux sont sans armes à feu. Là, un combat corps à corps s'engage; il est terrible : l'ennemi, par sa résistance opiniâtre, n'a fait qu'augmenter sa perte, et se voit encore obligé de céder.

Ce fut alors que Surcouf eut le malheur de voir ensanglanter sa victoire; les Cafres, qui se trouvaient dans son équipage, ne concevaient pas qu'on pût, après le combat, épargner les vaincus, et que les nations européennes eussent fait la convention de se ménager réciproquement après le combat; il se vit, ainsi que plusieurs de ses officiers, obligé d'arracher leurs victimes des mains de ces noirs féroces, et de menacer de la mort quiconque oserait encore frapper les vaincus.

Dès que Surcouf apprit qu'il y avait des dames à bord, il crut devoir aller les rassurer. Parmi elles se trouvait une princesse allemande, fille du margrave d'Anspach, et qui accompagnait dans l'Inde son époux, le général Saint-John. Il fit placer deux sentinelles à la porte de leur cabine, pour empêcher qu'elles ne fussent insultées; car les matelots se livraient déjà au pillage qui leur avait été promis.

Le capitaine n'attendit pas l'heure accordée pour le faire cesser; il eut la plus grande sollicitude pour les prisonniers; ils furent transportés à bord du corsaire, et l'on rendit à chacun ses malles et effets particuliers sur sa simple déclaration.

Le capitaine Drieux, second de *la Confiance,* amarina *le Kent* avec quatre-vingts hommes. Les Anglais eurent dans ce combat treize hommes tués et quarante-cinq blessés; les Français, cinq tués et dix blessés. Malgré le pillage, les armateurs n'eurent pas à se plaindre de la prise, chargée principalement d'armes et de munitions. Le navire more que l'on avait aperçu la veille était encore en vue. Surcouf laissa arriver dessus, et remit sur son bord les prisonniers relâchés sur parole d'échange, pour les conduire au Bengale.

Il eut encore l'attention de garder les Anglais blessés et leurs chirurgiens sur *le Kent,* où ils étaient beaucoup mieux; mais l'acharnement du combat avait été tel que presque toutes les blessures étaient graves. Le *tétanos* vint attaquer la plupart des malades des deux côtés, et les conduisit en peu de jours au tombeau.

Surcouf fit voile avec sa prise pour l'Ile-de-France.

La Confiance fut désarmée, chargée de denrées coloniales, et Surcouf entreprit encore de la ramener en Europe : grâce à son habileté et à son heureuse audace, il parvint à éviter les croiseurs anglais, et atteignit Bordeaux le 27 avril 1801.

Les exploits de Surcouf furent racontés à Napoléon, alors premier consul; il se fit présenter le brave marin et lui proposa d'entrer dans la marine militaire; le grade de capitaine de vaisseau, et le commandement de deux frégates destinées à croiser dans les mers de l'Inde lui furent offerts. Surcouf répondit qu'il accepterait, mais qu'il aurait carte blanche, et serait indépendant des officiers supérieurs commandant les stations de l'Ile-de-France. La discipline militaire et les convenances s'opposaient à ce qu'il désirait. Napoléon lui accorda un sabre d'honneur qui, plus tard, fut remplacé par la croix.

Quoiqu'il eût appris au sein de sa famille à jouir des douceurs de la vie privée, Surcouf nourrissait encore le désir de revoir les lieux témoins de ses premiers exploits. Il fit construire un fort beau corsaire, qu'il appela à juste titre *le Revenant,* y embarqua la plupart de ses anciens compagnons d'armes, et mit à la voile.

Le Revenant était armé de quatorze caronades de vingt-quatre, et de quatre canons de huit, avec cent quatre-vingt-neuf hommes d'équipage.

Le 10 mars au matin, étant parti de Saint-Malo, *le Revenant* eut connaissance d'un grand navire anglais; vers les dix heures, il lui donna la chasse; ce navire commença à envoyer au corsaire des coups de canon de retraite. Quand *le Revenant* fut bord à bord, il envoya à son ennemi une volée qui le dégréa entièrement; plusieurs boulets traversèrent sa flottaison; au même instant, une division de quarante hommes sauta à son bord et s'en rendit maître.

Ce bâtiment, qui sortait de Liverpool, était armé de douze caronades de dix-huit et de six canons de neuf, et de vingt-six hommes d'équipage; il était destiné pour Akra, côte d'Afrique, où il comptait faire la traite des nègres.

Le capitaine Surcouf fit prendre à bord toutes les marchandises qui lui convenaient, coupa au navire son grand mât pour l'empêcher d'aller prévenir la croisière anglaise; puis il en fit l'abandon au capitaine. Dix-neuf Anglais restèrent avec ce dernier; mais cinq Américains et un nègre de son équipage prirent parti avec le corsaire. Ce combat, qui dura peu de temps, donna lieu à une scène assez plaisante. En quittant Saint-Malo, Surcouf avait embarqué avec lui, comme volontaire, un jeune homme qui avait dit, d'un ton très-décidé : « Je vous préviens, capitaine, que tant que je serai sur le corsaire, nous n'irons jamais dans les pontons anglais; car, s'il nous faut amener, je me charge de mettre le feu aux poudres et de nous faire sauter. »

On l'avait placé pendant le combat, avec quelques autres marins de l'équipage, sur l'avant du corsaire, pour envoyer à l'ennemi un feu soutenu de mousqueterie; mais comme le trois-mâts ripostait par quelques bordées de ses canons de retraite, les boulets passaient fort près de notre volontaire. Dès qu'il entendit siffler cette musique, sa détermination l'abandonna : le fusil, entre ses mains, devint une arme inutile. Le capitaine Surcouf était à quelques pas derrière; ses nègres lui chargeaient des mousquets, avec lesquels il faisait feu sur l'ennemi. Il s'écria : « Le premier lâche qui quitte son poste, je lui brûle la cervelle! » Ces mots forcèrent notre volontaire à rester à son poste; mais, lors de l'arrivée à l'Ile-de-France, on le débarqua.

« L'exemple d'un poltron peut être contagieux, » lui dit Surcouf.

Le 25 mars, *le Revenant* rencontra un sloop américain sortant de la rivière de Gambie. Il l'envoya visiter. Ce navire, qui avait trente-six esclaves à bord, presque tous femmes et enfants, présentait le spectacle le plus dégoûtant. Une partie de son équipage avait péri à la côte, et le peu d'hommes qui restaient à bord ne suffisait pas pour soigner les nègres. Dans la crainte d'une révolte, on avait mis des chaînes aux pieds, aux mains et au cou de ces malheureux, qui ressemblaient presque à des cadavres en putréfaction, et qui exhalaient la plus fétide odeur. Comme ce bâtiment se trouvait en contravention avec les lois de son pays, qui lui défendaient la traite, le capitaine Surcouf le rançonna pour deux mille cinq cents piastres. On fit ôter les fers aux nègres, et on les prit pour domestiques à bord du corsaire.

Le corsaire doubla ensuite le cap de Bonne-Espérance, et établit la croisière sur le banc des Aiguilles. Il visita plusieurs bâtiments américains venant de la Chine et du Bengale ou y allant. Bientôt il découvrit un vaisseau de guerre anglais, qui lui donna la chasse ; mais il put, grâce à sa marche supérieure, se dérober à sa poursuite en se dirigeant sur l'Ile-de-France.

Dès lors, les Anglais ne trouvèrent plus que très-difficilement à assurer leurs vaisseaux. La compagnie des Indes promit un sac de roupies (deux cent cinquante mille francs) à l'équipage du croiseur de Sa Majesté Britannique qui parviendrait à s'emparer de la personne de ce marin redouté.

Un journaliste de Calcutta ne craignit pas d'ajouter : « Nous espé-
« rons voir bientôt ce trop célèbre pirate enfermé dans une cage de fer.
« On le montrera aux habitants de Calcutta comme une bête féroce. »
Surcouf, en lisant ces injures grossières, sourit de mépris, et ajouta :
« Ils ne me tiennent pas encore. »

Il partit de l'Ile-de-France pour aller croiser dans le golfe du Bengale. Pendant cette croisière, il prit, coula ou brûla une grande quantité de navires anglais, sans jamais être obligé d'en venir aux mains. Il se décida à se rendre à l'île de Chedubé, située à la côte d'Ava, pour renouveler ses provisions.

Le corsaire continua sa croisière. A peine était-il éloigné de l'île, qu'il fut poursuivi par plusieurs *pros* envoyés par le raja. Ces pros sont de longues barques ayant une voile triangulaire ; ils sont armés de deux petits pierriers et marchent très-rapidement. *Le Revenant,* profitant d'un bon vent, déploya toutes ses voiles, et n'eut pas de peine à les laisser fort loin de lui, quoique, du reste, il n'en eût rien à craindre, quelques bordées suffisant pour les couler.

Pendant cette seconde croisière, Surcouf fit encore éprouver les plus grandes pertes au commerce anglais; souvent poursuivi par leurs vaisseaux de guerre, il les évita toujours par l'habileté de ses manœuvres et la marche supérieure de son navire. Il fit plus, il prit plusieurs bâtiments marchands à leur vue. Après cette heureuse campagne, il retourna à l'Ile-de-France.

Pendant que Surcouf s'occupait de la vente de ses prises, il apprit, par une gourabe venant de Goa, le départ prochain de ce port d'une frégate portugaise richement chargée. Retenu à l'Ile-de-France par des affaires importantes, il proposa à son second, le brave J. Potier, de Saint-Malo, d'aller attaquer ce bâtiment.

Au moment où *le Revenant* s'apprêtait à sortir, le général Decaen, gouverneur des îles de France et de Bourbon, mit l'embargo sur le corsaire.

Il avait reçu officiellement la nouvelle de la déclaration de guerre entre la France et le Portugal ; il fit sortir du port de l'Ile-de-France deux frégates, pour s'emparer du bâtiment portugais.

Ces deux frégates allèrent l'attendre à la pointe sud de Madagascar. Au bout de dix jours, le général Decaen, croyant ne plus rien avoir à craindre du corsaire, leva l'embargo.

Le capitaine Potier, après s'être concerté avec son ancien capitaine, prit la résolution d'aller droit à la côte natale. La mer était grosse; il ventait grand frais; *le Revenant* étant bâbord armures sous ses quatre voiles majeures, un ris pris dans chaque hunier, il aperçut une voile courant au plus près à contre-bord sous la même voilure que lui. Aussitôt que ce bâtiment eut découvert le corsaire, il vira sur le même bord.

A une heure, le capitaine Potier, étant à portée de voix, cargua ses basses voiles ; le navire ennemi en fit autant : c'était la frégate portugaise dont on avait annoncé le départ. Il la héla, et donna l'ordre au capitaine de venir à bord avec ses papiers ; celui-ci s'y refusa.

Dans ce moment, le capitaine Potier avait l'intention de l'attaquer par la hanche du vent, quoique la mer fût très-grosse; mais, voyant préparer la batterie de bâbord et jeter dehors tout ce qui pouvait l'encombrer, il jugea que la batterie de tribord ne serait pas en état, et qu'en l'attaquant de ce côté il s'en rendrait maître plus facilement. La grande supériorité de marche qu'avait le corsaire lui donnait la facilité de prendre les positions les plus avantageuses. Alors il passa dans la hanche de dessous, et engagea le combat à portée de pistolet. La première volée de l'ennemi coupa au *Revenant* son étai de misaine, trois bas-haubans; un boulet traversa sa flottaison; plusieurs hommes furent tués ou blessés.

Cependant, la mousqueterie du corsaire, qui était bien servie, ne tarda pas à mettre le désordre à bord de l'ennemi; bientôt les Portugais ne chargèrent leurs canons que les sabords fermés, n'osant plus les mettre en batterie; car, aussitôt qu'un sabord était ouvert, vingt fusils étaient dirigés dessus, et mettaient hors de combat les canonniers. Ils tiraient leurs canons à longueur de brague; par ce moyen, le feu se communiqua à une barrique où étaient leurs gargousses, et en peu d'instants il fit des ravages effrayants. Comme on s'attendait à voir sauter la frégate, le capitaine Potier laissa culer son corsaire, craignant de sauter avec elle; dès qu'il vit que le feu était éteint, il se rapprocha dans l'intention d'aborder l'ennemi; mais au moment où il arrivait, on lui cria de toutes parts qu'on se rendait. Il fit alors cesser le feu. Les Portugais envoyèrent amener leur pavillon dont le hallebas avait été coupé. Cette brillante affaire dura cinquante minutes. Le bâtiment portugais se nommait *la Conception,* capitaine Antonio Freide; il avait deux cent vingt-sept hommes à bord, tous Européens, ayant pris à Goa l'équipage d'un autre navire qui s'y était perdu; il était armé de vingt-six canons de neuf; quand le feu prit à bord, il y eut vingt-deux hommes de brûlés, qui périrent presque tous.

Le capitaine Potier, après avoir amariné sa prise, l'escorta jusqu'à l'Ile-de-France.

Surcouf, décidé à revenir jouir dans sa patrie du fruit de ses travaux, se chargea de ramener en France une frégate; il échappa heureusement à toutes les croisières anglaises, et arriva à Saint-Malo, à la grande satisfaction des possesseurs de la riche cargaison de la frégate.

Rentré dans la vie domestique, il s'occupa d'armements jusqu'à l'époque de sa mort. Il trouvait un grand plaisir à employer beaucoup de marins et à étendre les relations commerciales de la France.

Il venait de terminer l'armement de huit vaisseaux destinés à la pêche du banc de Terre-Neuve, lorsque la maladie qui devait le conduire au tombeau s'empara de lui.

L'océan Indien était, à la même époque, le théâtre des opérations de l'escadre aux ordres du contre-amiral Sercey. Les frégates *la Preneuse* et *la Seine*, qui faisaient partie de cette escadre, se sont distinguées par de glorieux combats. Nous n'en donnerons pas ici le détail, faute d'espace suffisant; mais nous croyons devoir emprunter à un ouvrage remarquable, écrit par deux hommes de talent (1), la relation d'une affaire, non moins brillante, qui a eu beaucoup plus de retentissement.

La corvette *la Bayonnaise*, de vingt-quatre canons de huit, revenait de Cayenne où elle avait mis à terre cent vingt déportés. Elle avait pris dans cette colonie quelques hommes du bataillon de la Guadeloupe et cent quarante soldats du 53ᵉ régiment, commandé par M. Nicolas Aimé, capitaine. Cette corvette n'était plus qu'à quelques lieues des pertuis d'Antioche, quand elle fut aperçue par une frégate anglaise, qui la chassa avec avantage. Bientôt cette frégate, *l'Embuscade*, qui avait sur *la Bayonnaise* une grande supériorité de marche, se présenta par le travers de la corvette qui avait conservé le vent. Quoique cette position lui fût défavorable, elle engagea le combat, sous ses huniers amenés.

Dans cette action, le commandant de *la Bayonnaise*, M. Richer, lieutenant de vaisseau, et les deux premiers enseignes, Guigner et Corbie, furent mis hors de combat. La corvette, étant de beaucoup inférieure en artillerie et en équipage, eût certainement succombé, si le capitaine Aimé, heureusement inspiré, ne se fût écrié, en s'adressant à M. Frouin, enseigne de vaisseau, qui en avait pris le commandement : « Accostez la frégate et nous l'enlèverons. » Ce cri jeté dans un moment où tout paraissait désespéré, passa comme l'étincelle électrique de la batterie dans l'entre-pont et de là dans les hunes, et ranima le

(1) *Histoire de la ville et du port de Rochefort*, par J.-T. Viaud et E.-J. Fleury, tome II, page 430.

courage de l'équipage, abattu par les pertes considérables qu'il avait éprouvées déjà. La frégate anglaise, voulant dépasser *la Bayonnaise* et la prendre en enfilade, ne s'attendait point à être abordée. Ce fut au moment où elle hissait ses huniers pour opérer sa manœuvre que la corvette, laissant arriver tout à coup, accosta de bout au corps *l'Embuscade*.

Dans l'abordage le beaupré de *la Bayonnaise* brisa le mât d'artimon de *l'Embuscade*, et en tombant sur le gaillard d'arrière de la frégate, ce mât chassa les matelots et les officiers qui servaient les pièces. Tous se réfugièrent sur le gaillard d'avant, où un feu de mousqueterie des mieux nourri les accueillit. Dans le même moment, des matelots et des soldats, conduits par l'enseigne de vaisseau Ledanseur, et par le capitaine Aimé, sautèrent à bord de la frégate. Là, ils trouvèrent sur le cabestan, et placée comme ornement, mais cependant chargée à mitraille, une espingole à triple canon, qu'ils tournèrent vers le gaillard d'avant. La décharge de cette arme tua et blessa beaucoup de monde de *l'Embuscade*. Ce fut une horrible boucherie qu'augmentait le feu continuel des passe-avant de la corvette. Les Anglais mirent bas les armes et sautèrent épouvantés, les uns à bord de *la Bayonnaise*, les autres dans la batterie de leur navire. *L'Embuscade* tomba au pouvoir de *la Bayonnaise*, et dans ce moment, sans qu'on puisse expliquer comment le mouvement s'exécuta, les deux navires se séparèrent et se perdirent bientôt de vue.

Quoique *la Bayonnaise* eût sa manœuvre hachée, elle conservait sa mâture haute. *L'Embuscade*, privée de son mât d'artimon et horriblement mutilée, se mit en route sous le commandement de M. Potier de la Haussaye, enseigne de *la Bayonnaise*, et donna dans le pertuis. En ce moment un coup de vent affreux souleva la mer, et la frégate se vit à la veille de sombrer.

Rochefort n'avait reçu aucun signal de la rade, quand on aperçut, remontant péniblement la rivière, une frégate inconnue, ayant pavillon anglais renversé, et portant en tête de mât le pavillon français. Des officiers de la majorité furent expédiés pour avoir des renseignements sur cette prise, et lorsqu'ils arrivèrent près de la frégate, elle mouillait à l'avant-garde. Mais on était sans nouvelles de *la Bayonnaise*, et de vives craintes sur le sort de ce navire atténuaient la joie que causait la présence de sa capture. Trois ou quatre jours s'écoulèrent, après lesquels on vit la corvette se traînant dans la rivière à l'aide de mâts postiches; car elle avait perdu toute sa mâture dans le coup de vent qui suivit son combat. Elle vint jeter l'ancre à côté de sa conquête.

A la même époque, Bonaparte était encore devant Saint-Jean-d'Acre. Il venait de recevoir des journaux et des papiers publics d'Europe, qui l'instruisaient de la situation de la France. Une lettre de son frère Joseph, confirmant la plus grande partie des détails contenus dans ces papiers, l'engageait à revenir, et l'assurait que sa présence était ardemment désirée par les amis de la patrie, qui tous se rallieraient à lui, s'il parvenait à mettre le pied sur le sol français.

La connaissance de tous ces détails exalte chez le général en chef cet instinct d'ambition qu'il a ressenti dès son début dans la carrière des armes. Une pensée lui sourit; c'est celle de relever la gloire de la république humiliée, de repousser l'ennemi des frontières menacées, de ramener le calme et la paix, et de satisfaire aux vœux de tout un peuple disposé d'avance à le proclamer son libérateur. Il connaît, d'ailleurs, par les feuilles anglaises, que lui fait passer l'amiral Sidney Smith, le désastre de la Trebbia, suivi du désastre non moins cruel de Novi, la retraite de l'armée sur le territoire de Gênes, et la position critique de Masséna en Suisse.

Péniblement affecté de tout ce qu'il a lu, Bonaparte prend à l'instant son parti, et dans quelques jours il aura débarqué sur la côte de Provence. Il ordonne, en conséquence, à Ganteaume et à Dumanoir-Lepeley de mettre *le Muiron* et *la Carrère* en état d'appareiller au premier signal.

« Ne craignez rien, avait-il dit aux officiers qui l'accompagnaient, la fortune ne nous trahira point : nous arriverons en dépit des Anglais. »

On se rend un soir sur une plage sablonneuse et déserte; les deux frégates sont mouillées au large : Plusieurs canots attendaient sur la grève; le général en chef y monta avec sa suite et quatre ou cinq cents grenadiers. La brise était fraîche et la nuit obscure; on put cependant apercevoir à la lueur des étoiles une corvette qui semblait observer et suivre ce mystérieux embarquement. Le calme étant survenu, Ganteaume proposa de rentrer dans le port d'Alexandrie. Bonaparte s'y opposa : « Soyez sans crainte, dit-il à l'amiral, marchez, nous passerons. »

Bonaparte avait conservé sur la frégate l'autorité qu'il savait imposer partout. Le désir d'éviter tout bâtiment ennemi lui avait fait renoncer à parcourir les eaux fréquentées : « Je veux, avait-il dit à Ganteaume, que vous longiez autant que possible la côte d'Afrique, le long des rives de la Méditerranée. Vous suivrez cette route jusqu'au sud de la Sardaigne. J'ai ici une poignée de braves, j'ai un peu d'artillerie. Si les Anglais se présentent, je m'échoue sur les sables ; je gagnerai par terre avec ma troupe Oran, Tunis ou un autre port, et là je trouverai à me rembarquer. »

Les vingt premiers jours de mer furent constamment contrariés par les vents d'ouest, qui reportèrent les bâtiments vers l'Egypte. On parvint cependant à franchir les Syrtes ; ensuite, porté par un joli frais d'est, les frégates longèrent rapidement les côtes barbaresques, et on alla longer les côtes occidentales de Sardaigne.

La violence des vents d'est força Bonaparte à relâcher à Ajaccio. C'est là qu'il apprit la suite de nos revers et les mémorables victoires qui venaient de sauver la France. Dès que le vent le permit, il fit remettre à la voile, après avoir pris des précautions pour échapper aux vaisseaux anglais : une grande chaloupe avait été achetée à Ajaccio et attachée à la remorque du *Muiron*. En cas d'attaque par un ennemi supérieur, Bonaparte devait se jeter dans cette embarcation avec douze rameurs vigoureux et essayer de gagner la plage. Cette précaution faillit ne pas être inutile. Le 7 octobre, au coucher du soleil, une escadre ennemie fut aperçue ; mais elle prit sans doute nos frégates pour un convoi d'approvisionnements, qui se rendait de Toulon à Gênes.

Ganteaume, à la vue de l'ennemi, voulait revirer sur la Corse : « Non, non, lui répondit avec autorité Bonaparte ; faites force de voiles ; tout le monde à son poste, et cinglons au nord-ouest. » Le lendemain les frégates avaient l'escadre anglaise à tribord et couraient sur la rade de Fréjus. Elles y jetèrent l'ancre sur les huit heures.

A peine avait-on appris que le général de l'armée d'Egypte était sur l'une des frégates, que les populations enthousiastes couvrirent la rade et envahirent les bâtiments.

Bonaparte, descendu à terre, monta dans une voiture qui l'emporta aussitôt vers Paris, où l'avait précédé le bruit des victoires des Pyramides, du Mont-Thabor et d'Aboukir.

Divisé en deux partis presque dès sa naissance, renouvelé à diverses reprises par des voies illégales, le Directoire ne pouvait plus invoquer en faveur de sa durée la volonté du pacte qu'il avait violé lui-même. Il ne se maintenait que par cette force d'inertie qui fait subsister souvent les plus mauvaises institutions. Toutefois, c'est dans le sein même de ce gouvernement que se trouvait l'homme destiné à préparer sa ruine.

Sieyès jette les yeux sur Bonaparte: c'est le seul qui puisse être choisi pour l'exécution du grand projet qu'on veut mener à fin; sa gloire éclipse la gloire des autres généraux, et, de plus, il exerce une influence électrique non-seulement sur l'armée, mais encore sur tous les citoyens.

Une association d'intérêts réciproques s'établit donc entre les deux hommes les plus ambitieux de la République; mais nous verrons bientôt comment le futur consul trompa l'ex-chanoine de Chartres, qui, pour employer ses propres expressions, mit un clou là où il ne croyait placer qu'une cheville.

Tout est prêt, Gohier et Moulins seront sacrifiés; Barras s'est décidé pour une lâche neutralité, et le conseil des Anciens, au nom et avec les formes de la Constitution qu'on allait abolir, a pris une résolution qui transférait le corps législatif à Saint-Cloud, sous le prétexte qu'une grande conspiration compromettait la sûreté des deux conseils dans la capitale. Cette résolution mettait à la disposition de Bonaparte la garde du corps législatif et toutes les troupes de la dix-septième division militaire, dont Paris était le chef-lieu.

Bonaparte a passé en revue, au Champ-de-Mars, les troupes, et les a réparties à Boulogne, à Sèvres et dans les villages environnants. Frappés de stupeur, Gohier et Moulins se sont humiliés devant l'homme auquel les conjurés venaient de conférer la dictature, et le secrétaire de Barras, envoyé près de Bonaparte pour traiter avec lui, n'en a rapporté que cette réponse foudroyante: « Qu'a fait le Directoire de cette France que je lui avais laissée si brillante? Je lui avais laissé la paix, j'ai retrouvé la guerre; je lui avais laissé des victoires, et j'ai trouvé des lois spoliatrices, la misère. Qu'a-t-il fait de cent mille Français, tous mes compagnons de gloire? Ils sont morts. »

Les deux conseils se sont rendus à Saint-Cloud, et Bonaparte, introduit dans celui des Anciens, accompagné de plusieurs généraux et de ses aides de camp, demande et obtient sur-le-champ la parole. « Représentants du peuple, dit-il, vous n'êtes point dans des circonstances ordinaires; vous êtes sur un volcan. » Puis il leur débite un discours justificatif. « On m'abreuve de calomnies, s'écrie Bonaparte; on parle de César, de Cromwell; on parle de gouvernement militaire... Je vous le jure, représentants du peuple, la patrie n'a pas de plus zélé défenseur que moi; mais c'est sur vous seuls que repose son salut. Il n'y a plus de gouvernement. Quatre des directeurs ont donné leur démission; le cinquième (Moulins) a été mis en surveillance pour sa sûreté; le conseil des Cinq-Cents est divisé; il ne reste que le conseil des Anciens. Qu'il prenne des mesures, qu'il parle, me voilà pour les exécuter. Sauvons la liberté, sauvons l'égalité! »

« Général, s'écria le républicain Lenglet, nous applaudissons à ce que vous dites; jurez donc avec nous obéissance à la constitution de l'an III, qui peut seule maintenir la République! » Bonaparte, surpris, hésita un instant, puis il s'écria : « La constitution de l'an III! vous n'en avez plus; vous l'avez violée au 18 fructidor, vous l'avez violée au 22 floréal, vous l'avez violée au 30 prairial, la Constitution!... Il faut un autre pacte, de nouvelles garanties. » Le conseil se leva en signe d'approbation.

Bonaparte avait quitté le conseil des Anciens, où on l'avait souvent interrompu, en prononçant ces mots : « Vous trouverez toujours mon bras pour faire exécuter vos résolutions; » enhardi, il s'était rendu au conseil des Cinq-Cents, qui va, dans l'instant, nous offrir un spectacle bien autrement tumultueux.

Gaudin ouvre la séance par un discours étudié, et s'efforce de donner une tournure favorable aux changements prêts à s'opérer. Delbrel se lève et s'écrie : « La Constitution d'abord; la Constitution ou la mort!... Les baïonnettes ne nous effrayent pas; nous sommes libres ici!... » D'autres voix répondent à l'unisson : « Point de dictature! à bas le dictateur! » Pendant une heure le trouble et la confusion règnent dans la salle; tous les membres se précipitent à la tribune, tous veulent se faire entendre à la fois. Grandmaison a la parole, et propose « de faire tous, et par appel nominal, le serment de s'opposer au rétablissement de toute espèce de tyrannie. »

Ce serment est prêté, et l'on s'occupe de mesures réglementaires, lorsqu'une des portes de l'assemblée, s'ouvrant tout à coup, offre aux regards étonnés Bonaparte, la tête nue, et accompagné de quatre grenadiers. Il entre.

A cet aspect, l'assemblée entière, entraînée par un mouvement spontané, se trouve debout. Le tumulte est à son comble; c'est un bruit pareil à celui des tempêtes, et de nombreux députés s'écrient avec l'accent de la fureur : « Des sabres ici ! des hommes armés !... A bas le dictateur ! le Cromwell !... Hors la loi ! hors la loi !... » Il semblait, dit une relation contemporaine, que César fût au milieu du sénat qui devait l'égorger.

Une foule de membres se précipitent au milieu de la salle, s'avancent sur Bonaparte, l'entourent et le pressent. Aréna tire un poignard et veut l'en frapper. Le grenadier Thomé détourne l'arme, et reçoit dans le bras droit le coup destiné au général.

Averti de ce qui se passe, Lefebvre pénètre dans la salle à la tête d'un piquet de grenadiers, écarte, disperse la foule, et parvient à enlever Bonaparte des mains de ces législateurs, qui voulaient faire du vainqueur de l'Italie un nouveau Romulus.

Toutefois, l'absence du général ne rétablit point le calme dans le conseil, justement irrité d'avoir vu un citoyen violer en armes l'asile de la représentation nationale. C'est en vain que Lucien, président de l'assemblée, cherche à excuser la démarche de son frère, et l'attribue à un excès de zèle pour la patrie. Il est interrompu par les cris mille fois répétés de : « A bas le dictateur ! le Cromwel ! » Un membre ajoute que Bonaparte a terni en ce jour toute sa gloire ; un autre, qu'il s'est conduit en roi.

Désespérant de calmer l'exaspération des députés, Lucien dépose sur le bureau son costume de président, et sort de la salle en disant : « Puisque je n'ai pu me faire entendre dans cette enceinte, je dépose avec un sentiment profond de dignité outragée, les marques de la magistrature populaire. »

Cependant les moments étaient précieux : quelques mesures vigoureuses de la part des Cinq-Cents pouvaient dessiller les yeux de la force armée, lui faire sentir l'inconvenance du rôle qu'on lui faisait jouer, et paralyser la révolution naissante. Bonaparte sentit le danger, et s'occupa rapidement des moyens de le prévenir.

Un second piquet de grenadiers, commandé par Murat, se présente l'arme au bras, s'établit au milieu de l'assemblée : « Au nom du général Bonaparte, dit-il, le corps législatif est dissous ; que les bons citoyens se retirent ! Grenadiers, en avant ! » Le bruit du tambour couvre tous les cris d'indignation et inspire une telle terreur aux membres de l'opposition, qu'ils fuient tous par les portes, par les fenêtres, enfin par toutes les issues, pour se soustraire aux terribles baïonnettes.

Convaincus de la nécessité de s'arrêter enfin à un parti, les députés n'hésitèrent plus : ils prirent la résolution de se former en comité général. Le résultat de cette détermination fut l'accomplissement du projet médité depuis longtemps par Sieyès, et auquel Bonaparte venait, dans son intérêt personnel, de prêter l'appui de son bras. Le décret portait l'abolition du Directoire, l'expulsion de soixante membres du conseil des Cinq-Cents, la création provisoire d'une magistrature, destinée à exercer le pouvoir exécutif jusqu'à la confection d'une nouvelle constitution, et la désignation, sous les noms de consuls de la République, de Sieyès, Roger Ducos et Bonaparte, qui prêtèrent serment en ces termes : « Je jure fidélité inviolable à la souveraineté du peuple, à la République française, une et indivisible, à l'égalité, à la liberté et au système représentatif. »

Un mois s'est écoulé, et Sieyès et Roger Ducos, obligés de donner leur démission, sont remplacés par Cambacérès et Lebrun. Sieyès, ainsi que son collègue, s'assied parmi les sénateurs, et semble se vouer désormais à l'obscurité.

CHAPITRE III.

Le Consulat. — Situation de l'Angleterre et de la France. — Sollicitude de Bonaparte pour la marine. — Siége de Malte. — Défense héroïque. — Mort du contre-amiral Perrée. — Combat du *Généreux* et du *Guillaume-Tell*. — Les frégates *la Diane* et *la Justice*. — Escadre de l'amiral Ganteaume. — Sortie et dispersion. — Obstacles. — Chasse. — Retour en France. — Escadre ibéro-française. — Station de l'amiral Saumarez. — La division navale de Linois. — Glorieux combat d'Algéziras. — Combat du détroit de Trafalgar. — Embrasement du *Real-Carlos* et de *l'Hermènégilde*. — *Le Formidable* contre trois vaisseaux et une frégate. — Victoire. — Expédition de Boulogne. — Armement. — Terreur de l'Angleterre. — Défaite de l'ennemi. — Préliminaires de paix. — Courses de la frégate *la Preneuse*. — Expédition de Saint-Domingue. — Corsaires. — Flottille de Boulogne. — Engagements.

Malgré les difficultés sans nombre au milieu desquelles se trouve placé le consulat, en recueillant l'héritage de ruines que lui laissait l'administration qu'il venait de renverser, Bonaparte ne laissa pas de relever, par quelques actes, l'importance que, dans sa pensée, il attribuait à la marine. C'est ainsi qu'il s'empressa de concilier à la France la sympathie des petits États neutres, en levant dans tous nos ports l'embargo dont avaient été frappés leurs bâtiments. C'est ainsi qu'il voulut faire prévaloir dans le droit maritime européen, des dispositions opposées aux prétentions de l'Angleterre.

Malgré les ressources immenses que versaient dans son trésor ses nombreuses colonies, malgré les développements que prirent les taxes et les impôts, les emprunts de l'Angleterre avaient monté, de 1793 à 1799, à la somme énorme de 158 237 736 livres sterling (3 953 943 400 francs).

La création du consulat fit pressentir à Pitt la nécessité de nouveaux sacrifices ; mais, favorisé par son système d'emprunt, certain d'ailleurs d'obtenir l'assentiment de son pays pour tout ce qui toucherait à une lutte devenue, par son succès, en quelque sorte nationale, il ne balança pas à se préparer à faire face aux nouvelles exigences qui, pour 1800, devaient coûter 1 252 600 200 francs à l'Angleterre.

D'un autre côté, la position financière d'un pays ne pouvait être plus critique que celle où Bonaparte avait pris la France. A peine si, après le 18 brumaire, le premier consul trouva 160 000 francs dans la caisse de la nation. Tout était à créer pour faire face au déficit et aux besoins, aux obligations du passé et aux charges de l'avenir.

La position militaire de la France devait lui faire redouter une lutte dans laquelle le courage de ses soldats semblait devoir fléchir sous le choc d'une seconde coalition ; à peine si ses quatre armées, celle de la Hollande, celle du Nord, celle de la Suisse et celle de l'Italie, offraient un effectif de cent quatre-vingt mille hommes, tandis que l'Autriche en comptait à elle seule cent vingt mille sur le Danube, indépendamment de ses corps d'Italie, forts de cent quarante mille combattants.

Mais Bonaparte, en reparaissant sur cette dernière contrée, berceau de sa gloire, ne tarda pas à faire pencher sous de nouveaux succès le plateau de la balance, que la cour de Vienne croyait emporter par le poids brutal de ses soldats. La journée de Marengo vint, dès l'ouverture de la campagne, donner l'autorité d'une victoire décisive aux propositions de paix que le premier consul avait faites à l'empereur d'Autriche, au nom de la République française.

Ces négociations vinrent de nouveau mettre au jour les sollicitudes que Bonaparte, dans son système de domination, avait vouées à la marine. La condition absolue qu'il mit à tout armistice, fut l'ouverture à la navigation française de tous les ports bloqués par les flottes d'Angleterre.

Les Français, renfermés à Malte dans la citadelle Lavalette, avaient depuis longtemps à lutter contre les nécessités terribles auxquelles un blocus prolongé réduit une place. Malgré le succès avec lequel ils avaient combattu les premières privations, ils commençaient à en ressentir les horreurs.

Vers le milieu de février 1800, les alliés, impatients des longueurs où se traînait le blocus, résolurent de finir ce siége par un nouvel assaut. Des détachements anglais et napolitains ayant été débarqués pour grossir les forces des révoltés maltais, une attaque générale fut tentée du côté de la mer. C'étaient des compagnies de marins qui défendaient cette partie des fortifications.

Après la bataille d'Aboukir, les amiraux Décrès et Villeneuve, ayant recueilli les débris de notre flotte, s'étaient réfugiés dans le port de Malte avec le vaisseau *le Guillaume-Tell* et les deux frégates *la Diane* et *la Justice*. Ces bâtiments avaient été placés dans le port des galères, sous les ordres du contre-amiral Villeneuve; le contre-amiral Décrès, ayant enrégimenté une partie des équipages, avait pris possession des points que la faiblesse de la garnison française, décimée par les maladies et les assassinats, avait contraint le général Vaubois à le prier d'occuper et de défendre.

Nos marins, attentifs à leurs pièces, laissèrent la flottille s'avancer jusqu'aux pieds des remparts; mais à peine l'ennemi s'élançait-il de ses bateaux pour appliquer des échelles contre les murs des fortifications, qu'un feu de mitraille, tiré presqu'à bout portant, foudroya les embarcations, et couvrit en un instant la mer et le rivage de débris et de cadavres.

L'enthousiasme de cette victoire fut dissipé par une nouvelle d'autant plus terrible, qu'elle détruisait l'espoir des secours sur lesquels reposait l'avenir de la garnison française. Le contre-amiral Perrée avait quitté la rade de Toulon dans les premiers jours de février pour tenter de jeter des approvisionnements et des secours dans le port de Lavalette. Le convoi, formé de plusieurs transports chargés de munitions et de vivres, portant à leurs bords trois mille soldats, était protégé par trois corvettes et le vaisseau *le Généreux*, à bord duquel le contre-amiral français avait arboré son pavillon.

Lord Nelson, dont le pavillon de commandement flottait au grand mât du *Foudroyant*, beau vaisseau de notre ancienne marine, que les Anglais avait pris, en 93, dans le bassin de Toulon, croisait en ce moment au vent de l'île. Il s'empressa de rallier des forces supérieures à celles qui venaient de lui être signalées, et donna l'ordre de marche. A peine fut-il en vue de notre convoi, qu'il laissa pleinement arriver dessus.

Le commandant français, s'apercevant qu'il n'y avait plus d'espoir pour son expédition que celui d'une lutte glorieuse, voulut au moins, en se sacrifiant, donner aux bâtiments convoyés le temps d'échapper à la chasse de l'ennemi. Ses signaux transmirent promptement ses ordres à l'escadrille, pendant qu'à son bord s'exécutait le branle-bas de combat.

L'engagement prit dès le commencement un caractère d'acharnement qui se prolongea jusqu'à la fin du combat; *le Généreux* se jeta résolûment dans une lutte dont il n'enviait et ne pouvait espérer qu'une gloire, celle de donner assez d'avance à ses navires de convoi pour que l'ennemi ne pût les atteindre, et il répondit volée pour volée au feu des bâtiments ennemis.

Perrée venait de commander une manœuvre hardie pour aborder *le Foudroyant*, quand il fut renversé par un boulet qui lui enleva la cuisse droite. Ce brave officier expira quelques instants après.

C'est ainsi que Nelson, dont les bâtiments ne sortirent point de cette affaire sans de graves avaries, finit par s'emparer de ce vaisseau, qui lui avait échappé dans la désastreuse journée d'Aboukir.

Presque tous les navires du convoi atteignirent la côte de France; les trois corvettes elles-mêmes gagnèrent Toulon.

Cependant, au mois de juillet, la famine touchait à ses dernières horreurs. Vaubois, pour ménager ses ressources les plus extrêmes, fut encore obligé de diminuer les rations d'aliments, lorsque les chaleurs excessives vinrent, conjointement avec la misère, développer un fléau d'autant plus terrible que les hôpitaux commençaient à manquer de médicaments; le typhus éclata avec une intensité telle, qu'il moissonnait jusqu'à cent trente hommes par jour. Au mois de septembre, la ville ne présentait plus que l'image d'un vaste cimetière, lorsque le commandant, résigné à capituler, voulut au moins sauver pour la France, s'il était possible, les deux frégate *la Diane* et *la Justice*, qui se trouvaient encore dans le port.

La première de ces deux frégates, incapable de soutenir une lutte avec son équipage aux deux tiers sur les cadres, fut obligée de se rendre après un engagement assez long; la seconde, plus heureuse, gagna les côtes de France.

Deux jours après, le général Vaubois et le contre-amiral Villeneuve consommèrent leur résistance héroïque par une capitulation honorable.

Le cabinet de Saint-James crut le moment arrivé d'écraser, par un coup vigoureux, les débris des troupes expéditionnaires, dont le blocus des côtes d'Egypte devait avoir épuisé les forces et les ressources.

L'amiral lord Keith reçut l'ordre de prendre sur son escadre les troupes de débarquement rassemblées dans les îles de Majorque et de Minorque, sous le commandement de sir Ralph Abercromby.

Huit jours après son appareillage, cette flotte, de plus de soixante voiles, trois vaisseaux de quatre-vingts, *le Foudroyant,* au grand mât duquel flottait le pavillon amiral ; *le Tigre* et *l'Ajax;* trois vaisseaux de soixante-quatorze, *le Kent, le Northumberland* et *le Swiftshure;* huit vaisseaux armés en flûte ; quatre frégates de première ligne, *l'Ulysse, la Pénélope, la Flore* et *la Florentine;* quarante autres frégates et bâtiments de transport, portant vingt-trois mille soldats à leur bord, ralliait l'escadre ottomane, composée du trois-ponts *le Sultan-Sélim,* percé de cent vingt sabords, de cinq autres vaisseaux de soixante-quatorze, et de huit fortes corvettes, transportant six mille janissaires et Albanais.

Ces forces imposantes, après avoir longé quelques jours la plage du Delta, vinrent, le 7 ventôse (8 mars), s'embosser en ligne de débarquement dans la rade d'Aboukir.

La nouvelle de cette expédition, sous laquelle notre armée d'Orient devait infailliblement succomber, détermina le premier consul à tenter de lui fournir à tout prix les moyens de repousser ce choc terrible.

Plusieurs armements, faits en secret dans nos ports de l'Océan, furent poussés avec une activité dont notre marine offre peu d'exemples; le plus considérable était celui de Brest.

Sept vaisseaux de ligne, deux frégates et un aviso formaient cette escadre, au commandement de laquelle fut appelé l'amiral Ganteaume.

Dès que cette flotte, dont l'équipement avait été si secret et si rapide que les préparatifs en étaient encore ignorés même en France, fut en état de prendre et de tenir la mer, des ordres furent donnés à tous les bâtiments qui se trouvaient dans nos ports et sur nos rades atlantiques, d'inquiéter l'ennemi par de fausses sorties.

L'escadre appareilla cependant le 7 janvier, pour se porter sur la rade de Bertheaume. *L'Invincible*, *l'Indomptable*, *le Formidable*, tous les trois armés de quatre-vingts canons; les quatre vaisseaux de soixante-quatorze, *la Constitution, le Dix-Août, le Jean-Bart* et *le Desaix*, formaient, au coucher du soleil, avec les deux frégates *la Bravoure* et *la Créole*, armées chacune de quarante pièces, et l'aviso *le Vautour*, une ligne d'embossage forte de six cent cinquante bouches à feu. Le lendemain, dès l'aube du jour, cette escadre mit à la voile par une jolie brise de nord-est.

Pendant que sir Robert Calder cherchait vainement Ganteaume dans les débouquements de la mer Caraïbe, celui-ci rejoignait tranquillement son escadre, qui, après avoir traversé sans obstacle la station de Trafalgar, dont l'amiral Warren fermait la Méditerranée, se trouva au complet, le 10 février, sous les hauteurs du cap Gata.

L'amiral français, ayant appris que la flotte de lord Keith, s'étant combinée avec l'escadre ottomane, cinglait vers l'Egypte, dont l'escadre de Kickerton couvrait déjà les ports, crut ne pas devoir s'avancer davantage vers une destination où une expédition si heureusement commencée se fût nécessairement dénouée par une catastrophe. Abandonnant donc une entreprise dépouillée par les circonstances de tout espoir de réussite, il se dirigea vers Toulon, où Warren ne tarda point à le venir bloquer avec ses vaisseaux.

La nouvelle du résultat fatal de cette dernière expédition parvint à Bonaparte le jour même où la frégate *l'Africaine,* commandée par le capitaine Saulnier, s'étant trouvée séparée par un coup de vent du reste de son convoi, rencontra sur la côte d'Afrique la frégate anglaise *la Phébée*.

L'Egypte était menacée, il fallait donc la défendre. Nos soldats, abandonnés sur ces bords de sables, tournaient leurs regards vers la France : il fallait les secourir; qu'importait, au milieu de tous ces hauts intérêts compromis, la capture de quelques bâtiments? Les dépêches que l'aide de camp Gérard Lacuée vint apporter à Ganteaume lui enjoignaient de remettre à la voile sur-le-champ.

Le hasard vint une seconde fois favoriser la sortie de l'escadre française.

Cependant Ganteaume, après avoir serré les côtes de la Sicile, de la Morée et de l'Anatolie, gouvernait pour exécuter les nouvelles instructions qu'il avait reçues de son gouvernement. Ce n'était point seulement aux côtes d'Egypte qu'il devait atterrir ; ses notes lui ordonnaient, dans le cas où ces points offriraient une ligne de forces impossible à franchir ou à rompre, d'aborder la plage d'Afrique entre Tripoli et le cap Rozat, et d'y débarquer ses troupes avec assez d'approvisionnements pour qu'elles pussent gagner la frontière d'Egypte.

L'escadre française avait besoin de quelques jours de repos. Cette masse de troupes, entassées dans les entre-ponts avec les matelots, n'avait point permis de prendre tous les soins hygiéniques qui assurent aux équipages, dans les aménagements resserrés de la vie maritime, un état sanitaire, favorable et permanent

Les ravages de cette espèce d'épidémie furent si rapides, que l'amiral Ganteaume se vit contraint de renvoyer de Livourne à Toulon les trois vaisseaux *le Formidable*, *l'Indomptable* et *le Desaix*, ainsi que la frégate *la Créole*, faute d'équipages pour les monter et les gouverner.

La flotte, ainsi réduite, déboucqua de la mer Adriatique le 25 mai, et prit, le 8 juin, connaissance de la terre d'Egypte.

Les trois flottes anglaises, tour à tour à l'ancre ou en croisière, éclairaient de leurs bordées tous les points de cette mer.

Ganteaume, sans chercher à toucher les ports que bloquaient des forces aussi démesurément supérieures aux siennes, se dirigea sur la rive occidentale, pour chercher un lieu favorable au débarquement.

Après avoir suivi quelque temps le rivage brûlé des contrées barbaresques, les vaisseaux français se trouvant, par une matinée sereine, une belle mer, une jolie brise, à la hauteur de Bengazi, reçurent le signal de jeter l'ancre.

Mais le rivage et les mornes s'étant couverts d'Arabes armés à la vue des vaisseaux, et les vigies ayant signalé une division anglaise, Ganteaume fut encore obligé de renoncer à son entreprise. Ses signaux transmirent aussitôt l'ordre de couper les câbles et de mettre à la voile.

L'amiral Keith, à qui la supériorité de ses forces donnait l'assurance d'une victoire, fit le signal lui-même de forcer la marche pour joindre l'ennemi ; mais, l'ayant perdu de vue après une longue chasse, il fit gouverner pour reprendre sa station, emmenant les deux *transports* que la pesanteur de leur marche avait fait tomber en son pouvoir.

La corvette *l'Héliopolis*, que Ganteaume avait expédiée en éclaireur, avait profité de l'évolution des vaisseaux anglais pour se jeter dans le port d'Alexandrie.

L'amiral français, dans le mouvement rétrograde qui le reportait vers le golfe de Lyon, se dédommagea de l'insuccès de ses tentatives par les prises qu'il fit à l'ennemi.

Ce fut d'abord une corvette expédiée d'Angleterre, avec des dépêches pour lord Keith, qui tomba dans la division française. Le 23, un bâtiment de guerre ayant été signalé, deux de nos vaisseaux mirent aussitôt le cap dessus. Ce navire était *le Swiftshure*.

L'Anglais n'eut pas plutôt reconnu les couleurs françaises, que, laissant arriver et déployant toute toile, il s'efforça vainement d'échapper aux deux chasseurs; gagné par ces bâtiments, il fut contraint de donner le travers et d'accepter le combat.

L'engagement fut long et rude; le commodore Hallowel se défendit avec une intrépidité pour laquelle les officiers vainqueurs lui témoignèrent leur admiration et leur estime. Son vaisseau, démâté, criblé de boulets, ouvert de tous côtés, allait couler bas lorsqu'il le remit aux commandants français.

L'amiral Ganteaume fit réparer cette prise avec une ardeur d'exécution dont l'imminence du danger auquel se trouvait, dans cette mer, exposée l'escadre précipita la rapidité. Six jours après cette rencontre, la flotte donnait dans la rade de Toulon, où ne devait pas tarder à parvenir la capitulation de l'armée d'Egypte.

La reddition de l'Egypte mit fin aux tentatives désespérées que Bonaparte ne pouvait cesser de faire pour en secourir l'armée.

Ainsi s'accomplit la dernière conséquence de la catastrophe d'Aboukir. C'est que, sans forces maritimes, toute puissance est nécessairement incomplète, toute domination forcément bornée. Bonaparte le sentit si vivement alors, que ce fut vers l'empire de la mer que se porta presque exclusivement sa pensée.

Quatre vaisseaux furent offerts par le cabinet de Madrid à la France, dès que Bonaparte en eut témoigné le désir. Ces bâtiments, dont le commandement fut confié au contre-amiral Dumanoir, durent former, à Cadix, avec quelques autres vaisseaux armés pour l'Espagne, le noyau d'une flotte sous les ordres de l'amiral don Juan Moreno.

La nouvelle qu'une escadre ibéro-française se combinait dans la rade de Cadix répandit l'alarme dans le gouvernement anglais. Tout le système sur lequel Bonaparte se proposait de relever notre puissance maritime se révéla alors à l'amirauté, par l'activité qui, depuis le retour d'Égypte, se développait sur toute l'étendue de nos côtes ; les travaux immenses exécutés dans le lit de la Lianne et sur le littoral de Boulogne, les canonnières construites dans toutes nos baies, la flottille que commençaient à former par leur réunion les escadrilles de la Manche, se rattachaient trop naturellement aux armements de haut-bord, pour qu'ils ne fussent pas, les uns et les autres, la révélation d'une pensée unique.

Cependant, au milieu de tous ces préparatifs alarmants, les inquiétudes du cabinet de Saint-James s'arrêtèrent spécialement sur les armements de Cadix ; la station de la flotte française sur ce point avancé ne lui permit pas d'ajourner les mesures que réclamait le maintien de ses relations avec les trois escadres de la Méditerranée. L'amiral sir James Saumarez reçut ordre de se porter immédiatement sur le détroit avec une division de six vaisseaux.

Le contre-amiral Linois prenait la même direction, sortant des bassins de Toulon avec les trois vaisseaux que Ganteaume avait renvoyés de Livourne.

Ainsi s'ouvrait le même jour, pour les deux divisions ennemies, cette mémorable campagne qui, dans un mois de mer, devait donner à l'histoire de notre marine deux de ses pages les plus glorieuses.

Deux jours après, les vigies signalèrent les terres d'Espagne. Le temps et le vent étant favorables, l'ordre fut transmis de serrer la rive pour en prendre une connaissance plus exacte. Ce fut dans cette manœuvre que l'amiral Linois apprit, par une prise anglaise, l'arrivée d'une escadre britannique dans les parages de Cadix.

Le 4 juillet, son escadre, filant sous une bonne brise de nord-est, vint prendre position sous les remparts d'Algéziras.

L'arrivée de cette division ayant été signalée à sir James Saumarez, cet amiral s'empressa de rallier ses vaisseaux et de se porter au-devant des Français.

Le Formidable, au mât d'artimon duquel le contre-amiral avait hissé son pavillon de commandant, jeta l'ancre par un mouillage de douze brasses d'eau au nord du *Desaix*, de *l'Indomptable* et de *la Murion*; le front développé par les vaisseaux formait ainsi une ligne d'embossage dont la droite s'appuyait, au sud, sur l'île Verte, tandis que la gauche allait au nord toucher les fortifications délabrées de la batterie de Saint-Jacques. Cette ligne empruntait une nouvelle force à son voisinage de la côte. L'amiral Linois, instruit par le funeste exemple d'Aboukir, avait rejeté les conseils du commandant de la marine et du capitaine du port, qui lui assignaient un mouillage par quinze ou dix-huit brasses d'eau. L'ancrage qu'il avait pris sur un fond de dix à douze brasses rendait très-dangereuses pour l'ennemi les tentatives qu'il pouvait hasarder pour doubler la position française.

L'escadre anglaise, couverte de toile, continua de s'avancer sur une seule ligne en longeant toujours le littoral; *le Vénérable*, dont le capitaine connaissait tous les cailloux de cette baie, ouvrait la marche.

A peine la tête de la colonne ennemie eut-elle atteint le travers de l'île Verte, que les canonniers de ce fort engagèrent le combat; *le Vénérable* y répondit le premier par une volée de toutes ses batteries; l'escadre anglaise continua de filer devant nos vaisseaux, et dans un instant la ligne fut tout en feu.

Le signal fut fait aux vaisseaux d'avant-garde d'essayer de doubler la gauche de l'ennemi; *le Vénérable,* tenant le vent, laissa arriver entre *le Formidable* et le fort Saint-Jacques. Cette manœuvre eût eu pour résultat de placer les Français entre deux feux.

Le changement de direction de l'ennemi révéla à Linois ses intentions. Sa détermination fut aussitôt prise : au signal du contre-amiral, nos vaisseaux, coupant leurs câbles, se laissèrent dériver sur le plein.

La ligne française ainsi formée, le combat redevint plus terrible; *le Formidable,* dont le silence de la batterie espagnole ne tarda point à découvrir la gauche, se trouva assailli par trois vaisseaux ennemis; mais le nombre de ses adversaires ne jeta pas un seul instant d'hésitation dans sa défense : telle fut la vigueur et la justesse des bordées de nos quatre bâtiments, qu'après un combat de deux heures, livré à portée de mousquet, l'amiral anglais crut ne pouvoir réduire notre ligne sans se rendre maître de l'île Verte.

Cette batterie, servie par nos soldats, ouvrit aussitôt un feu vif et nourri sur les vaisseaux que foudroyait déjà *l'Indomptable*. L'issue du combat ne sembla plus, dès lors, douteuse sur ce point. *Le Pompée,* ayant touché sur les récifs dont est formée la ceinture de l'île, ne put opposer une longue résistance : tout troué de boulets et privé de mâture, il se vit contraint d'amener son pavillon, aux cris de triomphe des Français ; plusieurs chaloupes, venues de Gibraltar, parvinrent cependant à l'arracher à une capture qui semblait certaine.

Pendant qu'au milieu des chances d'un combat acharné, *l'Indomptable,* dont le capitaine venait d'être tué glorieusement sur son banc de quart, fixait, de concert avec la batterie de l'île Verte, la victoire sur notre droite, la gauche n'achetait pas le succès par une moins énergique résistance.

Le combat, sur ce point comme sur l'autre extrémité de la ligne, avait été longtemps indécis. Au moment où nos vaisseaux coupaient la manœuvre de l'ennemi par leur échouage, sept chaloupes canonnières, s'étant détachées du fort d'Algéziras, étaient venues rattacher notre ligne au fort Saint-Jacques, en occupant l'espace que ce mouvement avait laissé ouvert.

Le feu, nourri par nos soldats, fut dirigé de nouveau sur l'escadre ennemie. Le combat prit des deux côtés un caractère d'acharnement qu'il n'avait pas eu auparavant ; les deux divisions, enveloppées de tourbillons de fumée que parcouraient sans cesse de longues traînées de feu, formaient, par leurs volées successives et précipitées, un grondement sans intermittence. Les équipages français faisaient des prodiges ; les vides qu'occasionnaient les boulets dans le service des pièces étaient aussitôt remplis par de nouveaux combattants : matelots et soldats rivalisaient d'activité et de courage.

Ce fut au milieu de cet entraînement général que l'intrépide Lalonde, qui, malgré une blessure reçue au commencement de l'action, veillait sur tout, activait et dirigeait tout, fut renversé mort sur son banc de quart.

L'engagement durait depuis sept heures ; la flotte anglaise, presque désemparée, laissait languir son attaque sous les bordées continuelles de nos vaisseaux, lorsque l'amiral Saumarez donna le signal de la retraite. *L'Annibal,* échoué en avant du *Formidable,* resta au pouvoir de la division française, comme trophée de cette mémorable journée.

Ainsi se termina, par une victoire, cette action où notre escadre semblait devoir succomber sous la supériorité des forces qui venaient l'attaquer à son mouillage.

L'amiral Saumarez, avide d'effacer dans une prochaine rencontre la honte qu'avait jetée sur son escadre une défaite aussi imprévue, ne négligea rien pour profiter des ressources que lui assurait le voisinage d'un port anglais. Tout ce que Gibraltar renfermait d'ouvriers fut employé aux réparations de carène et de gréement, dont avaient besoin ses vaisseaux; et pendant que ces travaux s'exécutaient avec une merveilleuse activité, il s'occupa lui-même à suppléer, par des matelots de choix, aux pertes qu'avaient essuyées ses équipages.

Une ardeur égale régna d'abord sur l'autre rive. Les vaisseaux français et l'*Annibal,* dont la capture avait grossi la division, furent relevés et amarrés en ligne; les avaries de coque, occasionnées par l'échouage et le combat, furent promptement réparées; les trous de boulets disparurent, les bastingages furent presque complétement refaits; et les cinq bâtiments se trouvaient en état d'accueillir une seconde fois dignement l'ennemi.

Cependant l'amiral Linois était étonné de ne recevoir aucun secours; en vain sa longue-vue interrogeait-elle sans cesse les hauteurs du rivage où l'on avait posté des vigies, le temps s'écoulait sans qu'aucun bâtiment fût signalé. Il ne pouvait comprendre une semblable négligence; quelle considération pouvait retenir don Juan Moreno sur la rade de Cadix, dont le départ de sir James Saumarez lui avait ouvert la sortie?

Linois, perdant enfin toute patience, se plaignit avec aigreur de cette mollesse ou de cette inaction.

Ces remontrances amères, et les sollicitations énergiques du contre-amiral Dumanoir, déterminèrent enfin l'amiral espagnol à mettre à la voile. L'escadre, composée de neuf bâtiments, cinq vaisseaux, trois frégates et un brick, quitta la rade le 8 juillet, sur le soir. Elle arriva le 9 juillet sur la rade d'Algéziras.

Les lenteurs de don Moreno avaient eu les suites que Linois avait prévues et signalées: la flotte anglaise avait repris son poste d'observation et de croisière.

L'amiral anglais, profitant de quelques bouffées de l'est, vint se mettre en ordre de bataille au vent de la flotte combinée. Cette manœuvre donna lieu à un léger dissentiment entre les amiraux espagnol et français. Don Juan, ayant porté son pavillon du *Réal-Carlos* sur *la Sabine,* eut à vaincre une répugnance, fortement exprimée, pour déterminer le contre-amiral Linois à se rendre auprès de lui.

Au coucher du soleil, tous les vaisseaux de la flotte franco-espagnole avaient réussi à doubler le cap Carnero, en profitant habilement de toutes les variations de la brise. La première évolution fut, malgré l'obscurité naissante, exécutée dans le meilleur ordre; mais l'ombre étant venue à s'épaissir, les bâtiments cessèrent de pouvoir s'observer les uns les autres. Les lignes ainsi mêlées, nul ne put conserver son poste.

L'amiral anglais, qui jusqu'à cet instant avait maintenu sa division au vent de la flotte ibéro-française, profita de cette confusion pour forcer de voiles et en joindre les derniers vaisseaux. Sir Saumarez ordonna à quelques-uns de ses bâtiments d'attaquer l'arrière-garde. Cette démonstration devait avoir un succès auquel était loin de s'attendre celui qui la commandait. *Le Superbe* laissa arriver entre *le Réal-Carlos* et *l'Herménégilde,* lâcha ses bordées dès qu'il se trouva par le travers de ces deux trois-ponts, et, continuant toujours sa marche, disparut dans la nuit.

Une confusion extrême suivit cette attaque subite à bord des deux vaisseaux espagnols, que les hasards d'une manœuvre de nuit avaient placés à la queue de la ligne. Ces bâtiments, n'ayant point eu connaissance du passage rapide du navire anglais, se prirent l'un l'autre pour vaisseau ennemi, et engagèrent entre eux un combat d'autant plus terrible que leur rapprochement rendait leur feu plus désastreux. Cette lutte fatale durait depuis longtemps avec un acharnement qui ne faisait que confirmer les combattants dans leur malheureuse erreur, lorsqu'un grain rapide, et dont l'approche n'avait pu être observée dans la confusion du combat, poussa les deux navires l'un vers l'autre. L'abordage, qui devait terminer pacifiquement cette affreuse méprise, la dénoua par un désastre.

Le feu, qui pendant l'engagement s'était déclaré à bord du *Réal-Carlos,* ayant éclaté avec violence, les flammes qui le dévoraient eurent en un instant gagné *l'Herménégilde.* Il devint impossible aux deux vaisseaux de se séparer.

Le bruit de ce combat, dont les deux flottes alors mêlées et confondues ignoraient les adversaires, avait répandu dans les équipages une alarme que vint augmenter l'aspect des deux vaisseaux embrasés. Tous les navires, redoutant un sort pareil, s'empressèrent de s'éloigner de ce foyer mobile.

Sur les deux mille quatre cents hommes qui composaient les équipages de ces vaisseaux, trente-cinq à peine échappèrent au désastre !

Le Saint-Antoine, démâté par *le César* et par *le Superbe,* amenait son pavillon après un long combat, lorsqu'eut lieu cette épouvantable catastrophe.

Le reste de la nuit ne fut plus marqué que par des canonnades, dont les fanaux de *la Sabine* furent constamment le point de mire. Le jour vint enfin éclairer l'amiral espagnol sur les pertes qu'avait essuyées sa flotte. *Le Formidable* n'était pas en vue. Comme le vent d'est apportait le bruit d'une action violente, don Juan Moreno ne douta point que ce vaisseau ne se trouvât engagé avec l'ennemi. Ralliant donc son escadre, et la formant rapidement en ordre de bataille, il fit route pour rejoindre le théâtre de l'action où se débattait le vaisseau français.

C'était en effet *le Formidable* qui combattait seul en ce moment contre quatre voiles de la division anglaise. Ce bâtiment, qui n'avait pour toute mâture que des tronçons de bas-mâts où pendaient quelques voiles de fortune, n'ayant pu, avec un équipage insuffisant, suivre la marche de l'escadre, n'avait point tardé à se trouver engagé dans la ligne ennemie. Une canonnade à boulets rouges fut aussitôt dirigée sur lui par cinq vaisseaux. Malgré l'obscurité, *le Formidable* allait avoir beaucoup à souffrir de ces nombreuses attaques, lorsque le capitaine Troude remarqua que les vaisseaux anglais portaient trois fanaux à la corne d'artimon, comme signe de reconnaissance ; il ordonna, au lieu de riposter, qu'on hissât les mêmes signaux. Cette ruse eut un plein succès : une heure après *le Formidable* avait perdu de vue les deux escadres.

Le commandant Troude fit gouverner pour rallier la terre. Vers quatre heures du matin, il se trouva par le travers de l'île Léon, où le lever du jour lui montra quatre bâtiments anglais qui manœuvrèrent aussitôt pour l'attaquer. Le brave Troude se disposa à maintenir la réputation du *Formidable.*

Le petit nombre de ses hommes le força à faire abandonner les postes les moins nécessaires pour l'occupation de ceux qui auraient le plus d'importance durant l'action.

Le silence le plus solennel régnait à bord du vaisseau français, lorsque les premiers coups de canon partirent des batteries ennemies. La tactique de Troude fut celle qu'employa le dernier des Horaces pour triompher de ses trois ennemis : les isoler pour les combattre tour à tour.

Le commandant Troude, avec un vaisseau que l'insuffisance de son équipage et de sa mâture rendait à peine capable de tenir la mer, resta maître du champ de bataille. Trois vaisseaux et une frégate le lui avaient disputé. Ses cadres avaient été mis au complet par des matelots choisis dans la marine anglaise.

Le même jour, à deux heures après midi, *le Formidable* entrait dans le port de Cadix, au milieu des cris d'enthousiasme d'une population qui, du haut de ses remparts et de la plage, avait été témoin du merveilleux combat, dont le succès lui semblait encore un prodige.

Le reste de l'escadre combinée vint y mouiller le soir même.

En même temps, toutes les dispositions furent faites à Boulogne pour réaliser le projet d'une descente en Angleterre, que le Directoire avait exhumé des cartons de l'époque conventionnelle.

Un bassin d'échouage fut creusé au nord-ouest de la ville, des estrades et des quais, s'élevant sur un terrain marécageux, formèrent un port dont les lignes offrirent aux bâtiments un accostement de trois mille cent trente-six mètres.

La construction d'une écluse ouvrit dans la rivière un arrière-port dont l'étendue indéfinie pouvait contenir, par des eaux assez profondes pour qu'elle ne cessât point d'y être à flot, une flottille aussi considérable que celle qui pouvait trouver asile dans le port. Deux années suffirent pour ces prodigieux travaux.

Par un décret du 12 juillet, Bonaparte organisait neuf divisions de bâtiments légers, et désignait un pareil nombre de bataillons tirés de l'armée du Nord, pour faire, avec des détachements d'artillerie, le service de cette flottille. Aussitôt la crainte d'une invasion avait jeté la consternation et l'effroi sur toute l'étendue du sol britannique.

Tandis que les ambassades s'agitaient dans toutes les cours de l'Europe pour susciter à la France de nouveaux ennemis, l'amirauté anglaise multipliait les ordres et les mesures de défense qu'elle prenait sur le littoral sud des deux grandes îles.

Des bâtiments de toute espèce couvrirent les côtes anglaises ; un grand nombre de canonnières et de bombardes furent construites et placées à l'entrée de tous ses ports et à l'ouverture de toutes ses rivières ; les hommes des comtés de Kent et de Sussex devaient se lever en masse et courir aux armes dès le premier appel. Lord Nelson fut investi du commandement de toutes les forces britanniques qui croisaient ou stationnaient dans ces mers du Nord.

Tous les ports de la Hollande et de la Manche, du Nord et du Midi, envoyaient ou préparaient leur contingent de barques légères. C'est ainsi que le 22 messidor une division de vingt-six voiles, canonnières et bateaux plats, venant de Nieuport et d'Ostende, entrait dans le port de Boulogne, où elle ne précédait que de quelques jours l'escadrille de Cherbourg et du Havre.

L'amiral Latouche-Tréville, à qui les dépêches du gouvernement faisaient redouter chaque jour quelque agression contre la flottille placée sous ses ordres, envoya son adjudant, le capitaine de frégate Miratès, avec ordre de prendre le commandement de la cinquième division, bloquée dans le port de Calais, et de tout tenter pour opérer sa jonction.

La manœuvre qu'exécuta toute la croisière anglaise ne permit point de douter qu'elle ne gouvernât pour joindre la division française à la hauteur du cap Grinez, certaine de l'enlever ou de la forcer de se jeter à la côte. L'ennemi laissa arriver en toute confiance sur nos bâtiments.

Il ne se trouvait plus qu'à une portée de canon des navires français, lorsque le feu, qu'ouvrit sur lui à boulets rouges la forte batterie dont il ignorait l'existence, l'obligea de prendre le large.

L'arrivée de ces forces fut d'autant plus opportune que le mouvement des ports anglais devenant plus menaçant, il était urgent de prendre des mesures de défense pour protéger le noyau de la flotte légère que l'ennemi eût alors pu facilement brûler dans l'embouchure de la Lianne. Toutes les communications que l'amiral recevait du premier consul lui présentaient une attaque comme plus immédiate chaque jour.

Il s'empressa donc d'établir devant le port de Boulogne une ligne d'embossage. Sept canonnières et dix-huit bateaux plats s'y déployèrent, le 12 thermidor, sur un front qui présenta au large une batterie de trente-neuf pièces de gros calibre.

Les préparatifs d'une expédition sérieuse étaient poussés avec activité et mystère dans les chantiers et sur la rade de Scherness et de Nore. Six bombardes et quelques brûlots ayant été rapidement équipés ou construits, plusieurs navires de la Compagnie des Indes ayant été requis et armés, tous les bâtiments destinés à cette expédition reçurent l'ordre de se porter sur l'ancrage que protégent les créneaux du château de Deal.

Trois vaisseaux : *le Leyden, le Ruyter* et *l'Iris ;* les frégates *le Siend, la Méduse, le Brillant ;* les bombardes *l'Hécla, la Volcano, le Zébra, le Sulphur, le Disbovery ;* trente barques canonnières, pinasses ou cutters s'y trouvaient réunis, lorsque Nelson vint en prendre le commandement. Ce fut à la tête de cette escadre qu'il cingla vers Boulogne, où étaient restés en observation quelques croiseurs.

L'arrivée de l'escadre ennemie ne fit rien changer aux dispositions de défense qu'avait prises l'amiral français. La ligne d'embossage resta ferme sur ses ancres.

Le 15 messidor, une partie de la station anglaise s'étant ébranlée, fit voile vers notre mouillage. L'attaque s'engagea même du côté de l'ouest ; mais ce ne fut qu'une escarmouche : l'ennemi, après avoir lancé quelques bombes, vira de bord, et regagna ses premières positions.

L'amiral Latouche-Tréville ne se méprit pourtant pas sur la valeur de cette manœuvre, en voyant dans ce tir l'annonce d'une action prochaine ; c'était, en effet, pour le lendemain que Nelson avait arrêté le combat.

La nuit régnait encore dans toute son obscurité, lorsque l'amiral anglais descendit avec quelques officiers dans une barque d'une voilure légère, pour aller vérifier si aucune mesure n'avait troublé dans la nuit les renseignements qu'on lui avait donnés et les relèvements qu'il avait pris lui-même.

Dès que Nelson eut rejoint *la Méduse,* au mât de laquelle flottait son pavillon d'amiral, il donna le signal de se préparer au combat. A cinq heures et demie, l'escadre avait jeté l'ancre au poste d'attaque que lui avait fixé son commandant. Sa première ligne était composée de bombardes. Elles ouvrirent le feu, tandis que les autres bâtiments de la flotte, mouillés derrière elles, se tenaient prêts à les défendre.

Nelson fut trompé dans les prévisions qu'il avait fondées sur ce mode d'attaque : notre division, loin de fléchir sous cet engagement insolite, y répondit avec vigueur. Cette résistance inattendue déjouant ses projets, il crut, en prenant une offensive plus énergique, pouvoir obtenir les résultats qu'il s'était promis.

Vers neuf heures, la marée s'étant complétement faite, son escadre, à laquelle ses signaux transmirent de nouveaux ordres de combat, se forma en ligne de bataille, et, laissant arriver sur notre division, vint lui lâcher ses bordées de bâbord. Cet instant devint le plus terrible de la journée. Les bâtiments anglais s'étaient à peine approchés à portée de canon, que la côte, s'embrasant comme un volcan du feu de ses onze batteries, joignit ses boulets à ceux de notre flottille, et força l'ennemi de reprendre ses positions.

Nelson jugea prudent de quitter une position qu'un changement de vent ne laissait point alors sans péril, et donna ordre à ses navires de reprendre leur premier ancrage.

Le lendemain, de l'escadre nombreuse dont les évolutions et le feu animaient cette mer, il ne restait plus que quelques croiseurs chargés d'éclairer les mouvements de la flottille. Les autres navires avaient regagné les eaux de Margate et de Deal.

Pensant qu'il importait à sa réputation d'effacer cette défaite par un triomphe, Nelson avait résolu de tenter une nouvelle attaque. Tous les galets, petites barques à rames dont se servent les smogleurs, qui se trouvaient sur cette côte, furent réunis en flottille, et reçurent quatre mille soldats de marine à leur bord. Nelson reparut le 15 août devant Boulogne. Les nombreuses péniches qui l'accompagnaient ne purent échapper aux regards de Latouche-Tréville ; aussi fit-il donner ordre à toutes les batteries de se tenir prêtes pour un engagement général.

Il pouvait être minuit lorsqu'un bruit de rames et des cris d'alarme rompirent le silence ; c'étaient les chaloupes d'avant-poste qui, ayant aperçu une multitude de petits navires, se reployaient sur la ligne en signalant l'ennemi.

Il ne tarda point à paraître. Ces embarcations, voyant leur approche découverte, firent force de rames pour joindre notre division, qu'ils atteignirent à travers une tempête de mitraille et de balles.

La canonnière *l'Etna* fut enveloppée la première. L'attaque et la défense rivalisèrent d'impétuosité et d'acharnement. Les chaloupes canonnières *le Volcan* et *la Surprise* se défendaient avec une valeur égale contre des forces supérieures ; cette dernière, assaillie par sept péniches, parvint pourtant, dans un combat si inégal, à en couler quatre et à amariner les trois autres.

L'attaque s'était engagée sur toute l'étendue de la ligne, et partout nos matelots et nos soldats rivalisaient de calme et de valeur. Les Anglais s'accrochaient aux filets, y restaient suspendus, et s'y trouvaient percés de balles, de baïonnettes, de piques et de crocs, qui les renversaient dans la mer; d'autres se cramponnaient aux bords des bâtiments et avaient aussitôt les poignets coupés, la tête écrasée par les boulets jetés à la main, ou la poitrine enfoncée à coups de leviers; d'autres enfin, parvenus à s'introduire dans les bâtiments, les métamorphosaient en champ de bataille, où les Français occupaient la poupe et les Anglais la proue, selon que l'on s'était rallié d'un côté ou de l'autre. L'acharnement était extrême ; ce n'était plus qu'un massacre; les hommes s'attaquaient corps à corps, se perçaient de coups de lance, de sabre et de poignard ; enfin l'ennemi, battu de toutes parts, fut obligé de se retirer, et cessa cet horrible combat, qui dura néanmoins jusqu'à quatre heures du matin.

Les Anglais perdirent un grand nombre d'embarcations, prises ou coulées, et cinq cents de leurs hommes les plus braves, parmi lesquels on compta quarante-trois officiers. La perte, du côté des Français, ne s'éleva qu'à trente-sept hommes.

Quelques jours après, ce rivage présentait la dernière scène de cette action sanglante. Le 13 fructidor, tous les habitants de Boulogne et des contrées voisines se pressaient sur la plage. L'amiral Latouche-Tréville avait convoqué les braves marins et les soldats de la petite armée navale française. Ils s'étaient rendus en grande tenue et en armes, lorsqu'un char de triomphe, paré de drapeaux et de guirlandes, y transporta, au milieu des acclamations, ceux qui avaient été blessés dans ces glorieuses affaires.

L'amiral, au nom de la nation française, remit douze haches d'armes, six fusils et quatre grenades d'honneur aux combattants qui s'étaient le plus distingués par des actions éclatantes ; puis une députation de vieillards et de jeunes femmes vint, au nom de la ville de Boulogne, leur présenter des couronnes civiques, et les remercier d'avoir éloigné, par leur intrépidité, les désastres dont un bombardement eût désolé cette ville.

L'insuccès de cette attaque nouvelle souleva contre lord Nelson les accusations les plus violentes. L'inquiétude qu'avaient causée les préparatifs d'une descente s'augmenta encore, dans l'opinion publique comme dans le cabinet anglais, de la force inattendue qu'avait opposée la division de bateaux plats destinés à les protéger.

La flottille, pourtant, ne discontinua point de se grossir avec une rapidité qui fit de Boulogne le point de mire de toutes les pensées comme de toute l'activité du peuple et du gouvernement anglais.

Un mouvement analogue à celui qui régnait à Boulogne éclatait dans tous les autres ports français de la Manche et de l'Océan, quand l'annonce des préliminaires de paix signés à Londres, le 9 vendémiaire an X (1er octobre 1801), vint suspendre les hostilités. La France allait donc se reposer pour la première fois dans cette grande lutte que lui avait ouverte son indépendance.

Les îles de France et de la Réunion avaient vu s'obscurcir leur fortune. Presque oubliées, abandonnées du moins, par la Métropole, elles se consumaient dans cet isolement que le système colonial rend mortel pour toutes ces terres éloignées. *La Preneuse* seule continuait à montrer sur l'océan Indien les couleurs de la République. Les deux riches vaisseaux de Compagnie enlevés par le brave Lhermite sur la rade de Talichini, étaient encore là pour prouver que les courses de cette frégate n'avaient pas cessé d'être redoutables pour le commerce britannique.

La surveillance active de la station anglaise ne put empêcher Lhermite de prendre la mer au commencement de 1800. Dès que *la Preneuse* eut gagné le large de nos îles africaines, son commandant fit attaquer la pointe méridionale de Madagascar.

Huit jours après, les vigies signalèrent la plage de la baie de Saint-François, vers laquelle elle avait dirigé sa route. Lorsque les rayons du soleil torride vinrent dissiper la vapeur du matin, Lhermite put découvrir cinq bâtiments à l'ancre à quelques encâblures de la terre. Il ne tarda point à les reconnaître pour trois navires baleiniers, un vaisseau de Compagnie et une forte corvette. La présence de forces aussi considérables surprit le commandant français, sans pourtant le faire renoncer complétement à son projet de détruire ce comptoir. La batterie halée en dedans, ses sabords fermés, un large pavillon suédois déployé à la corne, *la Preneuse* continua son sillage, ainsi déguisée en navire marchand.

Vers sept heures du soir, elle jetait l'ancre sur le mouillage. Dès onze heures, la canonnade grondait avec force. A minuit, le vaisseau de Compagnie avait déjà amené deux fois, et deux fois il avait rehissé son pavillon.

Bientôt, emportée par ses rafales à travers une mer d'écume et sous un ciel de feu, *la Preneuse* courut vers la pleine mer, où elle devait fixer sa croisière. Dix-sept jours s'étaient écoulés depuis le combat qui avait jeté cent de ses matelots sur les cadres, lorsqu'un soir on reconnut sous le vent un vaisseau de ligne. *La Preneuse* se mit en chasse devant lui. Le vaisseau commença l'attaque; peu confiant dans l'efficacité de ses canons de chasse pour arrêter la frégate française, il prit le vent arrière afin de lui lancer sa bordée. *La Preneuse*, imitant sa manœuvre, laissa arriver, et, après lui avoir riposté, reprit chasse. Cette fuite ne pouvant point la soustraire à un combat, Lhermite se détermina à le tenter d'une manière hardie. Les matelots, armés jusqu'aux dents, garnissent les agrès et toutes les parties saillantes de chaque navire. *La Preneuse* est encore une fois trahie par sa marche; son beaupré s'élance sur le couronnement de l'ennemi. *Le Jupiter* dépasse de l'avant. « Envoyez la volée en poupe, canonniers; » hèle, aux chefs de pièces, le commandant français.

Toute la volée de tribord, chargée à trois projectiles et tirée à bout portant, en feu de file, fracasse la poupe du *Jupiter*.

Malgré les pertes que ces deux combats meurtriers avaient fait essuyer à son équipage, Lhermite n'en résolut pas moins de continuer sa croisière. Ce ne fut qu'après une longue et pénible navigation qu'il fit voile pour l'Ile-de-France. Attaquée par deux vaisseaux, dont elle soutint le feu, *la Preneuse* fut brûlée par l'ennemi.

Le nègre Toussaint Louverture, dans son élévation progressive, prépara avec patience et habileté le complet affranchissement de Saint-Domingue, sa nouvelle patrie.

Nommé lieutenant général par le gouverneur Lavaux, qui avait remarqué l'influence qu'il avait parmi les noirs; puis général en chef par Santhonax, il parvint à éloigner honorablement ces deux chefs, dont la présence arrêtait les développements de sa puissance, en les faisant choisir pour députés de la colonie.

La révolution du 18 brumaire s'était accomplie. Bonaparte, ayant lu avec attention le rapport qui lui fut soumis, voulut profiter de l'influence que Toussaint exerçait sur ses compatriotes pour rattacher par lui Saint-Domingue à la France. Il le confirma donc dans son grade de général en chef. Toussaint n'eut dès lors plus d'ennemis à combattre.

Saint-Domingue sembla sortir de la désolation où l'avait plongé la guerre civile. Deux mesures annoncèrent, dès les premiers actes de son pouvoir, tout ce que ce pays pouvait attendre.

La première fut l'affermage aux armées des nombreuses habitations restées sans maîtres; la seconde fut la rapide conquête que, malgré l'opposition de l'agent français, Toussaint fit de la partie espagnole de cette île, dont, par le traité de Bâle, le cabinet de Madrid avait fait la cession à la République française.

Après ces grands résultats, qui assuraient à cette île toutes les conditions d'une prospérité matérielle, Toussaint songea à constituer une patrie politique à ses noirs. Une assemblée centrale s'étant réunie sur sa convocation, il lui fit part de ses projets. Une constitution, basée sur l'égalité sociale, fut adoptée avec enthousiasme par ces populations.

Ce furent ces événements, où le premier consul vit les desseins du chef noir, nommé par cette constitution président à vie, qui motivèrent l'expédition commandée par le général Leclerc, beau-frère de Bonaparte. L'armée fit d'abord des prodiges, mais la fièvre jaune exerça de terribles ravages. Leclerc ne put y résister, et ses troupes, cruellement décimées par la maladie, s'estimèrent heureuses de revoir la France, diminuées des trois quarts.

Les armements de notre flotte militaire ne formaient pas la seule activité navale que la rupture de la paix avait excitée dans nos ports. Les succès antérieurement obtenus par les croiseurs de notre marine commerçante, n'avaient fait que communiquer une activité nouvelle aux armements dont les courses avaient jeté autant de prospérité dans nos ports marchands, que de distinction sur cette navigation légère.

Dunkerque avait joint *la Bellone*, *le Contre-Amiral-Magon* et *le Poisson-Volant;* Cherbourg, *la Dorade;* Granville, *la Vengeance;* et Saint-Malo, *le Héros* aux nombreux coursiers qui n'avaient cessé de sillonner la Manche.

Le premier de ces bâtiments captura à lui seul neuf navires : *le Stopes-Mercase, le Jean, le Lively, la Providence, la Susannah, le Thames, le Thomas, Betzy, le Georges* et *Lady-Hormont,* dont les cargaisons étaient estimées plus de soixante mille livres sterling.

La Dorade, cherchant autant des succès de gloire que des succès d'argent, enleva, de concert avec *le Vendangeur,* un cutter anglais de quatorze canons.

Tandis que la goëlette *les Trois-Sœurs* et le brick *le Dolphin-de-Pool,* pris par *le Héros,* et chargés l'un et l'autre d'une cargaison de morues, entraient, le premier à Lorient, le second sur le mouillage de Bréhat, ce corsaire escortait vers Brest deux nouvelles captures : *la Grâce,* navire de cent quatre-vingts tonneaux chargé d'armes, et un grand sloop rempli d'approvisionnements.

Le port de Boulogne avait cependant conservé le premier rang, moins encore par le nombre de ses corsaires que par la hardiesse et le succès de leurs efforts.

Tandis que *le Boulonnais* et *la Victoire* éclairaient la Manche, d'autres corsaires plus audacieux choisissaient les eaux du littoral britannique, et jusqu'aux rades des ports anglais, pour théâtre de leurs audacieux exploits.

Le corsaire *l'Adolphe,* commandé par le brave Formentin, après avoir capturé, à une demi-lieue de la plage de Beresiers, le trois-mâts *le Poisson-Volant,* chargé de gomme, cire et bois de teinture, enlève, sur la rade même de Falmouth, le brick anglais *la Marguerite* en relâche sur ce mouillage.

Le Vengeur amarine, sous le feu d'une batterie anglaise, un grand sloop chargé de cuir et de tapis, et va s'emparer, jusque dans les récifs de la côte britannique, du dogre *la Marguerite,* dont la cargaison de serge rouge et de papiers offre une valeur de huit mille guinées.

Le commandant du corsaire *le Hasard*, le citoyen Beauvais, et Lefebvre, capitaine *du Voltigeur*, produisirent leurs noms par des exploits qui méritent de sortir de l'oubli où les a laissés la partialité de l'histoire.

Le premier fait d'armes s'accomplit dans la nuit du 3 au 4 nivôse an XII (du 24 au 25 décembre).

Le Hasard rangeait à courte distance la plage britannique enveloppé dans l'ombre dont le crépuscule voilait la mer, lorsqu'il eut connaissance de quatre bâtiments tranquillement à l'ancre sous la pointe des Perrés.

Une observation attentive lui révéla la nature de ces navires. Les deux plus forts étaient des frégates, dans l'ombre desquelles se tenait un grand brick. Sur leur droite, à portée de fusil, était mouillé un des cutters de quatorze canons, si communs à cette époque sur les atterrages et surtout dans le canal de l'Angleterre.

Le capitaine Beauvais résolut de se rendre maître de ce bâtiment sous les batteries mêmes de ses formidables protecteurs. Tout fut préparé à son bord pour ce coup de main audacieux; la première partie de la nuit s'était écoulée lorsqu'il se dirigea vers son ennemi. L'ombre épaisse et mate confondait presque dans la même obscurité la mer, la côte, les navires et le ciel; favorisé par ces ténèbres et par un frais assez vif, *le Hasard* accosta presque le cutter sans avoir été découvert. Avant que son équipage, éveillé par les cris des hommes de quart et par quelques explosions de pistolets et de fusils, eût pu s'élancer sur le pont, les Français, dont une partie s'étaient emparés des panneaux, avaient coupé le câble et mis le cutter sous voile; les marins des frégates et du brick, éveillés par le bruit de cette brusque attaque, purent à peine distinguer le corsaire et la prise s'évanouissant dans l'ombre.

Quelque temps après, un bâtiment de cent quarante tonneaux, chassé par le corsaire de Boulogne *le Voltigeur*, se réfugia sous plusieurs forts anglais où deux autres navires étaient déjà embossés.

Le capitaine Lefebvre, tout en reconnaissant les dangers que lui présentait l'accès de cette position, ne voulut pas laisser échapper cette proie sans essayer de la saisir. Il s'avança vers le bâtiment qu'il poursuivait depuis plusieurs heures à travers les boulets qui battaient la mer autour de lui, s'empara de l'embarcation ennemie, et s'éloigna de la côte avec sa capture, sans que toutes les volées dirigées sur lui eussent causé beaucoup de ravages à son bord.

Nous terminerons le récit des exploits qu'offrit sur la fin du consulat la course boulonnaise par celui des croisières de l'un de ses corsaires les plus célèbres.

Le Prosper, aux ordres du capitaine Broquant, cinglait par le travers de Shoream, lorsque ses marins de vigies lui signalèrent un trois-mâts dans le sud-sud-ouest de son horizon.

C'était une lettre de marque armée de sept canons, qui, après avoir parcouru pendant deux ans entiers les parages méridionaux de l'océan Pacifique et visité les baies de la plage américaine pour y piquer des baleines, opérait son retour avec plus de huit cents tonnes d'huile. *Le Prosper* en fut maître après un léger engagement. Le combat qu'il livra quinze jours après ce premier succès dans la baie de Bouru, fut plus long et plus meurtrier.

Un beau trois-mâts chargé de sacs de café, de deux cent cinquante boucauts de sucre et de deux cent cinquante-huit balles de coton, avait, de retour de Saint-Vincent, mouillé sur cet ancrage. Le capitaine Broquant en prit connaissance : la richesse de cette proie fut un puissant stimulant pour son audace. Son petit lougre était armé de six canons de deux livres de balles, et son adversaire présentant en batterie vingt-quatre pièces de neuf, ne put triompher de son ardeur; une matinée brumeuse vint favoriser son projet que la soudaineté et l'énergie de son attaque couronnèrent d'un plein succès.

Le 15 pluviôse le lougre et *la Preneuse*, lettre de marque, entrèrent dans le port de Dieppe.

La course sur l'Océan n'avait pas plus perdu de son mouvement que celle dont nous venons de rapporter les faits principaux. Nantes avait joint *la Psyché;* la Rochelle, *l'Oncle-Thomas;* Bordeaux, *la Proserpine,* aux corsaires de l'Océan, dont les croisières s'étendaient des Bermudes jusqu'au débouquement des Antilles. Le premier de ces navires s'était surtout signalé par l'importance et le nombre de ses succès: *l'Amiral-Louisa,* armé de dix-huit pièces d'artillerie, tomba en son pouvoir après une affaire très-vive; *l'Amazone* de douze bouches à feu, *l'Active* portant huit canons, amenèrent successivement pour lui leurs pavillons; *l'Aurora,* expédiée de Lisbonne pour Fernambouc, et quatre grands navires partis d'Angleterre pour les Indes, furent les trophées et les fruits de ses courses.

Ainsi continua sur l'Océan, prospère et glorieuse, cette guerre navale de partisans à laquelle *la Minerve, le Grand-Décidé* et tant d'autres corsaires déjà célèbres ne manquèrent point à fournir leur contingent de combats et de succès.

L'Angleterre n'avait pu voir sans jalousie la prépondérance que la République française devait à ses victoires. L'inexécution de quelques clauses du traité d'Amiens, et les difficultés d'intérêt qui s'élevèrent au sujet des principautés d'Allemagne, firent percer les intentions haineuses du gouvernement britannique. La rupture de la paix devint, dès lors, chaque jour plus imminente. Une vive inquiétude se répandit sur toutes nos côtes.

Ce ne fut donc pas la déclaration de guerre, faite par l'Angleterre le 26 floréal de l'an XI (16 mai 1803), qui surprit nos populations maritimes; ce qui étonna et dut indigner la France entière, ce fut l'odieux pillage des propriétés particulières, dont cette déclaration fut brusquement suivie.

A peine la nouvelle de la reprise des hostilités fut-elle rendue publique, que tous les navires français, que l'Angleterre put arrêter dans ses ports comme sur les mers où les avait appelés la sécurité de la paix, furent violemment saisis; les petites embarcations qui se livrent annuellement à l'exploitation de nos eaux territoriales devinrent elles-mêmes les proies de ce brigandage. Les pêcheurs du raz de Calais, dont les bâtiments, dans le cours des guerres antérieures, avaient été constamment protégés et par leur pauvreté et par leur caractère inoffensif, devinrent les victimes de ces agressions barbares. Nous n'en citerons qu'un exemple :

Le 8 messidor, une flottille de chasse-marées et de besquines, sortie du port de Boulogne, se livrait, sur notre côte, à la pêche du maquereau, lorsque plusieurs voiles surgirent dans leur horizon.

Quatorze barques furent enlevées, tandis que les autres gagnaient à toutes voiles les ports les plus voisins, ou se jetaient sous la défense des batteries de la plage.

De nombreuses divisions navales ne tardèrent point à sortir des ports de tous les comtés méridionaux, et à venir bombarder les villes de notre littoral nord-ouest, sans autre but que la destruction et l'incendie.

Tous les corps de l'État, toutes les villes, beaucoup même de communes rurales, voulurent concourir à donner à notre marine les moyens de pouvoir lutter contre les flottes anglaises. Le Sénat vota la construction d'un vaisseau de ligne de cent vingt canons; le commerce de Paris offrit au gouvernement un armement semblable; les autres villes, électrisées par cet exemple, les imitèrent par des sacrifices en rapport avec leurs ressources.

Le premier consul dirigea habilement ce mouvement des esprits; aussi avait-il songé depuis longtemps à déposer une armée sur la plage britannique. L'escadre légère rassemblée l'année précédente sous Boulogne n'avait pas d'autre but.

Dès les premiers jours de messidor, il s'était rendu sur les côtes de nos départements du Nord pour étudier les ressources que, sur cette plage, la nature offrait à ses projets.

Il entra à Boulogne, le 10 messidor (29 juin 1803), salué par les acclamations de l'enthousiasme des populations. Arrivé sur le quai de la Citadelle, il sauta à bord d'un caïque dont les marins dormaient encore, les éveilla lui-même, se fit expliquer les détails de leur armement et donna des ordres pour l'emploi des ouvriers.

Montant alors à cheval, il parcourut les environs de la ville, donna la plus grande attention aux plateaux où il devait asseoir les camps de son armée, inspecta les forts de la Crèche et de Chatillon, essaya la portée de leur artillerie. « Boulogne, dit-il aux autorités de cette ville, est destinée à devenir le théâtre de grands événements! »

Le lendemain il quitta cette place pour étudier le littoral de l'Est-Ambleteuse jusqu'à Calais.

Les travaux nécessités par cette détermination furent poussés avec énergie. Des bateaux légers s'élançaient de tous les chantiers, des navires du commerce, commissionnés par le gouvernement, se joignaient à leurs divisions; Bayonne, Nantes, le Havre envoyaient leurs baleiniers; Saint-Malo et Granville fournissaient leurs grands pêcheurs.

L'amiral Bruix s'était rendu à Boulogne dès le 20 thermidor pour prendre le commandement de la flotte. Les canonnières *l'Énigme*, *la Surprise*, *l'Insolente* et *l'Incommode*, venues de Dunkerque, en formèrent le noyau.

Les efforts et les combats journaliers de la station anglaise, continuellement renforcée par de nouveaux croiseurs, ne purent empêcher l'arrivage des escadrilles, dont chaque jour se grossissait la flottille.

De nouvelles constructions surgirent de tous côtés : la promenade des Tintelleries se couvrit de magasins à fourrages. Tout dès le premier aspect offrait l'appareil terrible de la guerre ; c'était, sur la plaine, l'immense matériel d'une armée de cent soixante mille soldats et neuf mille six cents chevaux ; dans les ports, deux mille trois cent soixante navires, montés par dix-sept mille marins.

Le premier consul ne tarda point à venir inspecter en personne ces préparatifs formidables.

Rien n'échappa à son regard investigateur dans l'inspection qu'il passa de la flottille. Les bâtiments de guerre et de transport, leurs ressources respectives, leurs qualités nautiques, leurs moyens d'attaque et de défense, les emménagements des bateaux destinés à recevoir la cavalerie, tout fut l'objet de ses judicieuses remarques.

L'avant-garde de l'armée navale reçut ordre, le 13 brumaire (5 novembre 1803), de sortir et de se former en ligne d'embossage devant le chenal du port. Les cent bateaux qui la composaient défilèrent avec un ensemble parfait, et furent prendre avec rapidité la position où devait se déployer leur front.

Cette manœuvre n'était pas encore entièrement exécutée, que la station anglaise essaya de refouler cette division dans le port. Un vaisseau de soixante-quatorze, un vaisseau rasé, une frégate et cinq corvettes se mettant sous voiles, gouvernèrent en effet pour venir l'attaquer.

Un instant après, la canonnade la plus vive était engagée entre notre ligne et l'escadre ennemie. Aucun de nos bateaux ne s'ébranla ni ne fléchit ; les bâtiments anglais, gravement maltraités par nos boulets, ne tardèrent point à regagner leur position, où le capitaine de vaisseau Moras les poursuivit en les harcelant avec sa division de caïques.

Cette ligne d'embossage, établie dans l'origine uniquement pour protéger le port contre une attaque, ne tarda point à présenter d'autres avantages à l'armée ; les soldats embarqués sur les navires s'habituèrent, par les évolutions auxquelles elle se livrait sur la rade, aux détails de la navigation.

Le 15 (7 novembre), le ciel était grisâtre; l'agitation pesante de la mer faisait redouter aux anciens marins quelque crise atmosphérique. L'amiral Bruix donna ordre à la ligne d'embossage de profiter du flot pour reployer et se réfugier dans le port.

La mer se trouvait malheureusement basse en cet instant : la tourmente se leva avec tant de brusquerie et de violence, que les prescriptions de l'amiral commandant ne purent être exécutées. Une catastrophe fut dès lors inévitable. L'approche de la nuit la rendit plus immédiate et plus terrible. Les bâtiments qui se trouvaient sous le vent du port appareillèrent, malgré le danger, pour s'élever de la côte où les lames les eussent infailliblement brisés. Plusieurs périrent dans cette manœuvre dangereuse, mais nécessaire. Les plus heureux atteignirent les ports d'Etaples, de Saint-Valery-sur-Somme et de Dieppe. Les bateaux mouillés au vent du port jetèrent à la mer toutes leurs ancres, pour étaler la violence de cette bourrasque, jusqu'à ce que la marée leur permît de donner dans la Lianne. Les canonnières n'éprouvèrent que des avaries facilement réparables ; mais des bateaux canonniers et surtout des péniches et des caïques présentant leurs flancs ouverts aux lames, eurent beaucoup à souffrir : plusieurs sombrèrent remplies d'eau, d'autres furent jetées à la côte et brisées contre les rochers. (1)

Bonaparte était lui-même, dès le commencement de l'ouragan, accouru sur la grève. Sa présence, autant que sa voix, donna l'exemple que l'intrépidité de tous rendait cependant inutile.

Le 13 brumaire (9 novembre), au moment même où le premier consul quittait inopinément Boulogne pour se rendre à Saint-Cloud, une flotte de quarante bateaux de première, de deuxième et de troisième classes, commandée par le capitaine de vaisseau le Ray, entrait sur la rade. Ce convoi ne précédait que de quelques jours la division du capitaine Peyter-Montcabrié, forte de soixante voiles, et de deux autres, composées de cinquante-six bâtiments.

Le premier équipage des matelots de la garde consulaire arrivait également en ce temps, sous la conduite de son commandant, le capitaine de vaisseau Vattier

(1) *Chroniques de la marine française*, V, p. 286.

L'organisation ne se poursuivait point avec une activité moins grande ; le préfet maritime Bonnefoux donnait à l'administration une régularité qui eût semblé incompatible avec l'étendue et la multiplicité de ses soins. Des places spéciales étaient assignées à chaques bâtiment, qui se trouvait classé aussitôt après son arrivée ; les ouvriers étaient enrégimentés ; d'immenses travaux étaient exécutés par les troupes.

La création du port d'Etaples ne fut pas moins étonnante ; le premier consul en vint visiter et précipiter encore les travaux le 8 nivôse (30 décembre). Le nouveau séjour que Bonaparte fit à Boulogne ne fut marqué, pour la marine, que par l'inspection qu'il passa de la flotte et de la ligne d'embossage.

La station anglaise, bien que composée de deux vaisseaux de ligne, quatre frégates et plusieurs corvettes, avait cessé d'inquiéter notre flottille. Cependant, quelques combats survenaient de temps à autre ; une multitude de spectateurs, accourus sur les dunes ou sur les falaises, saluaient, par des acclamations, la valeur et l'habileté que déployaient nos marins dans ces luttes glorieuses.

Mais ces combats partiels devaient être les derniers exploits de notre marine républicaine. Le canon des côtes venait à peine de saluer ces triomphes, que le canon de la flottille de Boulogne annonçait à notre marine que l'Empire succédait à la République.

CHAPITRE IV.

L'EMPIRE. — Napoléon proclamé empereur. — Rétablissement de la dignité de maréchal de France. — Inauguration solennelle de la Légion d'honneur. — La flottille de Boulogne. — L'amiral Bruix est remplacé par le contre-amiral Lacrosse. — Tentative d'incendie de lord Keith. — Catamarans. — Combat de la division du contre-amiral Linois. — Force et composition de la flottille de Boulogne. — Escadre du contre-amiral Missiessy. — Armée navale du vice-amiral Villeneuve. — Escadre espagnole. — Flottes combinées. — Combat du cap Finistère. — Rapport de l'amiral Villeneuve. — Rencontre de l'armée anglaise. — Combat de Trafalgar. — Villeneuve se rend. — Mort de Nelson. — Tempête. — Fin de l'action. — Le vice-amiral Rosily. — Combat de *la Topaze* et de *la Blanche*. — L'escadre invisible. — *Le Marengo* et *la Belle-Poule*. — Coalition contre la France. — Les contre-amiraux Linois et Willaumez. — Les frégates *l'Italienne*, *la Calypso* et *la Cybèle*. — Combat de *la Junon*. — Incendie de l'escadre de l'île d'Aix. — Trait de bravoure de l'aspirant Potestas. — Duperré dans l'Inde. — Combat de *la Vénus* et du *Ceylan*. — *Le Rivoli*. — *La Gloire*. — *La Melpomène*. — Combats particuliers. — Marins de la garde.

Le premier consul est proclamé empereur des Français par le Sénat, sous le nom de Napoléon Ier. La dignité de maréchal de France est rétablie, et l'ordre de la Légion d'honneur solennellement inauguré. Comme on l'a vu, au chapitre précédent, d'immenses préparatifs étaient faits sur tout le littoral de l'empire, depuis Anvers jusqu'à Bayonne, pour effectuer le projet de descente en Angleterre.

L'amiral Bruix est investi du commandement général de la flottille. Le contre-amiral Lacrosse est chargé de le seconder. Il imprime une nouvelle activité à toutes les opérations.

Lord Keith, avec une flotte de cinquante-deux bâtiments, tente d'incendier la flottille au moyen de brûlots, nommés *catamarans*. Le contre-amiral Lacrosse, qui commande la ligne d'embossage, manœuvre de manière à laisser passer ces brûlots, qui vont éclater sur la plage, et il se met en mesure de repousser l'ennemi.

La division du contre-amiral Linois soutient avec honneur un combat contre une flotte composée de seize vaisseaux de la Compagnie des Indes, armés en guerre, venant de la Chine avec un convoi. Le vaisseau *le Marengo*, portant le pavillon de cet officier général, suivi de deux frégates, combat le vaisseau anglais, *le Centurion*, et un vaisseau de Compagnie, dont il s'empare.

Depuis la mort de l'amiral Bruix, la flottille est commandée par le contre-amiral Lacrosse. Elle se compose de deux mille trois cent quarante-trois bâtiments, répartis en escadrilles, commandées chacune par un capitaine de vaisseau. Ces escadrilles sont formées de deux divisions de chaloupes canonnières, de deux divisions de bateaux canonniers, et de deux divisions de péniches, plus, d'un certain nombre de transports. Chaque division se subdivise en deux sections et six escouades. Cette immense flottille est armée de onze cent cinquante bouches à feu et porte quinze mille deux cent cinquante hommes d'équipage. En outre, des escadres sont prêtes à prendre la mer dans les principaux ports de Hollande, de France et d'Espagne.

L'escadre de Rochefort, aux ordres du contre-amiral Missiessy, part, avec trois mille cinq cents hommes de débarquement, pour la Martinique. Après avoir fait, dans la mer des Antilles, un mal considérable au commerce ennemi, elle rentre dans la Charente.

L'armée navale de Toulon, commandée par le vice-amiral Villeneuve, part aussi avec un corps de débarquement et opère sa jonction à Cadix avec la flotte d'Espagne, sous les ordres de l'amiral Gravina. L'armée combinée se montre aux Antilles, pour y attirer les escadres ennemies, puis elle regagne les mers de l'Europe. A la hauteur du cap Finistère, elle combat une armée anglaise, commandée par l'amiral Calder. Deux vaisseaux espagnols tombent au pouvoir de l'ennemi.

A cette occasion l'amiral Villeneuve adressa au ministre de la marine le rapport ci-après : (1)

« Une nécessité impérieuse, irrésistible, m'a forcé d'entrer à Vigo ; les malheurs se sont accumulés sur cette escadre dans une progression toujours croissante, depuis vingt jours que je lutte contre les vents

(1) *Archives de la Marine.*

constants de nord-est et d'est-nord-est, à soixante lieues du cap Finistère, sans pouvoir le doubler.

« Nous avions obtenu enfin un vent favorable, lorsque, le 3 thermidor, nous avons eu connaissance de vingt et une voiles ennemies ; j'ai aussitôt formé l'escadre sur la ligne de bataille, bâbord amures ; l'amiral Gravina a fait à l'escadre espagnol le signal de prendre la tête de la ligne, et lui-même s'est mis à la tête de l'escadre combinée. Le temps était très-brumeux ; nous gouvernions sur l'ennemi, qui lui-même gouvernait sur nous, sur une ligne largue, avec l'intention apparente de serrer le vent sur notre arrière-garde, et, par une contre-marche vent devant, la mettre entre deux feux. Dès que nous l'avons eu par notre travers, sous le vent, j'ai fait signal de virer lof pour lof par la contre-marche ; la brume commençait à regagner. Dès que mon signal est parvenu à l'amiral Gravina, il s'est empressé de l'exécuter avec beaucoup de résolution, et il a été suivi successivement par tous les vaisseaux de l'escadre ; et, dès qu'il est parvenu à la hauteur du serre-file de l'escadre, il a engagé le combat avec des vaisseaux ennemis qui avaient déjà commencé leur mouvement vent devant ; mais, la brume étant devenue très-épaisse, il m'a été impossible de plus rien apercevoir, et chaque vaisseau ne voyait à peine que son matelot d'avant. La canonnade s'est engagée successivement sur presque toute la longueur de la ligne ; nous tirions à la lueur du feu de l'ennemi, presque toujours sans l'apercevoir. Ce n'a été qu'à la fin du combat, que, dans un petit moment d'éclaircie, j'ai pu apercevoir, sous le vent de notre ligne, un vaisseau portant pavillon espagnol, et près de lui un autre vaisseau démâté de tous ses mâts, et un vaisseau à trois ponts démâté de son petit mât de hune et fort dégréé, que nous avons reconnus pour ennemis, faisant l'un et l'autre vent arrière, tandis que le vaisseau espagnol serrait le vent sous ses basses voiles et ses huniers amenés ; la brume couvrait encore toute l'avant-garde et l'arrière-garde de l'escadre, et m'ôtait la faculté de faire exécuter aucun mouvement.

« La nuit, les deux escadres ont resté en présence, faisant leurs signaux de conserve. L'ennemi cependant paraissait s'éloigner. Dès que le jour s'est fait, nous l'avons aperçu beaucoup sous le vent à nous, mais j'ai eu la douleur de voir qu'il manquait deux vaisseaux dans la ligne espagnole. J'ai ordonné en virant de bord tous à la fois le ralliement général ; et, dès que quelques vaisseaux eurent réparé leurs avaries, j'ai signalé la ligne de bataille bâbord amures et fait porter sur l'ennemi ; le vent ayant molli, la mer étant grosse, la ligne ayant eu quelque peine à se former, nous ne pouvions être à portée d'engager le combat qu'à la nuit, ce qui m'a décidé à faire tenir le vent et renvoyer l'affaire au lendemain au jour. Dans la nuit, les vents ont varié au nord. Dès que le jour s'est fait, nous avons gouverné sur l'ennemi, qui nous restait à une grande distance ; mais il ne s'est point prêté à un nouvel engagement, et il a forcé de voiles en tenant le vent. Comme je n'avais aucune espérance de le forcer au combat, ni de pouvoir le joindre ; que je lui soupçonnais l'intention de vouloir nous occuper en attendant des renforts, et de me détourner de ma destination, où la situation de la plupart des vaisseaux me forçait de me rendre sans délai, je n'ai pas cru devoir m'obstiner à sa poursuite, et j'ai fait route ; mais les vents ont tourné au nord-est et à l'est-nord-est, et, le 7, ils ont soufflé avec tant de violence que l'escadre a encore dérivé sous le vent du cap Finistère.

« J'ai appris depuis, par le capitaine Casmao, commandant *le Pluton*, qui suivait immédiatement la ligne espagnole, que, dès le commencement du combat, le vaisseau espagnol *le Firme* avait été démâté de son grand mât et de son mât d'artimon, qu'il l'avait couvert en passant sous le vent à lui, mais qu'il l'avait ensuite perdu de vue dans la brume. Quant au second vaisseau qui nous manque, *le Saint-Raphaël*, il n'avait pas perdu de mât, mais ce vaisseau, mauvais voilier et dérivant beaucoup, ayant eu quelque avarie dans son gréement, a dû être entraîné sous le vent de la ligne et ensuite peut-être coupé par l'ennemi à la faveur de la brume.

« Je n'ai pas pu distinguer la force de l'escadre ennemie, mais, par le rapport de la frégate *la Didon*, qui a été le reconnaître, il paraît qu'elle n'était que de quatorze à quinze vaisseaux, dont trois à trois ponts.

« Il est à présumer que sans la circonstance d'une brume aussi épaisse et aussi continue, le combat qui paraissait commencer sous d'heureux auspices, aurait eu des suites bien différentes. J'ignore encore le nombre des tués et des blessés dans l'escadre. Nous avons perdu le capitaine Deperonne, commandant *l'Intrépide ;* le capitaine

Rolland, commandant *l'Atlas*, est blessé. Je vous rendrai à ce sujet des comptes plus détaillés, ainsi qu'un extrait de mon journal sur tous les signaux et toutes les manœuvres qui ont été faites. »

L'armée combinée est ensuite rentrée au Ferrol, où elle s'est renforcée de quinze vaisseaux. Du Ferrol elle s'est rendue à Cadix, pour aller rallier l'escadre de Brest, commandée par le vice-amiral Ganteaume. Mais le 20 octobre, à la hauteur du cap Trafalgar, l'armée combinée rencontre les forces réunies des amiraux Nelson et Calder.

Les deux flottes se trouvent en présence pour la première fois. Une activité générale parcourut aussitôt leurs rangs. Les vaisseaux français et espagnols s'empressent de rectifier la ligne de bataille qu'ils ont formée à la hâte pendant la nuit; les vaisseaux anglais se couvrent de voiles, et, leurs bonnettes établies des deux bords, laissent arriver sur l'ennemi. A huit heures, l'amiral Villeneuve reconnaît qu'un engagement général est inévitable. Il s'y prépare sans faiblesse, et, d'un coup d'œil exercé, choisit son terrain pour combattre, et la flotte combinée attend la flotte anglaise.

Une légère brise d'ouest-nord-ouest gonflait à peine les plus hautes voiles des vaisseaux. Portée sur les longues ondulations de la houle, symptôme infaillible d'une tempête imminente, la flotte de Nelson et de Collingwood s'avançait cependant avec une vitesse d'une lieue à l'heure. Elle s'était partagée en deux escadres, suivant le plan arrêté par Nelson. *Le Victory* conduisait la première escadre; il avait derrière lui deux vaisseaux de quatre-vingt-dix-huit, *le Téméraire* et *le Neptune*, masse imposante, destinée à ouvrir la première trouée dans la ligne ennemie. *Le Conqueror* et *le Leviathan*, de soixante-quatorze, venaient après *le Neptune* et précédaient *le Britannia*, vaisseau de cent canons, qui portait le pavillon du contre-amiral comte de Northesk. Séparé par un assez long intervalle de ce premier groupe, le vaisseau chéri de Nelson, que commandait alors l'ancien capitaine du *Vanguard*, sir Edward Berry, *l'Agamemnon*, guidait dans les eaux du *Britannia* quatre vaisseaux de soixante-quatorze, *l'Ajax*, *l'Orion*, *le Minotaur* et *le Spartiate*. *L'Africa*, vaisseau de soixante-quatre, qui s'était laissé souventer pendant la nuit, faisait force de voiles pour reprendre son poste.

Le Royal-Sovereign, de cent canons comme *le Victory*, était monté par le vice-amiral Collingwood, et marchait en tête de la seconde escadre. Sorti récemment du bassin, cet excellent vaisseau avait retrouvé toutes ses qualités et semblait voler sur l'eau comme une frégate. *Le Belleisle* et *le Mars* le suivaient avec peine, *le Tonnant* et *le Bellerophon* serraient de plus près le vaisseau *le Mars; le Colossus*, *l'Achilles* et *le Polyphemus*, se pressaient sur les pas du *Bellerophon*. Plus à droite, *le Revenge* amenait à sa suite *le Swiftsure, le Defiance, le Thunderer* et *le Defence. Le Dreadnought* et le *Prince*, de quatre-vingt-dix-huit, mauvais voiliers tous deux, naviguaient entre les deux colonnes, mais faisaient également partie de l'escadre de Collingwood. Unies par une pensée commune, bien que destinées pendant le combat à une complète indépendance, ces deux divisions d'une même armée, la première de douze vaisseaux, la seconde de quinze, partageaient la noble émulation de leurs chefs et montraient une égale ardeur à se rapprocher de notre escadre.

Composée de dix-huit vaisseaux français, vaisseaux de quatre-vingts et de soixante-quatorze, et de quinze vaisseaux espagnols, parmi lesquels figuraient quatre vaisseaux à trois ponts, la flotte combinée comptait six vaisseaux de plus, mais trois vaisseaux à trois ponts de moins que la flotte anglaise. Six officiers généraux commandaient les divisions de cette armée. Le pavillon de l'amiral Villeneuve était arboré à bord du *Bucentaure;* celui de l'amiral Gravina, à bord du *Prince-des-Asturies*, vaisseau de cent douze canons, armé au Ferrol. Le contre-amiral Dumanoir montait *le Formidable;* le contre-amiral Magon, *l'Algésiras*, et deux magnifiques trois-ponts espagnols, *la Santissima-Trinidad*, de cent-trente canons, et *la Sainte-Anna*, de cent douze, faisaient flotter, au milieu de cette forêt de mâts, le premier le pavillon du contre-amiral Cisneros, le second le pavillon du vice-amiral Alava.

Gênée dans son évolution par le calme et la houle, cette flotte immense, qui se développait alors sur une étendue de cinq ou six milles, présentait à l'ennemi un front irrégulier. Dix vaisseaux tombés sous le vent n'étaient point à leur poste et formaient comme un second rang de vaisseaux en arrière de la ligne de bataille; *le Neptune, le Scipion, l'Intrépide, le Rayo, le Formidable, le Duguay-Trouin, le Mont-Blanc, le San-Francisco-d'Asis, le San-Augustino* et *le Héros* composaient l'avant-garde et obéissaient aux signaux du contre-amiral Dumanoir. Les trois premiers vaisseaux du corps de bataille étaient groupés autour du *Bucentaure*, *la Santissima-Trinidad* en avant de l'amiral, *le Redoutable* dans ses eaux, *le Neptune* sous le vent de la ligne, entre *le Redoutable* et *le Bucentaure*. En arrière de ce groupe, un large intervalle, qu'auraient dû occuper trois vaisseaux souventés, *le San-Leandro*, *le San-Justo* et *l'Indomptable*, brèche ouverte déjà dans cette muraille vivante, semblait, à l'instar de l'attaque, avoir partagé la défense, laissant quatorze vaisseaux du côté de Villeneuve, dix-neuf vaisseaux du côté de Gravina. *La Santa-Anna* occupait la tête de cette seconde division. Derrière ce vaisseau à trois ponts se trouvait l'élite de l'armée française : *le Fougueux*, séparé par un vaisseau espagnol, *le Monarca*, du *Pluton* et de *l'Algésiras*; *l'Aigle*, le *Swiftsure* et *l'Argonaute*, séparés de *l'Algésiras* par *le Bahama*. Après ces neuf vaisseaux, un dernier peleton comprenait encore deux vaisseaux français et cinq vaisseaux espagnols; *le Montanez* et *l'Argonauta*, tombés sous le vent; *le Berwick*, suivi du *San-Juan-Nepomuceno*; *l'Achille*, doublant *le San-Ildefonso*, et *le Prince-des-Asturies*, destiné par Villeneuve à guider l'avant-garde, mais devenu ce jour-là, par l'effet des circonstances qui avaient rangé la flotte dans un ordre renversé, le serre-file de l'armée combinée.

Nous ne croyons pouvoir mieux faire que d'emprunter le récit de ce combat mémorable à un ouvrage (1) récemment publié par M. le capitaine Jurien de la Gravière, et qui a réuni tous les suffrages des hommes spéciaux :

Il était midi. Les Anglais arborèrent le pavillon de Saint-George, le yacht à queue blanche; et, aux cris sept fois répétés de *Vive l'empereur!* l'étendard tricolore s'éleva sur la poupe de chaque vaisseau français. Déployant en même temps la bannière des deux Castilles, les Espagnols suspendirent une longue croix de bois au-dessous de leur pavillon. Villeneuve, en ce moment, donna le signal du combat. Un coup de canon, dirigé contre *le Royal-Sovereign*, partit immédiatement du vaisseau *le Fougueux*. Il fut suivi bientôt d'un feu roulant auquel le vaisseau anglais n'essaya point de répondre. *Le Royal-Sovereign* se trouvait alors à près d'un mille en avant du *Belleisle*, à

---

(1) *Guerres maritimes sous la République et l'Empire*, etc., t. **II, p. 191.**

deux milles environ et presque par le travers du *Victory*. Encore intact au milieu de ce feu mal dirigé, il s'avançait vers *la Santa-Anna* sans dévier de sa route, silencieux, impassible, et comme protégé par un charme secret. L'équipage, étendu à plat-pont et couché dans les batteries, n'offrait aucune prise au petit nombre de boulets qui frappaient la coque du vaisseau, et les projectiles qui passaient en grondant à travers la mâture n'avaient encore atteint que quelques cordages sans importance. « Rotheram, dit Collingwood à son capitaine de pavillon, au moment où, après avoir essuyé pendant dix minutes le feu de l'armée combinée, il allait plonger enfin dans les rangs de notre arrière-garde, que ne donnerait pas Nelson pour être à notre place ! » — « Voyez, s'écriait en même temps Nelson, comme ce noble Collingwood conduit bravement son escadre au feu ! » Collingwood, en effet, a montré le chemin à la flotte anglaise, et cueilli les prémices de la journée.

Le Fougueux essaye vainement de l'arrêter. Du triple étage de canons qui garnissent les flancs du *Royal-Sovereign* s'élancent des torrents de fumée et de fer. Chaque pièce, chargée à doubles projectiles, est dirigée dans la poupe de *la Santa-Anna*. Cent cinquante boulets ont sillonné de l'arrière à l'étrave les batteries de ce vaisseau, et laissé sur leur passage quatre cents hommes hors de combat. *Le Royal-Sovereign* se range alors au vent, et engage vergue à vergue le vice-amiral espagnol; mais il a bientôt d'autres ennemis à combattre : *le San-Leandro*, *le San-Justo* et *l'Indomptable* accourent pour l'entourer; *le Fougueux* dirige sur lui un feu d'écharpe. Ses voiles sont bientôt en lambeaux. Cependant, au milieu de ce tourbillon de boulets qu'*on vit se heurter dans l'air* (1), *le Royal-Sovereign* ne presse pas moins vivement l'adversaire qu'il a choisi. Le feu du vaisseau espagnol s'est ralenti, et, au-dessus du nuage de fumée qui enveloppe ce groupe héroïque, l'œil inquiet de Nelson peut distinguer encore le pavillon de Collingwood.

Le vent, cependant, a déjà trahi l'armée anglaise. Filant à peine un nœud et demi, *le Victory* se traîne péniblement vers *la Santissima-Trinidad* et *le Bucentaure*, pendant que Collingwood, seul au milieu de l'armée combinée, tient en respect les vaisseaux qui l'assiégent. A midi vingt minutes, *le Victory* est enfin à portée de canon de notre

(1) *Correspondance de l'amiral Collingwood.*

escadre. Un premier boulet, tiré par *le Bucentaure*, n'arrive point jusqu'à lui; un second vient tomber le long du bord; un troisième passe au-dessus de ses bastingages; un boulet plus heureux traverse le grand perroquet. Nelson appelle le capitaine Blackwood. « Retournez à bord de votre frégate, lui dit-il, et rappelez à tous nos vaisseaux que je compte sur leur concours. Si, en se conformant à l'ordre de marche que je leur ai signalé, ils devaient rester trop longtemps hors du feu, qu'ils n'hésitent point à en adopter un autre. Le meilleur sera celui qui les conduira le plus promptement possible à bord d'un vaisseau ennemi. » En parlant ainsi, il reconduit jusqu'au bord de la dunette le capitaine de *l'Euryalus*. Blackwood saisit la main de l'amiral, et, d'une voix émue, lui exprime l'espoir de le revoir bientôt en possession de vingt vaisseaux français et espagnols. « Dieu vous bénisse, Blackwood! lui répond Nelson; mais je ne dois plus vous revoir en ce monde! »

Une ou deux minutes d'un morne silence ont suivi le dernier coup de canon du *Bucentaure*. Les canonniers vérifient leur pointage, et, comme à un signal donné, les six ou sept vaisseaux qui entourent Villeneuve ouvrent tous à la fois leur feu sur *le Victory*. La houle, qui, prenant nos vaisseaux en travers, leur imprime un balancement irrégulier, ajoute encore à l'incertitude de leur tir. Ceux de nos projectiles qui ne tombent point en deçà du *Victory* le dépassent ou vont s'égarer dans sa mâture. Ce vaisseau est déjà arrivé à cinq cents mètres du *Bucentaure* sans avoir éprouvé d'avaries. Un boulet plus heureux vient alors couper son mât de perroquet de fougue; un autre boulet met sa roue de gouvernail en pièces; un boulet ramé renverse sur la dunette huit soldats de marine, car Nelson, moins prévoyant que Collingwood, a souffert que son équipage demeurât debout et aligné, au lieu de le faire coucher à plat-pont. Un nouveau projectile passe entre Nelson et le capitaine Hardy. « L'affaire est chaude, dit Nelson avec un sourire; trop chaude pour durer longtemps. » Depuis *quarante minutes, le Victory* supporte le feu d'une escadre entière, et ce vaisseau, que rien au monde n'eût pu sauver d'une destruction complète, si nous eussions eu de meilleurs canonniers, ne compte encore que cinquante hommes hors de combat. Deux cents bouches à feu, tonnant contre lui, n'ont pu l'arrêter. Porté majestueusement sur les lames qui le soulèvent et le poussent vers nos rangs, il se dirige lentement sur le vaisseau de Villeneuve; mais la ligne, à son approche, s'est serrée comme un faisceau de dards. *Le Redoutable* a touché plusieurs fois de son beaupré le couronnement du *Bucentaure; la Santissima-Trinidad* est en panne sur l'avant de ce dernier vaisseau; *le Neptune* le serre de près sous le vent. Un abordage semble inévitable. Villeneuve, en ce moment, saisit l'aigle de son vaisseau, et la montre aux matelots qui l'entourent. « Mes amis, leur dit-il, je vais la jeter à bord du vaisseau anglais. Nous irons la reprendre ou mourir. » Nos marins répondent à ces nobles paroles par leurs acclamations. Plein d'espoir dans l'issue d'un combat corps à corps, Villeneuve, avant que la fumée dérobe *le Bucentaure* à la vue de l'escadre, adresse un dernier signal à ses vaisseaux. « Tout vaisseau, leur dit-il, qui ne combat point, n'est pas à son poste, et doit prendre une position quelconque qui le reporte le plus promptement possible au feu. » Son rôle d'amiral est terminé: il ne lui reste plus qu'à se montrer le plus brave des capitaines de l'armée.

Hardy, cependant, vient de reconnaître l'impossibilité de couper la ligne sans aborder un de nos vaisseaux. Il en prévient Nelson. « Nous n'y pouvons rien, lui répond l'amiral. Abordez le vaisseau que vous voudrez; je vous en laisse le choix. » Hardy cherche dans ce groupe impénétrable le moins formidable adversaire. L'apparence chétive du *Redoutable,* mauvais vaisseau de soixante-quatorze récemment radoubé au Ferrol, lui vaut l'honneur qu'ambitionnent *la Santissima-Trinidad* et *le Bucentaure.* C'est vers lui que le capitaine Hardy porte *le Victory.* A une heure, le vieux vaisseau de Keppel et de Jervis, le vaisseau de Nelson, passe derrière *le Bucentaure* à portée de pistolet. Une caronade de soixante-huit, placée sur son gaillard d'avant, vomit la première, à travers les fenêtres de poupe du vaisseau français, un boulet rond et cinq cents balles de fusil. De nouveaux coups se succèdent à intervalles réguliers; cinquante pièces, chargées à doubles et triples projectiles, ébranlent et fracassent l'arrière du *Bucentaure,* démontent vingt de ses canons, et remplissent ses batteries de morts et de blessés. *Le Victory* traverse lentement la ligne qu'il vient de rompre, et reçoit le feu meurtrier du *Neptune* sans y répondre. Après avoir porté cette atteinte mortelle au *Bucentaure,* c'est au *Redoutable* que ses canons s'adressent. Au milieu de la fumée, Hardy vient brusquement sur tribord, et, sans continuer sa route vers *le Neptune*, qui, virant de bord, va se joindre à l'arrière-garde, il se jette sur *le Redoutable*, qu'il avait déjà dépassé. Accrochés bord à bord, les deux vaisseaux dérivent hors de la ligne. L'équipage du *Redoutable* soutient sans pâlir cet inégal assaut. Des hunes, des batteries de ce vaisseau, on répond au feu du vaisseau anglais, et dans ce combat singulier, combat de mousqueterie bien plus que d'artillerie, nos marins ont repris l'avantage. En peu d'instants, les passavants et les gaillards du *Victory* sont jonchés de cadavres. Des cent dix hommes qui se trouvaient sur le pont de ce vaisseau avant le commencement de l'action, vingt à peine peuvent combattre encore. L'entre-pont est encombré des blessés et des mourants qu'on y transporte sans cesse.

A la vue de tant de victimes, les chirurgiens anglais, qui leur prodiguent d'insuffisants secours, croient déjà la journée compromise. Le chapelain du *Victory*, éperdu, égaré par son émotion, veut fuir ce lieu d'horreur, *cet état de boucher*, comme il appelait encore, après de longues années, cet obscur espace privé d'air et inondé de sang. Il s'élance sur le pont. Au milieu du tumulte, à travers la fumée, il reconnaît Nelson et le capitaine Hardy se promenant sur le gaillard d'arrière. Non loin d'eux, quelques hommes échangeaient une vive fusillade avec les hunes du vaisseau français. Tout à coup l'amiral chancelle et tombe la face contre terre. Une balle, partie du mât d'artimon du *Redoutable*, l'avait frappé sur l'épaule gauche, avait traversé l'épaulette, et, après avoir labouré la poitrine, s'était logée dans l'épine dorsale. Le chapelain accourt; mais, avant lui, un sergent et deux matelots timonniers sont près de l'amiral. Il le relève tout souillé du sang dont le pont est couvert. Hardy, qui n'a point entendu le bruit de sa chute, se retourne alors, et, plus pâle, plus ému que Nelson lui-même : « J'espère, milord, s'écrie-t-il, que vous n'êtes pas dangereusement blessé. — C'est fait de moi, Hardy, répond l'amiral; *ils y ont enfin réussi*. J'ai l'épine du dos brisée. » Les matelots qui l'ont relevé l'emportent dans leurs bras et le déposent dans l'entre-pont, au milieu de la foule des blessés.

La brise, presque éteinte par la canonnade, n'avait encore amené, à une heure un quart, au moment où fut frappé Nelson, que cinq vaisseaux anglais sur **le champ de** bataille. A l'arrière-garde, *le Royal-*

Sovereign avait combattu seul pendant quinze minutes. Le premier après lui, *le Belleisle,* avait coupé la ligne, à midi et demi, en arrière de *la Santa-Anna;* mais déjà mutilé par les bordées d'enfilade qu'il venait de recevoir, démâté de son mât d'artimon par *le Fougueux, le Belleisle* s'était trouvé enfermé lui-même dans un cercle de vaisseaux ennemis.

Bientôt, cependant, les vaisseaux anglais arrivent en foule de ce côté : *le Mars* s'attaque au *Pluton, le Tonnant* à *l'Algésiras; le Bellerophon, le Colossus, l'Achilles,* traversent la ligne; *le Dreadnought,* de quatre-vingt-dix-huit; *le Polyphemus,* de soixante-quatre, les suivent de loin sous toutes voiles; *le Revenge, le Swiftsure, le Defiance, le Thunderer* et *le Defence* se détachent vers la droite pour doubler l'arrière-garde et la mettre entre deux feux. C'est déjà dans cette partie de la ligne un combat général : c'est encore un engagement particulier à l'avant-garde et au corps de bataille. Là, en effet, Dumanoir, avec ses dix vaisseaux, forme une réserve que les vaisseaux anglais ne songent point à attaquer. *Le Bucentaure* et *la Santissima-Trinidad* canonnent de loin *le Téméraire, le Neptune* et *le Leviathan,* qui se dirigent sur eux vent arrière; *le Redoutable,* seul aux prises avec *le Victory,* le presse avec une nouvelle vigueur.

Le pont de ce dernier vaisseau est devenu désert : de la hune d'artimon du *Redoutable,* on en prévient le capitaine Lucas. Il appelle à l'instant ses divisions d'abordage. En moins d'une minute, les gaillards du vaisseau français sont couverts d'hommes armés qui se précipitent sur la dunette, sur les bastingages et dans les haubans. Les canonniers du *Victory* abandonnent leurs pièces pour repousser ce nouveau danger. Accueillis par une pluie de grenades et un feu nourri de mousqueterie, ils se replient bientôt en désordre dans la première batterie; mais la masse du *Victory* le protége encore, et les matelots du *Redoutable* font de vains efforts pour escalader ses murailles. Le capitaine Lucas ordonne de couper les suspentes de la grande vergue, et veut la jeter comme un pont-levis en travers des deux vaisseaux. En ce moment, l'aspirant Yon et quatre matelots, s'aidant de l'ancre suspendue dans les porte-haubans du *Victory,* sont parvenus à gagner le pont du vaisseau anglais. Ils montrent ce chemin à leurs compagnons; les colonnes d'abordage se reforment à la hâte; le second du *Redou-*

table, le lieutenant de vaisseau Dupotet, se jette à leur tête et leur fait partager sa bouillante ardeur : quelques minutes encore, et *le Victory* est à nous! C'est alors qu'une effroyable volée de boulets et de mitraille balaye le pont du *Redoutable.* Le *Téméraire,* après avoir franchi la ligne, est venu se jeter sous le beaupré de ce vaisseau. Deux cents hommes ont été renversés par sa première bordée : *le Téméraire* retombe en travers du vaisseau français et le foudroie de nouveau de son artillerie. Serré entre deux vaisseaux à trois ponts, *le Redoutable* se débat quelque temps dans cette double étreinte. Ses canons démontés, sa poupe déchirée et pendante, son grand mât abattu, ses porte-haubans en feu, n'ont point encore appris au capitaine Lucas la nécessité de se rendre; mais *le Neptune* et *le Leviathan* ont coupé la ligne à leur tour, et toute résistance devient désormais inutile. A une heure cinquante-cinq minutes, le capitaine Lucas livre à l'ennemi un vaisseau criblé de boulets, et les débris d'un équipage qui compte en ce moment cinq cent vingt-deux hommes hors de combat. « Jamais l'intrépide Nelson ne pouvait succomber en combattant des ennemis plus dignes de son courage. »

Unis par leurs mâts abattus, qui sont tombés d'un vaisseau sur l'autre, *le Victory, le Redoutable* et *le Téméraire* dérivent ensemble vers l'arrière-garde. Arrivés à cent mètres du *Fougueux, le Téméraire* dirige vers ce vaisseau ses canons de tribord. Malgré le double combat qu'il vient de soutenir contre *le Royal-Sovereign* et *le Belleisle, le Fougueux,* digne émule du *Redoutable,* n'hésite point à aborder *le Téméraire.* Mortellement blessé, l'intrépide capitaine Baudouin, héros simple et modeste, dont la France a laissé périr le nom, et auquel l'Angleterre eût donné une tombe à Westminster, Baudouin, de la dunette où il est tombé, anime encore son équipage; mais il retient en vain, par un suprême effort, la vie qui lui échappe. Il expire, trop heureux d'expirer avant d'avoir vu son vaisseau au pouvoir de l'ennemi! Cette nouvelle lutte est trop inégale; le second du *Fougueux,* le capitaine de frégate Bazin, est blessé; quatre cents hommes sont hors de combat; les Anglais s'élancent dans les grands haubans du *Fougueux,* se rendent maîtres du pont et amènent eux-mêmes le pavillon du vaisseau français.

Au moment où *le Fougueux* et *le Redoutable* succombaient sous l'effort des trois ponts anglais, *la Santa-Anna*, démâtée de tous mâts depuis près d'une demi-heure, se rendait au vaisseau de Collingwood. Ce fut la première victoire remportée à l'arrière-garde. Les Anglais avaient rencontré dans cette partie de la ligne une résistance inattendue. Isolé au milieu des vaisseaux français, *le Belleisle*, après avoir repoussé *le Fougueux*, supportait depuis une heure le feu de *l'Achille*, de *l'Aigle* et du *Neptune*. Démâté de ses trois bas-mâts, et comme enseveli sous cet amas de voiles et de cordages, ce vaisseau anglais garde encore ses couleurs au tronçon de son mât d'artimon. Il essuie nos volées sans pouvoir y répondre ; mais bientôt les secours lui arrivent de toutes parts. *Le Polyphemus* vient s'interposer entre lui et *le Neptune* ; *le Defiance* l'abrite du feu de *l'Aigle* ; *le Swiftsure* le salue de trois acclamations et se précipite vers *l'Achille*.

Au vent de ces vaisseaux, une lutte terrible s'est déjà engagée entre *le Mars* et *le Pluton*, entre *le Tonnant* et *l'Algésiras*. *Le Mars* voit son commandant emporté par un boulet ; *le Pluton*, qui porte le guidon de l'intrépide capitaine Cosmao, se dispose à tenter l'abordage, quand un nouveau peloton de vaisseaux anglais l'oblige à se retirer.

L'Algésiras, abordé par *le Tonnant*, se montre également digne de sa haute réputation ; mais la position qu'occupe *le Tonnant* donne au vaisseau anglais un trop grand avantage. Le beaupré engagé dans les haubans du *Tonnant*, *l'Algésiras* ne peut se servir de son artillerie et reçoit un feu roulant d'enfilade. Le contre-amiral Magon, jaloux de guider ses marins à bord du vaisseau anglais, les rallie sous ce feu meurtrier et combat avec eux au premier rang. Atteint déjà au bras et à la cuisse, il refuse de quitter le pont ; il cède cependant aux instances de ses officiers. Deux matelots l'entraînent ; un biscaïen vient alors le frapper à la poitrine. Il tombe au moment où le mât de misaine est déjà abattu. Presque au même instant, le feu se déclare dans la fosse aux lions ; le grand mât et le mât d'artimon couvrent le pont de leurs débris. Le capitaine de pavillon Letourneur, le lieutenant de vaisseau Plassan, ont été grièvement blessés. Un jeune officier que la mort a respecté, et auquel l'avenir réserve de plus heureux combats (1), M. Botherel de la Bretonnière, prolonge encore quelques instants cette

(1) M. Botherel de la Bretonnière, aujourd'hui contre-amiral, commandait le vaisseau *le Breslau* au combat de Navarin.

défense héroïque; mais les matelots anglais ont envahi le pont de *l'Algésiras*. Au milieu de la confusion qu'a produite la chûte des trois bas-mâts, ils prennent possession d'un vaisseau entièrement désemparé.

Non loin de *l'Algésiras,* quatre vaisseaux français, *l'Aigle, le Swiftsure, le Berwick* et *l'Achille,* soutiennent avec le même courage un combat acharné. Après avoir engagé *le Bellerophon* vergue à vergue pendant près d'une heure, *l'Aigle,* séparé malgré lui d'un ennemi qu'il avait à demi réduit par le feu de sa mousqueterie, s'est porté contre *le Belleisle.* Privé de son commandant, le brave capitaine Gourrége, il succombe à trois heures et demie sous les coups réunis du *Revenge* et du *Defiance.*

Le Swiftsure a perdu deux cent cinquante hommes : l'intrépide et brillant officier qui commande la manœuvre sous les ordres du capitaine Villemadrin, le lieutenant de vaisseau Aune, est renversé de son banc de quart. C'est le troisième officier qu'ait atteint le feu de l'ennemi. *Le Swiftsure* est enfin accablé par *le Bellerophon* et *le Colossus.*

Le Berwick, sous les ordres du capitaine Camas, du *vaillant capitaine Camas,* comme l'appelle à bon droit un historien anglais, combat successivement *le Defence* et *l'Achilles*. Malgré la chûte de ses mâts, il se défend avec la même ardeur. Cinquante et un cadavres jonchent déjà ses batteries; deux cents blessés encombrent son entrepont. Le capitaine Camas reçoit le coup mortel; son second, le lieutenant de vaisseau Guichard, lui survit à peine quelques minutes. *Le Berwick* tombe alors au pouvoir des Anglais.

L'Achille a des premiers assailli *le Belleisle ;* il se trouve bientôt enveloppé à son tour. *Le Polyphemus,* dégagé du *Neptune,* qui se porte à l'extrême arrière-garde, *le Swiftsure, le Prince,* de quatre-vingt-dix-huit, l'écrasent du feu roulant de leurs batteries. Le commandant Deniéport, déjà blessé à la cuisse, est tué à son poste qu'il n'a pas voulu abandonner. Le mât de misaine, à demi dévoré par l'incendie qui vient d'éclater dans la hune, est bientôt abattu par les boulets ennemis; il tombe sur le pont, qu'il couvre de sa masse embrasée. *L'Achille,* en proie aux flammes, ne voit plus un vaisseau allié autour de lui; la plupart de ses officiers ont été tués ou blessés, et c'est un enseigne de vaisseau qui occupe la place du brave capitaine

Deniéport. L'intrépide Cauchard, seul débris d'un état-major de héros, combat sans espoir, mais combat encore. La crainte d'une effroyable explosion éloigne enfin les vaisseaux anglais. *L'Achille* n'a plus à combattre que l'incendie ; il s'agite en vain dans cette agonie douloureuse. Vers cinq heures et demie, ce glorieux vaisseau, dont le pavillon n'a pas été amené, saute en l'air avec une portion de son équipage.

Longtemps avant cet épouvantable accident, le désordre le plus complet régnait à l'arrière-garde. Coupée sur tous les points, cette partie de la ligne ne présentait plus qu'un amas confus de vaisseaux entourés et près de s'affaisser sous le nombre. *Le Monarca*, d'abord canonné par *le Tonnant,* cède au feu du *Bellerophon ; le Bahama* se rend au *Colossus ; l'Argonauta,* écrasé par les premières volées de *l'Achilles,* est contraint d'amener son pavillon devant les nouveaux ennemis qui le pressent : *le San-Jean-Nepomuceno* est amariné par *le Dreadnought.* Sept vaisseaux français et cinq vaisseaux espagnols ont déjà succombé ; mais dix vaisseaux anglais ont acheté chèrement ces premiers avantage : *le Victory* compte cent cinquante-neuf hommes hors de combat, *le Royal-Sovereign* cent quarante et un, *le Téméraire* cent vingt-trois, *le Mars* et *le Colossus* ont éprouvé des pertes non moins considérables. Le premier de ces vaisseaux, dans son engagement avec *le Pluton,* a eu quatre-vingt-dix-huit hommes tués ou blessés ; le second deux cents, pendant qu'il combattait successivement *l'Argonaute,* commandé par le capitaine Épron, *le Bahama* et *le Swiftsure*. La prise de *l'Algésiras* a coûté soixante-seize hommes au *Tonnant ; le Bellerophon,* dans son abordage avec *l'Aigle,* a perdu cent cinquante hommes et son capitaine, atteint d'une blessure mortelle. *Le Belleisle,* bien que complétement démâté, a moins souffert que *le Bellerophon* et *le Colossus*. Le nombre des morts et des blessés s'élève, à bord de ce vaisseau, à cent vingt-six, à soixante-douze à bord de *l'Achilles,* à soixante-dix à bord du *Defiance,* à soixante-dix-neuf à bord du *Revenge*. Tels sont les vaisseaux anglais qui ont supporté tout le poids de l'action ; la plupart flottent désemparés au milieu des vaincus, masses inertes et haletantes, incapables d'engager un nouveau combat ; mais une imposante réserve parcourt en ce moment le champ de bataille et recueille les fruits de leur victoire. Dans la seule colonne de Collingwood, colonne plus sérieusement engagée cependant que celle de Nelson, cette réserve se compose encore de six vaisseaux presque intacts : deux vaisseaux à trois ponts, *le Dreadnought,* qui n'eut que trente-trois hommes atteints par notre feu ; *le Prince,* qui n'en eut pas un seul ; trois vaisseaux de soixante-quatorze, un vaisseau de soixante-quatre, comptant à peine à la fin de la journée, *le Defence* trente-six hommes tués ou blessés, *le Thunderer* seize, *le Swiftsure* dix-sept, *le Polyphemus* six. Ces vaisseaux, arrivés sur le lieu de l'action trois heures après *le Royal-Sovereign* et *le Belleisle,* portent sur tous les points de l'arrière-garde un irrésistible effort.

Un dernier groupe de vaisseaux français et espagnols s'est rassemblé autour de l'amiral Gravina. Appuyé du *San-Ildefonso, le Prince-des-Asturies* a déjà combattu *le Defiance* et *le Revenge. Le Dreadnought, le Polyphemus* et *le Thunderer* accourent pour l'accabler ; *le Pluton* et *le Neptune* accourent pour le défendre. Gravina est blessé ; son chef d'état-major, le contre-amiral Escaño, est atteint à ses côtés. *Le San-Ildefonso* amène sous la volée du *Defence ; le Prince-des-Asturies* sort alors de la ligne, et arbore au grand mât le signal de ralliement. La frégate *la Thémis,* commandée par le brave capitaine Jugan, vient l'enlever sous le feu de l'ennemi et l'entraîne vers Cadix. A regret, *le Pluton* et *le Neptune* se rangent sous son pavillon, et vont rejoindre *l'Argonaute* et *l'Indomptable,* qui, avec *le San-Leandro, le San-Justo* et *le Montanez,* s'éloignent lentement du champ de bataille.

La colonne de Collingwood a rempli sa tâche. Des vingt vaisseaux qu'elle a combattus, dix lui ont opposé une résistance sérieuse ; quelques-uns l'on canonnée de trop loin, d'autres ont plié trop tôt ; huit seulement échappent à sa poursuite. L'aile gauche de l'armée combinée est dispersée ou détruite, mais à l'aile droite on peut combattre encore. Là, Dumanoir, comme nous l'avons dit, possède dix vaisseaux intacts, et, à un mille à peine de cette puissante réserve, *le Bucentaure* et *la Santissima-Trinidad* partagent glorieusement les mêmes dangers et repoussent les mêmes attaques. *Le Neptune,* de quatre-vingt-dix-huit ; *le Leviathan* et *le Conqueror,* de soixante-quatorze ; *l'Africa,* de soixante-quatre, entourent ces deux vaisseaux. Calme et résigné au milieu de l'affreux désastre qu'il a prévu, Villeneuve s'étonne cependant que Dumanoir hésite aussi longtemps à voler à son secours. Depuis le commencement de l'action, l'avant-garde n'a eu d'autre ennemi à repousser qu'un chétif vaisseau de soixante-quatre, *l'Africa,* qui, séparé pendant la nuit de l'armée anglaise, a dû, pour arriver jusqu'au vaisseau du contre-amiral Cisneros, prolonger, à portée de canon, la division du contre-amiral Dumanoir. Villeneuve, pendant qu'il lui reste un mât encore pour y faire flotter ses signaux, ordonne à l'avant-garde de virer lof pour lof tout à la fois; Dumanoir répète ce signal. Moins longtemps différée, cette manœuvre eût pu rétablir le combat; mais le temps a marché, et le feu du *Bucentaure* et de *la Santissima-Trinidad* s'affaiblit déjà. On voit bientôt, comme les arbres d'un bois séculaire, leurs mâts, coupés au pied, chanceler et s'abattre. Déplorable résultat d'un instant d'hésitation! Dumanoir, forcé d'assister aux suprêmes convulsions de ces nobles navires, compte avec anxiété les instants qui leur reste à vivre. L'avant-garde, il n'en peut plus douter, arrivera trop tard. Il est près de trois heures avant que la faiblesse de la brise lui ait permis d'achever son évolution. Les dix vaisseaux dont cette avant-garde se compose se partagent alors en deux pelotons égaux. *Le Scipion, le Duguay-Trouin, le Mont-Blanc* et *le Neptune* se rangent dans les eaux du *Formidable* et manœuvrent pour passer au vent de la ligne; *le San-Francisco-d'Asis, le San-Augustino, le Rayo,* de cent canons, *le Héros* et *l'Intrépide* gouvernent directement sur *le Bucentaure.*

Ces cinq vaisseaux ont cherché pour se rendre au feu un chemin plus court que celui que leur indique *le Formidable;* mais tous ne persévèrent pas dans cette voie généreuse : sur le champ de bataille, au lieu de combattants épuisés, ils trouvent des vaisseaux frais pour les recevoir. *Le Britannia,* de cent canons; *l'Ajax* et *l'Orion,* de soixante-quatorze; *l'Agamemnon,* de soixante-quatre, ont eu le temps d'accourir. A cette vue, *le Rayo* et *le San-Francisco,* après avoir essuyé pendant quelque temps le feu du *Britannia,* se hâtent d'opérer leur retraite et vont se réunir à la division de l'amiral Gravina. *Le Héros,* qui les précédait, continue sa route.

Une lutte inégale s'engage; le brave capitaine Poulain a été tué dès le commencement de l'action; son vaisseau, qu'il n'anime plus de sa présence et qui a déjà perdu trente-quatre hommes, se soustrait, non sans peine, à une capture devenue imminente. *Le San-Augustino,* canonné par plusieurs vaisseaux anglais, est enlevé à l'abordage par *le Leviathan.* En ce moment, *le Bucentaure* et *la Santissima-Trinidad,* complétement démâtés, sont à la merci de l'ennemi. Villeneuve cherche un canot qui puisse le transporter sur un autre vaisseau. « *Le Bucentaure,* dit-il, a rempli sa tâche ; la mienne n'est pas encore terminée ; » mais les boulets qui l'ont épargné ne lui ont pas laissé le moyen d'obéir à ces dernières inspirations de son courage. Il n'est pas un endroit du *Bucentaure* qui n'ait été criblé par les projectiles de l'ennemi, pas une embarcation qui n'ait été mise en pièces. Les canons sont démontés ou masqués par les débris de la mâture ; deux cent neuf hommes, morts, blessés et mourants, gisent étendus dans les batteries et dans l'entre-pont. Villeneuve cède à la fatalité et se rend au vaisseau *le Conqueror.* Un canot de ce vaisseau, monté par quatre hommes, se fait jour à travers les débris qui entourent *le Bucentaure,* et, sous la pluie de projectiles qui se croisent encore en tous sens sur le champ de bataille (foudres impuissants des vaisseaux qui succombent, ou derniers traits de mort lancés par les vainqueurs), le capitaine Atcherley, commandant les soldats de marine du *Conqueror,* parvient à conduire à bord du vaisseau *le Mars* le commandant en chef de l'armée franco-espagnole.

De son lit de douleur, Nelson entend les acclamations dont l'équipage du *Victory* salue la capture du *Bucentaure.* Il demande avec instance qu'on appelle le capitaine Hardy. « Eh bien, Hardy, lui dit-il en l'interrogeant du regard, où en est le combat? La journée est-elle à nous? — Sans aucun doute, milord, répond le capitaine Hardy : douze ou quatorze vaisseaux ennemis sont déjà en notre pouvoir, mais cinq vaisseaux de l'avant-garde viennent de virer de bord et paraissent disposés à se porter sur *le Victory.* J'ai appelé autour de nous deux ou trois de nos vaisseaux encore intacts, et nous leur préparons un rude accueil. — J'espère, Hardy, ajoute l'amiral, qu'aucun de nos vaisseaux *à nous* n'a amené son pavillon? » Hardy s'empresse de le rassurer. « Soyez tranquille, milord, lui dit-il ; il n'y a rien à craindre de ce côté-là. » Nelson attire alors vers lui le capitaine du *Victory.* « Hardy, murmure-t-il à son oreille, je suis un homme mort. Je sens la vie qui m'échappe... Encore quelques minutes, et ce sera fini... Approchez-vous davantage... Ecoutez, Hardy ; quand je ne serai plus, coupez mes cheveux pour les donner à ma chère lady Hamilton... et ne jetez pas mon pauvre corps à la mer! » Hardy serre avec émotion la main de l'amiral et se hâte de remonter sur le pont.

Dumanoir est enfin arrivé par le travers du *Victory*. Il trouve *le Bucentaure* aminaré, *la Santissima-Trinidad* réduite et toute une escadre ennemie groupée autour de ces vaisseaux : *le Spartiate* et *le Minotaur,* qui n'ont point encore tiré un coup de canon, *l'Agamemnon, le Britannia, l'Orion, l'Ajax* et *le Conqueror,* qui ont à peine combattu. A l'arrière-garde, six autres vaisseaux anglais se sont formés en ligne pour couvrir leurs prises; *le Victory* et *le Téméraire* ranimés par cet instant critique, se sont débarrassés du *Fougueux* et du *Redoutable,* et sont parvenus à démasquer leurs batteries. « Arriver dans ce moment sur l'ennemi, comme l'écrivait quelques jours plus tard l'amiral Dumanoir au ministre, eût été un coup de désespoir qui n'eût abouti qu'à augmenter le nombre de nos pertes, » mais qui eût sauvé, il faut bien l'ajouter, la mémoire du commandant de l'avant-garde. Cette avant-garde n'opère point cependant sa retraite sans combattre. *Le Formidable* a son gréement haché, ses voiles entièrement criblées, soixante-cinq hommes tués ou blessés, et près de quatre pieds d'eau dans la cale. *Le Duguay-Trouin, le Mont-Blanc* et *le Scipion* sont presque également maltraités par le feu de l'escadre anglaise. *Le Neptuno,* demeuré en arrière, est coupé par *le Spartiate* et *le Minotaur.* Le capitaine Valdès, qui commande *le Neptuno*, se défend pendant plus d'une heure et ne rend son vaisseau qu'entièrement démâté. Intrépides alliés, généreux martyrs plutôt qu'utiles soutiens d'une cause étrangère, la plupart des officiers espagnols rachetèrent noblement en ce jour quelques actes isolés de faiblesse. Plût à Dieu que la vigueur de leur bras eût répondu à leur courage, et que les vaisseaux de Charles IV eussent valu leurs capitaines! Sous le vent de la ligne, un vaisseau français, *l'Intrépide*, occupe quelque temps encore les vaisseaux anglais. Sur cette arène désolée où ne flotte plus un pavillon ami, le brave capitaine Infernet oublie qu'il prolonge seul une résistance désormais stérile. Il repousse *le Leviathan* et *l'Africa,* reçoit le feu de *l'Agamemnon* et de *l'Ajax,* combat *l'Orion* bord à bord, et, complétement démâté, comptant trois cents six hommes hors de combat, n'amène que sous la volée du *Conqueror.*

La victoire de la flotte anglaise est alors complète. Hardy, délivré de toute inquiétude, veut en donner lui-même l'assurance à l'amiral. Il pénètre une seconde fois à travers la foule sanglante des blessés et des morts jusqu'au lit de Nelson. Au milieu de cette atmosphère chaude et méphitique, le héros s'agitait dans une suprême angoisse. Le front baigné d'une sueur froide, les membres inférieurs déjà glacés, il semblait n'arrêter un dernier souffle de vie errant sur ses lèvres que pour emporter dans la tombe la douceur d'un nouveau triomphe. En lui apprenant la glorieuse issue de ce grand combat, Hardy met un terme à d'atroces souffrances, et délie doucement cette âme énergique. Nelson lui donne encore quelques ordres, murmure quelques mots entrecoupés d'une voix affaiblie ; puis, se soulevant à demi par un soudain effort : « Dieu soit béni ! dit-il ; j'ai fait mon devoir ! » Il retombe sur sa couche, et un quart d'heure après, sans trouble, sans secousses, sans une convulsion, rend son âme à Dieu.

Cette nouvelle est portée à Collingwood, et, même au milieu de l'ivresse de la victoire, le pénètre de la plus poignante douleur ; mais la gravité des circonstances lui interdit de donner un libre cours à ses regrets. Des trente-trois vaisseaux français et espagnols qui, le matin même, offraient si fièrement le combat à la flotte anglaise, onze se retiraient alors vers Cadix, quatre suivaient au large le contre-amiral Dumanoir ; dix-huit avaient succombé, criblés de boulets et couverts de gloire. Des vaisseaux ainsi défendus étaient sans doute une importante conquête, mais une conquête qui pouvait s'abîmer d'un instant à l'autre sous les pieds des vainqueurs. Le gouffre avait déjà dévoré *l'Achille; le Redoutable* flottait à peine. Huit vaisseaux n'avaient pas un seul mât qui ne fût abattu, huit autres étaient en partie démâtés. Dans l'escadre anglaise, *le Royal-Sovereign, le Téméraire, le Belleisle, le Tonnant, le Colossus, le Bellerophon, le Mars* et *l'Africa*, également maltraités, pouvaient se mouvoir à peine ; six autres vaisseaux avaient perdu ou leurs vergues ou leurs mâts de hune ; la plupart avaient leurs voiles en lambeaux. Le cap Trafalgar, qui devait donner son nom à cette grande journée, était à huit ou neuf milles sous le vent de la flotte ; les dangers de la côte d'Andalousie n'en étaient plus qu'à quatre ou cinq, et la houle plus encore que le vent portait vers la terre les vaisseaux désemparés. *Le Royal-Sovereign,* que Collingwood avait quitté pour transporter son pavillon sur la frégate *l'Euryalus,* venait de sonder par treize brasses d'eau. Il fallait (c'était la nouvelle victoire que devait remporter Collingwood) que quatorze vaisseaux et quatre frégates, encore en état de manœuvrer, arrachassent aux périls de cette situation dix-sept ou dix-huit vaisseaux incapables de s'en tirer sans leur secours.

Nelson, prévoyant cet inévitable résultat d'une affaire décisive, avait annoncé, avant le combat, l'intention d'essuyer au mouillage le coup de vent qui se préparait : sur son lit de mort, il avait une dernière fois rappelé au capitaine Hardy la nécessité de jeter l'ancre dès que l'action serait terminée ; mais jeter l'ancre en ce moment, c'eût été abandonner chaque vaisseau à ses propres ressources, et les vaisseaux qui avaient été sérieusement engagés, ceux précisément qui se trouvaient hors d'état de faire voile, se trouvaient également hors d'état de mouiller. Les boulets n'avaient rien respecté : ils avaient coupé les câbles dans les batteries, fracassé ou désemparé les ancres suspendues aux bossoirs ou dans les porte-haubans des vaisseaux, comme ils avaient renversé les mâts et brisé les vergues. *Le Swiftsure, le San-Juan, le San-Ildefonso* et *le Bahama*, trouvèrent seuls le moyen de mouiller sous le cap Trafalgar. Ce furent aussi les seuls trophées que les Anglais parvinrent à conduire à Gibraltar. A minuit, la tempête éclata dans toute sa violence. Si le vent n'eût passé alors de l'ouest au sud-sud-ouest et n'eût, par ce changement inespéré, éloigné l'escadre de la côte, toute l'habileté de Collingwood n'eût point sauvé d'une destruction complète un seul de ces vaisseaux en ruine. Collingwood saisit ce moment pour virer de bord ; mais, malgré cette chance heureuse, il n'en fallut pas moins de prodigieux efforts, tels qu'on en pouvait à peine attendre même de ces vieux croiseurs formés à l'école de Jervis et de Nelson, pour entraîner au large cette flotte mutilée, plus nombreuse que la flotte qui s'empressait autour d'elle. Vingt-quatre heures après sa victoire, l'armée anglaise avait déjà perdu cinq des vaisseaux qu'elle avait capturés : *le Redoutable* coulait bas sous la poupe du *Swiftsure,* qui le remorquait ; *le Fougueux* se brisait à la côte près de Santi-Petri ; *l'Aigle,* abandonné par les vaisseaux qui l'escortaient, *le Bucentaure* et *l'Algésiras,* repris sur les Anglais par les débris de leurs équipages héroïques, essayaient de gagner Cadix.

La tempête se calmait à peine, que Collingwood eut à craindre un nouveau danger. Le 23 octobre, par un trait d'audace qui montrait toute la fermeté de son âme, le capitaine Cosmao, sous l'impression sinistre d'un si grand désastre, osa reprendre la mer et braver encore une fois l'escadre anglaise. Suivi de deux autres vaisseaux français, deux vaisseaux espagnols, cinq frégates et deux bricks, *le Pluton,* faisant trois pieds d'eau à l'heure, avec un équipage réduit à quatre cents hommes et neuf canons démontés, se porta à la rencontre des vaisseaux anglais, qui remorquaient *le Neptuno* et *la Santa-Anna,* et les contraignit à lâcher prise. Les frégates françaises ramenèrent ces deux vaisseaux espagnols au port. Redoutant de nouvelles attaques, Collingwood se décida à brûler *l'Intrépide* et *le San-Augustino,* à couler *la Santissima-Trinidad* et *l'Argonauta.* Le *Monarca* et *le Berwick,* qu'il espérait sauver, se perdirent près de San-Lucar.

Cependant la tempête, en ravissant à l'armée anglaise ces précieux gages de son triomphe, ne porta pas un coup moins sensible aux débris de notre armée. *Le Bucentaure,* au moment d'entrer dans Cadix, se creva sur le banc de roche appelé les *Puercos; l'Aigle* s'échoua devant Puerto-Real; *l'Indomptable* qui, mouillé devant Cadix, avait reçu l'équipage du *Bucentaure,* se jeta à son tour sur la chaîne de récifs qui borde la ville de Rota; *San-Francisco-d'Asis* se perdit sur les rochers du fort de Sainte-Catherine; *le Rayo,* à l'embouchure du Guadalquivir; et, comme si la fatalité qui poursuivait la malheureuse armée de Villeneuve et de Gravina n'était point épuisée encore, les quatre vaisseaux de Dumanoir, rencontrés par les quatre vaisseaux et les quatre frégates de sir Richard Strachan, succombaient, le 5 novembre, sous le cap Ortegal, après la plus magnifique résistance.

Le 25 octobre, le vice-amiral Rosily arriva de Madrid à Cadix. Des trente-trois vaisseaux qu'il venait commander, il ne trouva plus que cinq vaisseaux français et trois vaisseaux espagnols. Il aborda son pavillon à bord du *Héros,* mais il ne changea point la fortune de l'escadre. Aucun des vaisseaux qui avaient suivi le pavillon de Villeneuve ne devait revoir les ports de France. Le *Héros, le Neptune, l'Algésiras, l'Argonaute* et *le Pluton,* faibles restes de cette puissante flotte, constamment bloqués dans Cadix par une escadre anglaise, tombèrent, en 1808, entre les mains des insurgés espagnols.

Telles furent les conséquences de cette fatale campagne, ouverte sous de plus heureux auspices. Ces deux événements, Trafalgar et Aboukir, s'expliquent cependant l'un par l'autre ; ils s'enchaînent et se complètent : ce sont deux épisodes de la vie d'un même homme, deux périodes presque inévitables de la vie d'une même marine. Puisqu'une première épreuve ne nous avait rien appris, les mêmes témérités pouvaient réussir encore : l'ennemi n'avait rien à changer dans sa tactique, puisque nous n'avions rien changé dans nos moyens de défense.

C'est à Schœnbrunn, dans le vieux palais des empereurs d'Allemagne, au milieu des triomphes militaires les plus éclatants, que Napoléon reçut la nouvelle de ce désastre qui détruisait les espérances navales de l'empire.

L'indignation et la colère de Napoléon se manifestaient avec une violence sans égale. Cette Angleterre, cette ennemie implacable échappait encore, et pour toujours peut-être, aux projets d'abaissement et de ruine qu'il avait nourris contre elle. Dans sa douleur, il veut, comme le sénat de Carthage, imposer, par la terreur, la victoire à ses généraux. La défaite de Trafalgar veut un Byng...

Avant de quitter Boulogne, l'empereur avait fait prendre toutes les mesures de conservation et de défense qu'exigeait l'immense armement naval, inutile pour le moment, mais qui pouvait, un jour, concourir à la réalisation de l'expédition pour laquelle on l'avait créé.

La flottille fut presque entièrement désarmée. Les vastes camps qui avaient abrité, à gauche et à droite de la ville, les régiments aujourd'hui répandus en Allemagne, furent habités par nos marins. Ceux-ci, par leur éducation militaire, firent plus tard d'excellents soldats.

Bien que la conduite de l'amiral Villeneuve eût frappé les mouvements de nos escadres, elle n'avait point empêché la valeur de nos marins de se produire dans plusieurs circonstances, avec autant de gloire que de bonheur. Le capitaine de frégate Bodin quittait la Martinique avec une division légère dont la traversée devait s'illustrer par plusieurs combats.

Le pavillon du commandant était hissé sur *la Topaze*. *Le Département-des-Landes* et *la Torche,* corvettes assez lourdes voilières, naviguaient sous ses ordres et de conserve avec elle. Le brick *le Faune* complétait cette division volante.

Le 19 juillet, elle se trouvait à la hauteur de la Barbade. Vers onze heures du matin, un grand navire fut aperçu dans le nord-est. Les signaux du commandant ordonnèrent à la division de suivre le mouvement de *la Topaze*. Cette frégate se fut bientôt portée, grâce à sa marche rapide, dans les eaux du bâtiment ennemi. C'était la frégate anglaise *la Blanche*.

Deux coups de canon saluèrent et assurèrent presque au même instant les couleurs nationales que les deux frégates arborèrent à la fois. Un moment après *la Topaze*, arrivée par la hanche tribord de l'anglaise, lui lâchait toute sa bordée. La fumée de cette explosion enveloppait encore le bâtiment assaillant, que *la Blanche*, lui prêtant le travers, répondait à son attaque par une volée de mitraille et de boulets. Les deux frégates se foudroyèrent avec une vigueur égale pendant une demi-heure. Le capitaine Mudge, voyant son entrepont et ses gaillards couverts de sang et de débris, apercevant d'ailleurs que le voisinage des corvettes allait bientôt leur permettre de prendre part au combat, voulut tenter de clore cet engagement par l'habileté de la manœuvre : selon ses ordres, son lieutenant fait force de voiles ; *la Blanche* essaye de couper *la Topaze* sur l'avant, pour lui lancer une bordée à triple boulet. Pivotant sur elle-même, elle est lancée sur l'arrière de *la Blanche*, dont elle écrase la poupe, et balaye la batterie de toute sa volée.

L'arrivée des deux corvettes sur le théâtre du combat la décide enfin à amener son pavillon, dont la chute est saluée des cris répétés de : *Vive la France! vive l'empereur!*

L'équipage anglais fut immédiatement réparti sur les bâtiments de la division. Elle ne se trouvait plus qu'à deux cents lieues environ de Rochefort, lorsque, le 16 août, elle eut connaissance d'une escadre de vaisseaux anglais, et se vit forcée de prendre aire devant ces forces supérieures. *La Topaze* gouverna cependant tout le jour de manière à ne point se séparer de ses corvettes. La nuit tombée, Bodin songea à profiter de l'obscurité pour échapper à l'ennemi. Ordre fut donné au trois bâtiments de se disperser.

Cette retraite faillit faire tomber *la Topaze* au pouvoir de l'ennemi. La frégate française, malgré sa légèreté, ne put éviter le combat. Elle se prépara donc à repousser l'attaque de *l'Agamemnon* : c'était le vaisseau alors dans son sillage. A neuf heures ses pièces de chasse échangeaient des boulets avec les canons que *la Topaze* tirait en retraite. Une demi-heure après *l'Agamemnon* avait la frégate française sous son bossoir, et le combat était engagé à petite portée. *La Topaze* continua ainsi, pendant plus d'une heure, de porter dans la hanche le feu de l'ennemi dont chaque volée lui lançait six cents livres de fer de plus qu'elle n'en pouvait riposter. L'espoir du commandant Bodin était que quelque avarie empêcherait le vaisseau de poursuivre sa frégate, et, dans le cas contraire, de l'aborder, de succomber ou de l'enlever. *L'Agamemnon* s'efforce d'éteindre le feu qui éclate à son bord. *La Topaze* gagne le vent, profite de la brise. Sa marche assure dès lors son salut. Quelques heures suffisent, elle s'enfonce et disparaît dans l'horizon nuageux du vaisseau anglais.

Le commandant Allemand sillonnait, à la même époque, l'océan Atlantique. Plusieurs escadres anglaises battaient vainement la mer à sa recherche. Cet habile officier, nommé en remplacement de Missiessy, démissionnaire par suite du refus d'un brevet de vice-amiral, au retour de sa belle expédition des Antilles, avait vainement attendu sur les côtes du Morbihan la présence de l'escadre de Villeneuve. Ayant eu connaissance de l'entrée de cet amiral dans le port de Cadix, il n'avait pas voulu se replier dans le bassin de Rochefort. Avant de chercher un refuge dans un port français, il tenait à épuiser ses munitions et ses vivres dans une croisière contre la marine anglaise. Les ravages qu'il promena sur l'Océan eurent bientôt jeté la terreur dans tous les ports marchands de l'Angleterre. L'amirauté envoya vainement plusieurs escadres pour s'opposer aux succès de cette croisière ; l'habileté que le commandant français déployait, parvint à tromper si constamment ceux qui le poursuivaient, que la division Allemand reçut le surnom d'*Escadre invisible*. Elle avait détruit le sloop *le Ranger* et un grand nombre de bâtiments de commerce. Ce commandant, ayant enfin épuisé ses vivres, se détermina à ramener à Rochefort sa division grossie du *Calcutta*, vaisseau de cinquante-huit canons, et déposa à terre mille prisonniers. Cette course avait coûté plus de huit millions au commerce anglais. Le grade de contre-amiral fut le prix dont l'empereur récompensa, dans son chef, le succès de cette croisière.

Le contre-amiral Linois se trouva, le 11 juillet 1805, avec le vaisseau *le Marengo* et la frégate *la Belle-Poule*, en présence de trois vaisseaux anglais. Malgré l'infériorité de ses forces, il soutint un combat vigoureux et s'empara du vaisseau de Compagnie *le Brunswick*.

Une coalition contre la France se forma le 6 octobre 1806 : l'Angleterre, la Russie, la Prusse et la Saxe avaient signé le traité.

L'escadre du contre-amiral Leisseigue débarque des troupes à Santo-Domingo ; surprise par une division aux ordres de sir John Duckworth, elle est attaquée et détruite.

En même temps, l'escadre de l'amiral Willaumez parcourt les parages du cap de Bonne-Espérance, du Brésil, la mer des Antilles, sans avoir l'occasion de combattre.

Le contre-amiral Linois, ayant rencontré l'escadre de sir John Barlase-Warren dans l'Océan, est défait par l'ennemi.

Le 24 février 1809, les frégates *l'Italienne, la Calypso* et *la Cybèle*, parties de Lorient, allaient rejoindre l'escadre du contre-amiral Willaumez. Elles sont attaquées dans la rade des Sables-d'Olonne par l'escadre du contre-amiral Stopford. Après deux heures de combat, les frégates françaises obligent l'ennemi à se retirer, quoiqu'il ait des forces supérieures.

Nous empruntons à un rapport de l'enseigne de vaisseau Clément, le récit d'un combat qui a eu lieu dans la même année :

La frégate *la Junon*, de quarante-quatre, montée de trois cent dix hommes d'équipage, commandée par le capitaine de frégate Rousseau, avait à son bord une cargaison de sucre et de café. Elle appareilla de la rade des Saintes (Guadeloupe), le 7 février 1809, à huit heures du soir, en présence d'une division anglaise qui la tenait bloquée depuis six semaines.

Le 9, elle était parvenue jusqu'aux débouquements, entre Sombrire et Anégade, à la vue de deux bricks de guerre qui n'avaient cessé de l'observer depuis la veille.

Le 10 au matin, ayant éprouvé calme plat toute la nuit, elle se trouvait à peu de distance de ces deux bâtiments qui faisaient la même route qu'elle. La vigie en aperçut un troisième, *la Latona*, sous le vent, et à la distance de cinq lieues.

Le même jour, à onze heures et demie, étant sous toutes voiles au plus près tribord, les vents de la partie de l'est bonne brise, *la Junon* aperçut un bâtiment par le bossoir de bâbord qui paraissait courir sud ;

bientôt on le reconnut pour la frégate *Horatio*. Il était midi. Tout aussitôt, le capitaine Rousseau ordonna d'arriver et de gréer les bonnettes à tribord ; la frégate anglaise, ayant aussi arrivé, approcha *la Junon* considérablement ; elle fit aussi plusieurs signaux aux bricks, qui lui répondirent et imitèrent sa manœuvre : l'un des deux était fort loin.

Le capitaine Rousseau, voyant l'impossibilité d'éviter le combat, fit prendre à la frégate sa première allure et en ordonna toutes les dispositions. A midi et demi chacun fut mis à son poste. L'équipage, encouragé par ses officiers et aspirants, était animé du meilleur esprit, et chacun semblait attendre avec impatience l'occasion de prouver son courage et de soutenir l'honneur du pavillon français.

A midi trois quarts, la frégate *l'Horatio*, étant par le travers de *la Junon* et courant grand largue, afin de la passer à poupe, arbora son pavillon. *La Junon* en fit autant, et immédiatement après lui envoya toute sa bordée de tribord à une portée de fusil : cette première bordée lui cribla toutes ses voiles et hacha une partie de son gréement. *L'Horatio* répondit aussitôt, mais imparfaitement. Ayant persisté dans l'intention qu'elle avait de passer *la Junon* à poupe, celle-ci fut obligée de venir sur bâbord, afin de lui prêter coté ; et dans cette nouvelle position, comme dans la précédente, *la Junon* eut l'avantage d'envoyer à son ennemie toute sa bordée, tandis que celle-ci ne put riposter que par une partie de la sienne.

A une heure et un quart, *l'Horatio,* dit M. Clément, revint sur tribord en laissant courir de l'avant, dans le dessein probablement de se tenir dans notre hanche de tribord ; mais ayant prévu son intention, nous revînmes de suite au vent sur le même bord qu'elle : de manière que par cette manœuvre, nous nous trouvâmes, au contraire, par son coté de bâbord un peu de l'arrière et à portée de pistolet. C'est alors que le combat devint terrible, de part et d'autre, pendant près de deux heures : la batterie, les gaillards, la mousqueterie, tout faisait feu avec un acharnement qui n'a point d'exemple. *L'Horatio* fut démâtée dès la première heure de combat, de son petit perroquet et du perroquet de fougue ; alors les cris de : *Vive l'empereur ! vive l'état-major !* retentirent dans toutes les parties du bâtiment. Chacun voulait rivaliser de courage. Le capitaine Rousseau, qui avait combattu pendant plus d'une heure avec sang-froid et bravoure, fut traversé par un biscaïen ; tous les gaillards furent criblés ; l'itague du petit hunier coupée, et le feu mis sur le beaupré, par les valets de l'ennemi.

A deux heures et un quart, le capitaine Rousseau fut forcé de quitter son poste ; le lieutenant Émeric le remplaça dans le commandement. Le brave équipage de *la Junon* ayant perdu son capitaine, n'en combattit pas moins avec toute l'intrépidité française ; et si *la Junon* n'avait eu affaire qu'à *l'Horatio*, elle ne pouvait manquer de remporter sur cette dernière une victoire décidée, que l'avantage de sa position et la supériorité de son feu lui avaient acquis : car après une heure et demie d'action, la frégate anglaise fut démâtée de son grand-mât, ainsi que du perroquet de fougue.

A deux heures et demie, le brick *Superior*, qui nous avait toujours conservé en poupe, voyant *l'Horatio* hors de combat et dans l'impossibilité de nous suivre, s'approcha de notre arrière à bâbord et nous canonna vigoureusement. Il était alors soutenu par la corvette *Drevers*, qui venait du vent sous toutes voiles, et qui manœuvrait d'une manière ostensible. La frégate *Latona*, qui s'était tenue à trois lieues sous le vent au commencement de l'action, avait serré le vent : elle se trouvait alors presque ralliée, et nous étions prêts à commencer un second combat.

C'est à cette époque remarquable que le brave équipage de *la Junon* demanda l'abordage ; mais notre gréement, entièrement haché, et tous nos bras coupés, nous empêchaient de manœuvrer. Nous ne pûmes, au grand regret de tous les officiers, tirer parti de si belles dispositions ; nous fûmes au contraire forcés de laisser courir largue, pour ne pas compromettre notre mâture chancelante.

A deux heures trois quarts, la corvette *Drivers* commença son feu par notre arrière à tribord ; immédiatement après, *la Latona* en fit autant par notre travers à bâbord, et très-près. Aussitôt la batterie fut gréée de ce côté, et fit un feu nourri pendant plus d'une demi-heure ; en même temps, les deux canons de retraite tiraient sur les corvettes qui étaient toutes les deux dans notre arrière, *l'Horatio* étant trop loin pour prendre part à cette seconde affaire.

L'action commençait à être vive avec *la Latona*, et nous nous flattions de remporter sur elle le même avantage que nous venions d'obtenir sur *l'Horatio*; déjà son petit perroquet était tombé et son bout de hors coupé. Mais ayant été forcés de serrer le vent, afin de prêter côté à cette frégate, qui nous foudroyait d'une manière terrible, en se trouvant dans le moment par notre avant, notre mâture, qui n'était soutenue par aucun étai, vint à bas ; les mâts tombèrent à bâbord et engagèrent tellement ce côté, qu'il nous était alors impossible de tirer un seul coup de canon de la batterie, sans nous exposer à mettre le feu partout. Pendant ce temps, *la Latona* nous combattait toujours à portée de pistolet, ainsi que les corvettes qui étaient en poupe. L'ennemi détruisait le reste de nos braves.

A quatre heures, nous étions démâtés de tous ; mâts toutes les pièces des gaillards étaient démontées, quatre autres de la batterie avaient éprouvé le même sort ; enfin, cette batterie était dans un état pitoyable, par la quantité de tués et blessés qui s'y trouvaient : nous étions donc dans l'impossibilité de continuer une lutte aussi inégale, et nous fûmes obligés de rendre la frégate à l'ennemi, en amenant pour *la Latona,* après avoir fait tous nos efforts, pendant quatre heures, pour la défendre contre des forces qui nous étaient trois fois supérieures.

Nous avons eu, ajoute cet officier, le malheur de perdre notre brave capitaine, après trente-six heures de souffrances inouïes ; il avait la poitrine traversée par un biscaïen.

Ce fut M. Clément qui, étant resté le dernier à bord de *la Junon,* lui fit rendre les derniers honneurs par les soldats anglais.

Parmi l'état-major, trois officiers ont été grièvement blessés. Le chef de timonerie, ainsi que trois pilotes, ont été tués à la barre. Le maître d'équipage et le maître canonnier ont aussi tous les deux été blessés grièvement. Le nombre des blessés était de soixante, celui des tués de vingt-cinq.

L'Angleterre, qui ne pouvait nous vaincre par les armes, avait conçu un projet infâme. La rade de l'île d'Aix fut choisie par l'ennemi pour être le théâtre d'une action qui déshonore à jamais le règne de Georges III. Nous empruntons encore à l'*Histoire de Rochefort* (1) le récit de cet événement, partout ailleurs inexact ou incomplet.

Une escadre sortie de Brest, sous les ordres du contre-amiral Willaumez, avait une mission lointaine : elle devait avant de prendre le large se recruter des navires dont l'armement avait été ordonné à Lo-

(1) Tome II, page 474.

rient et à Rochefort. Des circonstances qui ne se rencontrent que trop fréquemment en marine, firent échouer cette expédition, et les désastres des brûlots eurent lieu.

Arrivée en rade des Basques, l'escadre de Brest fit le signal d'appareillage aux quatre vaisseaux qui composaient la division de Rochefort : *la Ville-de-Varsovie, le Patriote, le Jemmapes* et *le Calcutta*, sous le commandement du capitaine Bergeret. Mais ces vaisseaux n'étaient point prêts à prendre la mer; ils n'avaient guère que la moitié de leurs équipages et ils étaient généralement mal espalmés. L'amiral se vit donc forcé de stationner sur la rade, et son séjour y fut assez prolongé pour que les Anglais, constamment en vue, eussent le temps de se présenter en nombre suffisant pour contraindre M. Willaumez à venir jeter l'ancre en rade de l'île d'Aix.

A la suite de différends fâcheux, survenus entre l'amiral et le capitaine Bergeret, ces deux officiers abandonnèrent successivement leurs commandements, et toute l'escadre, composée alors de onze vaisseaux (1) et de quatre frégates, restée sous les ordres du contre-amiral Gourdon, passa, le 16 mars 1809, sous le pavillon du vice-amiral Allemand, nouvellement promu au grade de vice-amiral et dont l'étoile heureuse jusqu'à ce moment avait fait la fortune militaire.

En arborant le pavillon de commandement, l'amiral trouva l'escadre anglaise mouillée dans la rade des Basques : cette escadre comptait aussi onze vaisseaux, parmi lesquels plusieurs trois-ponts; déjà supérieure en artillerie à la nôtre, elle s'accrut successivement de plusieurs bâtiments; aussi crut-on d'abord à une attaque de vive force. Préoccupé sans doute de cette pensée, M. Allemand jugea prudent de se mettre en mesure d'opposer à l'ennemi la plus forte résistance possible. A cet effet, il plaça les vaisseaux sur deux lignes parallèles : la première fut formée de cinq vaisseaux, la seconde de six; ils étaient embossés sud-quart-sud-est et est-quart-nord-ouest et endentés de manière à présenter un rempart formidable de canons. Les vaisseaux de tête avaient été mouillés assez près de l'île d'Aix pour que l'ennemi ne pût passer entre la terre et l'escadre. Une des frégates, *l'Indienne,* avait été placée entre les deux pointes de tête des lignes d'embossage, et les trois autres, *l'Hor-*

---

(1) Il y en avait d'abord douze ; mais *le Jean-Bart,* commandé par le capitaine Lebozec, réputé le premier pilote de France, s'était perdu sur la pointe des Palles.

tense, la Pallas et *l'Elbe*, en avant-garde. Toutes quatre eurent ordre, en cas d'attaque, de se replier en arrière sur la deuxième ligne.

Ces dispositions étaient jusqu'ici, comme on le voit, parfaitement combinées.

M. Allemand ayant eu connaissance que des voiles arrivaient en grand nombre se ranger sous les ordres de l'amiral Gambier, et que ces navires présentaient l'aspect de brûlots, eut la pensée d'établir une estacade en avant des lignes de son escadre. Les ressources du port que l'amiral Martin mit à sa disposition, et celles de l'armée furent employées à cet usage, et l'on confia la direction de ce travail important au capitaine de frégate Pesron, chef d'état-major de l'amiral, qui s'en acquitta avec autant de zèle que d'intelligence.

On se crut alors à l'abri de toute attaque, et l'on organisa ensuite des rondes de nuit, afin de protéger l'estacade contre les tentatives probables des embarcations anglaises qui auraient voulu la briser.

Cependant les forces de l'ennemi devenaient de plus en plus considérables. On y voyait des bâtiments d'une forme inusitée dans une escadre de guerre, et l'on fut dès lors convaincu que loin de penser à une attaque franche, l'Angleterre ordonnait à ses braves marins de descendre au rôle infâme d'incendiaires et d'assassins. Et cela au dix-neuvième siècle! Quel sujet de réflexions tristes et amères! Gardons-nous de les produire : le silence des peuples est la leçon des rois!

Vers la fin du mois de mars, l'escadre de l'amiral Gambier comptait soixante-seize navires, répartis de la manière suivante : douze vaisseaux, sept frégates, sept corvettes, quatre cutters et quarante-six brûlots, transports et bâtiments légers.

Depuis les premiers jours d'avril, on avait pu distinguer que l'ennemi étudiait la direction des courants; il était certain pour tout le monde que sous peu de temps les Anglais tenteraient d'incendier nos vaisseaux. Par quelle fatalité alors n'a-t-on pas adopté un des deux partis qui s'offraient naturellement à l'esprit? ou de profiter d'une fin de jusant pour appareiller au milieu de la nuit, attaquer au point du jour l'ennemi avec résolution : quelle qu'eût été l'issue du combat, Français et Anglais, tous venaient, avec le flot et le vent de nord-ouest, s'engouffrer sous l'île d'Aix et tomber au pouvoir de la France; ou bien, si l'on tenait à ne pas courir les chances d'un combat inégal, pourquoi ne pas rentrer en rivière et prendre les dispositions nécessaires pour être prêt à tout événement ? Mais il devait en être autrement : le destin avait prononcé son arrêt !

Poursuivons le récit de ce terrible drame, dans lequel l'escadre de la France eût été complétement anéantie, sans la précipitation de l'ennemi qui, au lieu d'enchaîner ses brûlots afin d'enceindre notre armée d'une muraille de feu, partout dévorante, les laissa aller à vau-l'eau. L'amiral anglais, craignant bien à tort la rentrée en rivière de nos vaisseaux, hâta l'exécution de ses projets. (1)

Le 11 avril 1809, le vent soufflait grand frais de la partie du nord-ouest ; le ciel était couvert, le temps à grains, la mer grosse. Les longues-vues braquées sur l'armée anglaise y faisaient découvrir un mouvement inaccoutumé, dont on ne soupçonna pas immédiatement l'intention. Mais dans la soirée on vit un grand nombre de navires se détacher de l'escadre et venir prendre position à peu près à égale distance des deux divisions, hors de la portée des batteries. Puis trois frégates, dirigées par lord Cochrane, celui qui, plus tard, vendit ses services au Brésil et en Grèce, vinrent mouiller près du banc de Boyard, par le travers du haut-fond, nommé le Pointeau. Derrière ces trois frégates se rangèrent des chasse-marées n'ayant que le mât de misaine. Les forts de l'île d'Aix et ceux des Saumonards essayèrent vainement de les atteindre.

L'amiral Allemand ne douta plus qu'il ne dût être prochainement attaqué. Il donna, en conséquence de cette idée qui le dominait, ses ordres aux commandants des vaisseaux de l'escadre, et envoya prévenir le général Cassagne, récemment arrivé à l'île d'Aix, que l'ennemi allait tenter un *coup de main*. Celui-ci, officier brave et déterminé, élevé à l'école de Napoléon, qui l'avait distingué, fit répondre qu'il était prêt ; et l'on pouvait compter sur lui.

Cependant, la veille de ce jour néfaste, on avait vu des barils de goudron enflammé, abandonnés sur l'eau pour indiquer à l'ennemi,

(1) Nous disons *bien à tort*, car, ce que l'on croira difficilement, nous nous étions enlevé tout moyen d'action, puisque les mâts de perroquet étaient dépassés, les mâts de hune calés, et les basses vergues amenées sur les porte-lofs. Les frégates d'avant-garde seules avaient leur mâture haute.

d'une manière certaine, la direction des courants de flot, et l'on avait aperçu des matelots installant sur les vergues des bâtiments de commerce des bombes, des obus et des grappins d'abordage. Etaient-ce donc là des indices d'une attaque loyale à force ouverte? Non sans doute. Pourtant l'amiral Allemand persiste dans son fatal aveuglement, et, au lieu de donner l'ordre de se disposer à rentrer en rivière, il signale aux trois frégates d'avant-garde, préposées à la défense de l'estacade, liberté de manœuvre, en s'en référant à leurs instructions antérieures, qui consistaient, ainsi que nous l'avons dit, à se replier en arrière de la seconde ligne de vaisseaux.

Le sacrifice allait donc se consommer! A huit heures du soir, deux coups de canon, partis d'un des bâtiments ennemis, furent le signal que tout était préparé, et cinq feux suspendus aux grands mâts des frégates anglaises démontrèrent que ces navires, ainsi jalonnés, étaient autant de points de repère pour la direction que devaient suivre les brûlots chargés de détruire l'escadre française.

Le vent soufflait avec plus de violence, la nuit était noire, la blanche écume de la mer tranchait seule sur cette obscurité profonde. On entendait, par intervalles, la voix des hommes de la flottille de garde luttant vainement contre le vent et la marée, afin de se rendre à l'estacade.

Tout à coup, vers le centre de cette unique barrière défensive, paraît une lueur rougeâtre, immédiatement suivie d'une effroyable détonation. L'air est en feu, la mer bouillonne; on croirait que le cratère d'un volcan vient de s'ouvrir. Dans toutes les directions des matières incandescentes sont vomies, des nuées de projectiles sont lancées de toutes parts. C'est un catamaran, destiné à la rupture de l'estacade, qui vient de faire explosion. Sur ses traces arrive une masse de bâtiments qui s'enflamment, se poussent, se pressent contre l'insuffisant rempart qui protége l'armée française : arrêtés là, ils se heurtent avec violence; les plus faibles s'abîment, les autres font tête contre l'estacade; et à la lueur de cet horrible incendie on en voit encore un nombre considérable courant à pleines voiles, favorisés par le vent et la marée. Parmi ces derniers, on distingue un vaisseau à deux batteries et une frégate, portant dans leurs flancs, sur leurs ponts, sur leurs vergues, tous les éléments de destruction contre nous. La flamme s'ajoute à la flamme, les détonations succèdent aux détonations. Rien ne peut désormais résister. L'estacade est rompue, et bientôt l'escadre est à la merci de l'œuvre infernale sortie de la tête du colonel Congrève, récemment arrivé tout exprès pour l'ordonner et la diriger.

Dans ce terrible moment, les frégates d'avant-garde coupent leurs câbles et mettent à la voile : elles se trouvent entre deux feux, et cependant elles s'échappent miraculeusement de cette horrible mêlée. Les brûlots entraient alors de toutes parts, dans toutes les directions, malgré le feu de notre escadre, se ruant sur nos vaisseaux dont la perte semblait inévitable.

Qui pourrait peindre les angoisses éprouvées alors, les traits de courage, de dévouement sublime de nos pauvres marins?

Les vaisseaux *le Régulus* et *l'Océan* furent seuls accrochés par les brûlots, mais ils parvinrent à s'en débarrasser, et dans ce mouvement, *l'Océan* perdit plusieurs hommes qui tombèrent dans les flammes. Parmi les autres vaisseaux, les uns en coupant un câble et lançant sur l'autre, évitèrent les masses enflammées qui les menaçaient ; d'autres, filant toutes leurs retenues, s'abandonnèrent au vent et au courant qui les portèrent sur divers points de la côte.

C'est de neuf à onze heures du soir que se passa le déplorable événement que nous venons de décrire si rapidement. Pendant le reste de la nuit, les trente-trois brûlots qui flottent encore sont détournés des bâtiments français par nos embarcations, et vont s'échouer et brûler au loin sur les Palles, sur les côtes d'Oleron, sur celles de Fouras : un seul arrive jusqu'à l'embouchure du fleuve, un autre reste échoué sur l'île d'Aix, sans avoir éclaté ; c'est le brick *l'Enéas* qui fut depuis armé. On a supposé que ce brick était un piége tendu par les Anglais, et c'en était un en effet : si un seul homme fût monté à bord sans de minutieuses précautions, il mettait inévitablement le pied sur une détente artistement cachée et destinée à faire sauter cette machine infernale.

Que cette nuit fut longue et terrible! Qu'on juge des émotions éprouvées à bord des bâtiments de l'escadre! N'est-il pas miraculeux que dans un pareil chaos, où les éléments étaient réunis à tous les moyens de destruction que le génie du mal a pu inventer, n'est-il pas incompréhensible que pas un navire n'ait été la proie des flammes?

Le jour paraît enfin. On se cherche, on se compte. Tous les bâtiments répondent à l'appel. C'est un bonheur, une joie indicible ; mais à cette émotion, hélas ! va bientôt succéder un deuil profond. N'anticipons pas sur les événements, et traçons le tableau que présentait l'escadre le 12 au matin : *Le Cassard* et *le Foudroyant* portant le pavillon du contre-amiral Gourdon, étaient restés à leur poste, enseignes déployées; *l'Océan,* vaisseau amiral, et *le Jemmapes* étaient échoués à peu près dans le chenal qui conduit à l'embouchure de la Charente; *le Régulus* flottait ; *la Ville-de-Varsovie, l'Aquilon, le Calcutta, le Tonnerre* apparaissaient sur les Palles, touchés de manière à présenter l'arrière au nord-ouest, dans une position fatigante et surtout très-défavorable en cas d'attaque. Un peu plus en dedans, en se rapprochant de l'île Madame, on voyait *le Tourville, l'Hortense* et *la Pallas;* plus près de l'embouchure, *l'Elbe;* ensuite *le Patriote* parvenu à mouiller en rivière. De l'autre côté, sur les roches de la pointe de l'Aiguille, *l'Indienne.*

Certes, rien encore n'était désespéré; et si, à la marée suivante, plusieurs vaisseaux et frégates eussent été se mettre en ligne avec les deux vaisseaux qui avaient conservé leur mouillage, l'ennemi n'eût pas osé tenter immédiatement son audacieuse attaque. Des secours seraient arrivés du port où l'amiral Martin, quoiqu'on en eût dit dans le temps, déployait la plus louable activité. Alors la gloire était pour la France, la honte à l'Angleterre. Il n'en devait pas être ainsi : les principaux chefs semblèrent avoir l'esprit frappé de vertige. *Le Foudroyant* et *le Cassard,* dans la crainte d'être attaqués par l'ennemi que l'on voyait se disposer à appareiller, demandent et obtiennent la permission de rentrer ; et dans ce moment, *l'Océan, le Patriote, le Jemmapes, le Tourville, le Régulus* et trois frégates étaient à flot. Le désordre régnait à bord, il est vrai, après une nuit aussi affreuse.

On ne fit rien pour imposer à l'ennemi, gagner du temps, quand il fallait revenir en rade et mourir en combattant ! N'avait-on pas d'ailleurs la protection des forts et surtout celle de l'île d'Aix.

Vers onze heures, l'escadre anglaise avait mis à la voile, le cap sur l'île d'Aix. A midi, plusieurs de nos vaisseaux avaient appareillé : *le Régulus, l'Océan, le Foudroyant* se jetaient sur la côte de Fouras. A une heure, la rade était déserte. A deux, seize bâtiments anglais s'approchaient des Palles, en longeant l'enrochement de Boyard, évitant ainsi le feu de l'île d'Aix, et venaient se placer de manière à enfiler de l'arrière à l'avant *la Ville-de-Varsovie, l'Aquilon* et *le Calcutta,* qui, couchés sur le côté, ne pouvaient se défendre qu'à l'aide de quelques canons de chasse. Pendant ce temps, *le Régulus*, au lieu de mouiller une ancre de retenue, commettait la faute grave de s'alléger, ce qui le montait de plus en plus sur la côte, et lui enlevait complétement l'espoir de se remettre à flot.

Un feu roulant continuait entre la ligne anglaise et les vaisseaux touchés sur les Palles. Vers quatre heures, *le Calcutta*, ainsi que le beau vaisseau *la Ville-de-Varsovie,* à peine sorti des chantiers de Rochefort, amenèrent leurs couleurs et devinrent la proie de l'ennemi. *L'Aquilon* subit le même sort, et son digne commandant, en se mettant à la place d'honneur dans le canot du capitaine anglais, eut la tête emportée par un boulet parti de son propre vaisseau. *Le Tonnerre* avait son grand mât coupé, il faisait eau de toutes parts. Son commandant, n'espérant plus de se relever ou de se défendre, se fait autoriser à abandonner son vaisseau en y mettant le feu : l'équipage, épuisé, débarque sur l'île Madame, et le commandant se réfugie à bord de la frégate *l'Hortense.* Eh ! le croirait-on, l'unique pensée d'un chef qui venait de sacrifier un magnifique vaisseau, fut celle de sa propre conservation : en mettant le pied sur l'escalier de commandement de la frégate, il sauta de joie, frappa dans ses mains en s'écriant : « Je suis sauvé. » Et pourtant cet homme était brave ! que l'on juge dès lors de l'état moral de certains individus dans ce fatal moment.

Nous voilà au milieu de la nuit. Le ciel est sombre, le vent mugit avec violence, les vagues déferlent avec furie. Les deux vaisseaux *l'Aquilon* et *la Ville-de-Varsovie* sont en feu. *Le Tonnerre* est aussi la proie des flammes, et ses poudres ne sont pas complétement noyées. Une épouvantable détonation se fait entendre, et aussitôt une immense gerbe de feu monte vers les nues, les inonde de clarté et atteint la frégate *l'Hortense,* dont toutes les pompes, jouant à la fois, peuvent à peine la préserver des ravages de l'incendie.

Par une de ces hallucinations d'un esprit frappé de terreur, M. Lacaille, capitaine du *Tourville,* croit voir des brûlots qui le menacent, sans qu'il lui soit possible de leur échapper. Il donne l'ordre d'évacuer le vaisseau ; et, dans sa précipitation à s'en éloigner, il laisse à bord quelques hommes, dont un, plus tard, doit causer sa perte et son déshonneur. Mais il reconnaît bientôt sa faute, et, au point du jour, il reprend son bâtiment et le sauve. Fatale erreur qui lui coûtera, sinon la vie, au moins la perte d'une réputation acquise par de longs services !

Le 14 et le 15, l'ennemi attaque avec neuf canonnières et quatre bombardes les vaisseaux qui sont échoués sur la côte de Fouras. *l'Océan*, le plus au large, présente la poupe, armée de six canons de retraite : il est vivement canonné, vaillamment défendu jusqu'à cinq heures du soir. Les Anglais l'abandonnent en ce moment et vont mouiller derrière l'île Madame. Dans ce mouvement, un de leurs vaisseaux, *Defiance*, en louvoyant en rade de l'île d'Aix, toucha sur l'extrémité ouest des Palles, et faillit y rester. Il trouva son salut en jetant ses batteries à la mer.

Au même instant des canonnières portant du trente-six, postées entre l'île d'Aix et l'île d'Enet (non armée à cette époque), font un feu soutenu contre la frégate *l'Indienne*, touchée sous le fort de l'Aiguille.

Profitant du répit amené par la marée, *l'Océan, le Cassard* et *le Tourville* parviennent, avec leurs ressources et celles que leur avait fournies le port, à se mettre à flot et se halent plus en dedans. *Le Foudroyant, le Jemmapes* et *le Régulus* ne peuvent encore se tirer de leur fâcheuse situation, le dernier surtout, qui, ainsi que nous en avons fait la remarque, est monté sur les vases beaucoup plus haut que les autres ; et d'ailleurs le plus grand désordre règne à bord ; trois bombes y sont tombées, l'une a éclaté dans la cale et les deux autres dans les batteries.

Pendant les jours suivants, les Anglais se tiennent dans leurs positions, sans profiter des avantages qu'elles leur offraient. Grâce à ce défaut de résolution, *le Foudroyant* et *le Jemmapes*, qui remonta dans la même marée jusqu'au Vergerou, leur échappent de nouveau. *L'Indienne*, après de longs et vains efforts pour se relever, est abandonnée et brûlée par son capitaine, malgré les conseils du commandant Halgan, homme d'un sang-froid et d'un jugement remarquables. *Le Régulus* reste donc seul exposé désormais à tous les efforts de l'ennemi. Ici encore se présente une de ces anomalies de l'esprit humain digne de remarque. Le commandant de ce vaisseau, le capitaine Lucas, un des héros de Trafalgar, fit une tache à son blason militaire, en voulant absolument abandonner son vaisseau. Sans la volonté ferme de l'amiral Allemand, le sacrifice eût été consommé.

Ces journées tristement mémorables, dans lesquelles le courage et le sang-froid de plusieurs officiers préservèrent l'escadre française d'une ruine totale, coûtèrent à l'Etat quatre vaisseaux et une frégate, et de plus des pertes énormes en munitions, en matériel, en artillerie. Des hommes furent tués, blessés; un nombre considérable de marins furent faits prisonniers.

On est étonné que l'Angleterre, à laquelle l'affaire des brûlots a occasionné une dépense de seize millions, n'eût pas tiré un autre parti de sa lâche combinaison. S'il y eût eu plus de résolution parmi les assaillants, l'escadre de l'île d'Aix eût été certainement détruite tout entière, et le port de Rochefort fût devenu le prix du vainqueur qui eût pu le brûler. Le gouvernement de la Grande-Bretagne le comprit si bien, qu'il eut la pensée de frapper l'amiral Gambier comme il avait frappé l'infortuné Byng. Mais il se borna à le mettre en disgrâce.

De notre côté, avons-nous fait tout ce que nous devions faire? Non, sans aucun doute, et l'histoire doit déverser un blâme sévère sur l'amiral Allemand.

Un voile impénétrable reste étendu sur les ordres du ministère. On a dit dans le temps que l'ordre d'attaquer l'ennemi était arrivé à Rochefort lorsque Decrès connaissait déjà les désastres de notre escadre.

Le 13 avril, en effet, le port fut chargé d'armer à la hâte une flottille. Il est vrai que Paris dut croire à une terrible catastrophe, quand on y fut informé que des détonations dans la direction de la mer s'étaient fait entendre jusqu'à Tours.

Jugeant l'amiral français d'après les faits accomplis, on le trouve coupable d'imprévoyance; car il n'a pas placé une seconde estacade, devant laquelle assurément seraient venus échouer les projets incendiaires de l'ennemi.

Ici, cependant, quelque chose doit être dit pour la défense de cet officier général : lorsqu'il considéra comme moyen de salut l'établissement d'une première estacade, il ne trouva d'approbateur que l'amiral

Martin, préfet maritime, qui lui répondit le 25 mars : « Le parti que vous avez pris de former une estacade en avant de votre première ligne d'embossage, est une mesure très-prudente, et j'en ai moi-même donné l'exemple au golfe Juan. » Les chefs de service de la marine, et particulièrement M. Barbier, directeur des mouvements du port, le critiquèrent dûrement et le traitèrent de fou, de peureux. Ce dernier surtout mit la plus grande lenteur à exécuter les instructions qui lui étaient données. Aussi l'amiral Martin, qui jugeait bien la position de l'escadre, écrivit-il, le 1er avril, à ce directeur : « Il est bien étonnant que depuis le 24 de ce mois que vous avez reçu l'ordre de faire parvenir à l'île d'Aix les objets nécessaires pour y former une estacade, ces objets n'y soient pas encore arrivés. Les circonstances actuelles prescrivent impérieusement que ces objets partent sur-le-champ. Je vous préviens que vous deviendrez personnellement responsable des retards qui occasionneraient quelque événement qu'on doit prévoir, d'après l'avis dont je vous ai donné connaissance. Il paraît également que c'est votre direction qui retient le départ des objets nécessaires pour l'armement des chaloupes de l'escadre. Faites travailler de suite, de jour et de nuit, s'il est nécessaire, pour que l'on n'ait aucune occasion de se plaindre de l'activité du port de Rochefort. »

M. Allemand, ainsi soutenu par le préfet maritime, ne devait-il pas mouiller une seconde estacade? S'il ne l'a pas fait, la faute doit lui en être imputée ; sa négligence, à cet égard, a certainement compromis le salut de l'armée.

D'autres fautes, dont rien ne peut atténuer la gravité, ont été commises par M. Allemand. A-t-il, le 12 avril, quand il le pouvait très-facilement, fait remettre en ligne tous les bâtiments flottant, et défendu son poste? Non ; déjà il avait, au moment décisif, abdiqué les hautes fonctions du commandement, en laissant chaque vaisseau libre de sa manœuvre, pour ne s'occuper, lui, que du bâtiment qu'il montait.

Et pourtant on ne fit point alors d'enquête sur la conduite de l'amiral! Ce qui met le comble à l'étonnement, c'est que M. Allemand reçut du ministre Decrès l'ordre d'aller prendre le commandement de l'escadre de Toulon, tandis qu'en Angleterre l'amiral vainqueur subissait l'affront d'une disgrâce!

M. Allemand était-il seul coupable, et n'est-on pas en droit de se demander si le ministre n'a pas acheté, par de nouvelles faveurs, le silence de son subordonné! Nous voyons, en effet, que dans le rapport adressé à l'empereur par le ministre de la marine, M. Allemand est présenté comme ayant rempli rigoureusement tous les devoirs imposés à sa haute position, tandis que plusieurs officiers, sous les ordres de ce général, sont accusés d'avoir compromis l'honneur du pavillon.

De son camp d'Ebersdorff, le 2 juin, Napoléon rendit un décret qui convoquait sans aucun délai un conseil de guerre chargé de juger les capitaines Clément de la Roncière, Proteau, Lafon et Lacaille.

Nous n'entrerons point dans les débats de ce ténébreux procès. Disons seulement que les deux premiers capitaines furent acquittés; que le commandant Lafon, entré récemment dans la marine impériale par ordre de Napoléon, mourut, juridiquement assassiné; et que le vénérable Lacaille, qui vit sa longue carrière ternie par un arrêt de détention et de destitution, méritait plus d'indulgence.

L'opinion publique se prononça, à cette époque, contre un jugement qui frappait des victimes probablement désignées à l'avance, et qui assurait l'impunité à de puissants coupables. Rien n'a modifié cette opinion jusqu'ici. En peut-il être autrement, quand on sait que, par ordre du ministre, tous les papiers relatifs à l'affaire des brûlots, et surtout au procès malheureux qui en fut la suite, ont été enlevés des archives pour aller, sans doute, disparaître entre des mains intéressées à leur anéantissement!

Le 9 septembre, à quatre heures du soir, un homme recevait, résigné, la mort à bord du vaisseau amiral, dans le port : le capitaine de vaisseau Lafon était fusillé comme convaincu, dit le jugement prononcé quelques heures auparavant, d'avoir lâchement abandonné, en présence de l'ennemi, son navire *le Calcutta,* dans la soirée du 12 avril. Le même jour, le capitaine de vaisseau Lacaille, commandant du *Tourville,* condamné dans la matinée à deux ans de détention et à la dégradation, voyait tomber tous ses insignes, sa croix d'honneur, sous les mains de l'amiral Bedout, président du jury, pour avoir abandonné momentanément son vaisseau pendant l'affaire. Tant de précipitation avait été mise dans l'exécution des sentences, que l'empereur ne put avoir de doutes sur la culpabilité de deux officiers qui lui avaient été présentés sous des couleurs si défavorables.

La catastrophe de l'île d'Aix porta le dernier coup à la marine impériale, et malgré les efforts de Napoléon pour la relever, il ne put y parvenir. Tout le littoral de la Manche et de l'Océan était observé par de nombreuses escadres ennemies. L'embouchure de nos fleuves était bloquée par des divisions qui ne nous permettaient de faire aucun mouvement.

Sept des vaisseaux de l'escadre de l'amiral Allemand : *le Patriote, le Jemmapes, l'Océan, le Foudroyant, le Cassard, le Régulus* et *le Tourville,* avaient remonté jusque dans le port pour y être réparés. Les deux derniers furent chargés avec *le Triomphant* de la défense de la rivière. Les autres furent mis en commission de port. Les frégates *l'Elbe, la Pallas* et *l'Hortense* furent mouillées, les deux premières à l'embouchure de la Charente, et l'autre un peu en arrière. Le brick *le Pluvier,* cinq bateaux canonniers, des goëlettes et lougres étaient chargés de faciliter par mer l'approvisionnement du port de Rochefort, d'entretenir des communications avec les îles, et de protéger les chasse-marées et autres petits navires qui faisaient les convois sur la côte.

Il se passait peu de jours sans qu'il y eût des engagements entre les chaloupes incessamment tenues en mer par l'escadre anglaise, maîtresse de la rade des Basques et des pertuis, et les convoyeurs qui côtoyaient depuis l'entrée de la Sèvre jusqu'à celle de la Seudre, et presque toujours l'avantage restait à nos marins qui vengeaient ainsi partiellement nos désastres.

Nous aurions pu, à l'occasion du ténébreux procès dont il vient d'être parlé, mentionner l'éloquente plaidoirie de M. Faure, avocat de deux des victimes. Son talent et son caractère ont laissé, à Rochefort, un souvenir vénéré, que ses enfants regardent comme un précieux héritage. Si la piété filiale s'est tue, l'amour fraternel rappellera au moins un trait de courage qui trouve naturellement sa place dans la présente histoire.

Le 13 février 1810, deux chasse-marées venaient de sortir de la Rochelle : poursuivis aussitôt par treize péniches anglaises, ces deux petits navires se réfugient dans l'anse de Châtelaillon, espérant y trouver du secours. Mais les ennemis, qui avaient sur eux l'avantage de la marche, les atteignirent avant qu'ils eussent eu le temps de se mettre en rapport avec la terre, et les capturèrent. Les Anglais regagnaient leur division, ayant à la remorque les prises qu'ils avaient faites, quand, entre l'île d'Aix et la pointe des Minimes, ils furent rencontrés par sept embarcations envoyées par *la Pallas* et *l'Elbe* au-devant d'un convoi qui avait dû appareiller de la Rochelle, chargé de vivres pour le port. Un combat s'engagea aussitôt entre ces sept embarcations et les treize péniches ennemies, et bientôt les deux petits bâtiments amarinés furent repris par nos braves marins ; mais dans cette affaire une de nos péniches, commandée par M. Potestas, aspirant de marine, à peine âgé de dix-sept ans, se trouva cernée de toutes parts. Le jeune commandant, ne voulant pas rendre son épée, lutta seul contre tous les ennemis, étonnés de tant d'intrépidité dans un âge aussi tendre. Au moment où, renonçant à combattre contre un homme si déterminé, les Anglais allaient l'abandonner, ils s'aperçurent que le jeune aspirant venait de recevoir un coup de feu qui lui avait traversé la poitrine et fracturé le bras gauche, et, à la faveur du désordre que cet événement jeta dans la péniche française, l'ennemi captura l'embarcation : le jeune Potestas et son équipage furent conduits à bord du *Christian VII*. Les prisonniers y furent traités avec les plus grands égards ; leur chef surtout fut l'objet des soins les plus délicats, des attentions les plus affectueuses. Le commandant du *Christian VII*, admirant tant d'héroïsme dans un homme au début de sa carrière, donna la liberté à M. Potestas, et lui permit d'emmener avec lui cinq de ses matelots, à son choix. Il poussa même la courtoisie jusqu'à l'accompagner lui-même dans son canot à une certaine distance de l'île d'Aix, d'où il fut transporté à bord de *la Pallas*. L'empereur, instruit de ce beau fait d'armes, accorda la croix de la Légion d'honneur à l'aspirant Potestas.

Passons à d'autres événements. Le capitaine de vaisseau Duperré était parti de Saint-Malo pour l'Inde, sur la frégate *la Bellone*. En route, il s'empara de la corvette *le Victor* et de la frégate *la Minerve*, et s'en forma une division. Près de Mayotte, il prit trois autres navires anglais, les vaisseaux de Compagnie *le Ceylan*, *le Windham* et *l'Astell*. Duperré ne s'est pas moins signalé par le combat qu'il a soutenu à l'Ile-de-France, à l'entrée du Grand-Port. Voici le rapport adressé par cet officier au commandant de l'île :

« Les événements qui viennent de se succéder avec tant de rapidité sous vos yeux ne m'ont pas laissé jusqu'ici un moment, depuis mon arrivée, pour vous rendre compte des opérations de la division sous mon commandement, pendant la campagne que je viens de faire. Je vais m'acquitter de ce devoir.

« Partie le 14 mars dernier, la division se rendit vers le premier point de croisière établi par les instructions de Votre Excellence. Elle y arrêta et expédia deux bâtiments, l'un venant de Chine et l'autre du Bengale. Au 1ᵉʳ juin, la saison n'offrant plus de chances, je levai la croisière et me dirigeai vers la baie de Saint-Augustin, pour y réparer des avaries et rafraîchir les équipages. J'y trouvai en relâche un navire anglais venant de la pêche de la baleine ; il coulait bas d'eau et était hors d'état d'être expédié : je le brûlai. La division, après un court séjour, quitta sa relâche, bien radoubée et bien équipée. Elle remonta le canal à la hauteur de Mozambique. Je voulus, suivant mes instructions, aller explorer la rade de cet établissement ; je n'y trouvai point de bâtiments, rien à entreprendre ; les grandes brises qui régnaient alors rendant le séjour de la division sur la rade dangereux, je me contentai de renvoyer à terre quelques prisonniers. J'invitai M. le gouverneur à m'envoyer, dans les vingt-quatre heures, cinquante Cafres, utiles pour renforcer mes équipages, et je partis.

« Peu de jours après, le 3 juillet, à la pointe du jour, et à la vue de l'île Mayotte, trois voiles furent aperçues et chassées aussitôt. Je les reconnus promptement pour trois vaisseaux de la Compagnie ; ils fuyaient aux amures opposées, à huit milles environ dans le vent. Un grand avantage de marche promettait à *la Bellone* les chances de les engager vers le milieu du jour ; mais elle fut contrariée par la grande variété et l'inégalité des brises, qui toutes furent favorables à *la Minerve*, et lui permirent de les joindre à portée de canon à trois heures. Aussitôt mon signal d'attaquer, cette frégate prolongea noblement leur ligne au vent, les combattit à portée de pistolet, en les doublant par la tête pour les faire plier, les replongea sous le vent, et vint couper le serre-file et le combattre de nouveau. Cette manœuvre brillante allait être couronnée de succès, lorsque la frégate perdit à la fois et son grand mât de hune et son mât de perroquet de fougue.

« J'avais alors heureusement gagné les eaux de l'ennemi, et je portais dessus sous toutes voiles. Le succès inattendu qu'il venait d'obtenir parut l'encourager ; il rétablit son ordre. Je fis le signal que j'allais engager une affaire décisive. A cinq heures et demie, je prolongeai sous le vent la ligne serrée, beaupré sur poupe; je vins prendre poste par le travers du vaisseau du centre, portant la marque de commandant, en position de diriger pareillement mon feu sur tous trois, et, à six heures, j'engageai à petite portée de pistolet.

« Le feu de l'ennemi fut d'abord bien servi; sa mousqueterie était vive. A sept heures, le vaisseau de la tête se laissa culer pour prendre le travers de son serre-file et par conséquent son abri; celui-ci, exposé par cette manœuvre à presque tout son feu, s'empressa de me héler qu'il amenait. Je voulus de suite en prendre possession; je fis mettre un canot à la mer, mais il coula. Pendant ce mouvement, le vaisseau de tête laissait arriver pour me passer à poupe; je le suivis et le retrouvai sur l'autre bord, à portée de pistolet; je l'engageai sérieusement, et, à la deuxième volée, il amena et éteignit tous ses feux. Son mouvement d'arrivée l'avait entraîné sous le vent très-près de *la Minerve* et du *Victor;* je crus devoir le laisser à ces bâtiments et serrer le vent aussitôt pour aller amariner le premier amené et réduire le dernier. Je ne tardai pas à le rejoindre, et à la deuxième volée ses feux tombèrent. J'envoyai prendre possession de suite de ces deux bâtiments et me dirigeai vers *la Minerve*. Je la ralliai à dix heures; mais mon étonnement fut des plus grands de la trouver seule. Le capitaine me rendit compte que le bâtiment que j'avais abandonné, amené près d'elle, profitant de la grande obscurité de la nuit, et surtout de la sécurité que lui donnait son pavillon amené, avait, contre les lois de l'honneur et de la guerre, fui de dessous sa volée. Il fallut s'occuper de l'amarinage des deux autres. Ces vaisseaux, nommés *le Ceylan* et *le Windam*, venaient du cap et allaient à Madras; ils étaient armés de trente canons et avaient à bord chacun quatre cents hommes de troupes, composant le 24e régiment d'infanterie; officier général, colonel, drapeaux, tout était à bord; ce qui explique leur vigoureuse résistance. L'indigne fuyard se nomme *l'Astell;* c'était le vaisseau le plus fort.

« La division ayant besoin de réparations, je fis route pour l'île d'Anjouan. Après une relâche de douze jours, j'en partis le 17 juillet avec l'intention de diriger mes prises sur l'Ile-de-France, sous mon escorte. Malgré la saison, je descendis le canal de Mozambique, cette route m'offrant de nouvelles chances de succès, qui ne se rencontrèrent pas.

« Le 20 août, au matin, j'aperçus les montagnes du port impérial de l'Ile-de-France. A midi, le port était parfaitement reconnu ; l'île de la Passe avait pavillon national et le signal : *l'ennemi croise au coin de Mire.* Un bâtiment à trois mâts avait mouillé sous le fort avec pavillon national. Je me décidai à y toucher, ou au moins à y prendre langue. La corvette prit la tête, puis *la Minerve; le Victor,* en doublant le fort, est accueilli par lui et le bâtiment, de coups de canon, et aussitôt l'un et l'autre arborent pavillon anglais. Ma première idée fut de croire que toute cette partie du vent était au pouvoir de l'ennemi ; je fis le signal à ma division, qui était encore sous voiles, de ralliement général et de serrer le vent. Il était trop tard pour *la Minerve;* elle donnait déjà dans les passes avec *le Ceylan.* Un instant après, elle donna dedans, combattant le fort et la frégate ennemie. Je n'avais plus à balancer ; il fallait forcer le passage, introduire ma division et opérer une diversion utile à la colonie : je fis route, faisant le signal d'imiter ma manœuvre. *Le Windham,* par trop d'indécision dans la sienne, ne put me suivre. Je donnai dans les passes, sous une voilure aisée, et sous le feu du fort et de la frégate ; je répondis seulement de toute ma volée, à bout portant, en passant à poupe de celle-ci. Une fois entré, je ne tardai pas à reconnaître le pavillon français flottant sur tous les points. L'île de la Passe seule me paraissait occupée par l'ennemi. Je rejoignis ma division et lui donnai l'ordre de prendre un mouillage plus avancé, ce qui fut de suite exécuté. Je fus instruit par les communications avec la terre de la position de l'île.

« Le lendemain, 21, je fis embosser ma division, acculée au récif qui borde la baie, et la tête appuyée à un pâté de corail.

« Le 22, la frégate anglaise *le Syrius* se joignit à la frégate *la Néréide,* mouillée sous l'île de la Passe ; toutes deux firent un mouvement pour m'attaquer. Dans ce moment, Votre Excellence, connaissant la position des équipages considérablement affaiblis par l'armement des prises et des engagements soutenus pendant la campagne, m'expédia un détachement de soixante marins de la frégate *la Manche* et de la corvette *l'Entreprenant,* sous le commandement de MM. Casté, lieutenant de vaisseau ; Vieillard, Esnouf, Junot, enseignes ; et Duboscq, Vergos, Fautrel, Arnauld et Descombes, aspirants auxquels j'assignai de suite un poste à bord des divers bâtiments. Le projet d'attaque fut contrarié par l'échouage du *Syrius*, qui passa toute la nuit sur les récifs du canal. Le 23, deux nouvelles frégates parurent; elles rallièrent à quatre heures les deux premières au mouillage. Leurs dispositions ne me laissèrent pas de doutes sur une prochaine attaque. Je n'ai que le temps de me montrer à bord de chaque bâtiment de ma division, non pour rappeler aux braves qui les montent leur devoir envers leur pays, mais pour nous jurer tous, au milieu des cris de : *Vive l'empereur!* un dévouement mutuel et sans bornes.

« A cinq heures, les quatre frégates ennemies s'avancent; l'une se dirige sur *la Minerve*, une seconde sur *le Ceylan*, et les deux autres sur *la Bellone*, toutes annonçant l'intention de venir s'embosser pour nous combattre.

« A cinq heures et demie le feu commence; les premières volées coupent les embossures de *la Minerve* et du *Ceylan*; ces deux bâtiments sont jetés en dérive et viennent s'échouer par mon travers, me prolongeant bord à bord et de long en long, ce qui fit que leurs feux se trouvèrent entièrement masqués. *La Bellone* seule prête le travers à l'ennemi. Cet événement inattendu lui promettait tous les avantages. Trois de ses frégates nous présentaient le travers; une seule avait touché par l'avant et ne pouvait jouer de toute sa batterie. Dans cette position, le combat s'échauffe avec une ardeur indicible; la supériorité de notre feu se fait promptement sentir, et, à huit heures, la frégate *la Néréide* est réduite au silence. Bientôt après, le feu des autres frégates se ralentit d'une manière sensible et annonce du désavantage. le nôtre n'en devient que plus vif; il est alimenté par des secours d'hommes, d'apprêts et de munitions, que le capitaine de *la Minerve* fait passer sans relâche à bord de *la Bellone*.

« A dix heures et demie, je suis frappé à la tête par une mitraille et renversé de dessus le pont dans la batterie, d'où je suis enlevé sans connaissance. Le capitaine Bouvet, de *la Minerve*, en est prévenu et passe aussitôt sur *la Bellone*. Je puis à peine lui faire connaître mes intentions; mais ce brave officier m'avait deviné. Jamais on ne montra volonté plus prononcée de vaincre; les officiers de la division la partageaient tous, et la manifestèrent au même instant.

« A onze heures, l'ennemi cessa son feu; on le cessa aussi de notre côté pour prendre un peu de repos; on le rouvrit à onze heures et

25

demie; l'ennemi n'y répondant pas, on le cessa de nouveau à une heure trois quarts.

« A deux heures, un aide de camp vint donner avis qu'un homme, échappé de la frégate *la Néréide*, avait annoncé qu'elle était amenée depuis le soir. On résolut d'attendre le jour pour continuer le combat.

« Au lever du soleil, un yacht anglais flottait encore sur *la Néréide*. *La Magicienne* présentait le travers; *le Syrius* échoué, l'avant, et *l'Iphigénie*, par le travers de *la Néréide*, ne pouvait prendre qu'une très-légère part à l'action.

« Quelques pièces furent dirigées sur *la Néréide*; peu à près, son pavillon tomba; il fallut attendre, pour en prendre possession, que *la Magicienne* fût réduite; les feux, se croisant, exposaient trop les embarcations.

« La canonnade dura jusqu'à deux heures, mais de notre côté seulement; *la Magicienne* tirait de temps à autre quelques coups de canon jetés au hasard, et qui paraissaient être le dernier effort du désespoir. Ses embarcations communiquaient fréquemment avec les autres frégates, et, dès lors, plus de doute que l'ennemi ne voulût l'abandonner.

« M. le lieutenant de vaisseau Roussin fut envoyé amariner *la Néréide*. Il la trouva dans un état impossible à décrire : cent morts ou mourants étaient sur le pont; son capitaine, M. Willoughby, était blessé.

« Sur le soir, le feu se manifesta à bord de *la Magicienne*. La nuit se passa à surveiller les mouvements de l'ennemi, à se tenir en garde contre l'incendie, à débarquer *la Néréide* et à faire inhumer ses morts.

« Le 25, au matin, le feu fut dirigé sur *le Syrius;* il riposta de ses canons de l'avant; mais sa position rendait la lutte trop inégale pour qu'elle fût longue. Bientôt l'évacuation commença, comme la veille, à bord de *la Magicienne*, et le feu se manifesta également sur divers points. Le capitaine Bouvet, désirant sauver la frégate, fit cesser le feu, dans l'espoir que l'ennemi tenterait d'éteindre l'incendie, mais cet espoir fut bientôt perdu; à onze heures, l'explosion des poudres dispersa ce qui restait encore du *Syrius*.

« La frégate *l'Iphygénie*, la seule qui restât des quatre qui nous avaient attaqués, se hâta de se réfugier vers l'île de la Passe : elle fut bientôt hors de portée de canon.

« Le 26, *l'Iphygénie*, continuant d'élonger des amures, se toua jusque sous l'île de la Passe. La division travaillait à se mettre à flot, à réparer en gros ses avaries, et *la Bellone* faisait ses dispositions pour se touer à la poursuite de *l'Iphygénie*; bloquée désormais par les vents et par nous, elle restait à notre merci.

« Dans la journée du 27, la division française, sortie du port Napoléon, parut.

« Le 28, à la pointe du jour, un officier se rendit à bord de *l'Iphygénie*, porteur d'une sommation de Votre Excellence, pour la reddition de la frégate et du fort; dans le même moment, des communications avaient lieu entre le capitaine de cette frégate et le commandant de la division française.

« A onze heures du matin, le pavillon français fut arboré par le fort et la frégate. Le capitaine Bouvet envoya de suite prendre possession de cette dernière, et une garnison fut envoyée au fort. Tous les prisonniers furent dirigés sur le port Impérial.

« Tels sont, mon général, les détails du triomphe complet obtenu sous vos yeux par la division que j'ai l'honneur de commander. Officiers, sous-officiers, soldats et matelots y ont pris la part la plus active.

« Notre perte a été de trente-sept hommes tués et cent douze blessés, dont peu de blessures graves. La perte de l'ennemi a été immense et même incalculable : l'incendie des deux frégates et leur évacuation précipitée laissent des craintes trop fondées sur le sort des victimes du combat.

« J'ai l'honneur d'être, etc. » (1)

Après les exploits de Duperré dans l'Inde, il nous reste à mentionner aussi le combat de la frégate française *la Vénus*, contre la frégate anglaise *Ceylan*. Cette brillante affaire a eu lieu le 18 septembre 1810. Nous en donnons la relation, telle que nous l'avions déjà publiée dans la *France maritime* (2), sur les indications fournies par le journal de bord de M. l'amiral Hamelin.

(1) *Archives de la marine.*
(2) Tome Ier, page 402.

La voyez-vous, gracieuse et coquette, inondée de lumière par les feux naissants du jour, légèrement bercée par les lames onduleuses où elle se mire avec amour, doucement caressée par la brise matinale jouant avec son pavillon qui frôle ; cette belle frégate, la voyez-vous ? c'est *la Vénus !* Elle aussi est fille des mers ; mais elle aime la guerre ; chaude encore du combat de la veille, elle est impatiente de voler à de nouveaux trophées. Ses larges flancs recèlent la foudre ; une âme jeune, enthousiaste, avide de gloire ; une âme toute française l'anime et l'intelligente ; elle semble vivre et vouloir, comme si Dieu l'avait douée d'une vie et d'une volonté. Hier ses quarante bouches de fer vomissaient en grondant la flamme et la mitraille, l'incendie et la mort ; hier l'îlot de la Passe et la frégate *l'Iphigénie* se rendaient à sa voix formidable unie à d'autres voix tonnantes ; hier le yacht britannique amenait, humilié devant nos couleurs impériales. Aujourd'hui *la Vénus* est au repos, sous le beau ciel des tropiques, en vue de cette Ile-de-France, colonie toujours française, qu'une puissance rivale veut nous ravir, malgré le beau fait d'armes que vient d'accomplir *la Bellone* pour en assurer l'indépendance. *La Vénus* est là, mouillée au port nord-ouest, guettant un ennemi digne d'elle. Ah ! si c'était la redoutable *Africaine,* que l'Angleterre a fanatisée de sa haine implacable !

Navire ! à ce mot tous les cœurs battent d'espérance, tous les yeux se dirigent vers un même point de l'horizon, sous le vent de l'île : un trois-mâts, dont les formes vaguement dessinées semblent accuser un vaisseau de la Compagnie, s'approche avec lenteur.

Le capitaine général de Caen, gouverneur de l'Ile-de-France, en donne avis au capitaine Hamelin, commandant *la Vénus :* « Si vous êtes en mesure de pouvoir appareiller, ainsi que la corvette *le Victor,* mettez tout de suite sous voile pour donner chasse à ce bâtiment, et, s'il est possible, vous en emparer. »

Qu'un pareil ordre va bien au cœur généreux du capitaine Hamelin, lui qui déjà brûle d'en venir aux mains avec l'adversaire que le sort lui présente !

La Vénus et *le Victor,* favorisés par une belle brise de sud-est, cinglent chargés de voiles vers le bâtiment ennemi. Cependant Hamelin regrette cent soixante hommes de son équipage, bien instruits, bien disciplinés, que le gouverneur a retenus à terre. Il a fallu les remplacer par des étrangers, des hommes de couleur, des matelots en subsistance, des *dos blancs,* marins improvisés; mais le capitaine de *la Vénus* espère dissimuler à l'ennemi cette déplorable composition de son équipage. Il place ses meilleurs hommes à la batterie, et sous ses yeux les nouveaux venus, à défaut des matelots d'élite gardés par lui précieusement depuis quatre ans pour un jour de combat. L'état-major est excellent, capable de faire également bien servir le feu et la manœuvre. Le lieutenant en pied, Ducrest de Villeneuve, officier du plus grand mérite, a son poste sur le gaillard d'avant, avec l'enseigne de vaisseau Roquefeuille; la batterie est commandée par le lieutenant de vaisseau Longueville, ayant sous ses ordres le lieutenant d'artillerie Heudes et l'enseigne de vaisseau Dieudonné; les enseignes Mauclerc et Viellard sont sur le gaillard d'arrière. Les aspirants sont pleins de zèle et de dévouement, et le capitaine peut compter sur les cent cinquante hommes de son ancien et vaillant équipage. Chacun est à son poste de combat, chacun est prêt à vaincre ou à mourir pour la France.

On voit distinctement la frégate ennemie, — car c'est bien une frégate, — chassée devant *la Vénus* qui la poursuit avec toute la vitesse d'une marche supérieure.

« Ciel! je te rends grâce, se dit l'intrépide Hamelin, puisque tu n'as pas permis qu'à la faveur de la nuit elle échappât à ma vue. Dussé-je y périr, elle sera prise! J'entends nos gens crier : *Vive l'empereur!* C'est d'un bon augure; ils ont confiance en moi, je vais la légitimer !

« Je me suis dit souvent qu'il y a peu de mérite à réussir quand on a tout ce qu'il faut pour cela. C'est aujourd'hui qu'il faut que je m'applique cet adage, c'est cette nuit qu'il faut combattre et vaincre avec des hommes de toutes les couleurs que je n'ai pas l'avantage de connaître.

« Relisons la lettre dont m'honora Sa Majesté Impériale et Royale avant mon départ de France. Elle sera sur moi pendant l'action. »

O Napoléon! tu savais enfanter des prodiges!

A minuit, on distingue les feux de la frégate ennemie; elle approche malgré elle, semblable à ces animaux qui veulent en vain se soustraire à la fascination magnétique du reptile prêt à les dévorer. Hamelin vient de visiter la batterie de *la Vénus;* elle est magnifique; tout le monde paraît y partager la noble impatience du chef, tous les cœurs sont électrisés. Officiers, aspirants, canonniers, chacun se promet de rivaliser de courage. Le temps écoulé depuis le départ a été utilement mis à profit : les hommes les moins expérimentés sont préparés à la lutte qui va s'engager.

Le vent est toujours au sud-est variable à l'est-sud-est; belle brise pour manœuvrer. Hamelin veut commencer l'engagement de très-près, afin de réduire promptement son ennemi. Mais celui-ci prend toujours chasse sur Saint-Denis, où des forces anglaises bien supérieures sont prêtes à sortir pour le protéger. Il faut tâcher de le faire amener avant qu'il parvienne au mouillage. La terre n'est plus qu'à trois lieues de *la Vénus.* Dégagée des nuages qui la voilaient, la lune est brillante. Va-t-elle éclairer le succès de nos braves?... *Le Victor* ne paraît pas, il n'a pu suivre sa conserve : elle marche si vite ! « Tant mieux, se dit dans son noble égoïsme le vaillant capitaine Hamelin ; j'aurai vaincu, j'espère, quand il arrivera. »

A une heure, l'ennemi est à portée de canon de *la Vénus.* Quel silence ! quel anxiété dans tous les cœurs ! on n'entend que le cri des poulies ou le sifflet aigu du maître d'équipage... « Cargue les basses voiles et les perroquets ! Gouverne dessus ! »

Encore vingt minutes. Voici l'ennemi ! *la Vénus* est à portée de fusil, sous le vent à lui. Feu ! Elle lui envoie sa volée de bâbord ; il riposte par une artillerie bien nourrie et par une forte fusillade, mais sans diminuer de voilure, sans cesser de manœuvrer pour gagner la terre dont il s'approche toujours. *La Vénus* revire de bord dans le bossoir de tribord de l'anglais, passe par-derrière et lui lâche sa volée de tribord ; elle revire de nouveau dans son bossoir de bâbord, et le combat de très-près par tribord. La lutte continue ainsi pendant trois heures ; les deux athlètes se disputant l'avantage du vent, où se trouve le mouillage de Saint-Denis, que l'ennemi cherche à atteindre. On dirait deux lions rugissants, dont l'un mord et se défend, en fuyant son agresseur plus acharné, qui tourne et retourne sans cesse autour de lui, l'étreint, le déchire de ses dents meurtrières.

Quel spectacle offre un instant la batterie de *la Vénus !* hommes de toute couleur, de toute profession, étrangers à cette terrible péripétie, sont d'abord assourdis par le bruit retentissant du tonnerre qui gronde par la bouche des canons ; glacés d'épouvante à la vue du sang qui ruisselle et se fige sous leurs pas chancelants, à la vue de ces braves et infortunés Heudes et Dieudonné et de leurs compagnons renversés, déchirés, broyés par la mitraille. Mais l'énergie des officiers, mais le roulement du tambour qui bat la charge, mais ce cri magique : *Vive l'empereur !* les raniment, retrempent leur courage abattu, les familiarisent avec la mort qu'ils ne redoutent plus, les aguerrient à l'égal des anciens du bord, dont ils partagent la noble ardeur.

Par la vivacité de ses mouvements, du feu de son artillerie et de sa mousqueterie, l'ennemi paraît mieux armé que *la Vénus,* car il manœuvre, combat et fait la fusillade en même temps ; tandis que Hamelin, malgré le zèle des officiers Longueville, Viellard et Mauclerc, est obligé, pour brasser, d'appeler ses canonniers, lesquels se multiplient à force de courage et d'activité. Pourtant il ne doute pas qu'avant le retour du soleil sur l'horizon, la frégate anglaise n'ait amené pour *la Vénus.*

A quatre heures, elle combat de très-près l'ennemi à bâbord ; pour le suivre, elle est obligée de garder basses voiles, huniers et perroquets. La brise souffle violemment, le mât d'artimon et les mâts de hune de *la Vénus* craquent et tombent le long du bord, à bâbord. Sa batterie, engagée de l'avant à l'arrière par la mâture, les cordages, les voiles, va la trahir ; l'ennemi, s'il est maître en stratégie navale, va profiter de la nullité des moyens de défense de *la Vénus.*

Le feu de l'anglais continue avec plus d'ardeur. Hamelin appelle à l'abordage, dans le dessein d'y faire monter l'équipage ennemi, et de le détourner ainsi de sa batterie. Cette prévision se réalise ; en passant à sa poupe, à demi-longueur de frégate, *la Vénus* fait sur son adversaire un feu très-vif de mousqueterie, lui lâche sa volée de tribord chargée à mitraille, et continue à le foudroyer par tribord, à une encâblure.

A quatre heures et un quart, la frégate ennemie est démâtée de ses deux mâts de hune, qui s'abattent le long de son bord, à bâbord, et la mettent dans l'état où était *la Vénus* quelques instants auparavant. Aux cris de : *Vive l'empereur!* la frégate française redouble sur l'anglais, dont la batterie de bâbord est engagée, et ne tire qu'à intervalles de plus en plus rares.

A cinq heures, son silence et la disparition de ses feux annoncent qu'il est amené.

L'air retentit des cris mille fois répétés de : *Vive l'empereur!*

Honneur au brave Hamelin! honneur à ses vaillants officiers, à son intrépide équipage!

La Vénus appelle par des fusées *le Victor*, qui doit bientôt la rejoindre. Au point du jour, il est à trois quarts de lieue de la frégate. Le brave capitaine Maurice, commandant de la corvette, témoigne à Hamelin le regret de n'avoir pu prendre part à l'action. « Pends-toi, brave Crillon! » Il reçoit l'ordre d'aller demander le nom de la prise et de rallier avec elle. Un officier vient dire que c'est la frégate *le Ceylan*, de vingt-huit canons de dix-huit, douze caronades de trente-six, et deux obusiers, commandée par le capitaine Gordon, armée de trois cent quatre-vingts hommes, dont cent trente soldats, allant de Madras à l'île Bonaparte, ayant à bord le lieutenant général Abercombie, un nombreux état-major d'armée, le major du génie Maxwell, plusieurs officiers d'infanterie, le payeur et la caisse de l'armée.

La Vénus travaille à frapper des balancines sur sa grand'vergue, dont la voile est seule en état de servir; la misaine, criblée, est en lambeaux. Le lieutenant Ducrest de Villeneuve, qui, pendant l'action, a secondé si efficacement son capitaine, va prendre le commandement du *Ceylan*; il a pour officiers les aspirants Poupel et Hamelin.

La Vénus reçoit à son bord le général Abercombie, le capitaine Gordon, le major Maxwell et quinze officiers, puis elle fait route pour s'écarter de la terre. *Le Victor* remorque *le Ceylan*.

L'hymne de la victoire retentit encore à bord de *la Vénus*. Une division de trois bâtiments de guerre anglais, partie de la baie de Saint-Paul, attirée par le bruit du canon, s'avance sous toutes voiles, avec belle brise, vers le vainqueur mutilé. Voici la frégate *Bodicea* et les corvettes *Alter* et *Stanch*. Voilà, un peu plus loin, un vaisseau de la Compagnie, armé en guerre; il marche à leur suite.

Sans mâts de hune et sans mât d'artimon, sous ses deux basses voiles, avec un équipage incomplet, *la Vénus* ne peut, malgré le courage éprouvé des officiers et des marins, manquer de tomber au pouvoir de l'ennemi, qui a sur elle l'avantage du nombre.

Hamelin appelle *le Victor*, lui ordonne de prendre chasse sous son allure avantageuse, de faire route pour le port Napoléon, et de rendre compte au capitaine général de la position de *la Vénus*.

Pour faciliter la fuite du *Victor*, la frégate oriente à bord opposé à lui, et va attaquer la division ennemie.

A cinq heures, *la Vénus* commence, à demi-portée de canon, avec *la Bodicea,* un duel inégal. Elle combat vergue à vergue, et cède enfin quand le salut du *Victor* lui paraît assuré... Dans ce glorieux revers, état-major et équipage, chacun a également bien fait son devoir à bord de *la Vénus;* chacun a bien mérité du pays.

« Malheureusement cette action, la plus éclatante de toutes celles qui viennent d'avoir lieu dans les mêmes parages, écrivait le capitaine général de Caen au ministre, n'a pas été couronnée de tout le succès auquel le capitaine Hamelin avait droit de prétendre. »

Mais consolez-vous, braves de *la Vénus!* Dans cette mémorable journée, vous avez cueilli des cyprès beaux comme des lauriers.....

Malgré le courage de nos croiseurs et des braves soldats de la garnison, l'Ile-de-France fut obligée de capituler, le 29 du mois de novembre, comme l'avait fait l'Ile-Bourbon, le 7 juillet précédent. Le général de Caen a longtemps résisté à une expédition anglaise, composée de soixante-dix voiles et de dix mille hommes de débarquement; mais l'état déplorable de la colonie n'a pas permis de triompher des forces considérables de l'ennemi.

Si les vieux officiers de notre flotte se couvraient de gloire en combattant l'ennemi sur toutes les mers, les jeunes aspirants appelés à leur succéder dans cette carrière périlleuse, se distinguaient souvent aussi par des actes de courage et d'intrépidité.. Nous avons cité l'aspirant Potestas; l'aspirant Turiault, son digne émule, a droit également à une mention honorable.

Turiault, à peine âgé de vingt-deux ans, **commandait, dans** la rade de Brest, la péniche *l'Hirondelle*. Avec cette embarcation, il eut plusieurs engagements, dans lesquels, selon l'expression de ses chefs, il se montra toujours supérieur à son ennemi, tant par sa bravoure que par l'habileté de ses manœuvres. Le 1er novembre 1810, se trouvant en présence du brick anglais *Palafox*, armé de dix caronades de douze, Turiault n'hésite pas à l'attaquer; cependant *l'Hirondelle* n'a que seize hommes d'équipage et un obusier de douze; mais le jeune commandant français, animé d'une bouillante audace, saute à l'abordage, enlève le navire ennemi, et le conduit triomphalement dans le port de Brest. Le capitaine Lucas, qui s'y connaissait, écrivit à Turiault : « Votre conduite, dans cette circonstance, mérite des éloges ; votre équipage s'est montré Français. »

L'année 1811 a vu s'accomplir plusieurs combats de bâtiments isolés, où nos marins se sont montrés constamment braves et intrépides. L'escadre de Toulon, aux ordres du vice-amiral Emériau, s'est plusieurs fois mesurée avec la division anglaise qui surveillait ses mouvements. *L'Amazone* a courageusement repoussé les attaques d'une escadre ennemie. Plutôt que de se rendre, cette frégate s'est incendiée dans la baie de Barfleur.

Le 26 mai, le brick *l'Abeille,* provisoirement commandé par l'aspirant de première classe Armand de Mackau, aperçoit dans le nord-est du cap Saint-André, île d'Elbe, une voile ennemie. C'est le brick anglais *Alacrity,* de force supérieure. Ce navire courant vent arrière, est bientôt dans les eaux du brick français, et le prolonge à portée de pistolet. Dès qu'il est par le travers de *l'Abeille,* il lui lâche sa bordée entière. Celui-ci, qui venait de ralinguer ses voiles, se lance sous l'arrière de son ennemi et lui envoie sa volée à bout portant. Aussitôt, profitant du désordre occasionné par cette décharge, *l'Abeille* prend les mêmes amures que *l'Alacrity,* et continue à le combattre par la hanche de dessous le vent, à un quart de portée de pistolet.

Cette habile manœuvre décide du sort du combat. Le commodore anglais, sir Palmer, est contraint d'amener son pavillon, et *l'Abeille* rentre avec sa prise, à Bastia, aux acclamations de la foule.

Quelques prames de la flottille de Boulogne attaquent une division anglaise. L'une de ces prames, *la Ville-de-Lyon,* résiste vigoureusement à une frégate ennemie, qui finit par l'enlever.

Trois frégates, *la Renommée, la Clorinde* et *la Néréide,* attaquent une division anglaise, non loin de Madagascar. Après un combat, deux de ces frégates succombent. *La Clorinde* seule rentra en France, ayant essuyé, sur les côtes de Brest, le feu d'un vaisseau anglais.

Une division anglaise rencontre, dans l'Adriatique, les frégates *la Pauline* et *la Pomone,* ainsi que la gabare *la Persane. La Pomone,* seule, capitaine Rosamel, soutient un combat contre des forces supérieures, et a bientôt désemparé la frégate *l'Alceste*. Elle s'attaque ensuite à la frégate *l'Active*, quand une troisième voile les décide à prendre chasse.

La *Pomone* était la première frégate française qui portât des canons de calibre de dix-huit. Elle avait été construite par l'ingénieur Penevert, en vertu des ordres du baron de Bombel, directeur de l'artillerie. Ce beau navire avait des qualités tellement supérieures, que les Anglais l'ont refondu trois fois. L'ingénieur Penevert était sorti de la classe des élèves-maîtres. Son mérite lui avait valu, à diverses époques, des témoignages honorables, et un avancement assez rapide.

Après Anvers et Toulon, il était un point sur lequel des travaux importants préparaient une escadre nouvelle pour la flotte impériale : ce point, c'était Venise, ajoutée par Napoléon au royaume d'Italie. L'arsenal et son port présentaient déjà six vaisseaux de soixante-quatorze canons, dont un, *le Rivoli*, complétement équipé, pouvait prendre la mer. Ce vaisseau, salué par les acclamations de la foule, parcourut la passe et plongea dans les eaux de l'Adriatique.

Le lendemain, à huit heures du matin, il largua les voiles à une faible brise de vent d'ouest et fit route vers Trieste : deux petites embarcations, *l'Iéna* et *le Mamelouk*, étaient jetées en éclaireurs sur son passage ; il était accompagné du brick de guerre *le Mercure*.

A trois heures de l'après-midi, deux voiles furent signalées, et bientôt reconnues pour un vaisseau et une corvette anglais. La position du *Rivoli* devenait inquiétante ; ce vaisseau, au sortir des chantiers, était complétement inconnu de ses officiers. Ce qui était surtout inquiétant pour son commandant, le capitaine Barré, c'était la composition de son équipage : quelques troupes d'infanterie et un détachement d'artillerie de marine formaient le seul noyau des forces sur lequel il pût sérieusement compter ; le reste, ramassis d'Italiens à moitié vêtus, jetés à son bord par de récentes levées, ne pouvait que lui inspirer des craintes sur l'issue du combat. Le capitaine du *Mercure*, placé dans une position semblable, avait cru nécessaire de déclarer à son équipage, qu'en cas de rencontre de l'ennemi, s'il apercevait des dispositions de lâcheté qui pussent compromettre l'honneur de son pavillon, il ferait sauter le brick. Le branle-bas se fit sur les deux navires français.

A la chute du jour, les deux bâtiments anglais n'avaient pas encore atteint nos deux navires ; ce ne fut qu'à trois heures que le combat s'engagea, au même instant, entre les deux vaisseaux et les deux bricks : l'explosion du *Mercure* marqua le commencement de l'action. Le capitaine de ce navire avait tenu sa parole.

Le *Rivoli* défendit son pavillon avec toute la puissance du désespoir ; la batterie de dix-huit fut abandonnée pour nourrir avec plus de rapidité les volées de la batterie de trente-six. Nos soldats et nos marins firent des prodiges ; les matelots italiens se virent, malgré eux, contraints de prendre part au combat.

La suspension du feu de l'anglais confirma, vers six heures et demie, l'espoir du commandant français. A sept heures, le combat avait repris toute la vivacité de son feu.

Dès ce moment, *le Rivoli*, canonné en travers par le vaisseau, et la hanche battue par la corvette, prolongea sa défense désespérée jusqu'à neuf heures, au milieu des débris de ses canons et de son bord.

Ce revers étant d'un funeste augure pour le centre maritime que Napoléon venait de fonder à Venise, Decrès appela Duperré à la direction de cet établissement. L'administration de cet officier rappela la confiance et l'activité à Venise.

Dès que l'ennemi fut instruit que *la Gloire*, capitaine Roussin, se préparait à quitter le Havre, une escadre vint la bloquer dans ce port. La frégate *Pyramus,* de quarante-six canons, la corvette *Star-North,* de vingt-huit, constamment mouillées sous le cap la Hève, ne quittèrent plus la baie de Sein. Cet obstacle n'était point le seul que *la Gloire* eût à vaincre à cette époque, où nos eaux étaient chargées d'escadres anglaises qui les sillonnaient dans toutes les directions.

Cependant, malgré toutes ces chances défavorables, le capitaine Roussin quitta le Havre, le 16 décembre 1812, un mois seulement après avoir reçu l'ordre de prendre la mer. *La Gloire* appareilla sans que nul indice de départ révélât aux Anglais sa sortie.

L'ennemi, trompé dans sa croisière du Havre, le fut également dans celle de Cherbourg ; mais la frégate française ne put doubler le cap Lézard sans tomber parmi les bâtiments ennemis stationnés dans ses eaux.

L'équipage de *la Gloire,* composé de trois cent quarante hommes, comptait deux cent vingt-sept **conscrits**, que les dernières levées avaient jetés, sans expérience de la mer, dans l'âpre et difficile carrière du marin. Le reste de l'équipage, provenant du quinzième de la flottille, était un peu plus amariné, mais il était trop faible en nombre.

Deux cents hommes destinés au service de l'artillerie étaient absolument hors d'état de se mouvoir; les coups de canon qui purent être tirés dans cet engagement, le furent par quelques anciens chefs de pièces, beaucoup même par des officiers.

Toutefois, le pointage était si juste, qu'il fut bientôt facile de reconnaître les avaries qu'éprouvait l'ennemi. *La Lycorne*, corvette de vingt-huit canons, dût même se hâter de tenir le vent, pour s'éloigner d'un feu si bien dirigé, que chaque détonation annonçait un boulet dans ses préceintes.

Deux voiles venaient pourtant de se dresser à l'horizon. Cet engagement, en se prolongeant, ne pouvait manquer, par son bruit, d'attirer sur ce point tous les navires qui croisaient dans ces parages. Le capitaine se rappela que, d'après ses instructions, l'objet spécial et dominant de sa mission était de faire le plus grand mal possible au commerce ennemi; il laissa *la Lycorne* serrer le vent, et fit route à l'ouest pour déboucher de la Manche.

Le soir même, *la Gloire* avait établi sa croisière au point le plus fréquenté de la route que suivaient les bâtiments sortis des ports sud de l'Angleterre ou ceux qui voulaient y atterrir.

Dans cette position, Roussin fit cinq prises, dont une corvette à trois mâts, *le Spy*, équipée en flûte et armée de dix-huit canons. Ne voulant point affaiblir son équipage, le commandant français ôta à ce navire son artillerie, et l'expédia pour l'Angleterre en cartel d'échange.

Les tempêtes de l'hivernage ne permirent point à *la Gloire* de sillonner longtemps cette mer toujours houleuse. Le Portugal était alors occupé par l'armée anglaise : elle se porta vers l'embouchure du Tage, pour intercepter les correspondances entre Lisbonne et l'Angleterre; mais elle fut contrainte de prendre chasse devant deux frégates, *le Pique* et *la Loire*, à portée de canon desquelles elle éprouva une importante avarie. Une grande habileté de manœuvres réussit à la tirer de ce pas critique.

Elle alla alors croiser entre Madère et les Canaries, d'où, après y avoir capturé six bâtiments, elle se dirigea vers l'île de la Barbade, point d'atterrage de tous les bâtiments anglais destinés aux Antilles.

La fin prochaine de ses vivres et le mauvais état de sa mâture purent seuls contraindre le capitaine Roussin de regagner les côtes de France. La voix d'une vigie signala un navire : c'était *le Limet,* brick de quatorze canons. Le commandant de *la Gloire* ordonna de gouverner dessus ; un instant après, il lui hélait d'amener. Le capitaine Roussin expédia le bâtiment pour Brest.

Le 28 février 1813, *la Gloire* entra dans la rade de Brest, après une croisière de soixante-treize jours. Le tort qu'elle fit à l'ennemi fut évalué à cinq millions ; trois cent quatre-vingt-seize prisonniers, provenant de ses captures, parvinrent dans nos ports.

Le 21 décembre 1813, les armées coalisées commencent à franchir le Rhin. La France continue à lutter contre la coalition.

A la hauteur des îles Canaries, une division anglaise, composée d'un vaisseau, *le Vénérable,* et de deux corvettes, rencontre les frégates *l'Iphigénie* et *l'Alcmène.* La dernière tente d'enlever le vaisseau à l'abordage ; mais elle succombe dans cette lutte glorieuse.

Nous appellerons l'attention du lecteur sur le beau combat que le brick *le Renard* soutint contre un ennemi supérieur, dans les eaux mêmes d'une division anglaise.

Ce brick, commandé par le lieutenant de vaisseau Baudin, escortait, de concert avec la goëlette *le Groëland,* un convoi de quatorze voiles sorti le 11 juin du port de Gênes, portant à Toulon des munitions navales pour l'escadre. Des croiseurs ennemis n'avaient cessé d'inquiéter sa marche. Le 18, l'attaque d'un vaisseau, d'une frégate et d'un fort brick anglais le déterminèrent à faire entrer le convoi dans le port de Saint-Tropez ; les deux louvoyeurs restèrent en mer pour observer les mouvements de l'ennemi.

Le commandant du *Renard,* ayant remarqué la confiance dédaigneuse avec laquelle le brick ennemi s'était approché de la terre, voulut profiter de son isolement pour le combattre ; il fit porter droit sur lui. Le brick anglais l'attendait avec résolution. Vingt minutes après, les deux bâtiments, vergue à vergue, s'écrasaient de leurs volées. L'engagement se prolongea trois quarts d'heure. Le brick ennemi, dont le feu languissait depuis quelques instants, ne put attendre la frégate qui se portait à son secours : il arriva pour prendre le large.

Ce mouvement lui ayant fait prêter la poupe au *Renard,* le brick français l'enfila de deux bordées. L'ennemi avait vingt-deux pièces en batterie; son désemparement était si complet, qu'il ne put s'éloigner qu'à la remorque de la frégate anglaise. Le *Renard* eut quarante-deux blessés mis hors de combat sur un équipage de soixante-quatorze hommes.

Citons deux événements moins heureux. Le 25 février 1813, la frégate française *la Clorinde* engagea un combat avec *l'Eurotas,* frégate britannique de quarante-six canons. Cette affaire fut longue et meurtrière; *l'Eurotas* se vit contrainte de prendre la fuite.

Ce triomphe s'évanouit dans un prompt revers. *La Minerve,* attaquée le lendemain par la frégate *la Dryade* et la corvette *l'Achatès,* essaya vainement de soutenir leur feu. Le capitaine Denys de la Garde fut forcé d'amener son pavillon.

L'autre fait remonte aux premiers jours de 1814. Le 16 janvier, les frégates françaises *l'Alcmène* et *l'Iphigénie* fuyaient devant le vaisseau *le Vénérable* et la corvette *la Cyane.* Le vent régnait bon frais, la mer était légèrement houleuse. *L'Alcmène,* commandée par M. Ducrest de Villeneuve, accoste *le Vénérable* avec résolution et valeur; les deux bâtiments se heurtent de leurs bordées avant de se heurter de leurs murailles. Un engagement de mousqueterie et une lutte corps à corps suivent immédiatement cet abordage. Nos marins se font hacher sur les bastingages qu'ils tentent de franchir; mais *l'Iphigénie* ayant pris le large sous toutes voiles, au lieu de longer l'autre bord du vaisseau ennemi, *l'Alcmène* tomba au pouvoir de l'anglais, après avoir eu quatre-vingt-deux hommes mis hors de combat.

A la même époque, les événements politiques avaient tourné contre la France. Paris était occupé par les armées des puissances coalisées. L'empereur abdiquait et se retirait de Fontainebleau à l'île d'Elbe. Un traité de paix était signé à Paris entre le roi Louis XVIII et les souverains alliés.

Cependant, Napoléon s'échappe de l'île d'Elbe, débarque dans le golfe Juan, et arrive à Paris le 20 mars 1815. La frégate *la Melpomène* part de Porto-Ferraja pour aller à Naples recevoir la mère de l'empereur et la ramener en France. Cette frégate est attaquée par le vaisseau *le Rivoli,* près de l'île d'Ischia. Elle est forcée de se rendre.

Napoléon, vaincu à Waterloo, abdique et quitte Paris. La France subit une nouvelle invasion.

Le corps des marins de la garde, après avoir fait les campagnes de Boulogne, d'Autriche, de Prusse, de Pologne, de Poméranie, d'Espagne, de Russie et de France, est licencié.

La paix définitive est signée entre Louis XVIII et les puissances alliées.

Napoléon s'est retiré à Rochefort, dont le port est bloqué par une escadre anglaise. L'empereur n'a pas encore renoncé à tout espoir; mais les nouvelles arrivent chaque jour plus sinistres. Il se décide à s'embarquer sur *le Bellérophon*. Bertrand monta le premier sur le vaisseau anglais, où l'empereur le suivit aussitôt. « Capitaine, dit Napoléon en se découvrant, je viens me mettre sous la protection de votre prince et de vos lois. »

On sait le reste.

CHAPITRE V.

La Restauration. — Retour de Louis XVIII. — Réduction de l'armée de terre et de mer. — Mission de la marine militaire. — Naufrage de la frégate *la Méduse*. — Abolition de la traite des nègres. — Épisodes de cet infâme trafic. — Le budget de la marine et des colonies. — Blocus et bombardement de Cadix. — Indépendance de Saint-Domingue. — Mission du capitaine de vaisseau de Mackau. — Révolution de la Grèce. — Combat de Navarin. — L'amiral de Rigny. — Héroïsme du lieutenant de vaisseau Bisson. — Attaque et reddition du château de Morée. — Voyage autour du monde du capitaine Dumont-Durville. — Inauguration du monument érigé à la mémoire de Lapérouse. — Expédition du capitaine de vaisseau Gourbeyre contre Madagascar. — Les côtes d'Afrique avant 1830. — Naufrage de *l'Aventure* et du *Sylène*. — MM. Bruat et d'Assigny. — Conquête de l'Algérie. — Rôle qu'y a joué la flotte. — L'amiral Duperré. — Révolution de 1830.

Le roi Louis XVIII rentre à Paris le 8 juillet 1815. Son gouvernement s'occupe aussitôt de réduire l'effectif des armées de terre et de mer, et de liquider l'arriéré du gouvernement impérial, qui s'élevait à la somme annuelle de cent soixante-six millions.

La marine militaire, dans les loisirs de la paix, se montre attentive à protéger les intérêts politiques et commerciaux, et entreprend des voyages de découvertes, en vue d'agrandir le domaine de la science.

Malheureusement la Restauration, voulant récompenser la fidélité à un roi exilé, donne des grades et des commandements à des émigrés qui avaient désappris dans l'oisiveté la science de la marine, et dont le courage n'était point éprouvé. On croyait n'avoir que de l'équité en tenant compte à des amis fidèles des lacunes de leur avancement. La catastrophe dont le récit va suivre doit être imputée à l'entêtement et à l'ineptie d'un de ces commandants improvisés par le gouvernement de la Restauration.

Les traités de 1814 et de 1815 venaient de rendre définitivement à la France les établissements qu'elle avait possédés sur la côte occidentale d'Afrique, depuis le cap Blanc jusqu'à l'embouchure du fleuve de Gambie. Une expédition, sous les ordres de M. Duroy de Chaumareys, et composée de la frégate *la Méduse* que cet officier commandait, de la corvette *l'Echo*, de la gabare *la Loire* et du brick *l'Argus*, appareilla le 17 juin 1816, de la rade de l'île d'Aix, faisant route pour le Sénégal. La frégate portait à Saint-Louis le nouveau gouverneur pour la France, et avait quatre cents hommes à bord, marins, passagers ou soldats.

Ces bâtiments marchèrent d'abord de conserve; mais *la Méduse*, ayant ensuite dépassé les trois autres navires, se trouva, le 1er juillet, non loin de la côte du désert de Sahara; elle passa le tropique, continua une route qui la rapprochait beaucoup trop de la terre, sous prétexte que les vents alisés du nord-est laissaient le commandant libre de sa manœuvre, et que le moyen de faire une courte traversée était de serrer la plage d'aussi près que possible. A ce désir d'arriver avant les autres navires, se mêlait le sentiment de gloriole de paraître exempt de crainte, et d'affronter le voisinage des terres avec plus de hardiesse que n'ont coutume de le faire les autres marins.

Ce fut ainsi que M. de Chaumareys s'engagea étourdiment dans le golfe dangereux de Saint-Cyprien, malgré les sages avis de son lieutenant et de plusieurs autres officiers, qui cherchèrent à lui démontrer, la carte sous les yeux, que le chemin qu'il suivait le conduisait infailliblement sur le banc d'Arguin.

M. de Chaumareys avait débuté jeune dans la marine; il y rentra en 1815, après être resté en émigration tout le temps qu'il eût employé à naviguer, si les événements ne l'eussent point forcé d'interrompre le cours de sa première carrière. Le gouvernement de la Restauration, ne tenant aucun compte du défaut de pratique qui devait nécessairement résulter de la position de M. de Chaumareys, l'éleva brusquement au grade de capitaine de frégate : cette imprudence, comme on va le voir, devait porter ses fruits.

Ce fut le 2 juillet, à trois heures de l'après-midi, que la frégate

NAUFRAGE DE LA MÉDUSE.

s'échoua. On peut se figurer quelle fut alors l'irritation des personnes qui avaient prévu ce malheur! M. de Chaumareys tâcha, il est vrai, de remettre son bâtiment à flot en développant beaucoup d'activité ; les plus grands efforts furent tentés, et tout le monde fit son devoir avec courage; la force de l'équipage était presque doublée par la présence des soldats passagers destinés à la garnison de Gorée ; mais la puissance humaine eut, dans cette circonstance, trop promptement des bornes; elle lutta vainement contre les vents qui gênaient la manœuvre des embarcations en soulevant la mer, et contre la rapidité des courants, qui paralysaient l'exécution des ordres pour porter au large des ancres, au moyen desquelles on eût pu ramener la frégate sur les accores du banc où elle eût flotté de nouveau. Mais presque toujours les canots, surchargés de ces ancres, dérivaient sous le vent, hors de la direction qu'il eût fallu suivre pour les mouiller là où l'eût exigé le mouvement rétrograde que l'on voulait faire exécuter au bâtiment. Après mille essais infructueux, mille peines, mille angoisses, mille espérances déçues, la fatigue de l'équipage l'obligea au repos. Pendant la nuit du 3 au 4, le vent fraîchit beaucoup ; les oscillations de la mer, contrariée par la direction des courants, augmentèrent, et formèrent des vagues profondes qui roulaient en gerbes élevées et menaçantes sur le banc d'Arguin. La frégate était devenue un récif élevé contre lequel venait se briser la lame, qui la franchissait et mouillait constamment l'équipage, l'obligeait à abandonner ses travaux pour saisir à chaque instant, soit une manœuvre, soit une bite ou un taquet, afin de ne point être emporté par la mer.

Ce fut pendant cette triste nuit que la frégate s'entr'ouvrit ; il fallut alors abandonner tout espoir de la sauver, pour ne s'occuper que du salut des hommes.

On songea à construire un radeau : cette idée était bonne ; mais il eût fallu plus de discipline, et par conséquent plus d'obéissance. Le désordre régnait à bord, parce que le caractère du chef n'inspirait pas le respect, si nécessaire dans ces terribles circonstances : des cris de fureur et de désespoir se faisaient entendre.

Cependant, au milieu de cette épouvantable lutte, quelques hommes généreux tentèrent d'assurer le salut commun, en ralliant autour d'eux les plus intrépides et en cherchant à organiser le travail. Mais on manquait de cet ensemble nécessaire, qui assure le succès. Il en résulta que le radeau fut mal lié, mal calculé, et que tous les efforts possibles ne furent pas tentés pour l'approvisionner d'une manière convenable. Au milieu d'une précipitation nuisible, plusieurs sacs de biscuit tombèrent à la mer, et furent vivement regrettés lorsque la disette commença à se faire sentir. Le radeau avait environ soixante pieds de longueur sur vingt de largeur. Mouillé au large de la frégate, sur de fortes ancres, aussi bien disposé que possible pour faire tête à la lame, renforcé de toutes les pièces de bois que l'agitation des flots eût successivement détachées de la frégate, chargé de tous les vivres que l'on se fût occupé chaque jour de retirer de sa cale submergée, il eût formé une espèce d'île flottante. La présence de cette île eût encouragé les travaux de l'équipage, en attendant que la destruction complète du navire l'eût forcé à s'y réfugier, ainsi que dans les embarcations.

L'idée de faire marcher cette machine lourde, nécessairement mal taillée pour fendre les flots, fut une entreprise folle. Il fallait, dès les premiers moments, expédier une embarcation à Gorée, sous les ordres d'un officier, qui eût peu tardé à envoyer du secours aux naufragés. En l'attendant, le commandant devait rester à bord de la frégate, le lieutenant à bord du radeau, où leur présence était indispensable pour que la décence, le sang-froid et l'obéissance pussent s'y maintenir. On retrouva la frégate cinquante jours après l'événement, et quelques hommes l'habitaient encore. Le brick *l'Argus* perdit un temps précieux à la recherche du radeau, dont il était impossible de connaître la position; s'il fût resté mouillé sur le banc d'Arguin, le brick aurait pu se diriger immédiatement sur le lieu du naufrage, et eût infailliblement retrouvé encore un très-grand nombre des malheureux naufragés, soit sur le radeau, soit sur la frégate.

Loin de prendre ces mesures sages, on se hâta de quitter le bâtiment, on projeta de traîner le radeau à la remorque des embarcations, sans réfléchir à la fatigue que le poids de cette énorme machine surchargée occasionnerait aux matelots obligés de manier l'aviron en temps de calme. A la voile, une partie de ces inconvénients disparaissaient; mais, alors même, cette lourde machine devait nécessairement ralentir beaucoup la marche des embarcations et retarder indéfiniment le salut de l'équipage : le gros temps survenant, les embarcations n'eussent pu soutenir les secousses que leur eût données ce pesant radeau retombant du sommet des vagues... Ne méditait-on point, par un horrible sentiment d'égoïsme, de leur échapper aussitôt que l'occasion s'en présenterait ?... Quoi qu'il en soit, le grand canot reçut trente-cinq personnes, parmi lesquelles se trouvait le gouverneur du Sénégal et toute sa famille. On entassa quarante-deux personnes dans le canot major; le canot du commandant en reçut vingt-huit; dans la chaloupe, quoiqu'elle fût en mauvais état, quatre-vingt-huit matelots s'embarquèrent; un autre canot de huit avirons, destiné au service du Sénégal, fut monté par vingt-cinq personnes; enfin le secrétaire de l'administration du Sénégal, et toute sa famille, se réfugièrent à bord d'une yole.

Le radeau, mal construit, mal calculé, comme on l'a dit plus haut, se trouva surchargé du poids de cent cinquante-deux personnes; enfin, dix-sept malheureux ne voulurent point s'embarquer, et restèrent sur la frégate, rasée comme un ponton et abattue sur la hanche de bâbord. On partit! Le radeau était commandé par M. Coudein, aspirant de première classe; cette masse était remorquée par trois embarcations : le canot major, le grand canot et celui que l'on destinait au Sénégal ; mais successivement ces deux derniers larguèrent les amarres qui les retenaient au canot major : le radeau n'avait donc plus pour remorqueur qu'un seul canot. La bosse de celui-ci cassa ; ou bien, si l'on en croit les historiens de ce naufrage, elle fut coupée par l'ordre de l'officier qui commandait cette embarcation... Au reste, il est évident que dès lors ce léger esquif devenait impuissant à communiquer l'impulsion et le mouvement à cette pesante masse, qui l'entraînait en dérive. On devait s'attendre à l'inutilité des tentatives pour faire marcher le radeau ; mais ce que l'on ne pouvait supposer, c'est qu'il pût être abandonné au milieu de l'Océan, sans espoir de secours ! On a prétendu que l'exemple du canot du commandant, qui s'éloignait rapidement, avait été la cause de cette défection ; on a fait entendre que l'exemple de l'égoïsme avait été suivi ; mais serait-ce une excuse ? Il a été dit que des ordres avaient été donnés, et qu'ils étaient tout en faveur des femmes qui se trouvaient à bord des embarcations... Mais, encore une fois, ne pouvait-on pas tout concilier ? et le commandant ne devait-il pas rester à son poste ?

Deux embarcations gagnèrent le Sénégal sans accident, et ce furent celles que montaient le gouverneur et le commandant de la frégate : elles arrivèrent le 9 vers dix heures du soir, à bord de la corvette *l'Echo,* qui, depuis plusieurs jours, était en rade de Saint-Louis. Un conseil fut tenu sur-le-champ ; on y fit choix des moyens les plus prompts et les plus sûrs pour porter des secours aux naufragés abandonnés dans les embarcations, sur le radeau et même sur la carcasse de la frégate.

Cependant, la chaloupe, qui était surchargée, encombrée, n'avait pu faire usage de ses avirons ; ses voiles n'avaient pu être utilisées, car à un vent assez frais avaient succédé des calmes persévérants : les courants, qui, sur cette côte, sont d'une grande force, la firent rapidement dériver vers la terre ; une partie des hommes qui s'y trouvaient désirèrent débarquer plutôt que de continuer une navigation aussi incertaine. On mit donc à terre soixante-trois hommes, on leur donna des armes et le plus de biscuit qu'on put. Ce débarquement eut lieu dans le nord du cap Mirick, à quatre-vingt-dix lieues de l'île Saint-Louis.

La chaloupe prit ensuite le large et rejoignit une heure après les autres embarcations ; mais l'équipage, tourmenté par la soif, se décida enfin, le 8, à se jeter à la côte. Le canot major et le canot du Sénégal avaient été forcés aussi à prendre ce parti ; ils furent imités par un autre canot qui avait suivi de près la chaloupe, et par la yole dans laquelle se trouvait le secrétaire : on était alors à quarante lieues de l'île Saint-Louis. Tous ceux qui faisaient partie de ces diverses embarcations, et qui avaient ainsi gagné la côte, se réunirent en une petite caravane, qui se mit en route pour rejoindre le Sénégal. En traversant le désert, ils eurent beaucoup à souffrir de la fatigue, de la chaleur, de l'avarice et de la perfidie des Mores, et de la disette des vivres. Il est probable qu'ils auraient succombé à tant de maux, s'ils n'avaient été rencontrés par *l'Argus,* qui les aperçut sur la côte et leur envoya quelques secours. Ils furent ensuite joints par les Anglais, qui avaient envoyé par terre à leur secours, avec des chameaux, des subsistances et tout ce qui était nécessaire pour continuer leur route. Ils arrivèrent le 12 à Saint-Louis, à sept heures du soir, sans nouvel accident et sans avoir perdu aucun des leurs.

Mais revenons à ceux qui se trouvaient abandonnés sur le funeste radeau. Lorsqu'ils eurent perdu de vue les embarcations, ils furent frappés de stupeur, et leur désespoir s'exhala en imprécations contre ceux qui les avaient trompés pour les abandonner... Cependant la nécessité établit un peu de calme et de subordination : un ordre fut établi pour la distribution du peu de vivres qu'ils avaient ; mais le biscuit, mouillé d'eau de mer, fut dévoré en un seul jour. Les espérances qu'ils s'étaient forgées ne les rendaient peut-être point assez prudents en regard des exigences de l'avenir : ils comptaient sur un prompt secours des embarcations.

Pendant la nuit qui suivit leur abandon, ballottés par les vagues de la mer, ils se choquaient les uns contre les autres, ou tombaient entre les intervalles des pièces mal jointes qui composaient le radeau. Plusieurs périrent ainsi brisés ou mutilés; d'autres furent lancés dans la mer par la violence des secousses; d'autres, enfin, s'y jetèrent volontairement pour terminer leurs souffrances. Le lendemain, à l'heure de la distribution des vivres, on s'aperçut qu'il manquait déjà vingt hommes. La nuit suivante fut encore plus affreuse que la précédente ; le vent souffla avec une violence extrême ; des montagnes d'eau couvraient à chaque instant les malheureux naufragés, et se brisaient sur eux avec fureur. Ils furent obligés de se serrer au centre, partie la plus solide du radeau : ceux qui ne purent se grouper dans ce poste périrent presque tous. Sur l'avant et sur l'arrière, les lames déferlaient avec tant d'impétuosité qu'elles entraînaient les plus vigoureux. On se poussait si fortement au milieu, que quelques infortunés furent étouffés par le poids de leurs camarades, qui tombaient sur eux à chaque instant.

Les soldats et les matelots, effrayés, et croyant fermement qu'ils allaient être engloutis, résolurent d'adoucir leurs derniers moments en buvant jusqu'à perdre la raison : ils firent un trou au tonneau de vin, qui se trouvait au milieu d'eux, sans que les officiers, qui partageaient leur découragement, les en empêchassent, et, avec de petits gobelets de fer-blanc qu'ils avaient sauvés, ils essayèrent de s'enivrer. Cependant l'eau de la mer pénétrant par le trou qu'ils avaient pratiqué, les força de s'arrêter assez promptement ; mais les fumées du vin ne tardèrent pas à porter le désordre dans des cerveaux déjà affaiblis par des fatigues sans relâche, par la crainte de la mort, et par le défaut d'aliments. Devenus sourds à la voix de la raison, ils formèrent l'horrible projet de détruire le radeau, en coupant les amarrages, et de s'engloutir ainsi dans les flots avec leurs compagnons d'infortune. Ils manifestèrent hautement l'intention de se défaire d'abord des chefs, qui pouvaient s'opposer à leur dessein. Les sabres furent à l'instant tirés, et ces infortunés se chargèrent avec furie; ils ajoutaient ainsi, comme à plaisir, aux tourments et aux causes de destruction qui les assiégeaient sans cesse de toutes parts. Le sang coula, et rougit les dromes et les morceaux de bois sur lesquels on pouvait à peine se soutenir...

Dès que l'exemple du crime eût été donné, on ne s'arrêta plus : plusieurs de ceux qui se trouvaient resserrés dans cet étroit espace étaient le rebut de la société, déjà flétris par elle, et marqués du fer réprobateur; la terrible position où ils se trouvaient donnait un libre essor à leurs affreux penchants. Ceux qui, dans tous les temps, devaient avoir le droit de leur commander, se trouvaient en quelque sorte à leur merci; en les sacrifiant, ils se procuraient, avant de mourir, la jouissance infernale de faire le mal impunément. Ils se révoltèrent donc, et fondirent sur les officiers et les passagers qui, connaissant leur dessein, s'étaient retirés à l'autre extrémité du radeau. Ceux-ci, mieux armés, qui avaient conservé encore leur sang-froid, et que l'intempérance n'avait pas affaiblis, se défendirent avec courage, repoussèrent leurs ennemis, jonchèrent le radeau de cadavres, et les précipitèrent dans la mer. Mais la faim, le peu de provisions qui restaient, devinrent, entre ceux qui survécurent, des sources continuelles de dissensions.

L'exaspération et la fureur, causées par tant de souffrances, anéantirent en eux tout sentiment d'humanité. La plume se refuse à tracer les dégoûtantes horreurs qui vont suivre. Ces malheureux, exténués par un long jeûne, auxquels les vagues de la mer, jaillissant continuellement sur leurs sanglantes blessures, faisaient pousser à chaque instant des cris douloureux, en vinrent, pour prolonger de quelques heures une si misérable existence, jusqu'à se nourrir de la chair de leurs compagnons qu'ils avaient tués, et burent leur urine pour soulager le tourment de la soif. De cent cinquante-deux qui avaient été embarqués sur le radeau, il n'en restait plus que trente. Deux d'entre eux, qui furent pris buvant avec un chalumeau, et en fraude, de la seule barrique de vin qui restait, furent jetés à la mer. Un jeune élève de marine, enfant de douze ans, l'objet de la tendresse et des soins de tout l'équipage, par sa figure angélique, la douceur de sa voix, son excellent caractère et son courage, s'éteignit comme une lampe qui cesse de brûler faute d'aliments. Le nombre de ceux qui restaient se trouvait donc réduit à vingt-sept. « Mais, dit dans son récit un des acteurs de cette terrible scène, quinze, sur les vingt-sept, paraissaient devoir exister quelques jours ; tous les autres, couverts de larges plaies, avaient presque entièrement perdu la raison. Cependant ils avaient part aux distributions, et pouvaient, avant leur mort, consommer, disions-nous, trente à quarante bouteilles de vin qui nous étaient d'un prix inestimable. On délibéra. »

Le résultat de cette exécrable délibération fut que les quinze plus forts jetteraient les autres plus faibles à la mer ; ce qui fut exécuté...

Dans le nombre des victimes se trouvaient une cantinière et son mari. Cette dernière s'était associée, pendant vingt ans, aux glorieuses fatigues de nos troupes, elle avait porté d'utiles secours et de douces consolations aux braves de nos champs de bataille.

Six jours après, les quinze malheureux qui restaient furent enfin rencontrés par *l'Argus,* envoyé à la recherche du radeau. Ils étaient près d'expirer, et ressemblaient plus à des cadavres auxquels on aurait enlevé l'épiderme, qu'à des êtres encore vivants : ils furent conduits à l'île Saint-Louis ; mais, malgré tous les soins qui leur furent prodigués, cinq d'entre eux périrent peu de temps après leur arrivée. Ainsi, de cent cinquante-deux infortunés embarqués sur ce fatal radeau, dix seulement purent survivre, et vinrent apprendre, par leurs affreux récits, combien l'homme peut accumuler de souffrances et de crimes pendant le court espace de quinze jours.

La nature nous fait trouver souvent dans l'excès de nos maux un soulagement : ainsi, ces pauvres réfugiés du radeau, en perdant la raison, perdirent aussi le sentiment de leur affreuse situation. Quelques-uns étaient en proie à des illusions trompeuses : c'est pendant la nuit que cette espèce de fièvre, que l'on nomme *calenture,* s'empare de celui qu'un jeûne prolongé a jeté dans un affreux état de faiblesse ; il s'éveille entièrement privé de raison ; son regard étincelle, il s'échappe de son lit, et croit voir autour de lui les forêts les plus belles, les prairies les plus émaillées, les fruits et les aliments les plus délicieux ! Cette erreur le réjouit ! sa joie éclate. Lorsque cette maladie affecte un marin, il monte sur le pont, il témoigne le plus ardent désir de se jeter à la mer, parce qu'il croit pouvoir descendre dans un pré. M. Corréard croyait parcourir les plus belles campagnes de l'Italie. Plusieurs des naufragés se croyaient encore, dans leur délire, à bord de *la Méduse*, et se persuadaient qu'ils voguaient tranquillement ; d'autres voyaient des navires et les appelaient à leur secours.

M. Brédif, qui se trouvait embarqué sur la chaloupe, raconte ainsi ses souffrances : « La lune étant couchée, excédé de besoin, de fatigue et de sommeil, je cède à mon accablement, et je m'endors malgré les vagues prêtes à nous engloutir. Les Alpes et leurs sites pittoresques se présentent à ma pensée ; je jouis de la fraîcheur de l'ombrage ; je renouvelle les moments délicieux que j'y ai passés ; le souvenir de ma bonne sœur fuyant avec moi, dans les bois de Kaiserlautern ; les Cosaques qui s'étaient emparés de l'établissement des mines, sont à la fois présents à mon esprit. Ma tête était penchée au-dessus de la mer ; le bruit des flots qui se brisent contre notre frêle barque produit sur mes sens l'effet d'un torrent qui se précipite du haut des montagnes : je crois m'y plonger tout entier. Tout à coup je me réveillai ; ma tête se releva douloureusement ; je décollai mes lèvres ulcérées, et ma langue desséchée n'y trouve qu'une croûte amère de sel, au lieu de cette eau que j'avais vue dans mon rêve. Le moment fut affreux, et mon désespoir extrême. »

Après la découverte du radeau, on dut se préoccuper de la recherche des canots qui n'étaient point arrivés à Saint-Louis en même temps que le gouverneur. La position des naufragés dans ces embarcations était, en effet, infiniment plus triste que celle des dix-sept personnes restées sur *la Méduse*. Si la mer n'avait point encore alors démoli la frégate, il était naturel de penser que les dix-sept malheureux qui avaient persisté à y attendre des secours, y avaient facilement subsisté des barils de salaison qui s'y trouvaient en grande quantité : le même espoir n'existait point pour des canots encombrés de monde, et où, conséquemment, peu de vivres avaient été embarqués.

Cependant une somme de cent mille francs, que l'on n'a jamais pu retrouver, avait été embarquée pour les besoins de la colonie ; on se décida donc, quoique trop tard, pour satisfaire aux devoirs de l'humanité, à envoyer une goëlette sur le lieu du naufrage : elle était chargée de secourir les hommes qui devaient s'y trouver encore, et de faire plonger dans l'intérieur du bâtiment, afin d'y découvrir l'argent qui y avait été déposé. Cette goëlette, partie le 26 juillet, mais ayant été contrariée par des vents alisés d'une grande force, elle gagna si peu au vent, que huit jours après elle fut obligée de relâcher. Elle partit de nouveau et éprouva au large un coup de vent assez fort pour que ses voiles en aient été endommagées; il fallut donc encore revenir au point de départ, après quinze jours de navigation complétement inutile. Enfin, la goëlette repartit une troisième fois, et atteignit *la Méduse* cinquante-deux jours après son abandon.

Les dix-sept individus, qui étaient restés sur cette frégate, avaient rassemblé tous les vivres qu'ils avaient pu parvenir à extraire de la cale du bâtiment : tant que les provisions durèrent, la paix régna parmi eux; mais quarante-deux jours s'écoulèrent sans qu'ils vissent paraître les secours qu'on leur avait promis en partant; alors douze des plus impatients et des plus courageux, se voyant à la veille de manquer de tout, résolurent de gagner la terre. Ils construisirent un radeau avec les différentes pièces de bois qui provenaient de la frégate; mais ils furent victimes de leur témérité, car les restes de leur radeau, qui furent trouvés sur la côte du désert de Sahara par les Mores, sujets du roi de Zaïde, ne laissèrent plus aucun doute sur leur fin déplorable. Un matelot, qui s'était refusé à s'embarquer sur ce radeau, voulut aussi gagner terre quelques jours après le départ de celui-ci; il se mit dans une cage à poules, et, à une demi-encâblure de la frégate, il fut submergé. Au reste, si ces malheureux n'eussent point péri dans les flots, il est presque certain qu'ils eussent tous succombé aux tourments horribles de la faim.

Les quatre qui étaient restés se décidèrent à mourir à bord plutôt que d'affronter des dangers qui leur paraissaient insurmontables. Un de ces quatre venait de mourir de besoin quand la goëlette arriva; son corps avait été jeté à la mer. Les trois autres étaient très-faibles; et deux jours plus tard, on n'aurait trouvé que leurs cadavres. Ces malheureux occupaient chacun un endroit séparé, et n'en sortaient que pour aller chercher des vivres, qui, dans les derniers jours, ne consistaient qu'en un peu d'eau-de-vie, du suif et du lard salé. Quand ils se rencontraient, ils couraient les uns sur les autres et se menaçaient de coups de couteau. Tant que le vin avait duré, avec quelques autres provisions, ils s'étaient parfaitement soutenus; mais, dès qu'ils eurent été réduits à l'eau-de-vie pour boisson, ils s'étaient affaiblis de jour en jour. Ils se trouvèrent enfin réunis à tous les infortunés échappés aux mêmes désastres, lorsqu'on les eut heureusement transportés à l'île Saint-Louis.

Ainsi que nous l'avons dit plus haut, soixante-trois hommes avaient pris terre à huit lieues au nord des Mottes-d'Angel : ils déférèrent le commandement de leur caravane à un adjudant sous-officier, nommé Petit, jeune homme de vingt-huit ans, ferme et intelligent. Avant de se mettre en route, on fit l'appel; mais déjà sur soixante individus qui avaient débarqué, il ne s'en trouvait plus que cinquante-sept.

Six d'entre eux, en arrivant à terre, s'étaient écartés de leurs compagnons d'infortune : de ce nombre était le naturaliste Kummer, qui s'était éloigné dans l'espoir que les Mores lui donneraient de quoi satisfaire sa faim et sa soif. Les cinquante-sept malheureux se mirent en marche ; le soleil était brûlant, ils ne trouvèrent point d'abris pour se reposer, point de sources pour étancher leur soif. Le soir, ils atteignirent trois collines de sables, situées au bord de la mer. Ils y rencontrèrent quelques cabanes inhabitées, où l'on avait laissé un grand nombre de débris de sauterelles, restes de quelques repas.

Le 7, vers deux heures du matin, la caravane, profitant de la fraîcheur de la nuit, se mit en route ; quelques hommes voulurent étancher leur soif en buvant de l'eau de mer, mais elle leur causa d'horribles coliques et de violents vomissements ; d'autres burent de l'urine : mais cette triste ressource fut bientôt épuisée ; enfin, d'autres eurent l'heureuse idée de creuser de petits puits au bord de la mer, ce qui leur procura une eau bourbeuse, mais moins salée, moins nuisible que celle de l'Océan. Malgré ce secours, la plupart désiraient que les Mores vinssent les réduire en esclavage : on ne trouva ni plantes, ni animal qu'on pût manger, excepté des crabes, dont la chair, lorsqu'elle est mangée crue, donne de très-fortes coliques.

La troisième nuit se passa comme la précédente ; seulement, on entendit siffler beaucoup de serpents, qui troublèrent souvent les rêves enchanteurs de ces malheureux étendus sur le sable, et dormant du sommeil de la fièvre. A deux heures du matin, on se remit encore en marche. Cette journée fut une des plus cruelles qu'ils aient passées dans le désert ; la femme d'un caporal, exténuée de fatigue, se laissa tomber à terre, et déclara qu'elle ne pouvait aller plus loin... Son mari, désespéré, chercha à réveiller son courage en l'effrayant; il menaça de la tuer : « Frappe, dit-elle, je cesserai de souffrir ! » Il la traîna près d'une mare d'eau salée, où il eut la douleur de la voir expirer... Cependant la caravane passa la nuit dans ce lieu, et son repos fut troublé par le cri des oiseaux, l'agitation des reptiles et le rugissement des lions.

Le 10, la moitié de la troupe ne put se relever; des douleurs aiguës accompagnées d'engourdissements paralysaient ces malheureux; ils demandaient, en grâce, qu'on les fusillât... La chaleur du soleil les réchauffa et leur rendit l'usage de leurs membres. Pendant la nuit suivante, qui était la onzième passée dans le désert, le délire s'empara de toutes les têtes; ils s'entendaient par signes, car leur langue desséchée ne leur permettait plus de parler : un d'eux s'imagina de déchirer le bout de ses doigts pour sucer son sang, plusieurs l'imitèrent; mais cet expédient n'empêcha pas quelques-uns de succomber pendant le cours de cette nuit même.

Le 11, vers deux heures du matin, l'adjudant Petit venait de se mettre en route avec l'avant-garde, lorsqu'ils découvrirent des cabanes d'où s'élancèrent aussitôt une quarantaine de Mores armés de poignards : ces barbares s'emparèrent de l'avant-garde, mais Petit leur échappa et rejoignit la caravane; il proposait des moyens de défense, lorsqu'une voix s'écria : « Eh bien, les Mores nous donneront à boire! » En même temps, on s'avança au-devant de cette bande qui accourait comme une meute à la curée. En un clin d'œil, les naufragés furent dépouillés de leurs vêtements; ils se prêtaient eux-mêmes à cette honteuse spoliation, en suppliant qu'on leur donnât un peu d'eau et de mile; enfin, on les conduisit à un marigot, où ils burent à leur aise d'une eau amère et couverte de mousse, que leur estomac affaibli rejetait presque aussitôt après l'avoir bue. Le chef de ces sauvages prit la main de l'adjudant Petit et le fit asseoir près de lui; il voulut savoir le pays des naufragés, d'où ils venaient, où ils allaient, comment ils étaient parvenus à la côte, ce que contenait leur vaisseau et ce qu'il était devenu. Pendant cet interrogatoire, les femmes partageaient le butin, les guerriers dansaient, poussaient des cris par lesquels ils témoignent ordinairement leur allégresse.

Ce chef consentit à conduire les naufragés au Sénégal, à condition qu'on lui donnerait des toiles de Guinée, de la poudre, des fusils et du tabac. Il leur fit distribuer un peu de poisson, et donna le signal du départ.

Le 12, après quelques heures de marche, on rencontra une seconde bande de Mores beaucoup plus forte que celle qui conduisait les naufragés. Celle-ci voulut résister et fut vaincue; son chef fut renvoyé avec la barbe et les cheveux rasés.

Hamel était le nom du vainqueur : « Je suis, dit-il en mauvais anglais, le prince des Mores pêcheurs et votre maître; vous allez être conduits à mon camp. » On y arriva vers le soir, mais on n'y trouva, au milieu de quelques chétives cabanes, que des femmes et des enfants laissés à la garde des troupeaux; on n'eut pour boisson que de l'eau bourbeuse et amère, et pour nourriture que des crabes crus et des racines filandreuses. On força les captifs à arracher des racines, à charger et décharger les chameaux, à panser les bestiaux. Lorsque le sommeil, plus fort que toutes les douleurs, venait fermer leurs paupières, les femmes et les enfants s'amusaient à les pincer jusqu'au sang, à leur arracher les cheveux et le poil de la barbe, à jeter du sable dans leurs plaies : ils se délectaient surtout à entendre leurs cris et leurs gémissements.

Le 16, le prince Hamel distribua aux naufragés dix gros poissons avec à peu près deux verres d'eau pour chaque homme, et demanda ce qu'ils lui donneraient pour les conduire au Sénégal. On le pria de dire lui-même ce qu'il désirait : on lui promit davantage; et sur-le-champ on se mit en route, lui enchanté de sa fortune, les captifs satisfaits de quitter cet odieux séjour.

Le 17, au lever du soleil, les captifs aperçoivent un vaisseau qui s'approchait rapidement; ils reconnaissent le pavillon français, leurs cœurs palpitent de désir et d'espérance, lorsque tout à coup ils le voient changer de route, s'éloigner et disparaître : c'était *l'Argus*, qui cherchait les naufragés pour les ramener au Sénégal; mais il n'avait pas vu les signaux qu'on lui avait fait du rivage. Ce fut un bonheur pour les malheureux abandonnés sur le radeau; car *l'Argus*, ayant continué sa route, les rencontra par hasard ce jour-là même, et presque au moment où ils allaient expirer de besoin.

La caravane se remit en route. Le 18 et le 19, on fut réduit à boire de l'urine de chameaux mêlée avec un peu de lait, et l'on trouva cette boisson préférable aux eaux du désert.

Enfin, le 19, on rencontra un marabout qui annonça l'arrivée prochaine d'un envoyé de la colonie : M. Karnet, en habit de More, monté sur un chameau, parut bientôt accompagné de quatre autres marabouts. Ce philanthrope irlandais venait, à travers de grands périls, apporter aux naufragés des vivres qu'il leur distribua en arrivant. Personne n'ayant la patience de laisser cuire le riz, on l'avala tout cru, et aux tourments de la faim succédèrent de dangereuses indigestions, qui n'empêchèrent pas cependant d'acheter un bœuf et de le faire cuire à la manière des Mores. Voici en quoi elle consiste : on creuse un grand trou ; on y allume un feu de racines, seul combustible que présente la côte ; puis on y jette l'animal ; on le couvre de sable, et par-dessus on entretient un feu ardent. Petit et quelques soldats contenaient les plus affamés, qui voulaient déterrer le bœuf et le dévorer sans plus attendre ; enfin, on le partagea. Cette viande coriace, mangée avidement, produisit de funestes effets. Un Italien s'en gorgea au point de se faire enfler le ventre, et il en mourut le lendemain. D'autres, par suite de ce changement subit de régime, tombèrent en démence. L'un d'eux demandait qu'on ne l'abandonnât pas dans le désert, et prenait toutes les manières d'un enfant : M. Karnet le traitait de même, et lui donnait, pour l'apaiser, du sucre et de petits pains américains.

Le même jour, *l'Argus* reparut à une lieue environ : ayant entendu quelques coups de fusil tirés par M. Karnet, il s'approcha du rivage autant qu'il put et envoya à terre une embarcation. Comme elle tentait en vain de franchir les brisants, M. Karnet, Hamel et son frère les passèrent à la nage, et parvinrent au canot, dans lequel ils entrèrent, et qui les porta au brick. Le capitaine, M. Deparnajon, leur remit un baril de biscuit avec quelques bouteilles d'eau-de-vie, et les renvoya dans un autre canot, mais qui ne put non plus traverser les brisants. Alors ils se mirent à la mer avec leur cargaison, et parvinrent à la pousser devant eux jusqu'au rivage. Aussitôt, l'adjudant Petit fit une distribution de biscuit et d'eau-de-vie, et chargea le reste sur des chameaux. Ce fut alors que la caravane apprit de *l'Argus* le malheureux sort des naufragés du radeau ; on n'était plus qu'à une vingtaine de lieues de la colonie du Sénégal. La caravane y arriva enfin, le 23 juillet à midi. Malgré toutes les souffrances d'un si rude trajet, une femme et cinq hommes seulement avaient péri ; trois s'étaient écartés dans le désert. Un d'eux, militaire, fut enlevé par les Mores, resta plus d'un mois parmi eux, et fut ensuite ramené à l'île Saint-Louis.

Cependant, à cette faute grave de la Restauration, on peut opposer le soin que prit son gouvernement de poursuivre l'abolition de la traite des noirs.

L'esclavage a deux périodes bien marquées. La première se perd dans la nuit des temps. Nous trouvons partout l'esclavage chez les anciens peuples. Chez eux ce fut la guerre qui en devint l'origine, chez nous, ce fut l'avarice seule qui fit des esclaves.

Chez les anciens, les prisonniers de guerre étaient esclaves de droit ; c'était d'abord la force brutale qui agissait. En temps de guerre on les vendit, on en trafiqua. La piraterie des Grecs et des Romains eut aussi ses vaisseaux négriers. Les esclaves étaient hors la loi ; méprisés du peuple et des grands, ils étaient regardés comme des brutes et traités comme tels. Et cependant ces hommes qu'on foulait aux pieds trouvaient encore justice de leurs maîtres ; ils avaient leurs temples et leurs autels. Lorsqu'ils parvenaient à s'y réfugier, c'était pour eux un asile inviolable. De là ils parlementaient et demandaient justice, et l'obtenaient. De nos temps, jusqu'au moment de l'abolition de la traite des noirs, point de temples, point de tribunal pour les nègres : on ne pensait qu'à une seule chose pour eux : c'était au bourreau !

Dans l'antiquité aussi, les affranchis n'étaient pas rares. La liberté était donnée à quiconque la méritait. C'est de la classe des esclaves que se sont élevés Esope, Phèdre, Epictète, Térence.

La première époque de l'esclavage dura jusqu'au jour où la religion du Christ se répandit par le monde. Cette religion, qui posa les droits de tous, régénéra les peuples, fit pâlir les maîtres et tressaillir les esclaves. Et pourtant quelques siècles après, ce furent encore des hommes et des prêtres qui, la croix à la main, rétablirent l'esclavage en Amérique. C'est la seconde période de l'esclavage : la véritable origine de la traite des noirs.

Fernand Cortez et Pizarre avaient suivi la route tracée par Colomb, et acquis à l'Europe les richesses du Mexique et du Pérou. Il y avait de l'or en abondance dans ces pays, mais il fallait l'extraire des entrailles de la terre, et les Espagnols, après avoir plutôt massacré que vaincu les peuples sauvages, retombaient dans leur sieste et leur indolence naturelle sur un sol plus brûlant que celui de leur patrie. Il ne leur resta assez de force que pour engloutir les vaincus dans ces carrières sans fin, d'où ils ne cessaient d'extraire de l'or.

Mais bientôt cette population, habituée à respirer l'air libre et pur des campagnes, s'éteignit dans les tombeaux qu'on la forçait à creuser. Les bras vinrent à manquer pour les travaux ; il fallut donc encore des esclaves aux Espagnols. Ils se rappelèrent ceux qui étaient venus à la suite des Mores, lorsque Grenade tomba en leur pouvoir. Ils armèrent des vaisseaux et allèrent sur la côte d'Afrique voler des nègres. Ils les prirent d'abord de force en les combattant. Plus tard, voyant qu'ils avaient déserté la côte et qu'ils s'étaient retirés dans les terres, ils cherchèrent à les attirer vers eux par la ruse. Ils séduisirent leurs yeux, favorisèrent leurs penchants vicieux, et profitèrent de toutes leurs faiblesses. Les objets les plus communs de notre Europe devinrent pour les nègres des objets de luxe. Alors un traité de paix et de commerce fut conclu entre l'Europe et l'Afrique. Les rois nègres s'engagèrent à vendre leurs prisonniers de guerre et leurs sujets criminels.

Mais à mesure que les objets apportés par les Européens pour faire l'échange, se répandaient dans le pays, les nègres prenaient l'habitude de les posséder et les convoitaient sans cesse. Alors chaque chef de peuplade nègre fit la guerre à son voisin pour avoir des prisonniers à vendre. Et lorsque les prisonniers manquèrent, on les arracha de force à leur famille et on les porta à fond de cale de négrier. Bientôt les époux vendirent leurs femmes, les frères leurs frères, les pères leurs enfants. La traite s'étendit d'un bout à l'autre du monde. Les guerres furent éternelles en Afrique, les mères étouffèrent leurs enfants pour qu'ils ne fussent pas esclaves ; pendant que les rois de l'Europe donnaient des priviléges à leurs sujets pour faire la traite.

Ce fut surtout en 1740 que les négriers anglais couvrirent les mers : on compta annuellement deux cents navires, armés pour la traite, qui sortirent des ports de Londres, de Lancastre, de Bristol et de Liverpool.

Le Danemarck prit peu de part à la traite.

Elle apparaît chez les navigateurs français, pour la première fois, dans l'ordonnance de Louis XIII, qui l'autorise et la commande. Elle diminue et augmente successivement à mesure que la France perd, en 1756, son établissement en Sénégambie, qu'elle le reprend en 1779, et le perd de nouveau en 1792.

Cette progression effrayante, dans laquelle marcha chaque nation de l'Europe, dépeupla peu à peu l'Afrique, et s'étendit de jour en jour sur toutes les côtes. Le passage des négriers laissait des traces de désolation et de solitude. On ne voyait plus que des vieillards, des femmes et quelques enfants. Les nègres trafiquèrent des nègres, sous le nom de courtiers ou de facteurs. On établit des règlements, des usages, des lois, qui furent observés comme une charte. La première classe de courtiers est celle qui se tient sur la côte; la seconde est composée de ceux qui voyagent dans l'intérieur des terres; la troisième et la plus pauvre, de ceux qui communiquent directement avec les vaisseaux.

La traite s'est longtemps faite avec des marchandises de l'Inde, telles que des petites coquilles qui servent de monnaie sur la côte, des étoffes blanches et bleues de l'Orient, des barres de fer, des chaudières, des cotons, des eaux-de-vie, etc. Mais, plus tard, les rois nègres ont exigé des armes et des munitions. Alors les négriers ont donné, en échange des esclaves, des armes qui ne pouvaient longtemps servir et qui se brisaient ou crevaient entre les mains des nègres.

La traite commence à peu près à la grande rivière du Sénégal, et s'étend jusqu'à la partie la plus reculée d'Angola.

Les Européens font la traite sur les rivières du Sénégal et de Gambie, en remontant avec leurs vaisseaux jusqu'à un lieu favorable à jeter l'ancre. Ils arment alors leurs canots et les envoient vers les villages; lorsqu'ils sont parvenus à portée, ils tirent des coups de fusil ou battent du tambour. C'est un signal pour avertir les nègres qu'un vaisseau est en rade et a besoin d'esclaves. Les nègres allument de grands feux sur la côte, pour **donner avis** aux Européens qu'ils ont des esclaves à leur livrer, mais ils ne **les livrent** que par trois ou quatre à la fois.

Les moyens d'échange **varient** suivant les différents endroits. A la côte, vers le vent, et à **Bonny**, l'objet ordinaire d'échange est appelé, par les Africains et les Européens, *une barre;* à la côte d'**Or** et à

Whidah, on l'appelle *une once*; à Talabare, *un cuivre*; à Bénin, *une chaudière*; à Angola, *une pièce*.

Les négriers et les courtiers trafiquent de l'espèce humaine comme nous trafiquons des marchandises. Ce commerce de honte et de sang se fait encore par contrebande; seulement, n'étant plus permis par les lois, il a autorisé les négriers à user plus que jamais de ruses et de violence.

Les esclaves se divisent en plusieurs ordres : ceux qui le deviennent par ruse ou par violence; ceux que leur propre souverain a faits prisonniers en opérant des excursions dans ses Etats; les Africains convaincus de crimes; les prisonniers de guerre. La guerre a été allumée par les Européens sur les côtes d'Afrique, sans motif, sans autre but que celui de faire des esclaves.

Les êtres qui naissent dans la servitude forment une cinquième classe. Sur la côte, on voit des marchands établis qui en tiennent magasin. Les mères ne sont jamais vendues avec leurs enfants; enfin, les esclaves qui ont perdu leur liberté au jeu. Cette passion est si violente chez les Africains, que lorsqu'ils ont tout perdu, ils jouent la liberté de leurs femmes et de leurs esclaves. Un Africain de la nation de Mundigoë avait tout perdu au jeu, il ne lui restait que trois esclaves, il les joua et les perdit. L'un d'eux prit la fuite, le maître fut emmené esclave à sa place.

Une fois vendus aux négriers, les esclaves sont enchaînés, traînés à bord et jetés à fond de cale. Ils y périssent plus souvent par le manque d'air que de nourriture. Ordinairement, le tiers des nègres périt soit par l'épidémie, les mauvais traitements, le mal du pays, le désespoir et la révolte, qui les tuent.

Sur un vaisseau à l'ancre devant Bonny, on mena un jour un nègre prendre l'air sur le pont. Ce malheureux aperçoit près de lui un couteau; aussitôt, quoique enchaîné à un compagnon, il saute sur cette arme, s'en saisit et tue le matelot qui est de garde près de lui : puis, forçant son compagnon à le suivre, il tue trois autres matelots. Mais comme il s'aperçoit que le nègre auquel il est enchaîné ne le seconde pas, il le poignarde lui-même, en exprimant, par ses gestes et par son regard, le mépris qu'il lui inspire. Il cherche le capitaine pour l'immoler à sa vengeance, et déjà il est à la porte de sa chambre, traînant après lui le cadavre de son compagnon, lorsqu'un coup de feu l'étend raide mort.

Sur un autre navire négrier les esclaves avaient juré de se faire libres ou de mourir. Deux d'entre eux parviennent à rompre leurs chaînes et s'avancent bravement vers les matelots. Ceux-ci cherchent à les réduire, mais vainement, car les nègres ont les bras libres. Ces esclaves poursuivent les matelots suivis de leurs compagnons, qui, bien que enchaînés, marchent avec eux; ils arrachent le sabre de la sentinelle, parviennent à briser quelques fers, et livrent un combat opiniâtre aux matelots, qui sont obligés de se retirer dans les hunes. Les nègres n'ayant pour toutes armes que des morceaux de bois qu'ils ont pris à fond de cale, se dirigent vers la chambre du capitaine. Mais celui-ci, ayant été averti par deux matelots, s'arme ainsi qu'eux de fusils, et à chaque pas que font les rebelles dans l'escalier étroit qui conduit à sa chambre, ils tombent morts ou blessés.

Les matelots profitèrent de ce moment pour descendre des hunes, et bientôt les nègres furent réduits. On se hâta de les passer en revue, pour voir la perte que le négrier éprouvait. Le plus grand nombre était couvert de blessures; à tous ceux là il fut ordonné de se jeter à la mer. Ils auraient été estropiés, ou auraient coûté plus de soins qu'ils n'eussent rapporté d'argent : on s'en déchargea comme d'un fardeau inutile. Les nègres obéirent avec joie. Ceux qui n'avaient pas de parents sautèrent sur-le-champ à la mer; ceux qui en avaient encore ne prirent que le temps de les embrasser, et disparurent dans les flots.

A la pompe! à la pompe! Ce cri s'élève d'un brick négrier, en rade de Bourbon. La mer monstrueuse brisait à deux milles au large, et le coup de canon parti de terre venait de sommer les navires, mouillés en rade, de filer leurs câbles par le bout pour ne pas être afalés sur la côte. Une voix d'eau s'était déclarée, et, malgré les efforts de huit bras vigoureux, qui se relevaient sans interruption, on sentit que l'eau gagnait. Après des recherches inouïes on parvint à découvrir l'endroit du bâtiment par où l'eau entrait avec tant de violence; un bordage déchevillé laissait une large ouverture à la lame, qui s'y engouffrait avec fureur. C'en était fait de tout l'équipage si l'on n'eût travaillé promptement, avec une ardeur que le danger rendait plus active. En un instant l'équipage tout entier se porta du côté où le péril paraissait le plus imminent. Et, grâce au zèle de chacun, on conçut quelque espérance de salut. Le travail une fois terminé, on se mit à la pompe. Mais ici les obstacles devinrent insurmontables : le pont du navire, presqu'à fleur d'eau, était couvert à chaque instant par les hautes lames, de manière à neutraliser l'effet de la pompe. C'est alors qu'il fallut se décider à prendre un moyen désespéré : le jet à la mer. Mais une pareille tentative n'était pas sans danger, et ne pouvait être menée à fin qu'à force de précautions et de mystère. Instruits de cette résolution et ne pouvant échapper au sort qui les attendait, les noirs auraient pu vendre chèrement leur vie et remporter une victoire certaine.

On fit donc assembler l'équipage en toute hâte pour lui faire part d'un projet qui devenait de plus en plus une nécessité. Repoussé d'abord par quelques-uns, ce projet ne tarda pas à être adopté d'une commune voix, et l'on se mit à l'œuvre. Les noirs, montés deux à deux sous prétexte de les rendre utiles aux manœuvres, étaient à peine arrivés sur le pont que, les bras liés et un boulet aux pieds, on les précipitait dans la mer. La gravure représente cet acte de barbarie, au moment où le navire est poursuivi.

Le capitaine négrier, arrivé sur la côte, des courtiers du pays viennent aussitôt à bord. Les esclaves ont été amenés près du rivage. Le capitaine descend à terre. Les esclaves à vendre arrivent sur une longue file, le corps courbé par la fatigue et la frayeur, chacun ayant le cou pris par une fourche longue de plus de six pieds, dont les deux pointes sont réunies vers la nuque par une barre de bois. Le marché conclu, on entasse ces malheureux à fond de cale ; on les presse d'une manière horrible à voir. La cruauté des négriers est ingénieuse à ne pas perdre la plus petite place. La même livraison contient les fers que l'on met aux esclaves. C'est d'abord un appareil nommé *barre de justice,* garni de menottes pour garrotter les pieds des esclaves. Chaque barre a environ six pieds de long ; elle est garnie de huit menottes qui servent à attacher huit esclaves. Puis c'est un carcan ou collier à charnière qui se ferme au moyen d'une vis ; il y a deux œillets qui sont destinés à recevoir les anneaux d'une chaîne que l'on arrête au moyen d'un cadenas passé dans deux chaînons, et qui sert à amarrer les esclaves, soit à bord, soit avant leur débarquement. Enfin des menottes pour les poignets, et des poucettes que l'on serre à volonté et de manière à faire jaillir le sang au moyen d'une vis et d'un écrou. Telle est la manière dont on traite les esclaves au milieu de la plus heureuse traversée.

Lorsque le navire est arrivé dans le port où doit se faire la vente des esclaves, on s'empresse de les préparer ; puis des *agents* viennent à bord, et les achètent pour des tiers ; ou l'on conduit les nègres dans un endroit public, et on les expose à l'encan, comme des bestiaux. Les acheteurs les examinent, les tâtent, les marchandent. Lorsqu'il y a des esclaves malades ou en mauvais état, ce sont d'ordinaire des juifs qui les achètent. Ils les rétablissent et les revendent ensuite avec bénéfice.

Que de nouvelles souffrances, que de fatigues pour ces malheureux nègres, lorsqu'ils sont passés en de nouvelles mains ! D'abord il leur faut près de deux ans pour s'acclimater, pendant lesquels il en périt un tiers. On ne les tue pas, parce qu'ils valent de l'or, mais on les flagelle, on les meurtrit, parce qu'on guérit d'une meurtrissure. On ne les laisse pas vivre avec leurs parents, parce que le spectacle des souffrances d'objets qui leur sont chers, pourrait les exciter à la révolte. Lorsqu'un noir a choisi sa compagne, on l'arrache de ses bras, parce qu'elle porte en son sein un enfant qui vaut de l'or.

Plusieurs voix se sont élevées contre la traite. En Angleterre, ce furent Morgan Godoryn, John Voolman, Antoine Benezet, qui les premiers on cherché à flétrir ce honteux trafic. En 1754, les quakers déclarèrent qu'*il n'était pas dans les principes du christianisme de vivre dans l'opulence aux dépens de l'esclavage de ses semblables;* et plusieurs membres de cette société donnèrent sur-le-champ la liberté à leurs nègres. Plus tard, la parole puissante des Pitt, des Fox et des Wiberforce conduisit à l'abolition de la traite.

La France peut aussi citer avec un juste orgueil Frossard, l'abbé Genty, Necker, Reynal, Montesquieu, Jean-Jacques, Saint-Lambert, etc. Le Comité pour l'abolition de la traite des noirs, a aussi rendu de grands services à l'humanité.

En Espagne, Las Casas seul vint plaider la cause des Indiens au tribunal de Charles V.

Quant à l'Amérique, elle voulut se faire libre et elle le devint : la traite fut abolie ; l'Etat de Virginie en donna le premier l'exemple en 1776 ; bientôt il fut suivi de tous les Etats de l'Union.

En France, l'Assemblée nationale abolit de même la traite par un décret du 16 pluviôse an II. Ce décret fut cassé par le premier consul, sous prétexte que les besoins de nos colonies réclamaient impérieusement ce commerce. La traite fut donc rétablie. Enfin, abolie de nouveau avec restriction en 1814, elle fut définitivement proscrite en Europe dans le congrès des puissances alliées en janvier 1817. Plus tard, diverses ordonnances ont disposé des peines encourues par les négriers. Cette défense et ces peines les arrêtèrent faiblement ; ils firent clandestinement ce qu'ils avaient fait ouvertement. C'est ce que l'on fait encore de nos jours. Beaucoup de marins venaient d'être renvoyés, encore dans l'âge de servir leur pays, lors de l'abolition de la traite. Pour la faire alors, il fallait s'exposer à mille dangers, affronter les vaisseaux de l'Etat et braver les lois ; c'était presque une guerre à entreprendre, une victoire à remporter, de l'or à gagner ; ils firent la traite. Seulement, depuis qu'elle est défendue, les négriers sont devenus bien plus cruels envers leurs esclaves. Outre les maux de la traversée, souvent le propre danger des négriers auxquels on donne la chasse, leur fait sacrifier leur cargaison tout entière. Ils enferment leurs captifs deux à deux dans une barrique et les jettent à la mer, s'ils craignent d'être atteints. Il n'est pas de supplices que n'aient inventés les négriers pour contenir les esclaves, dont ils craignent plus que jamais la révolte. Voici un événement de cette nature qui, au milieu d'un grand nombre, nous a paru mériter d'être cité :

Il y a une dixaine d'années, le bruit se répandit, dans la ville de New-York, que l'équipage noir d'un navire parti de la Havane, avec une cargaison de nègres, s'était révolté et avait tué tous les blancs, à l'exception de deux qui avaient pu s'échapper dans le canot ; et bientôt après, qu'un bâtiment suspect, à l'extérieur *noir, long et bas,* avait été vu à plusieurs reprises le long des côtes américaines. Les rapports identiques de pilotes qui avaient parlé au navire rôdeur et n'y avaient aperçu que des noirs bizarrement armés et accoutrés, ignorants de tout langage européen, ne permirent plus de douter que ce navire ne fût celui sur lequel avaient été massacrés les blancs sortis du port de la Havane. Aussitôt les bâtiments de l'Etat s'élancèrent de toutes parts à la poursuite de la nef suspecte, qui, après plusieurs jours de recherches vaines, fut enfin aperçue par le brick de guerre *le Washington,* saisie et conduite dans le port de New-London, Etat du Connecticut. Ainsi qu'on l'avait pensé, ce navire était celui-là même sur lequel s'était passée la tragédie ci-dessus rapportée. Son équipage fut immédiatement traduit devant une cour d'enquête, et des dépositions faites devant cette cour, ont résulté les faits qui suivent :

Trois mois auparavant, don Jose Ruiz, noble et riche Espagnol, avait quitté sa belle habitation, située à Principe, pour aller à la Havane acheter des esclaves. Il venait justement d'en arriver une cargaison de la côte d'Afrique. Don Ruiz en acheta quarante-neuf, et comme il avait en outre fait acquisition de beaucoup de marchandises de toute espèce, telles que poterie, ustensiles de cuivre, objets de toilette féminine, articles de luxe, etc., il fréta la goëlette *Amistead* pour transporter le tout à Guanaja, port non loin duquel se trouve Principe. Un autre Espagnol, le señor Montèz, vint à bord du même navire avec plusieurs esclaves achetés au même marché et de la même cargaison de don Ruiz. De son côté, le capitaine de la goëlette avait à son service un nègre nommé Antonio et deux matelots blancs. Telle était en son entier la composition de l'équipage.

Les esclaves de don Ruiz et du señor Montèz étaient tous originaires du Congo. Il y avait six semaines seulement qu'ils avaient quitté l'Afrique. Parmi eux en était un, nommé en espagnol Joseph Cinquèz, et qui était le fils d'un chef africain. Ce Cinquèz était, dit-on, un homme des plus remarquables par ses proportions physiques et morales. Sa sagacité et son courage font une exception brillante et presque phénoménale parmi sa race. Habitué à ordonner, il porte en lui cette dignité et ce prestige qui naissent du commandement ou qu'on fait naître pour lui. Seul debout, noble et fier parmi les siens à genoux, il est grand de tout leur abaissement. Ses yeux, s'ils ne sont pas flamboyants, ont l'expression d'une profonde résignation, contemplant et bravant d'avance le martyre. Ses lèvres sont plus épaisses et plus retroussées que celles des gens de sa race en général; mais en s'ouvrant, elles découvrent une double rangée de dents dont la régularité ne le cède qu'à la blancheur. Ses narines ont une mobilité et une puissance de contraction extraordinaires. Une large poitrine, des bras et des mains sur lesquels les muscles font saillie, une taille *herculéenne* de cinq pieds (américains) et sept pouces trois quarts de haut, et vingt-six ans d'âge, tel est le portrait que les journaux américains firent de cet homme, sur lequel se con-

NÉGRIER POURSUIVI,
Jetant ses nègres à la mer.

centra l'intérêt général. Cet intérêt fut si grand, que l'éditeur du *Sun* de New-York envoya à franc étrier un artiste prendre le croquis du nouvel *Oseola,* et que ce croquis unique se vendit des prix énormes. Il n'y avait que trois jours que la goëlette *Amistead* et son équipage noir étaient pris, et déjà sur un théâtre de New-York on jouait un drame dans lequel goëlette et équipage étaient représentés avec tous les épisodes de leur sanglante aventure !

La goëlette *Amistead,* chargée ainsi que nous l'avons dit, mit à la voile. Guanaja est à peu près à la distance de trente milles du port de la Havane. Pendant quatre jours tout alla bien ; le cinquième jour, le vent devint contraire. Pendant la nuit qui suivit cette journée difficile, le capitaine dormait sur le pont, avec son mulâtre couché à ses pieds, quand tout à coup une rumeur surgit de la cale où était enfermés les esclaves, et presque aussitôt le nègre Joseph Cinquèz parut sur le pont, armé d'un long couteau à sucre. Seul, il s'élança sur le capitaine, et, après une lutte opiniâtre, il lui fendit la tête en deux. Pendant ce temps, trois autres nègres, également intrépides, attaquaient le mulâtre du capitaine et les deux matelots blancs, et sortaient également triomphants de cette lutte homme à homme. Les autres nègres, lâche troupeau resté dans la cale, y réduisaient leur coopération à des cris et à un sabbat d'enfer. En les entendant, le vieux don Ruiz appela le nègre Antonio, resté fidèle, et lui dit d'aller jeter du pain aux noirs pour les empêcher de hurler ainsi. Mais déjà ceux-ci, avertis par Cinquèz que la besogne la plus difficile était faite, avaient envahi le pont en poussant des cris de mort. Dans le trouble de cette révolte, et à la faveur de l'obscurité profonde, l'homme qui était à la barre et un autre matelot espagnol parvinrent à détacher le bateau derrière et à échapper.

Quant aux señores don Ruiz et Montèz, le premier fut épargné, grâce à l'intervention d'Antonio et au respect presque superstitieux qu'il avait su inspirer à ses nouveaux esclaves; le second fut d'abord grièvement blessé par Cinquèz, qui l'attaqua corps à corps et l'aurait tué, si Antonio ne lui eût appris que Montèz était un ancien capitaine et qu'il pourrait les diriger sur mer. Tout blessé qu'il était, Montèz fut donc mis à la barre, et reçut l'ordre de diriger le navire du côté de l'Afrique, leur patrie ; mais Joseph avait remarqué, depuis son départ de la terre, qu'ils étaient venus du côté où le soleil paraissait se lever. Il ordonna donc que là fût dirigée la proue du navire ; de temps à autre, il vérifiait la direction suivie, et si la goëlette était détournée perceptiblement, il levait son couteau sur la tête de Montèz et lui faisait d'horribles menaces. Montèz n'en trouva pas moins le moyen de tromper son gardien ignorant. Le deuxième jour un orage l'y aida en le poussant dans le canal de Bahama. Longtemps ils y errèrent sans rencontrer un seul bâtiment. Le manque d'eau se fit sentir. Les nègres ordonnèrent à Montèz de les diriger vers la terre qui serait la plus proche ; il leur fit voir que c'était l'île Saint-André. Les nègres y descendirent, mais n'y trouvèrent ni eau, ni habitants. Montèz les dirigea alors vers New-Providence ; mais là les nègres n'osèrent pas débarquer.

Pendant ce temps, Joseph Cinquèz avait appris de lui-même, et par la seule observation, à gouverner. Le jour, il prit le gouvernail et ne le remettait à Montèz que la nuit, encore dormait-il tout près de la barre, ayant à ses côtés deux nègres, avec ordre de le réveiller à la moindre alarme. Sa vigilance et sa prudence instinctives avaient établi l'ordre parmi les noirs qui, dès l'abord, s'étaient livrés à tous les excès et à tous les débordements possibles. Ils avaient défoncé les colis, éparpillé et pillé toute la cargaison. Parmi celle-ci se trouvait une grande quantité de vins, de raisins et de médicaments, soit liquides, soit solides ; ils avaient bu et mangé de tout indistinctement, et si immodérément, que dix d'entre eux moururent en peu de jours d'indigestion et d'empoisonnement. Joseph Cinquèz arrêta cette orgie homicide, et fit défense de toucher à rien sans sa permission. Toute infraction à cet ordre fut sévèrement châtiée par ses mains. Lui-même ne cessa pas un seul instant d'observer la plus rigoureuse tempérance.

Toute nourriture fut répartie par lui, toute caisse ouverte désormais sous ses yeux. Il divisa le butin, et n'en prit que la plus petite part. Ses prisonniers eux-mêmes, Montèz et don Ruiz, admiraient cet homme dont le génie régulateur et l'esprit prudent avaient su acquérir une si haute influence au milieu de tant d'éléments de désordre et d'anarchie. Mais plus la prévoyance de cet homme était grande, plus leur sort à eux était devenu problématique, plus leurs espérances faiblissaient. La nuit, ils tiraient toujours à l'ouest, mais le jour défaisait l'ouvrage accompli dans l'ombre. A la fin, manquant d'eau et de vivres, ils parvinrent à persuader **Joseph qu'ils devaient se diriger au *nord de l'Est* pendant le jour.**

Environ deux mois après, autant que peuvent le supposer don Ruiz et Montèz, qui avaient perdu la connaissance des dates et des jours, ils se trouvèrent en vue de l'île appelée *Long-Island*, au-dessus de la baie de New-York. Ils avaient bien rencontré quelques bâtiments : l'un d'eux leur donna même une dame-jeanne d'eau ; mais quand ces bâtiments paraissaient, Joseph se plaçait aux côtés de don Ruiz, le seul qui parlât anglais, et l'intelligent et défiant Africain dévorait des yeux les lèvres de son dangereux interprète, comme s'il eût pu voir et deviner par l'intuition ces énigmatiques paroles.

Le nègre Antonio, ancien esclave du capitaine assassiné, était l'organe de communication entre le chef africain et don Ruiz. Ce nègre était d'origine africaine ; mais il vivait depuis huit ou dix ans à la Havane, et parlait, en conséquence, les deux langues, africaine et espagnole. Le sentiment des services qu'il pourrait en tirer le fit seul épargner de Cinquèz, qui, du reste, le méprisait comme renégat.

La goëlette *Amistead* fut rencontrée différentes fois sans que jamais il fût possible à don Ruiz et à Montèz de communiquer avec les bâtiments en vue et d'appeler leur assistance. De leur côté, les nègres ne purent réussir à se procurer en suffisance les vivres et l'eau dont ils avaient besoin. Les habitants des côtes d'Amérique, effrayés de ces hommes à l'extérieur bizarre, au langage inconnu, s'enfuyaient devant eux ou les chassaient à coups de fusil. Une fois, cependant, ces malheureux errants parvinrent à acheter quelques provisions, deux chiens et un fusil, pour lesquels ils donnèrent autant de doublons qu'on en voulut. L'achat de ce dernier objet, le fusil, est d'autant plus bizarre qu'ils en avaient déjà quelques-uns à bord, et qu'ils en ignoraient complétement l'usage. Deux capitaines américains, se promenant sur les grèves de Culloden, rencontrèrent, à ce qu'il paraît, quelques-uns des émissaires nègres, rôdant à la recherche de provisions. Les capitaines engagèrent avec eux une conversation par signes, et leur voyant des doublons dans les mains, leur demandèrent s'ils en avaient beaucoup à bord.

Les nègres firent comprendre qu'ils en avaient deux malles pleines, et les proposèrent aux Américains, s'ils voulaient venir à bord et les conduire en Afrique, du côté du soleil levant. Les deux capitaines leur dirent d'apporter leurs malles pleines de doublons à terre, et qu'alors ils les conduiraient dans un bon endroit, qui était le Sag-Harbor. Les noirs promirent de faire ainsi, et se rembarquèrent.

Pendant ce temps, le cutter armé des États-Unis, *le Washington*, rencontrait et abordait *l'Amistead*, qui était restée au large. En voyant paraître les officiers en uniforme, don Ruiz s'élança sur les sabords et leur cria : « Ces nègres sont mes esclaves ; ils se sont révoltés et emparés du bâtiment ; celui-ci est leur chef (désignant Joseph). Je demande votre protection. »

Les officiers du cutter américain prirent immédiatement possession de la goëlette, et la remorquèrent, après avoir désarmé les nègres. En voyant cela, Joseph Cinquèz descendit dans sa cabine, attacha autour de ses reins une ceinture rempli de doublons, et remontant à l'arrière, d'un seul bond il s'élança par-dessus le bord. Tandis qu'il était sous l'eau, il détacha la ceinture et reparut à la surface à peu près à trois cents pieds plus loin. Il avait été sous l'eau pendant plus de cinq minutes !

Le bateau du cutter fut mis immédiatement à sa poursuite. Quand le bateau l'approchait, il s'arrêtait ; puis, au moment où on croyait le saisir, il plongeait et reparaissait à cent pieds plus loin. Cette lutte entre le noir et les hommes blancs dura plus de quarante minutes. Enfin, voyant que ses efforts seraient infructueux, l'intrépide voyageur se livra lui-même. Quand il fut à bord du bateau, il sourit, et, entourant son cou de ses deux mains, il indiqua qu'il s'attendait à être pendu. On le transféra à bord du *Washington ;* mais bientôt il demanda si vivement à être reconduit sur *l'Amistead*, qu'on céda à sa prière. En le voyant rentré parmi eux, les pauvres nègres l'entourèrent avec des démonstrations de joie folle. Les uns dansaient, les autres riaient, criaient, pleuraient ; Joseph se tint au milieu d'eux, mais sans qu'une expression ni de crainte, ni de joie troublât l'imposante sérénité de sa face. Quand le bruit eut cessé, il leur adressa les paroles suivantes, reproduites par le nègre **Antonio :**

« Frères et amis, nous aurions revu notre patrie ; mais le soleil était contre nous. Je ne voulais pas vous voir esclaves des hommes blancs, c'est pourquoi je vous ai excités à m'aider à tuer le capitaine. Je pensais alors succomber dans ma tâche, j'espérais me faire tuer. Cela aurait été meilleur. Il vaudrait mieux que **vous eussiez été tués,** que de vivre de longues lunes encore dans la misère. Je vais être pendu, je pense; mais cela ne m'inquiète guère. Je mourrais heureux si, en mourant, je pouvais sauver mes frères de la servitude des hommes blancs. »

Ce discours causa une telle effervescence parmi les noirs, qu'on fut obligé de ramener par force Joseph Cinquèz à bord du *Washington*. Le héros noir se soumit à la contrainte avec une dignité stoïque; ses compagnons, au contraire, poussèrent des hurlements de douleur. Une fois dans le cutter, on lui mit des menottes pour empêcher une seconde tentative d'évasion. Il se laissa faire sans témoigner la plus petite émotion. Le lendemain, il fit comprendre par signes, que si l'on voulait lui permettre de retourner à bord de la goëlette, il donnerait aux officiers un mouchoir rempli de doublons. On y consentit, et on délia ses mains. La réception que lui firent les noirs fut encore plus désordonnée d'ivresse et d'enthousiasme que la veille. Au lieu de s'occuper à chercher les doublons promis, il rassembla les noirs et leur dit :

« Mes frères, je suis encore une fois parmi vous. J'ai trompé l'ennemi de notre race, en lui disant que j'avais de l'or. Je viens vous dire que vous n'avez qu'une chance de pouvoir trouver la mort, vous n'en avez plus pour la liberté; je suis sûr que vous préférez la mort, ainsi que moi. En tuant les hommes blancs qui sont maintenant sur ce bâtiment, et à cela je vous aiderai, vous pouvez vous faire tuer, à coup sûr, par leurs compagnons. C'est le meilleur parti à prendre; par là, vous évitez l'esclavage pour vous-mêmes et pour vos enfants. Suivez-moi, et alors... »

Le nègre Antonio, aposté pour l'écouter et veiller sur lui, fit un signal, et le chef indompté fut de nouveau saisi, garrotté et ramené à bord du *Washington*. Tandis qu'il adressait ce discours à ses compagnons, sa face brillait et ses yeux flamboyaient, tournés sur les matelots d'alentour.

Les noirs poussaient des cris rauques, et leurs regards étaient aussi farouches que les siens. Ils semblaient être sous une magique et démoniaque influence. En regagnant le cutter, Cinquèz ne fit pas un mouvement, mais il eut constamment les yeux fixés sur la goëlette. Rentré à bord du *Washington*, il fit mille gestes pressants pour qu'il lui fût permis de monter sur le pont, et une fois là, il commença à fixer son regard profond et perçant du côté de la goëlette. Mais les nègres ne bougèrent pas; leur talisman, leur âme les avait quittés.

Pour les abolitionistes, Cinquèz était un héros. Pour les partisans de l'esclavage et les observateurs de la loi écrite, c'était un bandit ou un meurtrier. Ceux-ci réclamèrent sa mort, ceux-là sa délivrance.

En attendant le jugement de ce procès, la foule se porta à New-London pour voir les pauvres nègres, qui formaient le tableau le plus grotesque qui se puisse imaginer. Ils s'étaient fait des vêtements de tous les objets qui leur avaient semblé les plus beaux. Les uns avaient endossé des robes de femme, les autres des habits d'ordonnance ; ceux-là portaient un shako, ceux-ci un bonnet de dentelle : ce fut une scène de mardi-gras aux pieds de la potence.

Voici un autre fait qui peut donner une idée de l'avarice des colons.

Le jeune D..., commis dans une maison de commerce à l'Ile-Bourbon, avait pour maîtresse une négresse esclave, appartenant à d'autres qu'à lui. Un jour elle vint le trouver et lui annonça avec angoisse qu'elle était enceinte. Affreuse nouvelle, car leur enfant allait naître esclave, et appartenir au maître de la mère.

Ces événements sont fréquents à l'Ile-Bourbon, et lorsque le père de l'enfant est libre, il achète l'enfant dans le ventre de la mère, pour qu'il ne naisse pas esclave et qu'il en puisse disposer à sa volonté. Il faut assister à ces hideux marchés pour s'en faire une idée, et jusqu'où peut aller l'avarice des maîtres.

D... avait huit mois devant lui pour racheter son enfant. Le maître de la négresse fixa à la somme énorme de deux mille francs le prix de l'enfant. Les huit mois s'écoulèrent et D... ne put se procurer les deux mille francs. La mère était au désespoir. Le terme fatal arriva. La négresse devint mère ; trois jours après la mer rejeta deux cadavres : celui de cette infortunée et d'un enfant !

Et pourtant ces mêmes colons veulent singer des sentimens de libéralisme.

Il y avait à peine un mois que la nouvelle de la révolution de Juillet était parvenue à l'Ile-Bourbon, lorsqu'un vaisseau venant de France apporta dans cette colonie *la Parisienne*. Ce chant national passa de main en main, et excita l'enthousiasme de tous. Le soir, au spectacle, le principal acteur, sur la demande générale, chanta cette nouvelle *Marseillaise*. Mais au paravant on eut soin de faire sortir les nègres. Alors les blancs restés entre eux, poussèrent des cris de liberté, tandis que les esclaves étaient refoulés par les soldats aux abords du théâtre. Ce ne fut que lorsque les blancs eurent apaisé leur enthousiasme pour la *liberté*, que les malheureux esclaves noirs purent rentrer dans la salle, où ils lurent sur le visage de leurs tyrans, la même dureté qu'ils y avaient toujours vue! Car ces maîtres demandaient la liberté, non selon Dieu et la justice, mais selon la couleur et la nation, liberté pour eux, dur esclavage pour les noirs! Aussi cachèrent-ils avec soin tous les événements de cette révolution. Ce qui n'empêcha pas que bientôt on entendit des nègres qui portaient des fardeaux dans la ville, ou ceux qui travaillaient la terre, chanter *la Parisienne* à pleine voix. Les colons furent effrayés. Ce chant fut défendu à Bourbon, sous les peines les plus sévères.

On n'a pu évaluer le nombre des victimes mortes sur le sol Africain, pendant les siècles que dura la traite; il dépasse, peut-être, celui des esclaves. On porte le chiffre de ces derniers à *trente-deux millions d'hommes!*.....

Mais, s'écrient les colons avides et cruels, abolir l'esclavage, c'est ruiner les colonies. Nous ne discuterons point une question si longtemps agitée, et qui ne saurait trouver place ici, nous redirons seulement et pour nous résumer, ces sublimes paroles qui ont retenti en toute l'Europe : *Périssent les colonies plutôt qu'un principe!*

La race noire est-elle inférieure à la blanche? Généralement cela ne paraît pas douteux, mais les nègres qui viennent en France, et qui se trouvent libres dès qu'ils ont touché le sol de notre patrie, deviennent d'excellents ouvriers ou de bons domestiques.

Puissent donc les efforts réunis de toutes les âmes généreuses parvenir à voir abolir réellement et à jamais ce hideux trafic, honte de l'espèce humaine. Passons à un autre ordre de faits.

Le chiffre du budget de la marine et des colonies, réduit d'abord à quarante-neuf millions cinq cent mille francs, est porté à soixante-cinq millions pour l'exercice 1822, sur la demande du ministre, M. le baron Portal. D'après ce budget, le nombre des bâtiments à flot devait être de deux cent quarante-six, dont quatre-vingts de haut-bord, savoir : quarante-six vaisseaux et trente-quatre frégates. Quatre-vingts de ces deux cent quarante-six navires devaient être armés, y compris trois vaisseaux et douze frégates.

Par suite de l'intervention armée de la France dans la révolution espagnole, une escadre, sous le commandement du contre-amiral Hamelin, est destinée à seconder les opérations du corps d'armée placé sous les ordres du duc d'Angoulême. Le brave Hamelin, dont nous avons rappelé un combat mémorable, ne pouvant se plier aux exigences du prince, et aux tracasseries de son entourage, profite de l'état de maladie où l'a réduit les fatigues de l'armement, pour se démettre de son commandement. Il est remplacé par le contre-amiral Duperré. Dès lors, le blocus de Cadix est resserré, et une nouvelle impulsion est donnée aux opérations de la flotte, qui se compose de trois vaisseaux et treize frégates, plus onze corvettes, bricks, goëlettes, gabares et canonnières.

Le fort Santi-Petri est bombardé; l'escadre et la flottille ouvrent leur feu à seize mètres des batteries de Cadix; quatre mille cinq cents hommes de troupes sont embarqués sur l'escadre pour opérer une descente dans l'île de Léon; Duperré va donner l'ordre de renouveler le bombardement, lorsque Cadix se décide à se rendre.

On verra, dans les pièces officielles ci-après, les opérations de l'escadre française. Le contre-amiral Duperré écrivit au duc d'Angoulême :

« Le contre-amiral des Rotours a eu l'honneur d'informer Votre Altesse, par son adjudant, de la prise du fort Santi-Petri; il m'adresse aujourd'hui son rapport, que j'ai l'honneur de vous transmettre. Cet heureux début dans le commandement des forces navales que Sa Majesté m'a confiées, est concluant pour le blocus de Cadix, et pour toutes les opérations que Votre Altesse peut vouloir tenter contre l'île de Léon; il a fait la plus profonde impression sur l'ancien commandant du Trocadéro, qui est prisonnier à bord de *la Thémis*; sa première pensée s'est portée sur l'île de Léon, et il a demandé : « L'isla est-elle prise ? »

« Dans le rapport du contre-amiral des Rotours, Votre Altesse Royale verra quelles difficultés, quels obstacles la division a eu à vaincre pour aborder le point d'attaque; quelle a été ensuite au feu la conduite des braves sous ses ordres. Il en cite plusieurs, que Votre Altesse jugera peut-être dignes de récompense. C'est surtout sur MM. Trotel, lieutenant de vaisseau, et Ponée, capitaine de vaisseau, que je prendrai la liberté d'appeler les grâces de Votre Altesse; le succès est dû aux manœuvres exécutées par eux.

« J'ai vu hier la flottille à San-Lucar, avec le major général. Je compte être rallié aujourd'hui par quelques bombardes et canonnières. Si le temps se soutient beau, peut-être dans les vingt-quatre heures pourrais-je, suivant les intentions de Son Altesse, faire jeter une centaine de bombes dans Cadix.

« *P. S.* Il me paraît de la plus haute importance de mettre de suite le fort de Santi-Petri à l'abri de toute attaque des forts de l'île de Léon, en le défendant à la gorge et de ce côté; il faut aussi le mettre à l'abri des tentatives des canonnières qui pourraient, en descendant la rivière, le canonner, vouloir l'escalader ou le surprendre. Il faut que l'artillerie soit bien servie; il faut donc des artilleurs. »

Voici maintenant le rapport fait à M. le baron Duperré, contre-amiral, commandant en chef nos forces navales devant Cadix, par M. le baron des Rotours, contre-amiral, commandant la division devant Santi-Petri :

« A bord du *Centaure*, le 20 septembre 1823 (onze heures du soir).

« Ce matin, au point du jour, les vents étant à l'est, joli frais, belle mer, j'ai donné ordre aux vaisseaux *le Centaure* et *le Trident*, et à la frégate *la Guerrière*, d'appareiller, mon dessein étant d'attaquer le fort de Santi-Petri. A sept heures, la division était sous voiles, courant bâbord amures, *le Centaure* en tête, suivi du *Trident*, *la Guerrière* en serre-file. A huit heures, j'ai changé d'amures. Mon projet était de passer à terre du banc de rochers, nommé le *Juan-Bella*.

« En conséquence, je donnai ordre à la corvette *l'Isis*, commandée par M. Boniface, capitaine de vaisseau, que vous m'aviez envoyée dans la nuit, et que j'avais retenue, de prendre la tête de la ligne et de sonder devant elle, à distance de pouvoir me signaler le brassiage, et de virer toutes les fois qu'il serait au-dessous de dix brasses. Cet ordre fut très-bien exécuté, et la division s'approcha ainsi de la terre, au nord de Santi-Petri, en louvoyant sous les huniers.

« A midi je fus rallié par la goëlette *le Santo-Christo*, commandée par M. Trotel, lieutenant de vaisseau, à qui je donnai ordre d'aller sonder dans le vent, aussi près que possible du récif du bord de la côte, et de me signaler le fond, afin que je portasse mes bords plus au nord, mon intention étant d'embosser la division, bâbord amures, à quatre cents toises du fort, si les vents, la nature du fond, et les courants, dont la violence était un obstacle de plus, me le permettaient.

« A une heure un quart, je fis hisser le signal dont j'étais convenu avec nos batteries pour qu'elles commençassent leur feu, ce qui fut fait avec une extrême vigueur. Parvenu à la distance à laquelle je voulais être, et relevant le fort de Santi-Petri dans le sud-est, je donnai ordre à M. Porrée, commandant *le Centaure,* de prendre position à ce point et de s'embosser, ce qui fut exécuté avec habileté, malgré la force du vent, qui fraîchissait en ce moment, et celle des courants, qui prenaient le vaisseau par la hanche de bâbord. Les voiles serrées avec autant d'ordre que de célérité, je fis signal de commencer le feu, auquel le fort répondit par le petit nombre de pièces qu'il avait dans cette partie. Pendant ce temps, *le Trident* s'avançait : il devait mouiller à une demi-encâblure derrière *le Centaure ;* mais le vent était variable de l'est-sud-est au sud-est ; il ne put le faire qu'à une encâblure, et commença le feu aussitôt qu'il fut embossé, recevant, avec *le Centaure,* celui d'une batterie de l'île de Léon et d'une batterie de Santi-Petri, qui tiraient également sur la goëlette *le Santo-Christo*, qui n'en était qu'à un quart de portée. *La Guerrière,* en serre-file, allait s'embosser en arrière du *Trident ;* mais je lui fis signal de prendre la tête de la ligne ; et, soit que les vents lui aient manqué, ou que les courants la maîtrisassent, elle ne put gagner son poste, et s'embossa à une encâblure et demie sous le vent du *Centaure,* et presque par son travers. Dans cette position, elle commença son feu ; mais, m'apercevant qu'il n'atteignait pas le fort, et que les boulets du *Trident* ne le dépassaient pas assez, j'envoyai un de mes adjudants, M. Thibault, lieutenant de vaisseau, porter ordre à ces deux bâtiments d'appareiller pour reprendre poste, *le Trident* à la poupe du *Centaure,* et *la Guerrière* devant lui.

« Il était trois heures ; *le Centaure* combattait depuis une heure un quart ; le fort de Santi-Petri ne ripostait plus qu'à de longs intervalles : je jugeai que le moment d'en tenter l'assaut était venu. Je fis signal à la division d'embarquer les troupes dans les chaloupes et de les diriger sur *le Centaure ;* ce mouvement se fit avec toute la célérité que je pouvais désirer, et je n'attendais plus que le moment où *le Trident* et *la Guerrière* auraient pris leurs postes et commencé leur feu pour ordonner le débarquement, quand, à trois heures et demie, le fort arbora un pavillon blanc, qui fut à l'instant salué de mille cris de : *Vive le roi !* Je fis pousser sur-le-champ les chaloupes au large, ayant à bord quatre cent vingt hommes des 12e et 24e de ligne, et un détachement de grenadiers de l'artillerie de marine. Arrivés au pied du rocher sur lequel le fort est construit, M. Tétiot, capitaine de frégate, commandant le débarquement, m'expédia un parlementaire, officier espagnol, qui me proposa pour capitulation, que la garnison du fort fût libre de se retirer dans l'île de Léon, sous ses drapeaux respectifs, pour continuer d'y servir contre l'armée française. Je ne voulus pas souscrire à cette condition, et je lui donnai pour *ultimatum* que la garnison prendrait l'engagement de ne pas servir contre la France pendant toute cette guerre. Ces conditions, consenties par le commandant du fort, allaient être remplies ; mais les craintes que les Espagnols avaient de rentrer dans l'île de Léon les déterminèrent ensuite à se constituer prisonniers, et nos troupes prirent à l'instant possession du fort, sous le commandement de M. Louftaud, chef de bataillon dans le 12e. Les Espagnols y avaient vingt-sept pièces de canon de vingt-quatre en bronze, cent quatre-vingts hommes de garnison, des munitions nombreuses et deux mois de vivres ; ils ont eu treize hommes tués ou blessés.

« Je connaissais trop l'importance de la position de Santi-Petri pour ne pas profiter à l'heure même du succès que je venais d'obtenir. J'ai fait armer aussitôt un canot par bâtiment pour intercepter les bateaux qui, en entrant par la rivière de ce nom, ravitaillaient Cadix, malgré la surveillance la plus active de nos croiseurs, et déjà j'entends le canon du fort tirer sur ces bateaux ; son feu, joint à celui de la batterie que nous avons en face, ôte sans retour à Cadix ce moyen de ravitaillement, à peu près unique.

« Je ne terminerai point ce rapport, général, sans payer à l'état-major, aux matelots, aux soldats du *Centaure* le tribut d'éloges qu'ils ont bien mérité ; tous ont montré un enthousiasme que rien ne peut exprimer.

« *Le Centaure* n'a pas à déplorer la perte d'un seul homme ; les boulets de l'ennemi ont porté presque tous dans le gréement, et n'y ont fait que peu de mal.

« Si la division a acquis quelque honneur dans ce combat, dont tous les marins sauront apprécier les difficultés, elle le partage avec les braves qui ont servi les batteries qui combattaient avec elle sur l'autre rive du Rio Santi-Petri. Je me plais à rendre hommage à la vivacité et à la bonne direction de leur feu..... »

Le 27 septembre 1823, le contre-amiral baron Duperré écrivait au duc d'Angoulême :

« J'ai l'honneur de rendre compte à Votre Altesse Royale, que ce matin j'ai fait bombarder Cadix par la flottille de bombardement, composée de sept bombardes françaises, trois espagnoles, et cinq obusières.

« Je l'ai fait établir en dedans de la portée du canon, huit cents toises environ de la place. La partie n'a été abandonnée que lorsque les munitions épuisées, le vent qui fraîchissait du sud-ouest, et la mer qui s'élevait, nous mettaient dans l'impossibilité de continuer. Je présume qu'environ deux cents bombes et quelques obus ont été lancés sur la place depuis huit heures jusqu'à deux heures et demie.

« L'attaque a été faite avec ardeur. Tous les forts et batteries de Cadix, appuyés d'une division de vingt grandes canonnières ennemies, y ont répondu. Les boulets, en grande partie, dépassaient de plus de cent toises notre ligne.

« Une bombarde a été coulée par le feu de l'ennemi ; pour ne pas lui laisser ce léger trophée en vue, je l'ai fait remorquer jusqu'à la côte de la Catalina. Cette manœuvre a été habilement exécutée par M. le lieutenant de vaisseau Bretteville, commandant le brick *le Lynx,* assisté par M. de Bros, du *Colosse,* et de l'équipage de sa chaloupe.

« Un canot de ce vaisseau, commandé par M. l'enseigne de vaisseau Beauzée, a été percé par un boulet qui lui a tué deux hommes, au moment où, après l'action, il remorquait, sous le feu de l'ennemi, une bombarde hors de la ligne.

« Votre Altesse Royale jugera, dans le rapport succinct et modeste du capitaine de frégate Longueville, chargé en chef de l'opération, de sa conduite, et de celle des officiers, marins et canonniers de l'escadre. La flottille a fait route de suite pour San-Lucar, pour se ravitailler et se mettre à l'abri du vent de sud-ouest, qui souffle assez frais. Je n'ai donc pu encore recueillir tous les traits de courage auxquels ce fait d'armes a donné lieu ; j'aurai l'honneur de les signaler à Votre Altesse. »

Le contre-amiral Duperré écrivit au ministre de la marine :

« J'ai eu l'honneur d'adresser à Votre Excellence mon rapport du bombardement de Cadix, dans la journée du 23. Tous les rapports s'accordent à nous faire croire que cent cinquante bombes sont tombées dans la ville et y ont répandu la terreur. Les bombardes et les canonnières improvisées avaient leurs munitions à remplacer et de grandes avaries, et le temps devenait menaçant ; elles ont filé de suite sur San-Lucar. Le lendemain, 24, j'ai pris les ordres du prince, qui a arrêté une descente sur la plage de l'île de Léon, du côté du fort de Santi-Petri, tandis qu'un pont serait établi sur la rivière pour une autre attaque.

« Il a fallu prendre des mesures extraordinaires pour l'exécution des ordres de Son Altesse Royale. Dès le lendemain, 25, malgré le vent frais, une mer grosse et des difficultés locales, quatre mille six cent cinquante-sept hommes de troupe ont été embarqués comme en pleine mer, sans le plus léger accident. Les canonnières et cinquante bateaux de débarquement ont rallié l'escadre. Jamais mouvement aussi précipité ne s'est exécuté avec un zèle plus éclairé. Les capitaines ont tout fait, je n'avais pu entrer dans aucun détail. Hier, 26, les généraux, accompagnés du prince de Carignan, du duc de Guiche, de l'aide de camp de l'empereur de Russie, se sont embarqués. Le temps est fort incertain ; le vent est à l'ouest-sud-ouest, mais très-faible ; il est impossible de ne rien entreprendre ; je ne laisserai pas échapper l'occasion, bien certain qu'elle ne se représenterait plus. Moyens d'attaque, moyens de débarquement, tout me paraît aussi bien combiné que nos faibles ressources et cette improvisation le permettent. Dans l'armée de terre comme de mer, tout n'est qu'espoir bien assuré du succès, si nous mordons la terre.

« Je laisserai *le Centaure* et *le Trident* sous voiles devant Cadix, avec les ordres les plus sévères de blocus. »

Le baron Duperré adressa, le 3 octobre, au ministre de la marine le rapport ci-après :

« Les événements heureux viennent de se succéder avec une telle rapidité, que je n'ai pu tenir Votre Excellence au courant. La prise du fort de Santi-Petri le 20 du mois dernier, le bombardement de Cadix le 23, l'embarquement des troupes le 25, la réunion de tous nos moyens d'attaque, les divers mouvements de l'escadre sous mes ordres pour opérer une descente dans l'île de Léon, sur la plage près de Santi-Petri, ont amené la délivrance du roi Ferdinand et la reddition de Cadix. Depuis quarante-huit heures, l'escadre avait quitté le mouillage avec les troupes à bord, pour se soustraire aux malheurs auxquels l'exposait, sur rade, un fort coup de vent de nord-ouest que nous avons éprouvé sous voiles.

« Le temps devenu beau, je revenais aujourd'hui sur rade pour y réunir la flottille et tous nos moyens d'attaque, quand j'ai été informé de l'arrivée du roi et de la famille royale à Sainte-Marie avant hier, 1er octobre, et de la reddition de Cadix. D'après les ordres de Son Altesse Royale le prince, général en chef, l'escadre entrera demain matin dans la baie, sous la conduite de M. le contre-amiral des Rotours ; je me rends en personne au quartier général, pour y prendre ses ordres. Les troupes seront débarquées ; la garde royale le sera à Cadix même, pour y tenir garnison sous le commandement de M. le général Dambrugeac, nommé gouverneur de cette place. La marine a honorablement rempli sa tâche. Ce jour est le plus beau de ma vie. »

La France voulait que l'Espagne reconnût l'indépendance de ses anciennes possessions qui se trouvaient émancipées de fait. Il fallait donner l'exemple : c'est pourquoi l'affranchissement de l'île de Saint-Domingue fut décidé. Le gouvernement confia cette mission importante au capitaine de vaisseau de Mackau.

Il s'agissait de faire recevoir une ordonnance du roi qui, en accordant à la république d'Haïti son indépendance, devait assurer une indemnité aux anciens propriétaires de cette colonie et des avantages commerciaux à la mère-patrie.

Les instructions écrites portaient en substance que le roi s'était fait rendre compte des conférences qui avaient eu lieu à Paris, l'année précédente, au sujet d'une ordonnance par laquelle Louis XVIII s'était proposé d'octroyer aux habitants de la partie française de Saint-Domingue, l'indépendance pleine et entière de leur gouvernement ;

Que la disposition qui réservait les droits de suzeraineté inhérents à la couronne de France, et qui avait été mal comprise par les envoyés d'Haïti, n'avait point pour objet, comme ils avaient paru le craindre, de ménager, pour l'avenir, des motifs d'intervention dans les affaires intérieures du pays; mais qu'elle avait, au contraire, pour but d'assurer à Saint-Domingue la protection de la France dans le cas où l'indépendance de cette île serait menacée par d'autres puissances;

Que cependant, et pour hâter le moment où ses sujets pourraient se livrer à Saint-Domingue à un commerce réciproquement avantageux, le roi consentait à renoncer à cette disposition, de sorte que l'ordonnance à faire accepter par le gouvernement d'Haïti, réduite aux autres conditions du projet, était ainsi conçue :

« ARTICLE Ier. Les ports de la partie française de Saint-Domingue seront ouverts au commerce de toutes les nations.

« Les droits perçus dans ces ports, soit sur les navires, soit sur les marchandises, tant à l'entrée qu'à la sortie, seront égaux et uniformes pour les pavillons, excepté le pavillon français, en faveur duquel ces droits seront réduits de moitié.

« ARTICLE II. Les habitants actuels de la partie française de Saint-Domingue verseront à la caisse générale des dépôts et consignations de France, en cinq termes égaux, d'année en année, le premier échéant au 31 décembre 1825, la somme de cent cinquante millions de francs, destinée à dédommager les anciens colons qui réclameront une indemnité.

« ARTICLE III. Nous concédons, à ces conditions, par la présente ordonnance, aux habitants actuels de la partie française de l'île de Saint-Domingue, l'indépendance pleine et entière de leur gouvernement.

« Donnée à Paris, au château des Tuileries, le 17 avril 1825. »

M. de Mackau était donc chargé de porter cette ordonnance au président de la république d'Haïti, et il devait en obtenir l'enregistrement suivant les formes établies par les lois du pays.

Il était prescrit à M. de Mackau de faire observer que les cent cinquante millions demandés par la France n'étaient qu'une faible indemnité des pertes subies par les anciens propriétaires.

Dans le cas où le gouvernement de Saint-Domingue aurait objecté la difficulté de se procurer une pareille somme dans le délai de cinq années, M. de Mackau devait lui donner l'assurance qu'il trouverait aisément à négocier l'emprunt en France à des conditions convenables.

Quant à la réduction de droits demandée en faveur de la France,

M. de Mackau était chargé de démontrer au gouvernement d'Haïti que, sous ce rapport, c'était le moindre avantage que la France pût réclamer, et que, d'ailleurs, cette réduction aurait pour résultat certain de multiplier, au bénéfice du nouvel État, les relations commerciales à établir entre les deux pays.

Enfin, si l'ordonnance royale d'émancipation n'était pas agréée, si le gouvernement d'Haïti ne se montrait pas reconnaissant de ce que Sa Majesté le roi de France daignait faire, M. de Mackau avait ordre d'annoncer au chef de ce gouvernement que désormais il serait traité en ennemi par la France; que déjà une escadre était prête à établir le blocus le plus rigoureux devant les ports de l'île.

Telle était la substance des instructions qui furent données à M. de Mackau; il se rendit sans délai à Rochefort, et mit son guidon sur *la Circé*, et fit voile pour la Martinique, où il arriva le 3 juin suivant.

Là, ayant pris soin de recueillir près du gouverneur de cette colonie de derniers renseignements sur la situation de Saint-Domingue, et après s'être concerté avec M. le contre-amiral Jurien, commandant de l'escadre, M. de Mackau fit route pour Saint-Domingue, à la tête d'une division composée de *la Circé*, du *Rusé*, et de *la Béarnaise*. Il mouilla le 3 juillet sur la rade de Port-au-Prince.

Les négociations s'ouvrirent le lendemain 4 juillet, et, dans l'après-midi du 5, il semblait qu'elles dussent se rompre entièrement, lorsque, par des explications conciliatrices entre M. de Mackau et le président Boyer lui-même, elles purent être continuées et menées à une conclusion satisfaisante.

L'escadre du contre-amiral Jurien, forte de deux vaisseaux, six frégates et quatre bâtiments légers, arriva le lendemain sur la rade du Port-au-Prince, et tous les capitaines de l'escadre avec une partie considérable des états-majors assistèrent à la cérémonie de l'entérinement de l'ordonnance du roi de France par le sénat d'Haïti.

La Béarnaise fut expédiée immédiatement en France pour informer le gouvernement de cette nouvelle, et quelques jours après *la Circé* elle-même fit voile pour Brest, emportant, avec M. de Mackau, trois commissaires haïtiens chargés de venir stipuler, en France, les conditions d'un emprunt pour réaliser l'indemnité de cent cinquante millions souscrite par Haïti.

La Circé arriva à Brest le 28 août.

Après avoir rendu compte des diverses expéditions dirigées contre Saint-Domingue et de l'état actuel de cette colonie, le ministre de la marine, dans un rapport au roi, s'exprime ainsi :

« M. le baron de Mackau, commandant *la Circé*, avait ordre de précéder de quelques jours le départ de l'escadre qui ne devait se montrer dans les parages du Port-au-Prince que d'après l'avis qui lui en serait donné.

« Cet officier a appareillé de la Martinique le 23, avec une division composée de *la Circé*, et des deux bricks *le Rusé* et *la Béarnaise*. Il a paru devant le Port-au-Prince le 3 juillet. Le surplus de l'escadre a appareillé le 27 juin du Fort-Royal.

« L'accueil que reçut M. de Mackau fut de nature à lui faire concevoir de justes espérances sur le succès de la mission dont il était chargé.

« A peine fut-il au mouillage, que deux officiers vinrent à son bord, et qu'un logement convenable lui fut désigné au Port-au-Prince, ainsi qu'aux officiers sous ses ordres.

« Des conférences s'ouvrirent de suite entre lui et trois commissaires qui avaient été délégués par le président du gouvernement d'Haïti, et comme au bout de trois jours elles n'avaient pas été amenées à un point de solution, elles furent reprises avec le président Boyer lui-même, aux intentions conciliantes duquel M. le baron Mackau se plaît à rendre la plus entière justice.

« Ce fut le 8 juillet, et après quelques discussions préliminaires qui n'étaient pas sans importance, mais qui furent traitées avec cet esprit de conciliation qui termine les affaires quand on veut franchement les terminer, que le président écrivit à M. de Mackau : que d'après les explications qui lui avaient été données, et confiant dans la loyauté du roi, il acceptait, au nom du peuple d'Haïti, l'ordonnance de Votre Majesté, et qu'il allait faire les dispositions nécessaires pour qu'elle fût entérinée au sénat avec la solennité convenable.

« Ce fut le 11 juillet que le sénat fut convoqué pour procéder à l'entérinement de l'ordonnance, d'après les formes prescrites par les lois constitutives du pays.

« Depuis le jour de cette séance jusqu'au 18 juillet, jour où l'escadre est partie, et jusqu'au 20 juillet, jour où M. le baron de Mackau a quitté Port-au-Prince, la joie manifestée par la population a prouvé que les intentions bienveillantes de Votre Majesté avaient été senties et appréciées, comme elles avaient droit de l'attendre..... »

Le roi, voulant donner à M. de Mackau un témoignage éclatant de bienveillance, et récompenser en même temps les services qu'il venait de rendre l'éleva au grade de contre-amiral.

Depuis plusieurs années, la Grèce chrétienne avait arboré l'étendard de l'insurrection. Elle voulait s'affranchir de l'oppression de la Turquie. Dans cette lutte héroïque, les Hélènes ont trouvé la flotte française toujours prête à les soutenir contre leurs barbares dominateurs.

Le 6 mai 1827, la garnison de l'Acropolis, réduite à la dernière extrémité, n'ayant pour toute nourriture que de l'orge, et sur le point de manquer d'eau, se vit forcée de capituler.

Sur ces entrefaites, le contre-amiral de Rigny arrive au mouillage de Salamine, avec la frégate *la Sirène* et la corvette *l'Echo*. A peine a-t-il jeté l'ancre, qu'il reçoit des chefs de l'Acropolis une lettre contenant les conditions de la capitulation qu'ils désirent obtenir. M. de Rigny se rend aussitôt au camp du visir Redchid-Pacha. Après trois jours de discussions et de sollicitations, la capitulation est consentie le 5 juin. Les canots de *la Sirène*, de *l'Echo*, ainsi que ceux d'un brick et d'une goëlette autrichienne, reçoivent environ dix-huit cent trente-huit personnes, hommes, femmes, enfants, malades, blessés, avec armes et bagages, qui sont déposés, par les soins de l'amiral, sur l'île de Salamine. Quelques jours plus tard, la garnison grecque est obligée de se rendre à la discrétion des Turcs.

Par la capitulation d'Athènes, les Grecs se voyaient rejetés hors de l'Attique. Cette province était entièrement détruite; les ravages exercés tour à tour par les Grecs et par les Turcs avaient ruiné les villages.

L'Angleterre, la France et la Russie, qui, dans cette circonstance, représentaient l'Europe entière, conclurent entre elles, à Londres, un traité contenant les bases de la pacification de la Grèce. Ce traité contenait, dans l'hypothèse du refus de la Porte, des moyens coërcitifs. En effet, vers la fin du mois de juillet 1827, une escadre anglaise, commandée par le vice-amiral sir Edouard Codrington, vint se joindre, dans l'Archipel, à celle aux ordres de l'amiral de Rigny : une escadre russe y était aussi attendue prochainement.

Les amiraux anglais et français furent informés par leurs ambassadeurs respectifs à Constantinople, que la Porte ayant signifié son refus officiel d'accéder à aucun arrangement favorable aux Grecs, ils étaient libres d'agir suivant leurs instructions. En ce moment, cent vingt bâtiments de guerre et de transports turcs et égyptiens se trouvaient réunis à Navarin. Ils avaient à bord un grand nombre de troupes et de munitions, destinées à une expédition contre Hydra. Toutes ces forces étaient sous le commandement d'Ibrahim-Pacha. Les amiraux Codrington et de Rigny résolurent de se rendre personnellement auprès d'Ibrahim, pour lui faire connaître leurs intentions.

Le 25 septembre, les amiraux anglais et français, accompagnés chacun d'un secrétaire d'ambassade et de deux officiers des deux nations, furent introduits sous les tentes d'Ibrahim, qui les reçut en présence du capitan-pacha Tahir-Bey, et entouré des principaux officiers de terre et de mer. Ils communiquèrent à Ibrahim les ordres dont ils étaient chargés, et ils terminèrent en lui signifiant leur intention formelle d'établir l'armistice de fait, et de détruire les forces ottomanes qui tenteraient de s'y opposer.

Ibrahim, après avoir écouté avec autant d'attention que de sang-froid les déclarations des amiraux, leur répondit que, serviteur de la Porte, il avait reçu l'ordre de pousser la guerre en Morée avec la plus extrême vigueur, et de la finir par une attaque décisive sur Hydra ; qu'il n'avait aucune qualité pour entendre les communications qui lui étaient faites, ni pour prendre aucun parti à cet égard. Cependant, il ajouta que les ordres de la Porte n'ayant pu prévoir le cas extraordinaire qui se présentait, il allait expédier des courriers à Constantinople et en Egypte, et que, jusqu'à leur retour, il donnait sa parole que la flotte ne sortirait pas de Navarin.

Après avoir conclu cette espèce d'armistice, les amiraux français et anglais quittèrent Navarin pour aller croiser dans l'Archipel, y laissant seulement quelques bâtiments légers en observation.

Ne pouvant exécuter son attaque contre Hydra, Ibrahim mit une partie de son armée en marche sur deux colonnes ; l'une se dirigea sur la Messénie, et l'autre sur l'Arcadie. Les chefs de ces colonnes avaient ordre de ravager le Péloponèse, en détruisant les moissons, en livrant les habitations à la flamme et les populations au fer.

Lui-même, ayant appris dans les premiers jours d'octobre que l'escadre grecque, sous les ordres de lord Cochrane, avait tenté une attaque sur le fort de Vassiladi, près Missolonghi, sortit de Navarin avec deux vaisseaux, une frégate, quatre corvettes et quelques bricks, et se dirigea sur Patras. Aussitôt que l'amiral Codrington, qui était à Zante, fut informé de ce mouvement, il appareilla en toute hâte. Il rencontra la division turco-égyptienne près du cap Papa, le vent contraire l'ayant forcé de mouiller avant d'avoir pu entrer dans le golfe de Lépante. L'amiral fit dire à Ibrahim qu'il eût à ne point entrer à Patras, et appuya sa signification de quelques coups de canon tirés sur les bâtiments les plus avancés. Cette escadre revira de bord immédiatement, et retourna à Navarin, suivant l'injonction qui lui en était faite.

Le 14 du même mois, les escadres française et anglaise, se trouvant fortuitement réunies près de Zante, furent ralliées par l'escadre russe aux ordres de l'amiral Heyden, forte de quatre vaisseaux et quatre frégates.

Le 20 octobre 1827, à midi, le vent se trouvant favorable, les premières dispositions pour entrer dans le port de Navarin furent faites. L'amiral Codrington fit le signal de se tenir prêt au combat; ce signal fut répété par les amiraux français et russe. Alors chacun prit son poste: le vaisseau amiral anglais *Asia* était en tête, suivi de *l'Albion*, du *Genoa* et de deux frégates. Venait ensuite la frégate *la Sirène*, portant le pavillon de l'amiral de Rigny, suivie des vaisseaux *le Scipion*, *le Trident*, *le Breslaw*, et de la frégate *l'Armide;* puis le vaisseau russe *Azoff*, monté par le contre-amiral comte Heyden, que suivaient trois vaisseaux et quatre frégates de sa nation.

La flotte turco-égyptienne formait une triple ligne d'embossage disposée en croissant très-alongé, dont les extrémités étaient appuyées sur l'île de Sphactérie d'une part, et de l'autre au camp d'Ibrahim, au pied de la citadelle de Navarin. Elle consistait en trois vaisseaux de ligne, un vaisseau rasé, seize frégates, vingt-sept grandes corvettes et autant de bricks de guerre, ainsi qu'environ quarante bâtiments de transport, portant de gros canons de calibre, et six brûlots.

Des six brûlots, trois étaient placés à chacune des extrémités du croissant, pour être à même de pouvoir se jeter sur les escadres alliées, si un engagement avait lieu. L'entrée du goulet, d'environ un mille ou tiers de lieue de large, était défendue, du côté de Navarin, par la citadelle, et de l'autre par une batterie placée sur la pointe de Sphacterie. On voyait les Turcs à leurs pièces, la mêche allumée.

A deux heures, *l'Asia* donnait dans le port, et avait dépassé les batteries ; à deux heures et demie, il mouillait par le travers du vaisseau amiral turc, et était suivi par les autres vaisseaux anglais.

La Sirène, qui venait immédiatement, mouilla à portée de pistolet de la première frégate de la ligne turque, *l'Izania,* de soixante-quatre. Jusqu'à ce moment, aucun coup de canon n'avait encore été tiré de part ni d'autre, lorsqu'un coup de fusil, parti d'un brûlot qu'un des canots de la frégate anglaise *Darmouth* avait accosté, tua l'officier qui commandait ce canot. Cette frégate fit alors une vive fusillade sur le brûlot pour dégager son embarcation.

Dans ce moment, l'amiral de Rigny hélait au porte-voix au commandant de la frégate égyptienne, avec laquelle il était vergue à vergue, que s'il ne tirait pas, il ne ferait point feu sur lui ; mais aussitôt deux coups de canon partirent d'un des bâtiments mouillés à poupe de *la Sirène,* à bord de laquelle un homme fut tué.

En même temps, l'amiral Codrington envoyait de son côté une embarcation à bord du vaisseau amiral turc, pour l'inviter à ne point faire feu, lorsqu'un coup de fusil tiré de ce vaisseau tua le pilote anglais dans le canot parlementaire. Dès lors le combat s'engagea, et bientôt il devint général. Les Russes eurent particulièrement à essuyer le feu des forts, qui ne commencèrent à tirer que lorsque le vaisseau français *le Trident* passa sous leur volée.

A cinq heures du soir, la première ligne des Turcs était entièrement détruite. La frégate *l'Izania,* la seule qui fût à portée de *la Sirène,* était rasée comme un ponton ; des pièces entières de son bordage étaient emportées, et ce n'était plus qu'une carcasse, lorsqu'un incendie, qui s'était déclaré sur sa dunette, la fit sauter avec un fracas épouvantable, en couvrant de feu et de débris la frégate amirale. *L'Izania* avait cinq cent soixante hommes d'équipage ; elle était commandée par Hassan-Bey, un des plus braves capitaines de la marine turque. Un brick et un goëlette avaient aussi été coulés à fond par *la Sirène.*

La canonnade durait encore à cinq heures un quart, au centre de la ligne, et vers l'île Sphactérie; mais bientôt elle cessa entièrement. A la fin de l'action, la flotte turco-égyptienne n'existait plus : quatre-vingt-dix ou cent bâtiments, tant vaisseaux que frégates, corvettes et bricks, avaient été détruits ou coulés; le reste s'était jeté à la côte, où ils se brûlaient eux-mêmes. Jamais plus complète destruction n'a été le résultat d'un combat naval; la perte des Turcs et des Egyptiens fut évaluée environ à six mille morts et mille blessés.

Les pertes totales de l'escadre française s'élevèrent à quarante-trois hommes tués, et cent vingt-cinq blessés, dont soixante-six très-grièvement.

Par ordonnance du 18 novembre 1827, M. de Rigny fut promu au grade de vice-amiral. Le roi d'Angleterre le nomma commandeur de l'ordre militaire du Bain, et l'empereur de Russie lui envoya les insignes en diamants de l'ordre de Saint-Alexandre-Newski.

La nature si grave des avaries de *la Sirène* aurait pu déterminer l'amiral de Rigny à aller à Toulon; mais pensant que ses services pouvaient encore être utiles dans l'Archipel, il expédia pour Toulon *le Scipion, le Breslaw, la Provence* et *la Sirène*, et porta son pavillon sur *le Trident.*

Dans les premiers jours du mois de janvier 1828, la Porte, à la suite d'un conseil extraordinaire, ayant renouvelé son refus d'accepter l'intervention des puissances signataires du traité de Londres, les ambassadeurs d'Angleterre, de France et de Russie quittèrent Constantinople. Leur départ ayant été suivi du retrait des consuls, l'amiral de Rigny expédia tout de suite des bâtiments dans toutes les échelles pour y faire connaître ces événements. En même temps, il établissait deux bâtiments légers en croisière devant Navarin, pour intercepter les munitions et les approvisionnements qui auraient pu arriver d'Egypte à Ibrahim.

Dans les premiers jours d'août, M. de Rigny fut informé qu'une expédition sous les ordres du général Maison allait arriver en Morée. L'amiral alors, laissant *le Breslaw* devant Navarin, appareilla pour se rendre au-devant de cette expédition et se concerter avec le général en chef. Elle parut devant Navarin le 29 août, et y entra le lendemain. Les escadres anglaise et française y entrèrent en même temps.

L'expédition française était à peine débarquée, lorsque parut la flotte égyptienne destinée au rembarquement des troupes d'Ibrahim. En moins d'un mois depuis l'arrivée de la flotte égyptienne, c'est-à-dire dans les premiers jours d'octobre 1828, l'armée d'Ibrahim, composée d'environ vingt et un mille hommes et douze cents chevaux, faisait voile pour l'Egypte, embarquée sur cent dix-huit bâtiments, dont quarante-cinq étaient des transports français qui avaient amené l'expédition. Deux frégates françaises étaient chargées d'accompagner le convoi égyptien. Ibrahim s'embarqua seul sur un brick de sa nation, et ne quitta Navarin que quelques jours après le départ des troupes.

L'entière évacuation de la Morée par les Turcs étant le but de l'expédition, le général en chef eut à s'occuper immédiatement de faire le siége des places qu'ils y occupaient. Modon et Navarin tombèrent promptement; leurs garnisons furent dirigées sur l'Egypte et l'Asie-Mineure. Coron eut bientôt le même sort. Patras et le château de Morée offraient plus de difficultés. L'amiral de Rigny envoya trois de ses frégates pour appuyer le mouvement des troupes et seconder leurs opérations; mais la résistance ayant été plus opiniâtre qu'on ne s'y attendait, le général en chef Maison s'y rendit en personne. L'amiral s'y rendit, de son côté, sur *le Conquérant,* amenant avec lui le vaisseau *le Breslaw* et les frégates *l'Atalante* et *l'Iphigénie.* L'amiral Malcolm s'y porta également avec deux frégates. A l'arrivée de ces nouvelles forces, on débarqua du *Conquérant* seize pièces de dix-huit et deux de vingt-quatre, qui furent employées à battre la place en brèche, conjointement avec l'artillerie de terre. Le 30 octobre 1828, Patras et le château de Morée avaient capitulé. Cette dernière conquête complétait l'évacuation de la Morée.

Une action héroïque ajouta un nouveau lustre à la gloire que venait d'acquérir le pavillon français dans le Levant.

La corvette *la Lamproie* avait chassé et pris sur les côtes de la Syrie un brick pirate grec, *le Panayoti,* monté par soixante-six hommes d'équipage. Elle le conduisit d'abord à Alexandrie, où il fut reconnu par des bâtiments marchands qu'il avait pillés, les uns à Scarpento, les autres sur les côtes de Caramanie. La frégate *la Magicienne,* partant d'Alexandrie pour aller à Smyrne rallier l'escadre de l'amiral de Rigny, prit à bord l'équipage du corsaire, moins six hommes qu'on y laissa, et elle y plaça quinze de ses marins sous le commandement de l'enseigne Bisson, auquel on adjoignit le pilote Trémintin. Après ces dispositions, *la Magicienne* se mit en route, et rentra dans l'Archipel, naviguant de conserve avec *le Panayoti*.

Dans la nuit du 4 au 5 novembre 1827, un coup de vent sépara les deux navires, le mauvais temps survint et contraignit *le Panayoti* à chercher un asile dans l'île de Stampalie. A deux heures moins un quart du matin, deux Grecs restés à bord se jetèrent à la mer et gagnèrent la côte. Cet événement détermina Bisson à se tenir sur ses gardes. Ayant longtemps croisé dans ces parages, il n'ignorait pas que toutes les îles de l'Archipel fourmillaient de pirates, qui maîtrisaient quelques pauvres hameaux dont les habitants n'osaient les dénoncer, à cause de la solidarité et de l'organisation que ces bandits avaient établies entre eux. Notre brave enseigne se détermine donc à une défense vigoureuse. La mer continua à être forte; le 5, à huit heures du matin, il mouilla dans une petite baie, située dans le nord-ouest, à trois milles de la ville de Stampalie. Dans la journée, il fit charger ses quatre canons et tous les fusils; il veilla à ce que les sabres fussent portés sur le pont; il exhorta son équipage et lui fit promettre de se défendre jusqu'à la dernière extrémité. A six heures du soir, en se retirant pour aller se reposer, il dit au pilote Trémintin : « Pilote, si nous sommes attaqués par les pirates et qu'ils réussissent à s'emparer de ce bâtiment, jurez-moi de mettre le feu aux poudres, si vous me survivez. » Trémintin le lui assure et ils se séparent.

A dix heures du soir, deux misticks, chargés chacun de soixante à soixante-dix hommes, qui poussent de grandes clameurs, s'avancent pour enlever *le Panayoti*. Aussitôt les quinze Français qui le gardent s'élancent à leurs postes de combat. Debout sur le beaupré, Bisson fait héler les misticks, qui se dirigent sur son avant en nageant avec fracas. Il n'en reçoit aucune réponse; il ordonne de tirer et tire lui-même son fusil à deux coups. Les misticks répondent par une vive fusillade; l'un d'eux aborde par l'avant, et l'autre par la joue de bâbord. Neuf des Français ont déjà succombé; ceux qui leur survivent ne peuvent, malgré tous leurs efforts et ceux de leur capitaine, empêcher qu'une trentaine de Grecs ne pénètrent sur le pont. En ce moment **Trémintin** combattait à tribord; Bisson, tout couvert du sang des ennemis, venait alors du gaillard d'avant, et lui adressant la parole : « Ces brigands, dit-il, sont maîtres du navire; la cale et le pont en sont « remplis; c'est là le moment de terminer l'affaire. » Aussitôt il s'affale sous le tillac de l'avant-chambre, qui ne s'abaissait que de trois pieds au-dessous du pont, et sur lequel étaient arrimées les poudres. Il tenait à la main une mèche allumée, et avait la partie supérieure du corps au-dessus du pont. Alors il ordonna à Trémintin d'engager les Français encore vivants à se jeter à la mer ; lui serrant ensuite la main: « Adieu, pilote, lui dit-il, je vais tout finir. » Peu après, l'explosion eut lieu, le navire sauta en l'air, et, comme l'a dit un de nos orateurs, *la France compta un héros de plus*.

Fidèle à son serment, le pilote Trémintin sauta avec le brick ; mais, plus heureux que son brave capitaine, il fut jeté sans connaissance sur le rivage : il avait le corps meurtri et un pied fracassé. Les quatre matelots français, qui, à son commandement, s'étaient lancés à l'eau, arrivèrent à terre sans blessures graves. Le lendemain matin, on aperçut, gisant sur le rivage, les corps de trois Français, et soixante-dix cadavres grecs, trouvés dans le même lieu, attestèrent que la résolution héroïque du généreux Bisson avait eu son entier effet.

Peu d'événements ont excité plus d'enthousiasme que le dévouement de Bisson. Le roi, dont la magnificence s'était répandue sur les vainqueurs de Navarin, n'oublia point l'enseigne courageux qui venait d'ajouter une illustration nouvelle à celles dont brillait déjà notre pavillon : il récompensa cet intrépide marin dans la personne de sa sœur, à laquelle il assura une pension de quinze cents francs ; il décerna la croix de la Légion d'honneur au pilote Trémintin ; et il permit qu'une commission, présidée par M. le vice-amiral, comte de Missiessy, reçut le produit d'une souscription ouverte par les différents corps de la marine pour consacrer par un monument l'immortelle conduite de Bisson.

Lors de son premier voyage autour du monde sur *l'Astrolabe*, Dumont-d'Urville relâcha, en décembre 1827, à Hobart-Town, ville principale de la terre de Van-Diemen. Ce fut là qu'il reçut les premières indications à l'aide desquelles il put se mettre sur les traces de Lapérouse.

Le pilote Mansfield, de la rivière Derwent, dit Dumont-d'Urville, ayant appris que notre mission avait pour objet de faire des découvertes et des explorations dans la mer du Sud, me demanda si j'avais eu des nouvelles de l'expédition de Lapérouse. Sur ma réponse négative, il m'apprit d'une manière confuse que le capitaine d'un navire anglais avait dernièrement trouvé les restes du vaisseau de Lapérouse dans une des îles de l'océan Pacifique, qu'il en avait rapporté des débris, et même qu'il avait ramené l'un des compagnons de l'illustre navigateur, un matelot prussien. Il ajoutait que ce capitaine marchand, renvoyé par le gouverneur du Bengale pour aller chercher les autres naufragés, avait touché à Hobart-Town, six mois avant mon arrivée, et que le Prussien en question se trouvait encore à son bord. Ce récit, fait d'une manière peu correcte, ne me parut d'abord qu'un conte fait à plaisir et devant être relégué au rang de ceux qui, depuis une quarantaine d'années, se succédaient sur le compte de Lapérouse. Toutefois, le ton d'assurance du pilote m'engagea à questionner M. Franckland, aide-de-camp du gouverneur. Ce jeune officier, qui parlait fort bien français, vint en effet à bord pour me présenter les compliments du lieutenant-colonel Arthur.

Je m'empressai de questionner M. Franckland sur la mission de M. Dillon : il me répondit en riant que c'était un fou, un aventurier, que sa prétendue découverte n'était qu'une fable, et qu'il avait eu, à son passage dans la colonie, une affaire très-peu honorable, pour laquelle il avait été juridiquement condamné à un emprisonnement. Cette version avait singulièrement refroidi mes espérances ; mais M. Kelly, commandant du port, m'apporta le journal où se trouvait consigné tout au long le rapport de M. Dillon, touchant sa découverte à Tikopia : ce fut ce même rapport qui parut en son temps dans les journaux d'Europe, et que M. Dillon a reproduit dans la relation de son voyage.

Après avoir lu attentivement cette relation, et avoir bien pesé son contenu, elle me parut offrir, dans ses détails, un caractère de sincérité qui me conduisit à penser qu'elle ne pouvait pas être dénuée de tout fondement. En conséquence, de ce moment, mon parti fut définitivement pris : je renonçai à mes projets ultérieurs sur la Nouvelle-Zélande, et me décidai à conduire immédiatement *l'Astrolabe* à Vanicoro, qui n'était encore pour nous que Mallicolo, d'après M. Dillon. J'étais convaincu qu'il importait essentiellement à la gloire de notre mission, à l'honneur de la marine et même de la nation française, de constater ce qu'il pouvait y avoir de réel dans ces rapports, ou même d'en établir la fausseté.

Je pouvais espérer que, en me rendant d'abord à Tikopia, les habitants de cette île me donneraient les renseignements nécessaires pour parvenir à Vanikoro.

Après plusieurs incidents de pure navigation, *l'Astrolabe* arriva devant Tikopia le 10 février 1828.

Vers deux heures, la vigie annonça trois pirogues qui se dirigeaient vers nous : chacun se précipite sur les bastingages et hâte de ses vœux l'instant qui va mettre un terme à nos doutes. Dans celle qui marche en tête, on remarque un Européen portant un bonnet de laine, une chemise rouge et un pantalon de prunelle blanche. Il monte sur-le-champ à bord, et répond à mes questions qu'il est le Prussien Martin Bushart, qu'il vient d'accompagner le capitaine Dillon dans son voyage aux îles Vanikoro.

J'invite Bushart à descendre dans ma chambre, et voici en substance le résultat de l'entretien que j'eus avec lui.

Après une longue indécision, causée par ses querelles avec ses officiers, M. Dillon s'était enfin décidé à se rendre aux îles Vanikoro, en passant par Tikopia; il avait pris à son bord plusieurs habitants de cette île pour lui servir de guides et d'interprètes dans les îles voisines. M. Dillon n'avait pu mouiller ni à Païou ni à Vanou; ce n'avait été qu'avec beaucoup de difficultés, et en courant de grands dangers, qu'il était parvenu à conduire son navire dans un endroit nommé Ocili, situé à dix ou douze milles du lieu du naufrage. Je compris même qu'il avait fallu placer des balises pour guider la marche du bâtiment au travers des coraux, attendu que le canal était très-resserré. M. Dillon avait séjourné près d'un mois sur le lieu du naufrage, et s'y était effectivement procuré les divers objets mentionnés dans sa lettre de la nouvelle-Zélande; mais il ne restait aucun Français dans l'île; le dernier était mort un an auparavant, et les naturels avaient indiqué son tombeau aux étrangers. Les insulaires s'étaient montrés paisibles envers leurs hôtes; mais l'air de l'île était fort mal sain, et l'équipage avait été attaqué d'une fièvre dont il avait cruellement souffert.

Bushart était revenu, du consentement de M. Dillon, de la baie des

Iles à Tikopia, sur le schooner le Governor-Macquarie, destiné ultérieurement pour les ils Rotouma et Tonga-Tabou.

Le 11 février, des quatre arikis, ou premiers chefs des îles, trois vinrent me faire leur visite, et chacun d'eux m'offrit un présent consistant en trois ou quatre noix de coco, autant de bananes vertes de mauvaise qualité, et un ou deux poissons volants. C'était une preuve de leur extrême pauvreté; j'eus soin de répondre à leur politesse comme si leurs présents eussent été d'un plus grand prix.

Un de ces hommes, que je pris au premier abord pour un insulaire, s'approcha de moi avec timidité, et me présenta un pli soigneusement enveloppé de papier; en retour je lui donnai un collier et un couteau qui le comblèrent de joie. Ce pli contenait une lettre de M. Dillon, qui me faisait simplement part de l'objet de son voyage, et m'annonçait qu'il allait se diriger sur l'île Pitt, et ensuite sur Santa-Cruz. Comme il évitait de me donner aucun renseignement particulier sur Vanikoro, quelques-uns de mes compagnons en prirent occasion de dire que M. Dillon ne m'avait laissé cette lettre que pour me donner le moyen de lui porter secours en cas où il lui serait arrivé quelque malheur dans ses recherches.

L'Anglais Hambilton, que je questionnai au sujet de l'homme à qui M. Dillon avait confié sa lettre, m'apprit qu'il n'était point natif de Tikopia, et des questions subséquentes me firent connaître que c'était le lascar Joe qui avait vendu à M. Dillon la poignée d'épée, et qui le premier lui avait donné des renseignements positifs sur le lieu du naufrage, et les traces qui en restaient dans le pays.

Je fis appeler Joe, et le questionnai lui-même. Il avait tellement peur que je ne voulusse l'emmener, qu'il nia d'abord qu'il fût le lascar de ce nom, et se refusa à me donner toute espèce de renseignement. Cependant quand je lui eus bien fait comprendre que mon intention était de le laisser complètement maître de ses actions, il s'enhardit peu à peu, et finit par avouer qu'il était allé lui-même, plusieurs années auparavant, aux îles Vanikoro, où il avait vu plusieurs objets provenant des vaisseaux; qu'on lui dit alors que deux blancs, très âgés, vivaient encore, mais qu'il ne les avait jamais vus.

Du reste, d'accord en cela avec les naturels de Tikopia, il assure que l'air y est très malsain à cause du froid et des fièvres qui y règnent habituellement. Mate-moe fénona (la terre tue); répondaient-ils tous, sans exception, aux prières et aux offres que je leur faisais pour les engager à m'accompagner, en secouant la tête de frayeur, en frissonnant et faisant le signe d'un homme mort. Dans un voyage qu'ils firent sur ces îles, les Tikopiens eurent dix de leurs hommes enlevés par la fièvre, et l'équipage de M. Dillon paraît avoir cruellement souffert de cette maladie.

Le lascar Joe, natif de Calcutta, a vécu quatre ans aux îles Viti, dont il amena une femme à Tikopia; il a successivement visité les îles Laguemba, Koro, Takon-Robe, Imbao, Mouala, Kandabon, Vatou-Lele, et il a résidé trois ou quatre mois dans chacune, excepté à Vouhia où il a passé vingt-un mois. Que de choses curieuses cet homme a vues!... que de rapports pleins d'intérêt il pourrait faire, s'il avait reçu la moindre éducation!... Mais Joe ne savait ni lire ni écrire, et il a tellement contracté toutes les habitudes des Polynésiens, qu'au premier coup d'œil il est presque impossible de le distinguer d'avec eux, d'autant plus que son corps est couvert d'un tatouage semblable au leur. Mais, en y regardant de plus près, sa figure offre un type différent, la coupe en est plus ovale et moins arrondie; ses traits aussi annoncent une race plus intelligente.

Ni Bushart, ni Joe ne voulant me suivre, je résolus de m'en tenir aux deux Anglais qui m'avaient demandé passage sur la corvette. De ce moment, j'aurais voulu poursuivre sur-le-champ ma route sur Vanikoro, mais il restait à bord près de vingt-cinq naturels que je ne me souciais point du tout d'amener avec moi, et les pirogues n'étaient point revenues. Tout en pestant, il fallut attendre jusqu'à deux heures et demie; encore n'arriva-t-il que cinq pirogues, et chacune d'elles ne pouvait recevoir que trois ou quatre hommes en sus de ceux qui la montaient. Aussi, quand elles furent toutes parties, il resta encore cinq naturels appartenant sans doute à la classe la plus obscure et aux derniers rangs de la société; car, malgré leurs prières et leurs supplications, personne ne voulut s'en charger. Aucune pirogue n'était en vue et le courant nous avait déjà entraînés de huit milles sous le vent de l'île. Bon gré mal gré, il fallut me décider à faire voile emmenant ces hommes avec moi.

Nos Tikopiens ont couché dans le grand canot: toute la nuit ils n'ont cessé d'indiquer exactement le gisement de Vanikoro, lorsqu'on leur demandait de quel côté de l'horizon il était situé : certaines étoiles leur servaient à reconnaître leur position. Au coucher du soleil, dans la partie de l'horizon éclairée par le disque de cet astre, des barres de perroquet, nous avons pu distinguer, dans l'ouest cinq degrés sud, les sommités de Vanikoro, sous la forme de trois mamelons aplatis et isolés comme autant d'îles distinctes. Nous en étions à soixante milles de distance.

A cet aspect, nos cœurs furent agités par un mouvement indéfinissable d'espérance et de regrets, de douleur et de satisfaction : enfin nous avions sous les yeux le point mystérieux qui avait caché si longtemps à la France, à l'Europe entière, les débris d'une noble et généreuse entreprise ; nous allions fouler ce funeste sol, interroger ses plages et questionner ses habitants. Mais quel allait être le résultat de nos efforts ?

Parmi les cinq Tikopiens, Hambilton m'en fit remarquer un qui se disait natif de Houvea, île située à deux journées de Tonga-Tabou : il se trouvait avec trois de ses compatriotes dans une petite pirogue, quand la brise l'entraîna sous le vent de son île. Ces malheureux furent obligés de rester trente jours à la mer, n'ayant que dix cocos pour toute ressource. Ils étaient à l'extrémité quand ils abordèrent à Tikopia, où ils furent accueillis avec hospitalité, et où ils s'établirent. Celui qui se trouvait à bord de *l'Astrolabe* avait reçu de ses nouveaux compatriotes le nom de Brini-Warou.

Il nous fallut longtemps errer autour de cette île avant de trouver un passage à travers le récif ; le 20 seulement, *l'Astrolabe* fut mouillée à Vanikoro ; le 22, le matelot anglais me présenta un naturel qui s'était offert pour piloter notre canot sur le lieu du naufrage de Lapérouse. Sous la conduite de cet homme, M. Gressein a pu faire le tour de l'île en dedans de la ceinture de brisants qui l'environne, et même en suivant la côte de fort près. A Païou, le premier village où il se soit arrêté, tout le monde a pris la fuite ; Hambilton, le seul homme du canot qui soit descendu à terre, n'a trouvé qu'un vieillard et une vieille femme ; ces deux individus, dominés par la frayeur, n'ont pu lui donner aucun renseignement. Plus loin, dans un endroit nommé Nama, où se trouve un village plus considérable qu'à Païou, on a communiqué avec les naturels, qui ont vendu plusieurs vieux morceaux de fer et de cuivre, provenant des vaisseaux naufragés à Païou et à Vanou ; mais personne ne pouvait ou ne voulait donner des détails touchant les circonstances du naufrage, ni sur le sort des Français qui avaient pu échapper. Un seul, plus âgé, a dit qu'un certain nombre d'Européens s'étaient sauvés sur des planches, et que deux d'entre eux s'étaient établis à Païou, mais qu'ils étaient morts depuis longtemps. Les autres, comme s'ils se fussent donné le mot pour garder le silence sur cet événement, protestaient qu'ils n'en avaient aucune connaissance, que ces objets leur venaient de leurs parents, qui les avaient enfouis en terre il y avait bien longtemps. Lorsqu'on leur objectait les débris recueillis par Dillon sur les récifs, tous assuraient que ce capitaine, qu'ils nommaient Pita (corruption de son nom de baptême Peter), n'avait point emporté de canons, qu'il n'avait rien recueilli sur le brisant, et que, durant son séjour dans l'île, la mer avait été trop grosse pour qu'on pût rien pêcher sur les récifs. Il était évident que ces insulaires, craignant que nous ne fussions venus chez eux pour tirer vengeance de la mort de nos compatriotes, avaient adopté de concert un système de dénégation absolue touchant le naufrage des frégates et les événements qui s'en étaient suivis. Ni promesses, ni caresses, ni prières, ne réussirent à M. Gressien pour vaincre leur obstination, et il fut obligé de les quitter sans en obtenir rien de plus satisfaisant.

Le grand canot a passé la nuit près du village de Vanou, dont les habitants ont aussi apporté quelques débris insignifiants du naufrage. Puis ce matin, il s'est dirigé vers la passe du nord, par laquelle il est rentré dans le bassin intérieur, et il est enfin revenu à bord par la passe de l'est.

A Vanou, les deux guides de Tevai parurent fort alarmés de se trouver en présence des habitants de cet endroit ; ils se couchèrent à plat ventre dans le canot, et ne se firent voir qu'après avoir reconnu que les naturels de Vanou ne se montraient point hostiles envers leurs hôtes. Un de ces guides raconta à Hambilton qu'outre les deux navires qui avaient fait naufrage à Païou et à Vanou, un autre avait péri près des îles de sable, nommées Maha-Loumou, au sud de l'île ; mais qu'on n'avait pu rien sauver, attendu qu'il avait été sur-le-champ brisé, et s'était englouti le long du brisant.

Ce premier voyage nous a fait connaître le contour de l'île, et nous a confirmé le fait du naufrage; mais il ne nous a procuré aucun document sur le lieu précis où il arriva, ni sur les événements qui l'ont accompagné.

Déjà M. Guilbert, en chassant sur les bords de la passe de l'est, a découvert, sur la petite île du bassin intérieur, un village dont les habitants l'ont bien accueilli. Deux des naturels de cet endroit, nommés Tangaloa et Barbaka, lui ont montré un certificat que M. Dillon leur avait laissé, et que M. Guilbert a pu obtenir moyennant quelques présents. Par chacune de ces pièces écrites sur un morceau de parchemin, et datées du 6 octobre 1827, M. Dillon certifie qu'il a été content de la conduite du porteur durant son séjour dans l'île; qu'il y est arrivé le 13 septembre 1827, et doit en repartir le jour suivant, 7 octobre, pour se rendre aux îles sous le vent, à la recherche des Français de l'équipage de Lapérouse. Il fait aussi mention de cinq canons de bronze, d'un mortier de cuivre et de vaisselle trouvés à Vanikoro. En outre M. Guilbert a apporté de ce village un morceau de cuivre paraissant avoir servi de garniture de bout de vergue.

Malgré sa mauvaise humeur, Nelo répondit quelquefois à mes questions. — Suivant lui, les Français qui avaient abordé à Vanou avaient tiré les premiers sur les naturels, et en avaient tué une vingtaine, puis ils s'en étaient allés. Jamais, à sa connaissance, aucun *papa langui* (blanc) n'avait existé dans Vanikoro, ni dans les îles voisines. Un navire s'était effectivement perdu sur les récifs du sud-est; mais on n'avait pu rien en sauver, et les blancs qui le montaient n'étaient point descendus à terre. Enfin, Pita n'avait point eu de canons, et n'avait pas même pu pêcher sur les récifs... Malgré les protestations de Nelo, je voyais facilement que ce chef n'était point sincère, et qu'il y avait beaucoup de réticences dans ses déclarations.

En quittant Tevai, je me dirigeai sur un des villages de Mannevai, dans le bassin intérieur: du plus loin qu'ils nous aperçurent, les habitants accoururent au-devant de nous, sans armes, et en témoignant une joie extrême de nous voir. Le vieil ariki Tamanongui me prit amicalement par la main, et me conduisit dans une espèce de case publique où l'on préparait des vivres. Nous nous assîmes au milieu de tout le peuple et à côté des chefs des deux villages.

Je donnai à chacun d'eux un collier, et M. Guilbert les gratifia d'un morceau d'étoffe de Tonga: ces présents les comblèrent de joie. Je commençai à les questionner: ils m'écoutaient attentivement, et paraissaient disposés à m'être agréables; néanmoins, comme ceux de Tevai, ils nièrent longtemps avoir eu connaissance de l'événement; personne ne se souvenait d'avoir vu les vaisseaux naufragés, ni les étrangers qui les montaient. Enfin, un vieillard qui n'avait pas moins de soixante-dix ans, confessa qu'il avait vu deux blancs, qui étaient descendus à Païou; mais il ajouta qu'ils étaient morts depuis longtemps sans avoir laissé d'enfants. Ceux qui avaient abordé à Vanou avaient été reçus à coups de flèches par les naturels; alors les blancs avaient tiré sur ceux-ci avec leurs fusils (et il faisait le geste d'un homme qui souffle la mort); ils en avaient tué plusieurs; ensuite ils avaient tous péri eux-mêmes, et leurs crânes étaient enterrés à Vanou. Les autres os avaient servi aux sauvages à garnir leurs flèches.

A Manevai, comme à Tevai, je montrai aux naturels une croix de Saint-Louis et une pièce d'argent, en leur demandant s'ils avaient déjà vu des objets semblables. A Tevai, personne ne se souvenait d'en avoir jamais vu; mais à Manevai, Tangaloa affirma qu'il s'en trouvait de semblables à Vanou.

Demain M. Jacquinot, accompagné de MM. Lottin, Sainson, Dudemaine et Lesson, partira dans le grand canot pour faire une seconde excursion autour de l'île, et chercher de nouveau le lieu du naufrage.

Il arriva, ce matin, à huit heures environ, devant Vanou. A son approche, les femmes se sont enfuies dans les bois, emmenant leurs enfants avec elles et emportant sur le dos leurs effets les plus précieux. Les hommes sont venus au-devant du canot d'un air où régnaient l'inquiétude et l'effroi; à toutes les questions qu'on leur a adressées, ils n'ont fait que des réponses évasives et visiblement mensongères.

Tout en persistant dans leur système de dénégation absolue touchant le naufrage des navires et ses conséquences, ils ont cependant avoué qu'ils avaient eu en leur pouvoir les crânes des Maras, mais ils ont ajouté qu'on les avait depuis longtemps jetés à la mer.

Alors le canot se dirigea vers Nama, village situé à deux milles plus loin. Les Français y furent accueillis d'un œil plus ouvert qu'à Vanou ; cependant, leurs questions, leurs promesses et leurs efforts y furent longtemps aussi infructueux ; M. Jacquinot se proposait déjà de continuer sa route vers Païou, lorsqu'il s'avisa de déployer un morceau de drap rouge ; la vue de cet objet produisit un tel effet sur l'esprit d'un sauvage, qu'il sauta sur-le-champ dans le canot, et s'offrit à le conduire sur le lieu du naufrage, pourvu qu'on lui donnât le précieux morceau d'étoffe : le marché fut aussitôt conclu.

La chaîne des récifs qui forme comme une immense ceinture autour de Vanikoro, à la distance de deux ou trois milles au large, près de Païou et devant un lieu nommé Ambi, se rapproche beaucoup de la côte dont elle n'est guère éloignée de plus d'un mille. Ce fut là, dans une espèce de coupée au travers des brisants, que le noir arrêta le canot et fit signe aux Français de regarder au fond de l'eau. En effet, à la profondeur de douze ou quinze pieds, ils distinguèrent bientôt, disséminés çà et là et empâtés de coraux, des ancres, des canons, des boulets et divers autres objets, surtout de nombreuses plaques de plomb. A ce spectacle, tous leurs doutes furent dissipés ; ils restèrent convaincus que les tristes débris qui frappaient leurs yeux étaient les derniers témoins du désastre des navires de Lapérouse.

Il ne restait plus que des objets en fer, cuivre ou plomb ; tout le bois avait disparu, détruit sans doute par le temps et le frottement des lames. La disposition des ancres faisait présumer que quatre d'entre elles avaient coulé avec le navire, tandis que les deux autres avaient pu être mouillées. L'aspect des lieux permettait de supposer que le navire avait tenté de s'introduire au-dedans des récifs par une espèce de passe ; qu'il avait échoué, et n'avait pu se dégager de la position qui lui était devenue fatale. Suivant le récit de quelques sauvages, ce navire aurait été celui dont l'équipage avait pu se sauver à Païou, et y construire un petit bâtiment, tandis que l'autre aurait échoué en dehors du récif, où il se serait tout à fait englouti.

Je fis part à mes compagnons du projet que j'avais depuis longtemps conçu, d'élever à la mémoire de nos infortunés compatriotes un mausolée modeste, mais qui suffît du moins pour attester notre passage à Vanikoro, en attendant que la France pût un jour y consacrer un monument plus durable et plus digne de sa puissance.

Inauguration
DU MONUMENT ÉLEVÉ À LAPEYROUSE,
par le Capitaine D'URVILLE.

Cette proposition fut reçue avec enthousiasme, et chacun voulut concourir à l'érection d'un cénotaphe : nous arrêtâmes qu'il serait placé au milieu d'une touffe de mangliers situés sur le récif qui cerne en partie notre mouillage du côté du Nord. Sur-le-champ, accompagné de plusieurs officiers, je descendis sur cet îlot de corail ; je désignai le local que l'on commença à déblayer. La forme du mausolée devait être celle d'un prisme quadrangulaire de six pieds sur chaque arête, surmonté par une pyramide quadrangulaire de même dimension. Des plateaux de madrépores, contenus entre quatre pieux solides fichés en terre, devaient former la masse de l'édifice, et sa cime devait être recouverte par un chapiteau en bois peint. Je destinai à cet emploi les planches de koudi, achetées l'année précédente à Korora-Reka. Je donnai l'ordre de n'employer ni clous ni ferrures pour assembler ces pièces, afin de n'offrir aux naturels aucun objet qui pût les porter à détruire notre ouvrage afin de satisfaire leur cupidité.

Le 14, vers trois heures du matin, M. Lottin est descendu sur le récif avec les charpentiers, pour mettre en place les dernières pièces du mausolée. C'est le chapiteau pyramidal, en planches de koudi, qui doit lui servir de couronnement, et qui se termine par un gros bouton en bois, taillé à facettes. Dans une des traverses est incrustée une plaque en plomb, sur laquelle ont été tracés, en gros caractères, fortement creusés, les mots suivants : *A la mémoire de Lapérouse et de ses compagnons. L'Astrolabe, 14 mars* 1828.

A dix heures et demie, tout était terminé. Comme la fièvre me retenait à bord, M. Jacquinot fut chargé de procéder à l'inauguration du monument. Il descendit à la tête d'une partie de l'équipage sur le récif ; un détachement de dix hommes armés défila par trois fois, dans un silence solennel et respectueux, autour du mausolée, et fit trois décharges de mousqueterie, tandis que du bord une salve de vingt et un coups de canon faisait retentir les montagnes de Vanikoro. Quarante ans auparavant, les échos de ces mêmes montagnes avaient peut-être répété les cris de nos compatriotes expirant sous les coups des sauvages, ou succombant sous les atteintes de la fièvre !... Et nous-mêmes, n'avions-nous pas à craindre une destinée pareille ? Le cénotaphe que, de nos mains défaillantes, nous venions d'élever en l'honneur des compagnons de Lapérouse, ne pouvait-il pas aussi devenir le dernier témoin des longues épreuves et du désastre de la nouvelle *Astrolabe!*...

Une division navale, composée de la frégate *la Terpsichore*, de la gabarre *l'Infatigable* et du transport *le Madagascar,* est placée sous le commandement du capitaine de vaisseau Gourbeyre. Elle part de Bourbon le 15 juin 1829, pour diriger une expédition sur l'île de Madagascar. Quatre jours après, la corvette *la Nièvre*, la gabarre *la Chevrette* et l'aviso *le Colibri* sont ralliés par le capitaine Gourbeyre. Le 29 juillet, cet officier supérieur forme un établissement dans la baie de Tintingue et le fortifie. *La Terpsichore, la Nièvre* et *la Chevrette* ouvrent leur feu contre le fort de Tamatave. Un boulet rouge fait sauter la poudrière. Le débarquement s'opère, et les Hovas sont dispersés, abandonnant vingt-trois pièces de canon et deux cents fusils. Toutefois, les Français sont repoussés à Foulpointe, mais ils prennent une éclatante revanche à la Pointe-à-Larrée, où les Hovas avaient un poste militaire qui menaçait Tintingue et Sainte-Marie. Aucune suite n'a été donnée à cette expédition.

Avant 1830, le plus grand malheur qui pût arriver à un bâtiment, était de faire naufrage sur les côtes inhospitalières de l'Algérie. Le sinistre dont la relation va suivre est une des nombreuses preuves de notre assertion.

Le brick *l'Aventure,* commandé par M. d'Assigny, naviguait de conserve avec la frégate *la Bellone;* mais, dans la nuit du 14 au 15 mai, les deux bâtiments se trouvèrent séparés. Au point du jour, la frégate avait disparu. Deux bricks se montrèrent seuls à quelque distance de *l'Aventure*. L'un était anglais; le second était un brick de l'Etat, *le Silène;* il venait de Mahon. Les deux navires français firent route de compagnie.

A huit heures et un quart du soir, un grain chargé de pluie fondit sur *l'Aventure,* qui, peu d'instants après, ressentit une légère secousse. Une brume épaisse voilait l'horizon; *l'Aventure* venait de franchir l'accore d'un banc de sable. D'énormes lames le poussèrent de plus en plus vers le rivage. M. d'Assigny, ayant reconnu combien la chute inévitable de sa mâture allait ajouter de dangers à ceux que courait déjà son équipage, donna des ordres pour la faire abattre. Bien que *l'Aventure* fût tellement près de terre, que la chute de sa mâture éta-

NAUFRAGE SUR LES CÔTES DE L'ALGÉRIE AVANT 1830.

blit en quelque sorte un pont volant entre le navire et le rivage, l'obscurité de la nuit était si complète, que la phosphorescence des lames révélait seule son gisement.

Le commandant d'Assigny put, dès cet instant, espérer de sauver son équipage. Les lames courtes et furieuses se roulaient sur le fond et se heurtaient violemment contre la coque déjà ruinée du brick. Aussi se trouva-t-il bientôt renversé vers le large. Il était temps d'abandonner le navire. A l'aide des tronçons de la mâture et des cordages, tout le monde put, sans trop de danger, gagner le rivage, où le commandant lui-même parvint le dernier.

Un second événement avait été la funeste conséquence du premier. Le Silène, qui naviguait dans les eaux de l'Aventure, avait presqu'en même temps éprouvé un désastre aussi déplorable. Pourtant, un avertissement malheureusement trop tardif, ayant éveillé les inquiétudes de M. Bruat, commandant du Silène, ce bâtiment faillit échapper au désastre; mais au premier coup de talon, le Silène s'échoua presque aussitôt complétement.

Ce navire se trouvait moins endommagé par la mer que ne l'avait été l'Aventure. Ce ne fut qu'aux premiers rayons du jour qu'eut lieu l'évacuation. On rejoignit les naufragés de l'Aventure, qui, depuis sept ou huit heures, erraient sur le rivage que leur navire avait jonché de débris.

On forma immédiatement un conseil qui décida que, pour échapper à cette mauvaise fortune, on s'armerait et s'équiperait le moins mal possible, à l'aide des ressources que le désastre laissait encore à la disposition des marins; puis, qu'on essayerait de joindre Alger, au risque de traverser les bandes de Bédouins. A peine avait-on abandonné le théâtre de la double catastrophe, qu'une troupe de Bédouins armés déboucha d'un angle de la côte, et fondit sur les Français.

Un Maltais, pris devant Oran dans un bateau de pêche, faisait partie de l'équipage du Silène. Il savait l'arabe pour avoir longtemps navigué avec les marins de la régence. Cet homme essaya de se dévouer au salut de tous. Il protesta à ces barbares furieux que les naufragés étaient Anglais; par sa fermeté et son courage, il en imposa aux Arabes. Mais ils n'en persistèrent pas moins à vouloir guider la route des marins, et, sous prétexte de les conduire à Alger par un chemin plus court et plus praticable, ils enfoncèrent toute la caravane dans les montagnes. Là, les Arabes se jetèrent parmi les marins qu'ils pillèrent complétement ; cet acte de brigandage et de cruauté laissa ces malheureux entièrement nus, exposés aux rigueurs de la brise que glaçaient les froides ondées du nord. Mais rien ne pouvait entraver la marche des naufragés, dont cet événement venait encore de doubler les souffrances. On continua à s'avancer à travers les montagnes.

Nous ne suivrons pas nos marins au milieu de ces hordes de barbares. Il suffira d'emprunter au rapport de M. d'Assigny les passages les plus intéressants :

« Les femmes, qui d'abord nous avaient rebutés, dit le commandant de *l'Aventure,* finirent pourtant par s'attendrir sur notre sort, et la première maison qui d'abord nous avait repoussés devint notre asile. On nous alluma du feu, on nous donna à manger, et deux jours se passèrent sans trouble. Le premier sujet d'inquiétude nous fut donné par quelques marins qui s'échappèrent des maisons voisines, et coururent la campagne dans l'espoir de se sauver : ils furent arrêtés peu après, mais les Bédouins nous observèrent davantage, nous soupçonnant tous d'avoir les mêmes intentions.

« Le 18, vers le soir, les frégates de la division et quelques bricks s'étant approchés des navires échoués, envoyèrent des embarcations pour les reconnaître. Ces dispositions de débarquement jetèrent la terreur de toutes parts ; tous les Arabes s'armèrent et descendirent les montagnes en hurlant ; les femmes mirent leurs enfants sur leur dos, prêtes à fuir ; nous autres, on nous enferma dans les cases les plus fortes, nous menaçant de mort, au moindre mouvement que nous ferions pour tâcher de nous sauver.

« Nous étions au moment d'être égorgés : un coup de canon que nous entendîmes nous parut pour tous le moment du massacre ; car, de quelque côté que tournât la fortune, les Bédouins, vainqueurs ou vaincus, devaient se venger sur nous de leurs pertes, ou, exaltés par leurs succès, nous ajouter aux malheureuses victimes de leur fureur. Heureusement la chance tourna plus favorablement que nous ne devions l'espérer ; la frégate rappela ses embarcations, et tout rentra pour nous dans l'ordre accoutumé ; mais il n'en fut pas ainsi dans les montagnes.

« M. Bruat, que j'avais laissé avec vingt-trois hommes, compris le

Maltais et six officiers, fut logé d'abord dans la même maison avec ses compagnons; mais comme elle n'était pas assez grande pour tout le monde, on les en fit sortir et on les plaça dans une espèce de mosquée ouverte à tout venant, ce qui les exposa à des recherches pénibles et à des mauvais traitements. Les deux premiers jours, les Arabes qui les avaient capturés leur disaient, chaque matin, que la rivière de Bouberak, gonflée par les pluies, ne leur permettait pas de les conduire à Alger. Le troisième jour, quoique leurs intentions parussent plus hostiles encore, la vie des hommes était du moins en sûreté, lorsqu'un fils de Turc, ayant passé la rivière, vint dire dans ces villages que les officiers du dey étaient de l'autre côté pour nous protéger; mais que, pour eux, ils étaient bien sots de nous prendre encore pour Anglais.

« Le Maltais jugeait que sa présence hâterait les secours que nous attendions, étant plus à même que personne d'expliquer notre situation affreuse; à sa demande, M. Bruat le fit partir en lui recommandant toute diligence.

« Il y avait à peine une heure qu'il était en route, que nos marins furent mieux traités; plusieurs des Arabes leur rendirent les effets dont ils les avaient dépouillés le premier jour de notre captivité; en même temps, un des guides fit sortir le capitaine et lui fit entendre qu'il allait le conduire à la rivière. Celui-ci refusa de se séparer de ses camarades, qu'il informa aussitôt de la proposition qui venait de lui être faite; mais, d'un avis unanime, ils lui représentèrent que sa présence parmi eux ne serait pas, à beaucoup près, aussi utile qu'auprès des officiers du pacha. Il se décida donc à partir; mais, sur l'observation du commis aux revues, il obtint de changer de gardes, pour leur laisser celui qui paraissait prendre mieux leurs intérêts. M. Bruat, en passant la rivière à la nage, perdit ses effets, qui furent entraînés par la violence du courant. Arrivé sur l'autre rive, un Turc se dépouilla des siens pour l'habiller. De là, ayant été mené à la tente de l'effendi, et ne trouvant personne qui sût le français ou l'anglais, il fut interrogé en espagnol, et reçut les plus grandes assurances pour la sécurité de tous.

« Sur-le-champ on expédia deux officiers dans les montagnes; on lui permit même d'écrire une lettre à son second, pour lui donner les mêmes assurances. L'effendi, tout en lui témoignant beaucoup d'humanité, lui fit plusieurs questions sur le débarquement. Il lui demanda « s'il était vrai que les troupes partissent contre leur gré. » M. Bruat lui répondit « que la conduite de nos soldats, lorsqu'ils seraient débarqués, leur prouverait la fausseté de cette assertion. » Quant au point et à l'époque où devait avoir lieu le débarquement, il lui observa que les circonstances seules pourraient en décider.

« On insista particulièrement pour savoir ce qu'étaient devenues ses dépêches ; sur la réponse qu'il fit qu'il les avait déchirées quelques minutes après l'échouage, on lui fit dire par un officier turc qui parlait français, que « s'il pouvait les lui livrer, il obtiendrait sur-le-champ sa liberté. » Sa réponse fut « que, quand même ses jours y seraient attachés, il ne balancerait pas à les lui refuser. » Tout paraissait tranquille dans les montagnes, le sort de nos camarades semblait être assuré ; mais, à environ huit heures du soir, de grands cris se firent entendre de l'autre côté de la rivière : on disait que la division s'était approchée des débris des bricks ; que des Bédouins avaient été blessés par le feu de l'artillerie ; qu'enfin plusieurs Français échappés dans les montagnes avaient blessé une femme. Ces causes réunies furent probablement les motifs du massacre. L'effendi pâlit en apprenant ces nouvelles, et se plaignit à M. Bruat de ce que la présence de ces navires avait exaspéré les Arabes, sans pouvoir nous être d'aucun secours.

« Cependant, le capitaine lui observa que les bâtiments avaient fait leur devoir, dans la supposition que nous fussions encore cachés dans les montagnes ; et pour les autres parties du rapport qu'on venait de lui adresser, il était probable qu'elles étaient fausses.

« Le lendemain, M. Bruat fut expédié pour Alger, d'après les ordres du dey, et y arriva le 20 au matin. Il fut conduit chez l'aga, qui lui renouvela les questions qui lui avaient été déjà faites. Une lettre qui fut montrée, datée de Toulon, lui prouva qu'il recevait des informations sur tout ce qui se passait.

« Le lendemain du départ de M. Bruat des montagnes, les Arabes conduisirent à la rivière, en deux bandes, onze personnes, dont deux officiers ; ils furent aussitôt expédiés pour Alger.

« Enfin, le 20, à quatre heures du matin, les Arabes chez lesquels j'étais logé avec une partie des miens nous rassemblèrent pour nous conduire à la rivière de Bouberak, et nous remettre entre les mains des officiers du dey, que nous rencontrâmes un peu en deçà de la rivière. L'un d'eux, qui parlait français, nous dit que nous étions bien heureux d'avoir échappé au massacre; que déjà vingt têtes avaient été portées à Alger; qu'on parlait d'un plus grand nombre encore. Ces nouvelles nous navrèrent le cœur, et furent, pendant toute cette triste marche, le sujet de nos douloureux entretiens. »

Ce ne fut qu'après des souffrances de toute nature, que les deux équipages parvinrent à Alger. Ils passèrent d'abord la nuit au cap Matifoux; une escorte de soldats turcs et une population nombreuse les accompagnèrent dans la ville. Conduits au palais du dey, un horrible spectacle vint jeter l'épouvante dans leurs âmes : les têtes de leurs malheureux camarades étaient exposées aux insultes d'une population effrénée. Après avoir été contraints d'envisager ce dégoûtant spectacle, les marins français furent conduits au bagne, où se trouvaient déjà réunis quelques hommes des deux équipages.

Bien que les consuls d'Angleterre et de Sardaigne eussent obtenu du dey que les états-majors de *l'Aventure* et du *Silène* fussent logés chez eux, MM. Bruat et d'Assigny ne voulurent point y consentir, préférant rester parmi leurs marins et partager jusqu'à la fin leur mauvaise fortune.

« Quelque affreuses que soient les suites de ce naufrage, disait M. d'Assigny en terminant son rapport au ministre, nous devons encore bénir la Providence d'avoir permis à nos soins d'en recueillir autant de débris; car, jusqu'à cette époque, les équipages dont les bâtiments périrent sur ces côtes, entraînés par leur courant variable, ont presque tous été entièrement massacrés. »

Un conseil de guerre maritime a reconnu que MM. Bruat et d'Assigny étaient sans reproches dans les manœuvres qu'ils avaient ordonnées pour préserver leurs bâtiments du naufrage qui les a engloutis; des éloges ont été accordés à ces deux officiers, touchant les mesures qu'ils avaient prises à bord et à terre, au milieu de ce désastre, pour sauver leurs équipages.

Le dey d'Alger, qui encourageait la piraterie, avait outragé la France dans la personne de son consul. Il fallait une réparation. Un vaisseau, *l'Amphytrite*, la frégate *la Galatée* et les bricks *le Faune, la Ci-*

gogne et *la Champenoise* sont envoyés, sous le commandement du capitaine de vaisseau Collet, pour bloquer les ports de la régence. Cette division attaque une escadre algérienne, composée de six frégates et corvettes et de cinq autres bâtiments, et l'oblige à rentrer à Alger.

Ne pouvant obtenir la réparation qu'elle exigeait, la France se décide à l'imposer par la force des armes. Une expédition est ordonnée ; le lieutenant général, comte de Bourmont, commande en chef l'armée expéditionnaire. Le vice-amiral Duperré prend le commandement en chef de la flotte réunie à Toulon, laquelle se compose de six cent soixante-quinze bâtiments.

L'armée, forte de trente-sept mille hommes et de quatre mille huit cents chevaux, s'embarque le 18 mai 1830.

Une nuit, celle du 27 au 28, suffit à la flotte pour mettre sous voiles. Cependant un vent violent force les bâtiments à se réfugier dans la baie de Palma. Ils ne reprennent la mer que le 10 juin. Enfin, le 12, ils vont jeter l'ancre dans la baie de Sidi-Ferruch, et réduisent aussitôt le fort au silence. Le débarquement s'opère sous la protection de leur feu. L'armée renverse tous les obstacles et enlève d'assaut, le 30 juin, le fort de l'Empereur, qui domine la ville d'Alger. En même temps, la flotte, qui se tenait sous voiles, laisse arriver en ligne et bombarde toutes les batteries de la côte, pendant près de trois heures. Virant de bord, nos vaisseaux vont recommencer le bombardement, lorsque le drapeau de la France apparaît, le 4 juillet, sur le palais du dey. La ville est aussitôt occupée, Hussein est déposé, et le trésor de la Casobah livre ses immenses richesses.

Nous donnons, ci-après, les pièces officielles contenant les détails de cette glorieuse conquête.

Voici d'abord une dépêche de M. le vice-amiral Duperré, datée du 23 juin 1830, à bord du vaisseau *la Provence :*

« Dans mon premier rapport du 14 de ce mois, fait à la hâte le jour même de mon débarquement, après mes premières opérations et celles de l'armée expéditionnaire, j'avais l'honneur d'informer Votre Excellence que je lui transmettrais les détails des mouvements de la flotte confiée à mon commandement depuis son départ de la baie de Palma.

« Après être parvenu à rallier, dans la baie de Palma, les bâtiments de la réserve et des deux divisions du convoi, dont l'une avait été dispersée, le surlendemain de mon départ de Toulon, par un coup de vent de nord-ouest; après avoir réuni surtout la plus grande partie de la flottille, qui avait les dix premiers jours de vivres de l'armée, et qui était indispensable au débarquement, j'ai réorganisé la flotte, qui a rallié l'armée qui attendait sous voiles en dehors de la baie, et j'ai fait route, le 10 de ce mois, vers les côtes d'Alger. Le 11 au soir, le vent était frais de l'est, à l'est-sud-est, la mer était assez belle. Je m'estimais à soixante-deux milles de terre. Je dirigeai et modérai la vitesse de la flotte, de manière qu'elle se trouvât le lendemain, au jour, à douze milles de la côte. Effectivement, le 12, à la pointe du jour, on en eut connaissance à cette distance. J'avais été un instant auparavant rallié par le commandant de la division du blocus, avec la frégate *la Syrène*. Le vent soufflait bon frais et la mer devenait houleuse; elle pouvait l'être moins sous la terre, et surtout dans la baie désignée pour le débarquement. Mais la force du vent ne permettait pas de conduire à un mouillage très-resserré et à peu près inconnu, une flotte aussi nombreuse, et d'être maître de ses moyens d'attaque. Repoussé une seconde fois, je me trouvais encore en position, en reprenant le large, de conserver la flotte et la flottille ralliées (quoique cette dernière souffrît beaucoup) pour y revenir une troisième fois. Dans la soirée, la force du vent diminua, la mer s'embellit; la réserve, le convoi et la flottille s'étaient maintenus au vent. A neuf heures du soir, m'estimant à quarante milles de terre, la flotte revira sur elle et manœuvra pour s'en trouver au jour à douze milles.

« Le 13, à la pointe du jour, j'étais en vue et au vent des montagnes d'Alger; je suis bientôt rallié par la division du blocus, à laquelle j'en avais fait le signal. Je conserve la frégate *la Syrène*, commandée par M. Massieu de Clerval; la frégate *la Bellone*, capitaine Gallois, et les bricks *l'Actéon* et *la Badine*, capitaines Hamelin et Guindet. Le vent était frais, mais la mer assez belle. Le moment me paraît favorable: j'ordonne à l'armée la formation de la ligne de bataille, et je continue ma route sous petites voiles pour la faciliter. *La Syrène*, suivie de *la Bellone*, en prend la tête; la réserve, le convoi et la flottille se maintiennent au vent, conformément aux instructions que j'ai données, pour n'arriver qu'à la suite de l'armée. A dix heures, l'armée laisse arriver et défile en ligne en vue des forts et batteries.

M. le contre-amiral de Rosamel, commandant en second, avait pris son poste avec *le Trident* dans la ligne, et avait laissé le commandement et la conduite de la deuxième escadre à M. le capitaine de vaisseau Cuvillier. Le vaisseau *le Breslaw*, capitaine Maillard de Liscourt, prend poste en avant de *la Provence*, vaisseau amiral. Je fais signal à l'armée que je me dirige sur la baie de Sidi-Ferruch, dans l'ouest de Torre-Chica, et que chaque capitaine doit, pour l'attaque et le débarquement, se conformer aux instructions et au plan n° 1, délivrés à chacun d'eux. Je charge le brick *l'Alerte*, capitaine Andrea de Nerciat, d'aller sonder la baie de l'Est, et les bricks *le Dragon*, capitaine Leblanc, et *la Badine*, capitaine Guindet, d'aller sonder la baie de l'ouest. Ces trois officiers remplissent cette mission en hommes du métier, avec habileté et courage.

« L'armée passe à une encâblure de la pointe du petit port et se dirige sur Torre-Chica. Arrivé par son travers, je suis fort étonné de n'y pas trouver les moyens de défense qui m'avaient été annoncés. J'ordonne à M. l'amiral de Rosamel, sur *le Trident*, et à *la Guerrière*, capitaine de Rabaudy, que j'avais chargés de l'attaque extérieure, de suivre l'armée. Après avoir doublé les roches saillantes de la presqu'île, *la Syrène* et *la Bellone* entrent et défilent sous voiles dans la baie. A onze heures et demie, le vaisseau *le Breslaw* prend son poste avec habileté et exactitude rigoureuse ; il s'embosse, par quatre brasses et demie, à demi-portée de canon d'un fort en pierre percé de dix embrasures. Le capitaine Villaret prend poste immédiatement derrière lui, avec le vaisseau *la Provence*, qui est suivi de *la Pallas*, capitaine Forsans. Les frégates *la Didon*, capitaine Villeneuve de Bargemont, et *l'Iphygénie*, capitaine Christy-Pallière, prennent poste, embossées parallèlement à la presqu'île. A notre grand étonnement, nous trouvons le fort désarmé et la presqu'île abandonnée sans moyens de défense ; l'ennemi les avait portés sur les hauteurs voisines et commandant la plage, dans le double but de les défendre et de s'opposer au débarquement. Les dispositions d'attaque se trouvent alors sans effet ; je me borne à faire occuper la baie par la flotte, qui, à cinq heures, y avait son mouillage.

« L'ennemi, de ses nouvelles batteries, a tiré quelques coups de canon et lancé quelques bombes sur les vaisseaux avancés. Sa position élevée et sa distance rendaient la riposte aux coups de canon sans effet; je préférai m'occuper des dispositions du débarquement. J'envoyai néanmoins les bateaux à vapeur *le Nageur,* capitaine Louvrier, et *le Sphynx,* capitaine Sarlat, pour approcher la plage d'aussi près que possible et inquiéter l'ennemi par leur feu. Ils réussirent, car la batterie la plus rapprochée, dans laquelle était un mortier, fut évacuée. Un matelot, le nommé Jacquin (Etienne), de la vingt-quatrième compagnie permanente, deuxième division, a reçu, d'un éclat de bombe, une blessure grave à la jambe, qui le mettra dans l'impossibilité de continuer ses services.

« La soirée était trop avancée pour opérer le débarquement; mais à la pointe du jour dix mille hommes avec huit pièces d'artillerie, montées prêtes à être mises en batterie, ont été débarqués sous le feu de l'ennemi; peu de temps après ils ont été suivis de dix mille autres, et, dans la matinée, toute l'armée a été mise à terre. Le premier débarquement était commandé par M. le capitaine de frégate Salvy, du vaisseau amiral; il y a fait preuve de courage et de discernement. Toutes les embarcations qui ont suivi étaient montées par un officier ou un élève de l'armée; je ne saurais trop louer le zèle enthousiaste de chacun d'eux. Les bricks *l'Actéon,* capitaine Hamelin, et *la Badine,* capitaine Guindet, ainsi que la corvette *la Bayonnaise,* capitaine Ferrin, prirent position dans la baie et canonnèrent à revers avec avantage les batteries ennemies. Dans un des bateaux de *la Surveillante,* le nommé Guillevin (François-Marie), matelot de première classe, a eu la cuisse emportée par un boulet de canon qui atteignit également M. le lieutenant de vaisseau Dupont et le nommé Duguin (Alexis), matelot de deuxième classe, qui en furent quittes l'un et l'autre pour une forte contusion.

« En sautant à terre les premiers, deux marins, emportés par leur courage, s'élancent ensemble dans le fort et y arborent le pavillon du roi: ce sont les nommés Sion, chef de la grande hune de *la Thétis,* et Brunon, matelot de *la Surveillante.*

« L'ennemi ne nous a pas mis dans le cas de multiplier ces actes de courage et de dévouement dont chacun était animé...

« Chacun a fait son devoir, et il m'est impossible de relater ici tous les titres acquis à la bienveillance de Sa Majesté. »

Rapport au ministre de la marine par l'amiral baron Duperré. — *Débarquement de l'armée de terre sur la côte d'Afrique, à quelques lieues d'Alger.* (1)

« La Providence a favorisé d'un succès complet les premières opérations de l'entreprise glorieuse ordonnée par Sa Majesté. Le pavillon du roi flotte sur le fort de Sidi-Ferruch et la tour de Torre-Chica.

« Parti de la baie de Palma, le 10 de ce mois, avec la flotte, sous mon commandement, dont j'étais parvenu à rallier les éléments séparés par les mauvais temps qui l'avaient assaillie en vue de la côte d'Afrique, pour la première fois, le 31 du mois dernier, je l'ai abordée de nouveau le 12 au matin. De forts vents d'est-nord-est et une grosse mer m'ont forcé une seconde fois à prendre le large, en conservant la flotte ralliée. Hier matin, 13, le vent était encore frais de la partie de l'est, mais la mer était peu houleuse et le temps était beau. Ce premier moment de répondre à la confiance de Sa Majesté m'a paru propice, je l'ai saisi. La flotte s'est présentée à huit heures du matin devant la ville d'Alger, a défilé le long des forts et batteries; le commandant de la station, accompagné de *la Bellone*, conduisant l'armée navale en tête, suivie de la réserve et du convoi, et, à sept heures du soir, elle occupait la baie de Torre-Chica. L'ennemi avait évacué la batterie de la pointe et le fort de la baie, mais il avait couronné les hauteurs voisines des pièces d'artillerie et des mortiers qui en composaient l'armement. Quelques coups de canon ont été tirés et quelques bombes ont été lancées sur la première ligne des vaisseaux. Un matelot a été blessé par un éclat à bord du vaisseau *le Breslaw*. J'ai fait accoster la plage par le capitaine Louvrier, montant le bateau à vapeur *le Nageur*, qui est parvenu à faire évacuer une batterie en premier plan d'un mortier et d'un canon.

« La journée était trop avancée pour le débarquement; les dispositions ont été prises pour l'opérer à la pointe du jour. La corvette *la Bayonnaise*, capitaine Ferrin; le brick *l'Actéon*, capitaine Hamelin, et le brick *la Badine*, capitaine Guindet, qui n'avaient point de troupes à débarquer, sont allés prendre poste dans la baie située à l'est de Torre-Chica, pour prendre en flanc les batteries de l'ennemi

---

(1) *Annales maritimes et coloniales.* 1830, IIe partie.

et les battre par-dessus la presqu'île. Les bateaux à vapeur *le Nageur* et *le Sphinx*, capitaine Sarlat, ont reçu l'ordre de couvrir de leur feu le débarquement dans l'ouest.

« Ce matin, à quatre heures et demie, la première division de l'armée a été mise à terre avec huit pièces d'artillerie de campagne, sous le feu des batteries de l'ennemi, qui ont eu peu d'effet. Un marin de *la Surveillante* a eu la cuisse emportée ; M. Dupont, lieutenant de vaisseau, a reçu une forte contusion par un boulet mort : il ne m'est parvenu encore aucun autre rapport. L'artillerie des corvettes placées dans l'est de Torre-Chica a été bien servie et d'un bon effet sur les batteries ennemies. Deux matelots, en sautant à terre, ont arboré le pavillon du roi sur le fort et la tour.

« A six heures, la deuxième division et toute l'artillerie de campagne étaient à terre ; à six heures et demie, le général en chef a débarqué. A la tête de ses troupes, il a exécuté tout de suite un mouvement pour tourner les batteries de l'ennemi, qui ont été enlevées, après diverses attaques, contre des masses de cavalerie. L'armée était entièrement débarquée vers midi. Elle occupe les hauteurs qui sont en avant de la presqu'île, et le quartier général est établi à Torre-Chica. Munitions, vivres, approvisionnements, etc., ont été débarqués, et l'opération va se continuer avec toute l'activité possible.

« La baie de Torre-Chica, ou Sidi-Ferruch, offre à la flotte beaucoup plus d'abri que je n'osais l'espérer, bien qu'elle soit ouverte aux vents de l'est à l'ouest par le nord ; la tenue doit y être bonne, et les bâtiments doivent y tenir sur leurs chaînes.

« Pressé d'adresser à Votre Excellence ces premières nouvelles, je ne puis entrer dans de plus grands détails, surtout sur les opérations de l'armée de terre, qui ne sont pas de mon ressort. Je recueillerai, dans les divers rapports qui me seront adressés, les titres qui auront pu être acquis aux grâces de Sa Majesté, et j'aurai l'honneur de les soumettre à Votre Excellence. En masse, chacun a fait son devoir, et s'estime trop heureux si le roi trouve que la marine a répondu à sa confiance. »

Voici encore un rapport de l'amiral Duperré au ministre, daté du 3 juillet 1830 :

« J'expédie *la Cornélie* à Toulon pour vous porter les dépêches du général en chef. L'armée, depuis l'affaire du 29, a pris position pour former l'investissement et l'attaque du fort l'Empereur. Je ne puis plus être tenu bien au courant de ses mouvements et opérations. Je sais que la construction des batteries d'attaque touche à sa fin. Elles devaient ouvrir leur feu aujourd'hui : ce sera sans doute pour demain (il est 6 heures du matin, j'entends leurs premiers coups).

« Dès le 29, pour seconder les opérations de l'armée de siège, j'avais ordonné une fausse attaque sur les batteries de mer de l'ennemi, afin d'attirer son attention sur plusieurs points à la fois, et de l'engager à rappeler les canonniers aux batteries, et même une partie de la garnison. Un calme profond s'est opposé, dans toute la journée du 30, à l'exécution de l'ordre. Le 1er juillet, une brise maniable de l'ouest a permis le mouvement ; l'amiral Rosamel, avec sa division, a défilé sous les batteries depuis la pointe Pescade jusqu'au Môle, à grande portée de canon, en ripostant de ses batteries au feu de l'ennemi. En défilant devant les forts, on a reconnu qu'ils étaient démunis de leurs canonniers, car le feu n'a commencé que sur les vaisseaux du centre. Après l'arrivée des canonniers, qui auront été rappelés d'autres points, leur feu est alors devenu continuel sur chacun de nos bâtiments, sans les atteindre, quoique plusieurs les dépassassent. Entre une assez grande quantité de bombes lancées, et dont une majeure partie a éclaté en l'air, une est tombée au large du vaisseau du contre-amiral de Rosamel, à petite distance de lui et du brick *le Dragon*. La division, parvenue à la portée des formidables remparts du Môle, a échangé ses boulets avec ceux de l'ennemi, et a continué sa route pour la baie, où elle a trouvé un calme profond qui l'a entraînée sous Matifou, où elle a été retenue hier toute la journée, ce qui l'a empêchée de renouveler le même mouvement, et où je l'ai ralliée dans la soirée.

« J'étais parti hier de la baie de Sidi-Ferruch avec le calme, mais remorqué par un bateau à vapeur. J'ai en même temps fait appareiller sept des vaisseaux armés en flûte, dont j'ai formé une division sous le commandement de M. le capitaine de vaisseau Ponée. Elle croisera à l'ouvert de la baie, en communication avec elle et la partie de l'armée réunie devant Alger sous mon pavillon. Cette disposition était urgente pour la conservation et la sûreté de l'armée ; trois fois, dans trois coups de vent, du 13 au 26, elle a été compromise. L'opération du déchargement de toute la flotte touchait à sa fin ; j'ai pris des dispositions pour le terminer dans trois jours, et pour assurer celui des divers navires (subsistances et approvisionnements), qui arriveront successivement et isolément. Mais ceux-ci sont au compte du fournisseur général et ne font pas partie du grand convoi, dont j'espère que le déchargement et la réexpédition partielle seront entièrement terminés vers le 6. J'en ai laissé le soin à M. le capitaine de vaisseau Cuvillier, qui a pris provisoirement le commandement et la direction de tous les mouvements de la baie, car je compte retirer aussi le vaisseau *le Superbe*. Je lui ai laissé quatre frégates de vingt-quatre armées en flûte, une de dix-huit, et des flûtes avec un secours d'embarcations et de corvées d'hommes montant à quatorze cents hommes. Les trois équipages temporaires fournis pour renforcer la garnison du camp retranché, et mis à la disposition du colonel nommé par le général en chef pour y commander, forment un effectif d'environ deux mille cent hommes. Ainsi donc, la marine n'a pu faire cet énorme sacrifice qu'aux dépens de l'armement des vaisseaux, mais elle fera tout pour contribuer au succès des armes de Sa Majesté.

« Le général en chef m'a informé qu'il faisait la demande, en France, d'une brigade de la réserve. Le port de Toulon aura, en bâtiments de guerre appartenant à l'armée, les moyens de pourvoir à leur passage; la plus grande partie des transports est d'ailleurs retournée à sa disposition. L'embarras que nous sommes sur le point d'éprouver est celui de l'eau, et, pour quelques bâtiments, celui de l'eau et des vivres; j'en ai demandé à Toulon. J'enverrai partiellement faire de l'eau à Mahon; mais le moment ne me paraît pas encore venu d'isoler une partie des bâtiments de l'armée.

« Le 3 juillet, à cinq heures du soir :

« J'avais suspendu la remise des dépêches à *la Cornélie*, parce que l'armée manœuvrait pour défiler sur les batteries, et effectuait, par une attaque sérieuse, une diversion utile aux opérations de l'armée. Les derniers coups de canon viennent d'être tirés, et je n'ai le temps que de vous en rendre un compte fort succinct.

« Toute la matinée, l'armée, à laquelle le calme n'avait pu permettre de se rallier à aucun ordre, cherchait, d'après le signal que j'en avais fait, à se ranger en ordre de bataille. A deux heures, dix vaisseaux et frégates, soit de l'escadre de bataille, soit de l'escadre de débarquement, y étaient parvenus en se formant sur le vaisseau amiral, qui avait la tête ; les autres cherchaient à prendre leur poste. A deux heures quinze minutes, l'armée a laissé arriver en ligne, pour défiler sur toutes les batteries de mer, en commençant par les trois de la pointe de Pescade. Un peu avant d'arriver par leur travers, j'ai reconnu qu'elles étaient évacuées par l'ennemi, et en même temps j'ai aperçu un détachement de nos troupes qui descendait d'un camp voisin, et qui en ont pris possession et y ont fait flotter un mouchoir blanc, qui a bientôt été remplacé par un pavillon envoyé dans un canot de *la Bellone*, qui, par sa position, se trouvait en avant de l'armée. Ce mouvement d'évacuation avait, sans doute, été provoqué par l'attaque faite, le 1er, par M. le contre-amiral de Rosamel, et la reconnaissance que j'avais faite hier en ralliant l'armée. Ces batteries sont au nombre de trois : une, de cinq canons, était désarmée ; la deuxième, armée de dix-huit canons, et la troisième de dix canons, avaient conservé leurs pièces et leur armement. Une batterie rasante, voisine de celle-ci, était également évacuée. L'ennemi, dans ce mouvement, avait eu sans doute l'intention de réunir tous ses canonniers sur les forts et batteries plus rapprochés de la ville, sur celles de la place et sur celles de la marine.

« A deux heures quarante minutes, le capitaine de vaisseau Gallois, commandant *la Bellone* en avant de l'armée, a ouvert, sur le fort des Anglais, à petite portée de ses canons de dix-huit, un feu vif et bien soutenu ; l'ennemi y a riposté aussitôt. A deux heures cinquante minutes, le vaisseau amiral, à demi-portée de canon, a commencé le feu, et successivement tous les bâtiments de l'armée, je dirai même jusqu'aux bricks, ont défilé à demi-portée de canon, sous le feu tonnant de toutes les batteries, depuis celle des Anglais jusqu'à celles du Môle inclusivement. Les bombardes ont riposté sous voiles aux bombes nombreuses lancées par l'ennemi. Le feu vient de cesser à cinq heures avec le dernier bâtiment de l'armée. Aucun n'a d'avaries apparentes et ne doit avoir fait de perte notable par suite du feu de l'ennemi, si j'en juge par le vaisseau amiral. Mais, par une fatalité inouïe, le funeste événement arrivé, il y a près de deux ans, à bord du vaisseau, s'est renouvelé : une pièce de trente-six a crevé dans la batterie ; dix hommes ont été tués et quatorze ont été blessés. Au nombre de ces derniers est M. Bérard, lieutenant de vaisseau, brave et digne officier; jusqu'ici on ne croit pas ses blessures graves...

« Tel est, Monseigneur, après le premier mouvement effectué avant-hier par la division de l'amiral Rosamel, celui opéré aujourd'hui par l'armée navale; il a du être une diversion puissante et produire un grand effet sur le moral de l'ennemi. »

Rapport de l'amiral Duperré au ministre de la marine.

« Vaisseau *la Provence,* baie d'Alger, le 6 juillet 1830.

« Le 4 de ce mois, le lendemain de l'attaque faite par l'armée navale sous mon commandement sur les forts et batteries d'Alger, dont le principal objet était de rappeler en ville les canonniers et les troupes de l'ennemi, que j'avais vus se porter en grand nombre au château de l'Empereur, les batteries de siége ont ouvert leur feu sur le fort à trois heures du matin; à dix heures, après une explosion terrible, qui a été entendue à soixante milles au large, nous avons reconnu le fort en partie détruit, et nos troupes en ont pris possession. Une demi-heure après, je préparais un mouvement pour renouveler une attaque sur les batteries de mer quand, retardé par des vents peu favorables, je me suis vu d'ailleurs forcé de suspendre l'exécution de mon projet par l'arrivée d'un canot parlementaire qui avait à son bord l'amiral de la flotte algérienne, pour me supplier, au nom du dey, de cesser les hostilités et réclamer la paix. On apercevait dans le même moment un autre parlementaire se dirigeant vers le château de l'Empereur. Nos batteries et celles de l'ennemi avaient suspendu leur feu. J'ai chargé l'envoyé de dire à son maître que les dispositions de l'armée sous mes ordres seraient subordonnées à celles de l'armée de terre, dont ils devaient d'abord s'assurer auprès du général en chef. La soirée et la nuit se sont passées sans hostilités. Hier matin, à cinq heures, l'envoyé est revenu renouveler ses sollicitations; j'y ai répondu par la note ci-jointe, que je l'ai chargé de remettre au dey, tout en lui remettant une copie pour le général en chef de l'armée de terre. Dès midi, le pavillon algérien ne flottait plus sur la Casauba et quelques forts voisins; nous apercevions nos troupes en mouvement sur la ville. A deux heures quarante minutes, le pavillon du roi flottait sur le palais du dey, et a été successivement arboré sur tous les forts et batteries. L'armée navale l'a aussitôt salué de vingt et un coups de canon, au milieu des cris répétés de : *Vive le roi!*

« Aujourd'hui, je viens de faire mouiller le vaisseau *la Provence* sous les murs d'Alger. Les autres bâtiments de l'armée, partagés en deux divisions, sous le commandement du contre-amiral de Rosamel et du capitaine de vaisseau Ponée, croisent à l'ouvert des baies d'Alger et de Sidi-Ferruch.

« J'expédie en toute hâte le bateau à vapeur *le Sphynx*, porteur des dépêches de M. le comte de Bourmont et des miennes.

« Mon premier soin a été de réclamer nos malheureux prisonniers du *Silène* et de *l'Aventure* ; ils viennent de m'être rendus, et je les expédie pour France. Ils ont bien souffert depuis l'époque de notre débarquement, mais bien plus de l'exaspération de la population que de celle du dey. Néanmoins aucun de ceux échappés au massacre des arabes, et dont la liste vous a été adressée, n'a succombé à ses souffrances. »

La conquête d'Alger occasionna une grande joie à la cour ; mais la nation fit silence, sachant bien que l'on s'en prévaudrait contre elle. En effet, le renversement de la Charte fut résolu par l'interprétation forcée de l'article 14. Le bruit d'un coup d'État s'étant répandu, les ambassadeurs des puissances venaient tour à tour demander des explications au prince de Polignac, qui s'empressait de les rassurer. Cependant le 26 juillet parut dans *le Moniteur* un exposé de motifs, suivi des fameuses ordonnances qui supprimaient la liberté de la presse, annulaient les dernières élections, et créaient un nouveau système électoral. Les précautions étaient prises pour étouffer l'émeute. Personne à la cour ne doutait de la victoire. Mais à la lecture des ordonnances l'indignation fut générale dans Paris.

CHAPITRE VI.

Le gouvernement de Juillet. — Déchéance de Charles X. — Avénement de Louis-Philippe. — Budget de la marine. — Expédition du Tage. — Le contre-amiral Roussin. — Tiédeur du gouvernement. — Jalousie du ministre. — Expédition d'Ancône. — Le capitaine Gallois. — Prise de Bône. — L'escadre envoyée au secours de la Belgique. — Le contre-amiral Ducrest de Villeneuve. — Le contre-amiral de Mackau. — Expédition contre Bougie. — Le capitaine Parseval-Deschesnes. — La station des Antilles. — Expédition contre Carthagène. — Réparation éclatante. — Les ministres Jacob, Dupin, Duperré. — Incendie du vaisseau *le Trocadero*. — Blocus de Buénos-Ayres par le contre-amiral Leblanc. — Bombardement et prise de Saint-Jean-d'Ulloa. — Le contre-amiral Charles Baudin. — Passage du Rosiaro. — Le capitaine de corvette Penaud. — Expédition contre Buénos-Ayres. — Le vice-amiral de Mackau. — *La Belle-Poule* et les cendres de Napoléon. — Escadre d'évolution de la Méditerranée. — Le contre-amiral Dupetit-Thouars. — Les îles Marquises. — Taïti. — Attaque. — Le capitaine Dumont-d'Urville. — Prise de Mogador. — Bombardement de Tanger. — Le prince de Joinville.

Le 26 juillet, quarante-quatre journalistes s'étaient réunis pour protester contre l'illégalité des ordonnances, et déclarer qu'ils ne s'y soumettraient pas. Une consultation de jurisconsultes avait autorisé la protestation, et M. Debelleyme ordonnait à l'imprimeur du *Journal du commerce* de la publier, attendu que la promulgation des ordonnances n'avait pas été faite dans les formes légales. Le lendemain, le tribunal de commerce, présidé par M. Ganneron, s'associait pleinement à la résistance. Paris était en état de siége; le duc de Raguse commandait la garde royale et la garnison. Le soir, on avait enfoncé les boutiques d'armuriers et brisé les réverbères. Le 28 fut le grand jour du combat. Charles X se décida trop tard à faire des concessions. La déchéance du roi fut prononcée. Le changement de dynastie était le vœu général. Le 30 juillet, le duc d'Orléans fut proclamé lieutenant général du royaume. Le 7 août, la Chambre des députés le proclama roi sous le nom de Louis-Philippe Ier. Le 9, il prêta serment à la Charte révisée.

Le budget de 1830 fixa la composition de la flotte à 282 bâtiments ; savoir : 32 vaisseaux, 41 frégates, 143 bâtiments de guerre de moindre force, 55 bâtiments de charge, 9 bâtiments à vapeur, 2 yachts. Sur ce nombre, par suite de l'expédition d'Alger, 193 navires étaient encore armés ; savoir : 12 vaisseaux, 25 frégates, 8 corvettes de charge, 8 corvettes avisos, 40 bricks, 8 bombardes, 6 canonnières-bricks, 28 bâtiments de flottille, 10 bâtiments à vapeur, 15 corvettes de charge, 21 gabares, 2 transports.

Le premier événement maritime qui marque le règne du roi des Français, fut l'expédition du Tage. Des difficultés existaient depuis longtemps entre la France et le Portugal, où régnait don Miguel, et amenèrent une rupture entre les deux pays. La France dut se résoudre à exiger par la force des armes les réparations qu'elle n'avait pu obtenir par la voie des négociations. La cause de ces différends était la persécution dont les Français établis à Lisbonne avaient eu à souffrir de la part du gouvernement du féroce don Miguel. L'un d'eux, le sieur Sauvinet, avait été condamné à la flagellation sur la place publique, et un autre, le sieur Bonhomme, avait subi la déportation. Les délits qu'on reprochait à ces deux citoyens étaient plutôt imaginaires que réels. Le consul de France protesta : on dédaigna ses plaintes ; il dut demander ses passeports.

C'est alors qu'une petite division navale, sous les ordres du capitaine de vaisseau Rabaudy, vint croiser devant le Tage. Le commandant avait mission de demander réparation pour les Français qui avaient souffert dans leur honneur et dans leurs intérêts. Le gouvernement portugais n'en fit pas moins exécuter la sentence de flagellation. Alors le Tage fut bloqué. Mais la division qui y croisait ayant paru insuffisante, une escadre fut armée sous le commandement du contre-amiral Roussin. Il arbora son pavillon sur le vaisseau *le Suffren*, et partit de Brest le 16 juin 1831. Le 25, il arriva à la vue du cap la Roque, où il apprit que le gouvernement de don Miguel faisait des préparatifs de résistance. Le blocus fut maintenu, et la division commandée par le contre-amiral Hugon rallia le pavillon du commandant en chef.

Le 1ᵉʳ juillet, une corvette portugaise, chassée par un des bâtiments de la division, vint se réfugier dans la baie de Cascaës, où elle mouilla sous la protection du fort, qui tira sur le bâtiment français. L'escadre riposta. *Le Suffren* et *la Melpomène* vinrent canonner la forteresse, qui continua de tirer pendant trois quarts d'heure. Le bâtiment portugais fut amariné. La guerre était donc déclarée. Le contre-amiral Roussin prépara ses instructions pour son escadre, qui était ralliée devant l'embouchure du Tage. Elle se composait des vaisseaux *le Suffren*, commandant en chef ; *le Trident, le Marengo, l'Algésiras, la Ville-de-Marseille, l'Alger*; des frégates *la Melpomène, la Pallas, la Didon*; des corvettes *l'Eglée* et *la Perle*; des bricks *l'Endymion* et *le Dragon*.

Le 9 juillet, le contre-amiral Roussin envoya ce dernier bâtiment en parlementaire porter les propositions définitives au gouvernement portugais, et il devait attendre vingt-quatre heures la réponse. Indépendamment de cette sommation officielle, le commandant en chef écrivit confidentiellement au vicomte de Santarem pour l'engager à préférer le rétablissement encore possible de la paix, à la continuation certaine d'une guerre imminente. En même temps, le contre-amiral Roussin faisait lire sur les bâtiments de l'escadre l'ordre du jour qui annonçait la détermination d'entrer de vive force dans le fleuve, et il écrivait aux consuls pour les prévenir de l'état des choses.

Le 10, *le Dragon* revint avec la réponse du ministre des affaires étrangères du Portugal, qui rejetait les propositions de la France. Le contre-amiral Roussin ne dut pas attendre davantage pour agir : Le lendemain matin, il signala à l'escadre de prendre l'ordre de bataille, pour forcer les passes du Tage.

Les vaisseaux de tête étaient déjà par le travers des forts Saint-Julien et Bugio, qui ouvrirent, les premiers, le feu. L'escadre continua sa marche pendant dix minutes sans riposter. Bientôt *le Marengo, l'Algésiras, le Suffren* et successivement toute la ligne, tirèrent et franchirent les deux formidables forts d'entrée qu'ils réduisirent. Le contre-amiral Roussin rangea le fort Belème à soixante toises, le canonna vivement et lui fit amener pavillon. Pendant ce temps, les deux vaisseaux de tête, qui venaient de jeter l'ancre, remirent à la voile et rejoignirent l'escadre.

Le Trident, *l'Alger* et *l'Algésiras*, ainsi que les frégates et les corvettes se portèrent sur l'escadre ennemie qui s'était embossée dans toute la largeur du fleuve entre la ville et la pointe du Pontal. Ils reçurent ordre de la combattre, et aux premières volées de nos bâtiments, l'escadre portugaise, après avoir fait une faible résistance, amena et fut capturée par l'escadre française. A cinq heures, cette escadre était mouillée devant Lisbonne, en face du palais du gouvernement. Le contre-amiral envoya sur-le-champ son chef d'état-major porter au ministre portugais sa dernière sommation. « La France, toujours généreuse, lui écrivait le commandant en chef, vous offre les mêmes conditions qu'avant la victoire. » Vaincu par la force et la générosité, le gouvernement portugais céda, et envoya son adhésion à toutes les demandes de la France.

Le 26 juillet, une ordonnance royale promut le contre-amiral Roussin au grade de vice-amiral.

Nous reproduisons ci-après les pièces officielles relatives à cette brillante affaire, afin d'en mieux expliquer les détails.

Premier rapport adressé au ministre de la marine, par le contre-amiral baron Roussin.

« Devant Lisbonne, à bord du *Suffren*, le 11 juillet 1831. »

« J'ai l'honneur de vous informer qu'en exécution des instructions que vous m'aviez adressées, l'escadre sous mon commandement a forcé l'entrée du Tage aujourd'hui, et qu'elle est actuellement embossée sous les quais de Lisbonne, en face du palais.

« L'action a commencé à une heure après midi, trois heures et demie après toutes les batteries du goulet étaient dépassées aux cris de : *Vive le roi!* et nous faisions amener le pavillon de tous les bâtiments de guerre portugais formant une dernière ligne d'embossage à travers le fleuve.

« Les bâtiments sont au nombre de huit, dont un vaisseau, *le Don Juan VI*, de soixante-quatorze, trois frégates de quarante-huit, deux corvettes et deux bricks.

« Sur la sommation que je lui en ai faite aussitôt, le gouvernement portugais a consenti à donner à la France les satisfactions que j'étais chargé d'exiger de lui : je vous envoie sa réponse. Je vais m'occuper d'assurer la teneur et l'exécution de ce traité, et j'aurai très-incessamment l'honneur de vous adresser un rapport détaillé sur l'accomplissement de la mission que vous m'avez confiée.

« Je me bornerai aujourd'hui, mon général, à vous assurer que tout le monde a fait dignement son devoir.

« Conformément à vos ordres et à notre caractère national, j'ai attendu, pour commencer le feu, qu'on eût tiré sur nous.

« Les forteresses de Saint-Julien et de Bugio, qui défendent l'entrée, ont pu prendre l'initiative de l'attaque dix minutes avant moi.

« Enfin j'ajouterai, mon général, que, par le plus inconcevable bonheur, l'escadre qui, pendant trois heures et demie, a prolongé de quatre à cinq cents toises de distance un si grand nombre de batteries très-considérables et regardées jusqu'ici comme inexpugnables dans ce pays, n'a éprouvé qu'une perte très-légère… »

Second rapport du contre-amiral baron Roussin.

« *Le Suffren*, devant Lisbonne, le 15 juillet 1831.

« J'ai eu l'honneur de vous informer, par le brick *le Dragon*, que, le 11 de ce mois, j'avais forcé l'entrée du Tage avec l'escadre sous mon commandement; je mettrai aujourd'hui sous vos yeux les détails de cette action.

« Les ordres que vous m'avez fait l'honneur de m'adresser à Brest le 7 juin, m'étant parvenus le 9 au soir, je me mis aussitôt en mesure de partir sur le vaisseau *le Suffren*, qui arrivait de Cherbourg, et à bord duquel j'avais arboré mon pavillon ; mais les vents d'ouest s'y opposèrent, et je ne pus mettre sous voiles que le 16, encore fallut-il lutter contre des vents absolument contraires.

« J'arrivai le 25 à vue du cap la Roque, et le lendemain je communiquai avec M. le capitaine de vaisseau de Rabaudy, commandant la frégate *la Melpomène* et une division de cinq bâtiments, chargée de croiser devant le Tage, et d'arrêter les navires portant pavillon portugais.

« Ma mission avait pour objet d'exiger du gouvernement portugais des réparations pour les dommages qu'il avait causés, et les vexations qu'il avait exercées envers plusieurs Français domiciliés à Lisbonne, et à la suite desquelles le consul de France s'était retiré.

« Le refus de ces réparations avait décidé le gouvernement français à les appuyer par une escadre, et Votre Excellence, en m'en confiant le commandement, s'est exprimée ainsi :

« Rassemblez votre escadre devant le Tage, et saisissez la première « brise favorable pour en forcer l'entrée, si elle vous était disputée. »

« M. de Rabaudy me rendit compte qu'il venait d'expédier pour Brest sa seizième prise portugaise ; qu'il avait appris, par des avis anonymes de Lisbonne, qu'on y armait à la hâte un vaisseau de soixante-quatorze, trois grandes frégates, trois corvettes et deux bricks ; que cette nouvelle l'avait fait renoncer à renvoyer ses prisonniers de guerre à Lisbonne ; qu'il en était surchargé, et qu'enfin sa seconde frégate, *la Syrène*, n'avait de vivres et d'eau que pour douze jours.

« Ces rapports me décidèrent à substituer *la Syrène* à l'aviso, par lequel vous m'aviez recommandé de vous informer de mon arrivée dans le Tage, et à en envoyer un second à la rencontre de l'escadre, que je savais être partie de Toulon le jour même de mon départ de Brest pour venir me rejoindre au cap Sainte-Marie, sous le commandement de M. le contre-amiral Hugon.

« Le 27, j'expédiai *la Syrène* pour Brest, avec trois cents prisonniers ; le brick *l'Endymion* pour le cap Sainte-Marie, et je restai devant le Tage avec *le Suffren*, *la Melpomène*, *l'Eglé* et *le Hussard*, tant pour étudier les localités sur lesquelles je devais agir, et que je ne connaissais pas, que pour maintenir la marine du gouvernement portugais dans la circonspection, ou l'en faire repentir si elle en manquait.

« Je pus bientôt me convaincre des contrariétés dont la saison menaçait nos projets. Des vents très-violents du nord-est au nord-nord-ouest soufflaient sans cesse, en même temps qu'une brume épaisse couvrait toujours l'horizon. Ces circonstances, que les pratiques du pays annonçaient comme devant durer tout le mois de juin, de juillet et d'août, étaient de nature à me faire craindre de longs retards dans une entreprise contre le Tage, et rendaient même fort pénible la croisière sur ce point.

« Je la continuai cependant, en confirmant les dispositions prises par M. de Rabaudy, et que le succès avait justifiées. J'ordonnai de ne s'emparer que des bâtiments portugais d'une certaine valeur, afin de ne pas faire tomber le poids des hostilités sur les caboteurs, de ne pas toucher aux pêcheurs, qui continuèrent d'exercer leur industrie près de nous ; je prescrivis les plus grands égards envers les neutres que nous aurions occasion de visiter.

« Après un grand nombre de rencontres sans intérêt, nous eûmes connaissance, le 1ᵉʳ juillet, d'un bâtiment de commerce portugais sous le cap la Roque ; *le Hussard* le chassa sans pouvoir l'arrêter, malgré plusieurs coups de canon qu'il lui tira, et le bâtiment atteignit la baie de Cascaes, où il mouilla sous la citadelle, qui tira sur *le Hussard*.

« Arrivé sur ce point avec *le Suffren* et *la Melpomène*, j'eus à décider si j'abandonnerais ce navire, ou si, en l'enlevant, je trancherais définitivement la question de paix ou de guerre existant entre la France et le Portugal. Mais ce fort avait pris l'initiative, et il me parut que, si je m'abstenais de le combattre, je pourrais jeter du doute sur la rigueur que je voulais mettre dans mes opérations futures : je l'attaquai donc ; *la Melpomène*, placée dans mes eaux, lui envoya également plusieurs volées, auxquelles il répondit maladroitement, et le navire, ayant amené son pavillon, les lieutenants de frégate de Seriguy et Cournet, du *Suffren*, en prirent possession et l'amenèrent au large.

« Je l'expédiai pour Brest. De ce jour, les doutes qui pouvaient rester sur la nature de nos rapports avec le Portugal étaient entièrement dissipés, et nous étions en guerre avec le gouvernement de ce pays.

« Dans la nuit, la violence du vent nous enleva le grand mât de hune.

« Le 6, j'eus connaissance de l'escadre, composée des vaisseaux *le Marengo*, *l'Algésiras*, *le Trident*, *la Ville-de-Marseille* et *l'Alger* ; des frégates *la Pallas*, *la Didon*, et des corvettes *la Perle* et *le Dragon* ; elle était sous le pavillon de M. le contre-amiral baron Hugon, ayant sous ses ordres MM. les capitaines de vaisseau Maillard-Liscourt, Forsans, Moulac, de la Susse, Leblanc, de Châteauville et Casy, et les capitaines de frégate Jouglas et Deloffre.

« Je la ralliai à midi avec le vaisseau *le Suffren* et la frégate *la Melpomène*, commandés par MM. les capitaines de vaisseau Trotel et de Rabaudy, et les avisos *l'Eglé*, *le Hussard* et *l'Endymion*, commandés par les capitaines de frégate Raffy et Thoulon, et le lieutenant de vaisseau Nonay.

« Jamais plus belle escadre ne réjouit les regards d'un ami de son pays, et je fus fier en voyant cette preuve de la puissance du mien.

« J'allai mouiller sous la pointe de Cascaes avec *le Suffren*, le

Trident et *la Melpomène*, en chargeant le capitaine Maillard-Liscourt de faire croiser les autres bâtiments sous le cap la Roque, et de venir reconnaître mes signaux le lendemain au point du jour. Mon dessein, en prenant ce mouillage, était de conférer avec le contre-amiral Hugon sur nos opérations prochaines, et de lui communiquer les instructions que j'avais préparées à cet effet.

« Outre les bons avis que je dus à son expérience déjà si souvent et si noblement éprouvée, il reconnut avec moi que le succès d'une attaque par mer sur Lisbonne était presque entièrement subordonné aux circonstances du temps et du vent ; car, si les obstacles militaires multipliés à l'entrée du Tage pouvaient être surmontés, il n'en était pas ainsi de ceux que la direction, le peu de largeur des passes et la rapidité des courants offriraient, si l'on n'était pas secondé par des vents favorables, c'est-à-dire par des vents de l'arrière ou largues, et malheureusement la saison semblait exclure ceux de cette espèce.

« J'entretins les capitaines des détails de l'exécution. Je leur remis le tableau des ordres de marche et de bataille de l'escadre, les notes de Franzini sur l'entrée du Tage, mes instructions sur l'attaque à ces diverses périodes, et sur le rôle destiné à chacun d'eux ; je trouvai dans ces messieurs les dispositions que j'en attendais, d'après la brillante réputation dont ils jouissent, et je m'applaudis d'avoir de tels coopérateurs.

« J'arrêtai le projet de l'opération sur deux hypothèses : la première admettait que les vaisseaux éprouveraient assez d'avaries en franchissant les forts Saint-Julien et Bugio, pour ne pas pouvoir continuer immédiatement leur route jusque devant Lisbonne ; dans ce cas, l'escadre devait mouiller par le travers du Paço d'Arcos, où les forts sont moins rapprochés, et s'y rétablir pour achever ensuite, si l'ennemi, encore trop peu frappé du succès obtenu, n'offrait pas de se soumettre.

« La seconde supposait de faibles avaries. Alors l'escadre devait parcourir sans s'arrêter toute la longueur du goulet, et aller s'embosser devant l'escadre portugaise et les quais de Lisbonne. Ces deux suppositions furent traitées avec détail dans mes instructions, et j'indiquai un signal pour faire connaître laquelle des deux serait adoptée dans le cours de l'action.

« Je gardai l'escadre au mouillage pendant quarante-huit heures, afin de la faire bien juger à Lisbonne, que nous relevions à trois lieues dans l'est-nord-est. Pendant ce temps, je délibérai si j'enverrais une sommation par parlementaire.

« Cette démarche pouvait avoir un caractère de transaction susceptible d'affaiblir notre attitude aux yeux de l'ennemi; elle pouvait aussi avoir, en ne réussissant pas, l'inconvénient de le fixer sur l'état de paix ou de guerre existant entre lui et nous, et le mettre à même de faire des préparatifs de défense que, sans doute, il pouvait avoir ajournés.

« Mais, d'un autre côté, je considérai que, si, comme la saison me le faisait craindre, les vents favorables à l'attaque tardaient beaucoup, j'aurais le désavantage d'être resté dans une complète inaction. Je réfléchis que l'envoi d'une sommation, ne réussit-il pas, aurait cependant l'importante utilité de me procurer sur l'intérieur du Tage des renseignements que je ne possédais pas. Je pensai encore que cet avertissement donné à un ennemi contre lequel la guerre que nous faisions, toute légale qu'elle fût, n'avait pourtant pas été déclarée par un manifeste dans les formes usitées ; je pensai, dis-je, que cet avertissement serait une démarche loyale, digne de notre nation, et qui ne pouvait rien compromettre de la teneur de vos ordres; car je me proposais d'en reproduire textuellement les dispositions dans ma lettre, en les présentant comme la base invariable du traité. Enfin, avant de me porter à détruire peut-être une ville de deux cent quatre-vingt mille âmes, je sentis le désir de la menacer, et je voulus remplir un devoir qui me parut sacré, celui de prévenir les consuls étrangers, pour qu'ils pourvussent à la sûreté de leurs compatriotes.

« *Le Dragon* me rejoignit dans le délai de vingt-quatre heures que je lui avais assigné. Le gouvernement portugais rejetait définitivement les demandes de la France ; l'heure était venue de le punir.

« Décidé à ne pas différer d'un seul jour, si je le pouvais, l'exécution de cette menace, je résolus de profiter des premiers vents favorables, ne fussent-ils que nord-nord-ouest. Les pêcheurs, que moitié par force, moitié par intérêt, nous avions engagés à nous suivre, les trouvaient trop courts : j'espérai qu'avec de bons bâtiments ils suffiraient.

« Ils se levèrent à huit heures ; à dix heures nous appareillâmes ; et, portant sur l'escadre qui s'approchait, je signalai l'ordre de bataille tribord amures, pour avoir le temps de terminer nos dernières dispositions.

« Rien ne saurait peindre l'ardeur qui se manifesta dans l'escadre à la vue de ce signal. On put en juger par la promptitude avec laquelle l'ordre fut formé, malgré une forte brise, une brume très-épaisse et la dureté de la mer. Cette précision ardente, indispensable dans les opérations navales, se fit remarquer au plus haut degré dans la manœuvre de tous les vaisseaux et frégates de la ligne de bataille, et les avisos ne mirent pas moins d'activité à transmettre mes derniers ordres sur toute la ligne.

« Tout étant prêt à midi et demi, je signalai de virer lof pour lof par la contre-marche : ce mouvement opéra le rapprochement que je désirais dans les distances, et, à une heure et demie, laissant arriver sur la passe du sud, l'escadre donnait à pleines voiles dans le Tage, en gouvernant entre les forts Saint-Julien et Bugio.

« Elle était rangée, d'après l'ancienneté des capitaines et la force des vaisseaux, dans l'ordre suivant :

« *Le Marengo, l'Algésiras, le Suffren, la Ville-de-Marseille, le Trident, l'Alger, la Pallas, la Melpomène* et *la Didon.*

« Afin d'éviter de souffrir de nos propres feux, j'avais placé les corvettes à la droite de la tête de la ligne, avec ordre aux vaisseaux qui les avaient par leurs travers, de ne pas tirer de ce côté. Par cet arrangement, la tour de Bugio devait être combattue exclusivement par les frégates et corvettes, tandis que les vaisseaux porteraient tout leurs efforts sur Saint-Julien.

« Au moment d'entrer, je parcourus les batteries, où je trouvai un enthousiasme admirable; je ne doutai pas que la marine ne touchât à une glorieuse journée.

« A peine étais-je remonté, que les deux premiers forts de l'entrée ouvrirent leurs feux ; nous étions à trop grande portée ; la direction de la route nous empêchait de les découvrir en belle ; nous continuâmes encore dix minutes sans riposter.

« Enfin *le Marengo*, et successivement *l'Algésiras, le Suffren*, et toute la ligne tirèrent, et, dans un moment, le fort Saint-Julien fut couvert d'une masse de fer, dont un nuage de pierres et de sable attesta les effets.

« Néanmoins, notre distance de ce fort ne fut pas moindre de cinq cents toises; elle resta à peu près la même de la tour de Bugio, que les frégates et corvettes combattaient. Mais la bonne direction et la vivacité de nos coups, suppléant à la proximité, ces deux forts furent bientôt dans le plus misérable état; et Bugio, serré de plus près par les frégates et les corvettes, fut presque entièrement éteint par ces bâtiments.

« L'histoire de ces deux forts principaux serait celle de tous les autres, que nous prolongeâmes successivement à des distances de cinq cents à cinquante toises, en avançant dans le Tage; je ne la répéterai donc pas. A mesure que nous passions devant eux, ils commençaient un feu assez vif; mais aucun n'a pu le continuer après cinq ou six volées de l'escadre : ils ne tiraient plus ensuite que quelques coups aussi rares que mal dirigés, et les acclamations de l'équipage seules se faisaient entendre.

« Jamais donc réputation plus formidable ne fut si peu méritée que celle des forts du Tage, et jamais on ne tira plus mauvais parti d'une artillerie nombreuse et de positions naturelles favorables à la défensive.

« L'escadre parvint, sans altérer un seul instant son ordre, par le travers du Parço d'Arcos. L'absence d'avaries m'avait décidé, aussitôt après avoir passé le fort Saint-Julien, à pousser jusque devant Lisbonne. Mais, soit que le signal de continuer ne fût pas hissé assez tôt, soit qu'il n'ait pas été vu des vaisseaux de tête, *le Marengo* et *l'Algésiras* mouillèrent au poste qui leur était assigné dans la première partie du plan.

« Ce fut la seule contrariété que nous éprouvâmes dans un trajet de quatre lieues, et encore celle-ci fournit-elle aux capitaines qui avaient mouillé, l'occasion de donner une nouvelle preuve de leur habile fermeté. A peine aperçurent-ils que le reste de l'escadre poursuivait sa route, que *l'Algésiras* et *le Marengo*, mouillés, remirent sous voiles et reprirent poste dans la ligne.

« Cette brillante manœuvre excita les applaudissements de l'escadre et d'innombrables cris de : *Vive le roi!*

« A quatre heures, *le Suffren*, devenu chef de file, suivi de *la Ville-de-Marseille*, du *Trident*, de *l'Alger*, des frégates *la Pallas*, *la Melpomène* et *la Didon,* rangea le fort de Bélem, à soixante toises, et le canonna vivement ; puis étant parvenu par le travers du nouveau palais et d'un grand édifice public, qui me parut être une corderie appartenant à l'Etat, je fis mouiller. Depuis le fort de Bélem, ne prolongeant plus que des habitations particulières, j'avais ordonné de suspendre le feu, afin de ne combattre que ce qui pouvait encore se défendre ; j'en ai usé ainsi dans tout le trajet de l'escadre. **Le Trident, l'Alger** et *l'Algésiras,* encore sous voiles, ainsi que les frégates et les corvettes, se portèrent sur l'escadre portugaise embossée entre la ville et la pointe du Pontal. Ils reçurent ordre de la combattre et de l'amariner, et, primant de vitesse la plupart de ces bâtiments, *la Pallas* tira les premières volées, qui furent aussi les dernières, et suffirent pour faire disparaître le pavillon portugais.

« A cinq heures, toute mon escadre était mouillée à trois cents toises des quais de la ville, où régna bientôt le plus profond silence.

« J'envoyai sur-le-champ M. le capitaine de corvette Ollivier, mon chef d'état-major, porter une lettre au gouvernement portugais.

« Doublement vaincu, le gouvernement portugais céda à la force et à la générosité, et, à dix heures, je reçus son adhésion formelle à toutes les demandes de la France.

« Telle a été, monsieur le ministre, l'exécution de vos ordres.

« En voyant, après un succès si complet, combien il nous a peu coûté, je ne craindrai pas de voir affaiblir son prix : c'est aux vaincus seulement à regretter de n'avoir pas su honorer suffisamment sa défaite. Celle-ci consiste dans la destruction du prestige qui faisait la force d'un gouvernement orgueilleux, et qu'adoptait l'Europe entière : l'inexpugnabilité du Tage du côté de la mer.

« Il sera tenu compte à la marine française d'y avoir substitué une glorieuse et incontestable réalité.

« Vous avez vu, par ce rapport, à quel point l'escadre que j'ai l'honneur de commander méritait de réussir. L'hommage que je viens de rendre à ses officiers est également dû aux équipages ; jamais plus d'ardeur, de subordination et de patriotisme ne se sont trouvés réunis, et je ne saurais en faire un éloge trop étendu. »

Après avoir ainsi terminé par la victoire la mission qui l'avait conduit à **Lisbonne, le vice-amiral Roussin** traita avec le gouvernement portugais de plusieurs objets d'intérêt national : il établit à Lisbonne un agent français pour protéger ses compatriotes, et obtint l'abrogation de plusieurs usages vexatoires pour eux. La présence du vice-amiral Roussin n'étant plus nécessaire dans le Tage, il reçut l'ordre de venir en France avec une partie des bâtiments capturés. Instruit de ces dispositions, le gouvernement portugais prit des mesures hostiles pour s'y opposer. Dès lors le commandant de l'escadre française se décida à emmener tous les bâtiments. Le 14 août, il remit le commandement de la station à son successeur, et sortit du fleuve pour rejoindre sa flotte et faire route pour Brest, où il arriva le 4 septembre suivant.

Cette expédition, si habilement conduite, si hardiment exécutée, eut cependant peu de retentissement en France, et le gouvernement lui-même ne parla qu'avec une satisfaction contenue d'un succès qui semblait honorer sa fermeté, mais dont il craignait que l'Angleterre ne prît ombrage. L'amiral Roussin eut même le regret de voir l'administration frapper d'une sorte de discrédit son brillant fait d'armes, en déclarant que les bâtiments qu'il avait légalement capturés ne seraient point considérés comme prise de guerre. Ce triste résultat dut d'autant plus affliger le chef de cette mémorable expédition, qu'on l'attribuait à la jalousie du ministre de la marine d'alors.

Fidèle au principe de non-intervention qu'il a proclamé, le gouvernement envoie une division navale d'observation dans l'Adriatique. Cette division, commandée par le capitaine de vaisseau Gallois, se compose du vaisseau *le Suffren*, des frégates *l'Artémise, la Victoire* et *l'Eclipse*, ainsi que des corvettes de charge *la Caravane* et *le Rhône*. Elle embarque à Toulon le 66ᵉ régiment de ligne, colonel Combes, et met à la voile pour sa destination.

Informé de l'approche des Autrichiens, le commandant de l'expédition se décide à s'emparer d'Ancône. La ville est aussitôt escaladée, envahie et occupée au nom de la France. La garnison, sommée par le colonel Combes, se rend à discrétion le 23 février 1832.

Le 27 mars, la goëlette *la Béarnaise,* capitaine Friart, s'emparait, par un vigoureux coup de main, de la Casauba de Bône.

Pour venir au secours de la Belgique, envahie par les Hollandais, le gouvernement de la France fait marcher une armée et une division navale. Cette division, commandée par le contre-amiral Ducrest de Villeneuve, se compose de onze bâtiments de guerre. Elle part de Spithead le 4 novembre 1832, pour opérer de concert avec l'escadre anglaise, commandée par sir Pulteney Malcom.

Le contre-amiral de Mackau succède, dans le commandement de l'escadre, à M. Ducrest de Villeneuve, et continue la croisière et le blocus, pendant le siége de la citadelle d'Anvers. Après l'assaut de la citadelle, la division transporte, en juin 1833, de Dunkerque à Flessingue, les quatre mille Hollandais qui avaient été faits prisonniers.

Dans l'expédition préparée à Toulon et dirigée contre Bougie, le capitaine de frégate Parseval-Deschênes commande la division navale composée de la frégate *la Victoire,* des corvettes *la Circé, l'Ariane, la Caravane* et *l'Oise,* ainsi que de la gabare *la Durance.* La frégate *la Victoire,* montée par M. Parseval, s'embosse la première et ouvre le feu contre les batteries de Bougie ; les autres bâtiments occupent leur poste de combat, et le débarquement s'opère sous le feu de toute la division. La place est enlevée le 29 septembre 1833, par les troupes de terre et les détachements de marins fournis par les équipages.

Cette expédition dura quatorze jours, pendant lesquels il a fallu repousser des nuées de kabyles, qui menaçaient de reprendre la place.

Au mois de septembre, le contre-amiral de Mackau, nommé au commandement de la station navale des Antilles, se rendit à Brest. Il était encore sur rade, ayant son pavillon à bord de la frégate *l'Atalante,* lorsque parvint en France la nouvelle de l'insulte grave faite à M. Adolphe Barrot, consul de France à Carthagène. On rapportait que son domicile avait été violé, et qu'il n'avait dû son salut, dans une situation très-critique, qu'au courage et au sang-froid qu'il avait montrés.

M. de Mackau partit immédiatement pour se rendre sur les lieux, et exiger une prompte et convenable réparation.

M. de Mackau appareille le 27 octobre 1833. Il touche à la Martinique et arrive, le 3 décembre suivant, devant Carthagène.

Mais M. Barrot n'y était plus : élargi de sa prison, il s'était fait conduire à la Jamaïque, à bord de l'un des bâtiments français de la station, envoyé de la Martinique à Carthagène pour prendre les premiers renseignements sur l'injure commise, tandis que M. Lemoyne, chargé d'affaires de France à Bogota, en poursuivait, de son côté, le redressement

Les esprits étaient dans une extrême irritation contre les étrangers, surtout contre les Français. M. de Mackau dut chercher à calmer cette irritation, dont les effets pouvaient être funestes aux Européens; mais il comprit également que, pour être écouté, le langage de la modération doit être appuyé par la force. Laissant donc les négociations suivre leur cours entre M. Lemoyne et le gouvernement de la Nouvelle-Grenade, il fit voile pour la Martinique, afin d'y préparer les moyens militaires que les circonstances pourraient rendre nécessaires.

Le 25 avril 1834, M. de Mackau adressa au ministre le plan d'attaque qu'il avait projeté contre Carthagène pour le cas où les voies de rigueur devraient être employées. Le ministre fit savoir à M. de Mackau qu'après examen de son mémoire, le gouvernement avait décidé qu'on n'entrerait pas, pour le moment, dans la voie d'une expédition complète, mais qu'il serait chargé de la démonstration d'un blocus maritime contre le port de Carthagène. En conséquence de ces ordres, le contre-amiral de Mackau quitta la Martinique le 28 août 1834, et se présenta devant Carthagène le 11 septembre suivant, avec une division de cinq voiles, savoir : les frégates *l'Atalante* et *l'Astrée,* les corvettes *l'Héroïne* et *la Naïade,* et le brick *l'Endymion.*

Les deux frégates et le brick franchirent la passe étroite de Bocca-Chica et choisirent leur mouillage de façon à prendre à revers les forts de l'île de Tierra-Bomba qui commandent la navigation dans toute l'étendue de la baie de Carthagène. Quant aux deux corvettes, elles demeurèrent au large afin de pouvoir, le cas échéant, s'opposer à toute communication entre les bâtiments venant du large et la ville de Carthagène.

Les autorités alarmées entrent en négociation. Bientôt le gouvernement de Bogota accepte les conditions signifiées par l'amiral, et, le 21 octobre, la France obtient une éclatante et juste réparation.

Le vice-amiral Jacob est nommé ministre de la marine le 19 mai 1834, et reste en fonctions jusqu'au 10 novembre. Le baron Charles Dupin lui succède, mais il ne garde le portefeuille que huit jours. L'amiral Duperré consent à remplacer le baron Dupin.

Le vaisseau *le Trocadéro,* que le ministre de la marine avait prescrit de disposer à Toulon pour un armement immédiat, était entré dans le bassin. On l'avait dédoublé pour le visiter.

Le chauffage d'un vaisseau est une opération délicate, et qui présente mille dangers. On se rappelait que le vaisseau à trois ponts, *le Majestueux*, avait été brûlé dans le bassin de Toulon. De sages précautions furent prises.

La cloche du matin avait appelé les ouvriers du port aux travaux. Ceux qui devaient être employés au chauffage du vaisseau s'acheminaient lentement. On remarquait même qu'ils étaient tristes.

Dès la veille, le génie maritime avait fait placer des fascines de bruyère autour du vaisseau pour le flamber; des pompes étaient disposées pour l'arroser. A sept heures, l'ingénieur de service était sur les lieux. Le directeur arrive. On prépare les torches. « Mettez le feu ! » s'écrie le maître calfat. On allume. Cette triple ceinture de bruyère s'embrase comme un éclair. La flamme monte en tournoyant, et s'attache au triple échafaudage. Le feu se communique aux planches; des flammèches, poussées par le vent, incendient la toiture en toile peinte. Les cris : « Le vaisseau brûle! au feu! au feu! » se font entendre, et pénètrent dans l'intérieur du vaisseau, où des ouvriers travaillent encore. Ces malheureux se présentent, noircis et haletants, aux ouvertures des sabords, et sautent à terre au risque de se briser les membres. Les pompes à incendie fonctionnent avec une célérité incroyable ; mais le feu ne peut être maîtrisé. Le beffroi sonne, tous les ateliers rallient leurs hommes et se rendent par compagnie sur le lieu du sinistre. La chiourme sort en masse des bagnes et des chantiers, et va se placer à l'avant et à l'arrière du vaisseau; les forçats forment la chaîne et font passer les seaux de main en main. Les troupes de la ligne et les marins en armes bordent toutes les avenues ; les autorités sont accourues au son de la cloche et au bruit du canon d'alarme. Les embarcations des bâtiments en rade glissent rapides sur la mer pour arriver des premières. Les marins, les ouvriers, les forçats mêmes sont perchés à l'extérieur des sabords, d'où s'échappent des torrents de fumée. Leurs visages noircis, leurs vêtements trempés par les manchons de pompes qui se croisent et vomissent l'eau sur toutes les parties embrasées, les défigurent. On ne voit que des bras qui s'agitent ; on n'entend que des cris, ce sont les commandements des officiers répétés par les maîtres et les ouvriers, c'est un écho sans fin de mille voix différentes. La même agitation règne aux abords des édifices, des dépôts de bois, des

INCENDIE DU VAISSEAU LE TROCADÉRO.

bâtiments en chantier, des bâtiments amarrés. On veut les préserver de l'incendie : le directeur des mouvements du port veille à tout.

Le bruit se répand en ville que des ouvriers ont été tués ou blessés. Aussitôt, pères, mères, femmes et enfants se précipitent en masse à la porte de l'arsenal. Ils font entendre des lamentations déchirantes : « Laissez, laissez-nous entrer !... » s'écrient-ils. C'était une fausse rumeur ; ce funeste événement n'a fait aucune victime.

Pendant cette scène de désolation, *le Trocadéro* continuait à brûler ; la flamme s'étendait en nappes sur toutes les parties du vaisseau, et s'éfrangeait en langues ardentes qui montaient en tournoyant dans les airs. De temps en temps, des parties embrasées se détachaient et tombaient avec fracas, menaçant d'engloutir les travailleurs égarés par leur zèle. Le troisième pont s'abîme sur le second ; on n'aperçoit plus qu'un océan de feu qui s'étend de l'avant à l'arrière. Quel spectacle effrayant et majestueux que ce colosse incandescent qui jette des lueurs sinistres sur les monuments qui l'environnent et qu'une étincelle peut embraser. Tant de richesses peuvent s'ensevelir sous des amas de cendres !

Dans le bassin que l'eau de la mer avait rempli, ce beau *Trocadéro* ne présente plus qu'une carcasse hideuse toute déchiquetée. Le feu a consumé les trois ponts et la membrure ; on ne voit plus que quelques tronçons charbonnés qui se détachent à tout instant du corps du vaisseau. Un condamné a été frappé par un ouvrier. Celui-ci se trouve dans un danger imminent, le forçat l'en retire et lui dit : « Voilà ma vengeance. » Quelques instants après, l'ouvrier trouve le même condamné dangereusement engagé sur un bordage du vaisseau : « Voilà ma revanche, dit l'ouvrier au forçat, en le mettant en sûreté ; nous sommes quittes. »

Le soir, presque tout le monde sortit du port, à l'exception de trois à quatre cents hommes qui y passèrent la nuit. Cette garde se renouvela pendant trois jours de suite. On démolit le peu de membres qui restaient encore, et ce fameux trois-ponts, construit avec tant de soins, et qui promettait une si longue durée, fut rayé de la liste des bâtiments de la flotte, au moment même de son premier armement !...

Le contre-amiral Leblanc, commandant les forces navales à la station du Brésil et de la Plata, demande en vain le redressement de nombreux griefs contre la république argentine. Il se décide à déclarer Buénos-Ayres en état de blocus. Il donne l'ordre au capitaine de corvette Daguenet de s'emparer de l'île de Saint-Martin-Garcia, qui défend l'embouchure de l'Uraguay. Soutenu par le feu des gabares, *l'Expédition* et *l'Indienne*, du brick *la Bordelaise* et de la goëlette *la Vigilante*, M. Daguenet attaque résolûment l'île et s'en rend maître, le 11 octobre 1838, malgré une très-vive résistance.

Le contre-amiral Charles Baudin reçoit la mission de mettre un terme aux différends survenus entre le Mexique et la France. Son escadre venait de se rallier sur la rade de Sacrificios, et se composait des frégates *la Néréide, la Gloire, l'Iphigénie, la Médée;* des corvettes *la Créole, la Naïade, la Sarcelle;* des bricks *le Cuirassier, l'Alcibiade, le Lapérouse, l'Oreste, le Voltigeur, le Dunois, le Zèbre, l'Eclipse, le Dupetit-Thouars;* des bombardes *le Cyclope, le Vulcain;* des bateaux à vapeur *le Météore, le Phaéton;* des gabares *la Fortune, la Caravane.* Total : vingt-deux bâtiments.

M. le capitaine de vaisseau Le Ray, qui avait été envoyé à Mexico en mission diplomatique, revint de son ambassade avec des probabilités de guerre. L'amiral Baudin, voulant donner aux Mexicains une nouvelle preuve de la longanimité de la France, accepta une dernière conférence à Xalapa avant de recourir à la puissance de ses canons. Elle n'eut point le succès qu'il devait en attendre. On résolut, néanmoins, d'en référer au congrès, et l'amiral déclara qu'il attendrait sa réponse à bord de sa frégate, jusqu'au 27 novembre à midi; mais que passé ce délai, il ouvrirait le feu sur la citadelle.

Le gouvernement mexicain avait employé tous les moyens pour gagner du temps, parce qu'il voyait venir un auxiliaire sur lequel il comptait autant que sur ses troupes, autant que sur la fièvre jaune, *el noste,* les vents du nord. La saison en approchait.

Les frégates *la Néréide, l'Iphigénie* et *la Gloire,* qui portaient du gros calibre en batterie, et les deux bombardes seules, devaient prendre part au combat.

Le 27 novembre, les bateaux à vapeur *le Météore* et *le Phaéton* embossèrent successivement dans le nord et le nord-est de la citadelle, à quatre ou cinq encâblures des batteries, les deux bombardes et les trois frégates *la Néréide, la Gloire* et *l'Iphigénie* au poste que l'amiral leur avait assigné. Le prince de Joinville avait inutilement demandé à embosser la corvette *la Créole*, qu'il commandait, sur la même ligne que les frégates. L'amiral lui donna pour mission de se rendre dans l'ouest de la citadelle pour juger de la justesse du tir des bombes et pour le modifier au besoin.

Un parlementaire s'était rendu avant midi à bord de *la Néréide*. A deux heures et un quart, il quitta *la Néréide*, et l'ordre « se tenir prêt à commencer le feu lorsqu'on amènerait le signal, » monta en tête du grand mât de cette frégate. A deux heures vingt minutes, le premier coup de canon partit de la *Néréide*, et au même moment, la volée tout entière des trois frégates, des bombardes et de *la Créole* fut envoyée au cri de : *Vive le roi!* Cent cinquante pièces de canon répondirent aussitôt à ce premier feu, et le combat fut engagé.

La corvette *la Créole*, qui combattait seule dans l'ouest, avait déjà démonté une pièce de gros calibre, détruit plusieurs embrasures de la batterie Rincon, et venait d'être percée par un boulet de trente, lorsqu'elle toucha en virant de bord. Le prince, voyant que sa manœuvre serait gênée sur ce point, demanda à l'amiral à prendre une part plus active au combat, ce qui lui fut accordé. Les bombardes étaient embossées dans le nord ; *l'Iphigénie, la Néréide* et *la Gloire* dans le nord-est, faisant face au front de Saint-Jean-d'Ulloa ; et *la Créole* vint prendre poste sur l'avant de *la Gloire*, sous le feu de la batterie San Miguel. Deux magasins à poudre avaient fait explosion. Dès quatre heures et demie, par une violente détonation, le cavalier s'était écroulé, entraînant dans sa chute ses nombreux défenseurs et une partie de ses canons. Sa destruction fit ralentir le feu de la citadelle. L'ennemi, pourtant, ne s'en déconcertait pas et se tenait honorablement à ses pièces, malgré une grêle de boulets. Son feu ne s'éteignit qu'à la fin du jour. Aux approches de la nuit, l'amiral ordonna de se rendre à l'île Verte, et de se tenir prêt à entrer en ligne le lendemain, à la pointe du jour. *La Créole* et *la Gloire* avaient à peine quitté le feu, et *la Néréide* en faisait autant, lorsqu'un parlementaire mexicain vint demander une suspension d'hostilités pour retirer les blessés et les morts des décombres de la citadelle.

L'amiral, se voyant maître du traité, dicta une capitulation et donna toute la nuit pour l'accepter. Le fort capitula.

Nous faisons suivre cette relation de la correspondance officielle de M. le contre-amiral Baudin. Sa deuxième lettre au ministre de la marine est datée, devant la Vera-Cruz, du 3 décembre 1838.

« Par ma dépêche du 25 novembre, écrit cet officier général, j'ai eu l'honneur de vous faire part de mon retour de Xalapa, et de la situation dans laquelle j'avais retrouvé ici ma division, à peu près complétée par les derniers arrivages.

« C'était le 27, à midi, qu'expirait le dernier délai que j'avais accordé au gouvernement mexicain ; j'avais signifié à son plénipotentiaire que, si ce jour-là je n'avais pas une réponse satisfaisante aux demandes de la France, je commencerais immédiatement les hostilités.

« Le 26, j'ordonnai les dispositions de combat à bord des trois frégates *la Néréide*, *la Gloire* et *l'Iphigénie*, et des deux bombardes *le Cyclope* et *le Vulcain*. Leurs mâts et vergues de hune de rechange furent mis à terre sur l'île Verte et leur gréement fut dégagé de tout ce qui aurait été sans utilité exposé au feu de l'ennemi.

« Le 27 au matin, le temps était calme ; je donnai ordre aux deux navires à vapeur *le Météore* et *le Phaéton* de prendre chacun une des deux bombardes à la remorque, et de les conduire au poste que je leur avais assigné dans l'est de la petite coupure qui sépare en deux le grand récif de la Gallega.

« La corvette *la Naïade* et la gabare *la Sarcelle* allèrent se placer hors la portée de canon dans le nord-ouest de la forteresse de Saint-Jean-d'Ulloa, en position d'observer la direction et la portée de mon artillerie et de m'en signaler les effets.

« La corvette *la Créole* reçut ordre de se tenir en observation dans le nord-ouest d'Ulloa, mais sans se compromettre avec la forteresse plus que ne le permettait la portée des deux seuls obusiers longs dont elle pouvait disposer de chaque côté.

« Le brick *le Voltigeur* prit une position intermédiaire entre le récif de la Gallega et celui de l'île Verte, pour transmettre mes signaux aux navires laissés à ce dernier mouillage et à celui de Pajaros.

« A dix heures trois quarts, *la Néréide,* portant mon pavillon, reçut la remorque du navire à vapeur *le Météore ;* et, à midi dix minutes, je la mouillai à portée de pistolet de l'accore orientale du récif de la Gallega , où elle fut immédiatement embossée.

« Les frégates *la Gloire* et *l'Iphigénie* vinrent prendre, avec une parfaite précision, les postes que je leur avais assignés : la première sur l'avant, la seconde sur l'arrière de *la Néréide*.

« Les trois frégates, ainsi embossées beaupré sur poupe, formaient une ligne serrée parallèle au récif. Du milieu de cette ligne, la ligne des signaux élevés sur le cavalier du bastion de Saint-Crispin restait au sud-ouest-demi-ouest. C'était une position avantageuse, en ce qu'elle nous permettait de battre diagonalement la plus grande partie des ouvrages de la forteresse, en évitant le feu de ses fronts principaux.

« Après avoir remorqué les frégates, les navires à vapeur allèrent mouiller hors de portée du canon de la forteresse, mais en position de donner leur assistance, si elle devenait nécessaire.

« Les chaloupes des frégates armées par les équipages des bricks laissés à l'ancre, et munies chacune d'une ancre à jet et de deux grelins, furent placées à l'abri des frégates du côté opposé au récif.

« Quelques minutes avant midi, au moment où j'allais placer *la Néréide* près du récif de la Gallega, un mexicain vint à bord en parlementaire : il portait deux officiers chargés par le lieutenant général Manuel Rincon, commandant le département de Véra-Cruz, de me remettre la réponse définitive du gouvernement mexicain aux demandes de la France. Cette réponse ne me laissait aucun espoir d'obtenir par des voies pacifiques l'honorable accommodement que j'avais été chargé de proposer au cabinet mexicain. Depuis un mois, j'avais épuisé tous les moyens de conciliation. Il fallait recourir à la force.

« Un peu avant deux heures et demie, je renvoyai le parlementaire mexicain; et, dès qu'il fut à bonne distance, hors de la direction de nos canons, je fis le signal de commencer le feu sur la forteresse.

« Jamais feu ne fut plus vif et mieux dirigé; et je n'eus, dès lors, d'autre soin que d'en modérer l'ardeur. De temps à autre, je faisais le signal de cesser le feu, pour laisser dissiper le nuage d'épaisse fumée qui nous dérobait la vue de la forteresse. On rectifiait alors le pointage, et le feu recommençait avec une vivacité nouvelle.

« Vers trois heures et demie, la corvette *la Créole* parut à la voile, contournant le récif de la Gallega vers le nord; elle demandait par signal la permission de rallier les frégates d'attaque et de prendre part au combat.

« J'accordai cette permission : monseigneur le prince de Joinville vint alors passer entre la frégate *la Gloire* et le récif de la Lavandera, et se maintint dans cette position jusqu'au coucher du soleil, combinant habilement ses bordées, de manière à canonner le bastion de Saint-Crispin et la batterie rasante de l'est.

« A quatre heures vingt minutes, la tour des signaux, élevée sur le cavalier du bastion de Saint-Crispin, sauta en l'air en couvrant de ses débris le cavalier et les ouvrages environnants. Déjà deux autres explosions de magasins à poudre avaient eu lieu, l'une dans le fossé de la demi-lune, l'autre dans la batterie rasante de l'est, dont elle avait fait disparaître le corps de garde.

« Une quatrième explosion eut lieu vers les cinq heures, et dès lors le feu des Mexicains se ralentit considérablement. Au coucher du soleil, plusieurs de leurs batteries paraissaient abandonnées, et la forteresse ne tirait plus que d'un petit nombre de ses pièces. Je donnai alors ordre à *la Créole* d'aller reprendre le mouillage de l'île Verte, et je fis remorquer *la Gloire* au large par *le Météore*.

« Il importait de désencombrer notre position : les frégates étaient mouillées sur un fond de roches aiguës, et elles se trouvèrent serrées contre l'accore d'un récif dont elles ne pouvaient s'éloigner que l'une après l'autre ; en sorte que le moindre vent du large, qui se serait élevé pendant la nuit, aurait rendu leur situation fort dangereuse.

« J'ordonnai donc de cesser le feu à bord de *la Néréide* et de *l'Iphigénie*, et de faire des dispositions pour recevoir les remorques des navires à vapeur. La forteresse avait complétement cessé son feu ; les bombardes seules continuaient de tirer sur elle. A huit heures, ne voulant pas qu'elles dépensassent inutilement leurs munitions dans l'obscurité, je leur fis aussi le signal de cesser le feu.

« Vers huit heures et demie, un canot parlementaire se dirigea de la forteresse vers *la Néréide*, portant deux officiers mexicains. L'un d'eux, le colonel Manuel Rodriguez de Cela, me dit qu'il était envoyé par le maréchal de camp don Antonio Gaona, commandant la forteresse, pour me demander une suspension d'armes, afin de retirer de dessous les décombres un grand nombre de blessés qui s'y trouvaient ensevelis encore vivants.

« Je répondis que la suspension d'armes avait lieu de fait, puisque je venais de faire cesser le feu ; mais qu'elle ne pouvait durer que quelques heures, et que j'exigeais une capitulation, dont je dictai immédiatement les termes. Le colonel n'était point autorisé à traiter d'une capitulation ; le général même, commandant la forteresse, ne pouvait, disait-il, capituler qu'avec l'autorisation du lieutenant général Rincon, dont il était obligé de prendre les ordres ; il demandait le temps nécessaire pour le consulter.

« J'accordai jusqu'à deux heures du matin, et je fis accompagner les officiers mexicains jusqu'à la forteresse, par MM. Mengin, chef de bataillon du génie, et Page, lieutenant de vaisseau attaché à mon état-major. Ces messieurs furent reçus à la barrière par le général Gaona, qui s'excusa de ne pouvoir les admettre, à une telle heure de la nuit, dans l'intérieur de la place ; et la conférence s'ouvrit sur la banquette qui borde le fossé.

« A peine avait-elle commencé qu'arriva de Véra-Cruz l'ancien président, le général Santa-Anna, accompagné de plusieurs officiers supérieurs ; il venait s'informer de la situation de la forteresse. Sa présence interrompit l'entretien du général Gaona avec mes officiers, qui revinrent à bord, à onze heures du soir, sans avoir rien conclu.

« Je pris alors le parti d'écrire au général Rincon pour lui faire comprendre l'impossibilité dans laquelle il se trouvait de défendre la ville de Véra-Cruz du côté de la mer, après que la forteresse serait réduite, et je lui offris une capitulation honorable. A deux heures du matin, le colonel mexicain de Cela se présenta de nouveau à bord de *la Néréide;* il m'apportait un message verbal du général Gaona, qui reconnaissait la nécessité d'une capitulation pour la forteresse, mais qui se défendait de traiter sans l'autorisation du général Rincon.

« A trois heures, j'expédiai à Véra-Cruz mon chef d'état-major, M. Doret, et le lieutenant de vaisseau Page, avec ordre de presser le général Rincon, et de lui faire signer une capitulation. Au point du jour, *la Gloire* vint reprendre le poste d'embossage qu'elle avait occupé la veille sur l'avant de *la Néréide.* J'avais aussi appelé *la Médée* et *la Créole,* pour le cas où les Mexicains tenteraient de renouveler le combat : ces deux navires vinrent s'embosser par le travers de la batterie rasante de l'est.

« A huit heures, les officiers que j'avais envoyés à Véra-Cruz pour traiter avec le général Rincon n'étaient pas encore de retour; j'écrivis à M. Doret de signifier au général Rincon que si la capitulation n'était pas signée dans une demi-heure, j'ouvrirais mon feu sur la ville. Quelques instants après, M. Doret arriva; il n'avait pas reçu ma lettre, et ne m'apportait de capitulation signée que pour la forteresse d'Ulloa seulement : le général Rincon avait refusé de s'engager pour la ville; mais l'officier porteur de ma lettre, n'ayant plus trouvé M. Doret chez le général Rincon, avait fait connaître verbalement la substance de mon message au général, qui m'envoya aussitôt deux officiers chargés de traiter avec moi. La convention relative à la ville fut alors conclue, à quelques légères modifications près, dans les termes que j'avais moi-même offerts.

« C'était à midi que la forteresse devait nous être remise; mais elle n'a qu'une seule porte, à laquelle on arrive par un quai fort étroit, dont l'accès se trouvait obstrué par les chaloupes canonnières mexicaines coulées bas dans le combat de la veille. D'ailleurs, l'encombrement des blessés mexicains était tel, que, malgré les efforts des officiers qui commandaient les embarcations de l'escadre, l'évacuation ne put être terminée qu'à deux heures après midi.

« Je fis alors occuper la forteresse par les trois compagnies d'artillerie de la marine et l'escouade des mineurs embarqués sur les frégates. Lorsque le pavillon de France fut hissé, tous les navires de l'escadre le saluèrent de vingt et un coups de canon, et les équipages sur les vergues, de trois cris : *Vive le roi!*

« Aussitôt que la prise de possession de la forteresse fut terminée, je me hâtai de tirer les frégates et les bombardes de la position dangereuse qu'elles occupaient à l'accore du récif de la Gallega. Il était temps, car le vent fraîchissait, la mer devenait houleuse, et les amarres se brisaient comme du verre sur le fond de roches aigües où nous nous trouvions mouillés. Enfin, à sept heures du soir, toute la division d'attaque se trouvait ralliée à l'île Verte, à l'exception du *Cyclope,* qui ne put rejoindre que le lendemain.

« La garnison de la forteresse d'Ulloa se composait de onze cents artilleurs ou soldats. D'après le rapport du général Santa-Anna, ses pertes, tués ou blessés, l'avaient réduite à environ moitié de ce nombre lors de la capitulation.

« Le matériel d'armement se compose de quatre-vingt-six bouches à feu montées, plus sept mortiers de neuf pouces, non montés au moment de l'attaque; total : cent quatre-vingt-treize bouches à feu, dont cent dix en bronze et quatre-vingt-trois en fer, conformément à l'état détaillé que j'ai l'honneur d'adresser à Votre Excellence.

« A moins que de les avoir vus, il est impossible de se faire une idée des ravages que notre feu a causés dans la forteresse pendant le court espace de temps qu'a duré l'attaque. En peu d'instants, toutes les défenses de l'ennemi ont été criblées. Ce succès est dû surtout à la supériorité de notre artillerie. Votre Excellence pourra apprécier la bonne organisation de ce service à bord des navires dont se composait ma division d'attaque, lorsqu'elle saura que trois cent deux bombes, cent soixante-dix-sept obus, sept mille sept cent soixante-onze boulets ont été lancés contre la forteresse sans donner lieu au plus léger accident.

« Des deux mortiers que portait chaque bombarde, l'un était servi par des artilleurs bombardiers, l'autre par des marins. Le sentiment de noble émulation qui est résulté de cette mesure a eu de part et d'autre les plus heureux effets.

« J'ai donné le commandement de la forteresse d'Ulloa à M. Collombel, chef de bataillon d'artillerie de la marine; M. le chef de bataillon Mengin y commandera le génie : il a sous ses ordres le capitaine Chauchard, de la même arme, et le lieutenant Tholer, avec le détachement de vingt-cinq mineurs qui avait été embarqué sur *la Néréide*. J'ai donné ordre de rétablir la forteresse dans le meilleur état possible.

« J'ai l'honneur d'adresser à Votre Excellence un état détaillé des navires de la marine mexicaine trouvés dans le port. La goëlette *le Bravo* est coulée, la corvette *l'Aquila* est aussi en grand danger de couler. J'espère cependant qu'elle pourra être sauvée, grâce aux bonnes dispositions et à l'activité du capitaine Gourdon, commandant le brick *le Cuirassier*, que j'ai stationné dans le port de la Véra-Cruz, et que j'ai chargé de prendre possession des prises mexicaines et d'en avoir soin. Il est parfaitement secondé dans cette tâche par Son Altesse Royale Monseigneur le prince de Joinville, commandant la corvette *la Créole*, et par le lieutenant de vaisseau Jame, commandant le brick *l'Eclipse*, tous deux stationnés dans le port de la Véra-Cruz.

« Votre Excellence verra avec satisfaction combien peu notre perte a été considérable. L'état nominatif des tués et blessés que j'ai eu l'honneur de lui adresser, se résume comme suit :

« *Néréide*, un tué, quatorze blessés ; *Gloire*, un tué, quatre blessés ; *Iphigénie*, deux tués, onze blessés ; *Cyclope*, néant ; *Vulcain*, néant ; *Créole*, néant ; total : quatre tués, vingt-neuf blessés.

« C'est un bonheur extraordinaire que d'avoir pu réduire une forteresse telle que celle d'Ulloa avec une si faible perte. Cet avantage est dû à plusieurs causes : 1° A ce que j'avais pu placer ma division dans une excellente position pour battre la forteresse en évitant le feu de ses principaux fronts ; 2° à la précaution que j'avais prise de faire mettre à l'abri tous les hommes qui n'étaient pas employés au service des canons ; 3° à l'excellente direction et à la vivacité de notre feu, qui a déconcerté tout d'abord les défenseurs de la place.

« Un devoir me reste à accomplir, c'est de dire à Votre Excellence combien j'ai eu à me louer de l'active coopération et du dévouement cordial de tous les capitaines et officiers placés sous mes ordres...

« J'adresse à Votre Excellence l'état des récompenses que me paraissent avoir méritées les officiers et les marins qui ont pris part à l'attaque... »

« Frégate *la Néréide*, au mouillage d'Antori-Lizardo, 9 décembre 1838.

« Ma précédente dépêche, en date du 3 de ce mois, vous portait le rapport de l'attaque de la forteresse de Saint-Jean-d'Ulloa, par les forces navales sous mon commandement.

« Votre Excellence a vu qu'après avoir fait capituler la forteresse, j'avais conclu avec le général Rincon, commandant général du département de Véra-Cruz, une convention qui rendait en quelque sorte la ville neutre, en limitant le nombre de la garnison et assurant paix et protection à nos compatriotes.

« Le 4, j'étais avec la plus grande partie de l'escadre aux mouillages de l'île Verte et de Pajaros, lorsque dans l'après-midi, le capitaine comte de Gourdon, du brick *le Cuirassier*, stationné dans le golfe de Véra-Cruz, me donna avis que de nouvelles troupes mexicaines entraient dans la ville, et que beaucoup de mes compatriotes, craignant de mauvais traitements par suite de cette violation de la capitulation, demandaient à se réfugier dans la forteresse.

« Je partis sur-le-champ dans mon canot pour Véra-Cruz, en faisant signal au brick *l'Alcibiade* d'appareiller de l'île Verte et d'aller mouiller devant la ville, afin d'y renforcer la station, qui déjà se composait du *Cuirassier*, de *la Créole* et de *l'Eclipse*.

« A quatre heures après midi, au moment où j'entrai dans le port, je reçus une lettre de l'ancien président de la république, le général Santa-Anna; il m'annonçait sa nomination au commandement général du département de Véra-Cruz, en remplacement du général Rincon, et le refus du gouvernement mexicain de donner son approbation à la convention relative à la ville de Véra-Cruz. La lettre du général Santa-Anna contenait un exemplaire imprimé du décret du 30 novembre, par lequel le président Bustamente déclarait la guerre à la France.

« Je répondis au général Santa-Anna que la convention relative à Véra-Cruz, se trouvant violée par son fait, cessait d'être obligatoire pour moi; je l'avertis, d'ailleurs, qu'il eut à s'abstenir de toute vexation ou de tout abus de pouvoir envers les Français établis dans toute l'étendue de son commandement.

« J'allai à la forteresse; un grand nombre de nos nationaux s'y étaient réfugiés avec leurs familles.

« Pendant quelques heures, le général Santa-Anna avait paru vouloir leur interdire la sortie de la ville; leur empressement à la quitter n'en avait été que plus grand. Ils avaient d'ailleurs appris que des forces mexicaines considérables devaient l'occuper, et déjà une partie de ces forces était entrée : la terreur était dans la population mexicaine et étrangère de Véra-Cruz, qui s'attendait à voir la ville devenir le théâtre d'un combat. En traitant, huit jours avant, avec le général Rincon, j'avais bien pu ménager l'orgueil mexicain et m'abstenir d'exiger le désarmement de Véra-Cruz. Le caractère honorable du général Rincon était une garantie; d'ailleurs, je ne voulais pas humilier trop profondément le Mexique au moment où je lui offrais la paix.

« Mais le caractère de haine et de fureur que le gouvernement mexicain s'efforçait d'imprimer à la guerre, ne me permettait plus de laisser entre les mains de la garnison de Véra-Cruz des armes dont elle aurait pu être tentée de faire un usage imprudent. Il me répugnait de tirer sur la ville et de la détruire : le seul moyen de la sauver était de la désarmer ; j'en formai la résolution.

« A neuf heures du soir, j'expédiai à tous les navires de la division, mouillée entre les récifs de l'île Verte et de Pajaros, l'ordre de se préparer à effectuer une descente le lendemain à quatre heures du matin. Chacun des commandants reçut une copie du dispositif d'attaque.

« Le 5, à l'heure indiquée, les chaloupes et grands canots portant les compagnies de débarquement, formées des équipages de la division, se trouvaient réunis dans le plus grand silence aux postes que je leur avais assignés, le long du bord de nos navires mouillés dans le port de Véra-Cruz. Malheureusement, une brume très-épaisse avait empêché quelques embarcations de rallier : de ce nombre étaient celles de *la Néréide*, qui portaient une partie des échelles d'escalade, les pétards pour enfoncer les portes, et d'autres objets nécessaires à l'attaque.

« J'attendis inutilement jusqu'à cinq heures et demie ; enfin, le jour étant sur le point de paraître, je donnai l'ordre de départ. A six heures moins un quart, les embarcations, formées sur trois colonnes, avaient pris terre sur la plage de Véra-Cruz, à la faveur de la brume, sans être aperçues. Le débarquement s'effectua dans un ordre parfait, chacun des commandants marchant à la tête du détachement de son équipage.

« La colonne de droite, commandée par le capitaine Lainé, de *la Gloire*, suivi du capitaine Leray, de *la Médée*, escalada le fort de la Conception, armé de treize canons de vingt-quatre et de deux mortiers, s'en empara, et, poursuivant sa route le long des remparts, délogea successivement l'ennemi des premier, deuxième et troisième bastions du côté de la porte de Mexico. Une partie de la garnison s'enfuit précipitamment par cette porte. Les canons furent encloués, jetés par-dessus les remparts, et les affûts détruits à coups de hache.

« La colonne de gauche, commandée par le capitaine Parseval, de *l'Iphigénie*, ayant sous ses ordres le capitaine Turpin, de *la Néréide*, se partagea en deux sections : l'une, dirigée par les capitaines Ollivier, du *Cyclope*, et Saint-Georges, du *Vulcain*, pénétra dans la ville en enfonçant la poterne du Rastrillon ; l'autre, ayant le capitaine Parseval à sa tête, appliqua les échelles au mur, et enleva à l'escalade, sans beaucoup de résistance, le fort de Sant-Iago, armé de vingt-huit canons du calibre de vingt-quatre pour la plupart, et de deux mortiers.

« Le capitaine Parseval s'empara ensuite du premier bastion, à gauche, vers la porte de la Merced, armé de huit bouches à feu; puis, laissant une partie de son monde dans ce bastion et dans le fort de Sant-Iago, pour en détruire l'artillerie, il s'avança le long des remparts pour en faire le tour et opérer sa jonction avec la colonne de droite, conformément à mes instructions.

« Pendant que le débarquement s'effectuait sous le fort, à droite et à gauche de la ville, la colonne du centre débarquait au môle. Cette colonne se composait de deux compagnies et demie d'artilleurs de la marine, sous les ordres du chef de bataillon Collombel, que j'avais nommé commandant de la forteresse d'Ulloa; de deux compagnies de marins, et d'une escouade de vingt mineurs commandés par le lieutenant Tholer; son avant-garde était formée par quatre-vingt-dix marins de *la Créole,* ayant à leur tête Son Altesse Royale le prince de Joinville.

« La porte du môle fut enfoncée au moyen de sacs à poudre, et le prince s'élança le premier dans la ville. Des deux compagnies de marins, l'une prit sur la droite, en longeant intérieurement la muraille, pour attaquer le fort de la Conception; l'autre, marchant sur la gauche, se dirigea vers le fort de Sant-Iago, ayant pour guide le commandant du génie Mengin.

« Pendant ce temps, Son Altesse Royale, suivie des officiers de *la Créole,* de son détachement de marins et d'une partie des artilleurs, se dirigeait au pas de course vers la maison habitée par les généraux Santa-Anna et Arista. La garde placée au dehors fit feu et se jeta dans la maison. Bientôt un combat s'engagea sous les portiques de la cour, sur l'escalier et jusque dans les chambres, qu'il fallut forcer l'une après l'autre, en tuant les Mexicains qui les défendaient. De notre côté, nous eûmes plusieurs blessés, entre autres le capitaine du génie Chauchard, le lieutenant de vaisseau Goubin, du navire à vapeur *le Phaéton,* et l'enseigne Morel, du même navire.

« Enfin, on pénétra dans l'appartement du général Arista : un second maître de *la Créole* se jeta sur lui et le saisit au corps. Le prince arriva au même instant et reçut l'épée du général. Sa maison fut fouillée; mais on ne put trouver le général Santa-Anna : la résistance de sa garde lui avait donné le temps de se sauver par les toits, dont la construction en terrasses favorisa sa fuite. Je fis conduire à bord du *Cui-*

rassier le général Arista et les officiers mexicains prisonniers; ils y furent traités avec tous les égards dus à leur position.

« Cependant, la colonne de gauche, continuant sa route le long des remparts, était parvenue devant une grande caserne située près de la porte de la Merced : des coups de canon à mitraille et une vive fusillade partie des fenêtres l'avaient arrêtée au passage. Son Altesse Royale, avertie de cette résistance, se porta de suite devant la caserne avec ses marins de *la Créole*, et fit pointer son petit obusier de montagne sur la porte. Aussitôt que le coup fut parti, le prince s'élança au milieu de la fumée vers la porte, croyant l'avoir enfoncée. Le boulet n'avait fait que son trou.

« La fusillade redoubla alors par les fenêtres; plusieurs hommes furent tués et bon nombre de marins et d'artilleurs furent blessés : il fallut se retirer dans les rues adjacentes, et le capitaine Lainé, commandant la colonne de droite, étant alors arrivé, Son Altesse Royale se rangea sous ses ordres.

« Le capitaine Lainé m'envoya un officier pour me rendre compte de ce qui se passait, et employa tout de suite les mineurs à préparer les matériaux d'une barricade qu'il se proposait d'élever devant la porte de la caserne. Je fis alors descendre de l'un des bastions une pièce de six mexicaine, la seule que nous n'eussions pas encore mise hors de service, je la fis conduire dans la rue des Dames, dont l'axe est perpendiculaire aux murs de la caserne, et je fis tirer trois coups sur la porte sans parvenir à l'enfoncer. Je jugeai qu'elle devait être murée en dedans avec des sacs à terre, dont les Mexicains avaient une immense quantité sur tous leurs ouvrages et jusque dans les maisons.

« La position de la caserne était forte; il fallait lui faire subir un véritable siége, sans autre résultat utile que de nous mettre en possession de murailles que je ne voulais pas occuper, et de prisonniers que je ne voulais pas garder, ne pouvant pas les nourrir. L'unique but de mon expédition avait été le désarmement de la ville : ce but se trouvait complétement atteint; dès lors, il convenait d'autant plus de se retirer immédiatement, que l'état de l'atmosphère annonçait un prochain coup de vent de nord, qui aurait rendu impossible le retour des commandants et des équipages à bord de leurs navires, mouillés pour la plupart à grande distance et sans aucun abri.

« J'ordonnai donc le rembarquement : il s'effectua dans le plus grand ordre, chaque colonne emportant ses blessés et même ses morts, sans en laisser un seul, et allant trouver ses chaloupes au point même où le débarquement avait eu lieu.

« Toutefois, l'acharnement avec lequel les Mexicains avaient défendu leur caserne, m'avait fait prévoir qu'ils ne nous laisseraient pas partir sans chercher à nous inquiéter. J'ordonnai que les cinq chaloupes de la colonne du centre, qui portaient des caronades à l'avant, demeurassent le bout à la plage jusqu'après le départ des autres embarcations, et je fis placer sur l'extrémité du môle une pièce de six mexicaine, chargée à mitraille et pointée sur la porte de la ville.

« Ces dispositions achevées, je fis rembarquer le peloton de marins qui était resté pour garder la porte, et j'étais sur le point de me rembarquer moi-même le dernier, lorsqu'une colonne mexicaine, conduite par le général Santa-Anna en personne, déboucha au pas de course par cette porte. Je commandai de mettre le feu à la pièce mexicaine chargée à mitraille, et j'entrai dans mon canot.

« Cette décharge porta le ravage dans la colonne mexicaine ; une partie des hommes qui la composaient se jeta sur la plage, à droite du môle, et borda le pied du rempart, dont toutes les meurtrières se garnirent à l'instant de tirailleurs. Le reste de la colonne s'avança avec audace sur le môle, et commença un feu très-vif, principalement dirigé sur mon canot, qui fut en un moment criblé de balles. Mon patron tomba percé de six blessures ; l'élève de service, M. Halna du Frétay, en reçut deux ; M. Chaptal, jeune homme d'une grande espérance, fut tué. J'ordonnai alors aux cinq chaloupes de faire feu de leurs caronades ; elles balayèrent de leur mitraille le môle et la plage, et firent un grand carnage de Mexicains. Une brume très-épaisse survint tout à coup et couvrit la retraite de l'ennemi, qui évacua la ville et alla camper sur la rive gauche de la rivière Vergara. Le général Ramon-Hernandez a pris le commandement à la place du général Santa-Anna, qui a eu son cheval tué sous lui dans l'attaque du môle, et a reçu trois blessures graves : on lui a coupé une cuisse ; il est question de lui couper un bras ; on désespère de ses jours.

« Notre perte a été peu considérable ; la liste nominative des tués et blessés, que j'adresse à Votre Excellence, se résume comme suit :

« Officiers et élèves : 2 tués, 9 blessés ; marins : 4 tués, 37 blessés ; artilleurs : 2 tués, 10 blessés. Totaux : 8 tués, 56 blessés.

« Le résultat principal de cette journée a été le désarmement presque complet de la ville et la mise hors de service de 82 bouches à feu. Savoir : fort Sant-Iago, 30 ; fort de la Conception, 15 ; premier bastion de gauche, vers la porte de la Merced, 8 ; batterie de la porte de la Merced, 6 ; premier bastion de droite, vers la porte de Mexico, 8 ; deuxième bastion, 8 ; troisième bastion, 7. Total : 82.

« Ce résultat a été obtenu sans causer aucun dommage à la ville, que j'avais recommandé d'épargner. Les églises ont été respectées, même celles sur lesquelles les Mexicains avaient placé des canons, d'ailleurs en très-petit nombre et demeurés inoffensifs, que de courir le risque que quelque profanation fût commise.

« C'est un honneur pour tous ceux qui ont participé à l'expédition, que de pouvoir dire que, pendant quatre heures qu'ils ont occupé la ville, pas une porte n'a été enfoncée, pas une vitre n'a été cassée, pas le plus léger désordre n'a été commis.

« Le mauvais temps, qui a commencé dans la soirée du 5, et qui m'a forcé de quitter les récifs de l'île Verte et de Pajaros, pour venir chercher un abri ici, a rendu les communications trop difficiles pour que j'aie pu encore recevoir les rapports de tous les commandants. Aussitôt qu'ils me seront parvenus, je m'empresserai de faire connaître à Votre Excellence les noms des officiers, marins et artilleurs qui se sont plus particulièrement distingués. Je me bornerai aujourd'hui à lui dire que chacun a fait son devoir, et que tous ont rivalisé d'ardeur et de courage, non moins que d'ordre et de bonne conduite. »

Passons maintenant sur un autre point. Les opérations se poursuivent contre Buenos-Ayres, et acquièrent une activité nouvelle, aussitôt après le remplacement du contre-amiral Leblanc par le contre-amiral Dupotet. Une division, composée de la gabare *l'Expéditive*, des canonnières *la Vigie*, *l'Eglantine*, *la Tactique* et du brick *le Sylphe*, est confiée au commandement du capitaine de corvette Charles Penaud. Cette division est chargée de maintenir le blocus, et de favoriser les mouvements de l'armée montévidéenne aux ordres du général Lavalle. Tous les officiers commandants rivalisent de zèle et de courage, au milieu des privations et des dangers.

Le 22 et le 31 juillet 1839, au double passage du Rosario, le capitaine Charles Penaud dirige sa flottille avec autant d'habileté que d'audace, essuie le feu de l'ennemi et lui riposte vigoureusement.

La république Argentine, malgré le blocus qui se prolonge depuis près d'une année, malgré les dispositions conciliantes du commandant en chef de nos forces navales, persiste à refuser toute satisfaction à la France. Une expédition plus considérable est préparée pour avoir raison du refus opiniâtre de Rosas. Dans les premiers jours de juillet, le vice-amiral de Mackau obtient le commandement en chef de cette expédition, qui se compose de quarante-deux bâtiments.

Le 30 juillet, ayant son pavillon sur la frégate *la Gloire*, M. de Mackau met sous voiles; et, après une courte relâche à Gorée, il arrive devant Montevideo le 23 septembre.

Alarmé par la réunion de ces forces considérables, le président Rosas demande à entrer en négociations. L'amiral accède à ce vœu. Un traité, signé le 29 octobre 1840, met fin au long différend de la France avec la république Argentine.

Le Moniteur du 4 mars 1841, après avoir rendu compte de cette négociation, ajoute :

« M. le vice-amiral de Mackau, en surmontant les nombreux obstacles qui s'opposaient au succès de sa mission, a rendu à l'État un service signalé : il y a déployé tout ce que le roi et son gouvernement avaient droit d'attendre de lui : sûreté de jugement, fermeté de résolution et habileté, et il a mérité toute l'approbation de Sa Majesté et de son gouvernement. »

Depuis vingt ans, la France aspirait à recueillir dans son sein les dépouilles mortelles de Napoléon, qui reposaient sur le rocher inhospitalier de Sainte-Hélène. Dans ce but, un projet de loi portant allocation d'un million, fut soumis aux Chambres et voté à l'unanimité, le 12 mai 1840.

Le baron Roussin, alors ministre de la marine, dut pourvoir aux préparatifs de la translation des cendres de l'empereur. Cette glorieuse mission fut confiée au prince de Joinville, capitaine de vaisseau, commandant la frégate *la Belle-Poule*, à laquelle on adjoignit *la Favorite*. La commission chargée de procéder à l'exhumation et à la translation du corps de Napoléon fut répartie sur ces deux bâtiments de guerre. Elle se composait de MM. de Chabot, commissaire du roi ; du général Bertrand, grand maréchal du palais ; du général Gourgaud ; de M. le comte de Las-Cases fils, et de M. Marchand.

L'expédition fut poussée avec la plus grande activité, et le 7 juillet, à quatre heures du soir, le prince lui-même commanda l'appareillage, et fit route de Toulon pour Sainte-Hélène.

De retour à Cherbourg de cette mémorable expédition, le prince accompagna les restes mortels de l'empereur jusqu'à Paris. Le 15 décembre 1840, à la cérémonie funèbre de l'hôtel royal des Invalides, le commandant de *la Belle-Poule* remet ces cendres glorieuses au roi, qui les rend à la France. Nous donnons ci-après le rapport officiel du prince :

« En rade de Cherbourg, 30 novembre 1840.

« Monsieur le ministre,

« Ainsi que j'ai eu l'honneur de vous l'annoncer, je suis parti le 14 septembre de la baie de Tous-les-Saints. J'ai prolongé la côte du Brésil avec des vents d'est qui, ayant hâlé le nord-est et le nord, m'ont permis d'atteindre promptement le méridien de Sainte-Hélène, sans que j'aie eu à dépasser le parallèle de 28 degrés sud. Arrivé sur ce méridien, des calmes et des folles brises m'ont causé quelque retard. Le 8 octobre, je mouillai sur la rade de James-Town.

« Le brick *l'Oreste*, détaché par M. le vice-amiral de Mackau pour remettre à *la Belle-Poule* un pilote de la Manche, était arrivé la veille. Ce bâtiment ne m'apportant aucune instruction nouvelle, je me suis occupé immédiatement des ordres que j'avais précédemment reçus.

« Mon premier soin a été de mettre M. de Chabot, commissaire du roi, en rapport avec M. le général Middlemore, gouverneur de l'île. Ces messieurs avaient à régler, selon leurs instructions respectives, la manière dont il devait être procédé à l'exhumation des restes de l'empereur et à leur translation à bord de *la Belle-Poule*; l'exécution des projets arrêtés fut fixé au 15 octobre.

« Le gouverneur voulut se charger de l'exhumation et de tout ce qui devait avoir lieu sur le territoire anglais : pour moi, je réglai, par l'ordre en date du 13 octobre, dont je vous envoie ci-joint copie, les honneurs à rendre, dans les journées du 15 et du 16, par la division placée sous mes ordres. Les navires du commerce français *la Bonne-Aimée,* capitaine Gallet, et *l'Indien,* capitaine Truquetil, s'associèrent à nous avec empressement.

« Le 15, à minuit, l'opération a été commencée en présence des commissaires français et anglais, M. de Chabot et le capitaine Alexander R. E., ce dernier dirigeait les travaux. M. de Chabot rendant au gouvernement un compte circonstancié des opérations dont il a été le témoin, je crois pouvoir me dispenser d'entrer dans les mêmes détails; je me bornerai à vous dire qu'à dix heures du matin le cercueil était à découvert dans la fosse. Après l'en avoir retiré intact, on procéda à son ouverture, et le corps fut trouvé dans un état de conservation inespéré. En ce moment solennel, à la vue des restes si reconnaissables de celui qui fit tant pour la gloire de la France, l'émotion fut profonde et unanime.

« A trois heures et demie, le canon des forts annonçait à la rade que le cortége funèbre se mettait en marche vers la ville de James-Town. Les troupes de la milice et de la garnison précédaient le char recouvert du drap mortuaire, dont les coins étaient tenus par les généraux Bertrand et Gourgaud, et par MM. de Las-Cases et Marchand; les autorités et les habitants suivaient en foule. Sur la rade, le canon de la frégate avait répondu à celui des forts, et tirait de minute en minute; depuis le matin, les vergues étaient en pantenne, les pavillons à mi-mâts, et tous les navires français et étrangers s'étaient associés à ces signes de deuil. Quand le cortége a paru sur le quai, les troupes anglaises ont formé la haie, et le char s'est avancé lentement vers la plage.

« Au bord de la mer, là où s'arrêtaient les lignes anglaises, j'avais réuni autour de moi les officiers de la division française. Tous en grand deuil et la tête découverte, nous attendions l'approche du cercueil; à vingt pas de nous il s'est arrêté; et le général gouverneur, s'avançant vers moi, m'a remis, au nom de son gouvernement, les restes de l'empereur Napoléon. Aussitôt le cercueil a été descendu dans la chaloupe de la frégate, disposée pour le recevoir; et là encore l'émotion a été grave et profonde : le vœu de l'empereur mourant commençait à s'accomplir; ses cendres reposaient sous le pavillon national. Tout signe de deuil a été dès lors abandonné ; les mêmes honneurs que l'empereur aurait reçus de son vivant, ont été rendus à sa dépouille mortelle, et c'est au milieu des salves des navires pavoisés, avec leurs équipages rangés sur les vergues, que la chaloupe, escortée par les canots de tous les navires, a pris lentement le chemin de la frégate.

« Arrivé à bord, le cercueil a été reçu entre deux rangs d'officiers sous les armes, et porté sur le gaillard d'arrière, disposé en chapelle ardente, ainsi que vous me l'aviez prescrit ; une garde de soixante hommes, commandée par le plus ancien de la frégate, rendait les honneurs. Quoiqu'il fût déjà tard, l'absoute fut dite, et le corps resta ainsi exposé toute la nuit ; M. l'aumônier et un officier ont veillé près de lui.

« Le 16, à dix heures du matin, les officiers et équipages des navires de guerre et de commerce français étant réunis à bord de la frégate, un service funèbre solennel fut célébré ; on descendit ensuite le corps dans l'entre-pont, où une chapelle ardente avait été préparée pour le recevoir.

« A midi, tout était terminé et la frégate en appareillage ; mais la rédaction des procès-verbaux a demandé deux jours, et ce n'est que le 18 au matin que *la Belle-Poule* et *la Favorite* ont pu mettre sous voiles.

« *L'Oreste,* parti en même temps, a fait route pour sa destination.

« Après une traversée heureuse et facile, je viens de mouiller sur la rade de Cherbourg, à cinq heures du matin. »

L'escadre de la Méditerranée, composée de vingt vaisseaux, est d'abord commandée par le contre-amiral Lalande, qui est appelé à siéger à la Chambre des députés. Il est remplacé, dans son commandement, par le vice-amiral baron Hugon, qui exerce cette escadre dans la Méditerranée jusqu'en 1842, époque où la France diminue successivement ses armements.

Le 1er mai de la même année, le contre-amiral Dupetit-Thouars, commandant nos forces navales dans l'océan Pacifique, prend possession, au nom du roi, de l'archipel des Marquises. Deux officiers sont tués dans une attaque de naturels en armes, le 18 septembre.

Le contre-amiral Dupetit-Thouars accepte, le 9 septembre, le protectorat de Taïti et des autres îles de la Société, qui lui est offert par la reine Pomaré. Cette souveraine était alors en mésintelligence avec ses grands chefs.

A la même époque, le capitaine de corvette Edouard Bouet, gouverneur provisoire du Sénégal, établit des comptoirs sur la presqu'île d'Assinie et à Grand-Bassan, puis au Gabon, dans le golfe de Guinée. Ces comptoirs sont destinés à protéger le commerce français sur la côte occidentale d'Afrique, et ont aussi pour objet d'assurer l'extinction de la traite des noirs.

Le gouverneur de Bourbon est chargé de faire prendre possession des îles de Nossi-Bé et de Mayotte.

Le 1er novembre 1843, le contre-amiral Dupetit-Thouars, à la suite d'un différend survenu entre lui et la reine Pomaré, prononce la déchéance de la reine, et prend possession, au nom de la France, des îles de la Société. Le gouvernement, juge des conséquences fâcheuses qu'entraînait inévitablement cet acte de vigueur, ne croit pas devoir y donner son approbation, et ordonne, le 26 février 1844, le rétablissement du protectorat de la France sur Taïti et ses dépendances, tel qu'il existait d'après le traité du 9 septembre 1842. Cet événement fit beaucoup de bruit.

Le capitaine de vaisseau Bruat est nommé gouverneur des possessions françaises de l'Océanie. Instruit qu'un nombre considérable de naturels de Taïti se réunissent en armes et se retranchent à Mahahéna, il épuise tous les moyens pacifiques pour disperser cette réunion dangereuse. N'ayant pu réussir, il a recours à la force. Deux frégates, *la Charte* et *l'Uranie*, la corvette *l'Embuscade*, la gabare *la Meurthe*, le vapeur *le Phaéton* et la goëlette *la Clémentine*, reçoivent l'ordre de fournir des détachements de débarquement. Quatre cent quarante hommes sont formés en plusieurs colonnes.

A la tête de ce corps, le commandant Bruat enlève successivement les redoutes, disperse l'ennemi, et, le 17 avril 1844, se rend maître de tout le matériel de guerre. Dans cette sanglante attaque, treize Français, dont deux officiers, sont tués, et cinquante-deux sont blessés.

Le 30 juillet, une colonne composée de quatre cents hommes d'artillerie de marine et de marins de la frégate *l'Uranie*, est commandée par le capitaine Bruat. Appuyée par le feu du *Phaéton*, cette colonne bat et disperse, à Hapapé et à Papenou, un grand rassemblement de naturels, munis d'armes à feu. La perte de l'ennemi est considérable. La colonne d'expédition compte trois tués et dix-sept blessés.

Le même jour, un autre rassemblement est complétement dispersé près de Faaa, par cinquante hommes de l'équipage de *l'Uranie*, commandés par le capitaine de corvette Bonnard.

Voici, d'après une lettre d'un officier de marine, en date du 23 avril 1844, la relation du combat de Mahahana :

« Le 21 mars, les hostilités ont commencé à Taïti. Les naturels ont attaqué le fort de Taravan. Après une fusillade bien nourrie de deux heures, ils se sont retirés; ils nous avaient tué deux hommes et blessé sept. Mais cela n'était que le prélude de ce qui devait avoir lieu.

« Il y a quelques jours, nous avons fait une expédition qui avait pour but d'enlever les positions retranchées où l'ennemi s'était réfugié. *L'Uranie* et *le Phaéton* sont allés à Mahahana avec cinq cents hommes d'infanterie, cinquante artilleurs, vingt-cinq hommes de *la Meurthe* et soixante hommes de *la Charte*. Les Taïtiens, avertis, se rassemblèrent au nombre de neuf cents, dont six cents armés de fusils. Ils se partagèrent dans trois redoutes, parfaitement situées et diaboliquement construites; car derrière les parapets il y avait des fossés, dans lesquels se tenaient les naturels. Ces fossés étaient couverts de toits et de terre; de sorte que quand nos hommes arrivèrent, ils ne virent rien. Aussitôt qu'ils furent à portée, les Kanacks passèrent le bout de leurs fusils par-dessus ces toits et firent un feu terrible. Malgré cette ruse, les trois redoutes furent enlevées à la baïonnette, après six heures d'engagement. Nos matelots, exaltés par une si opiniâtre résistance, massacraient les naturels, sans pitié, à coups de baïonnette; ce fut une véritable boucherie.

« Dans cette affaire, qui a eu lieu le 17 de ce mois, vingt des nôtres, parmi lesquels nous avons à déplorer la perte de M. Seignette, lieutenant d'artillerie, et de M. de Nansouty, second du *Phaéton*, sont restés sur le champ de bataille. Nous avons eu soixante blessés, parmi lesquels un élève de *l'Uranie*, nommé Coloudre, et un élève de *la Charte*, nommé Debry. Ce dernier a été le plus abîmé; il a eu trois balles dans le bras droit et la cuisse gauche. Le gouverneur Bruat se trouvait à ce combat; il sabrait les Kanacks avec rage. Les indigènes se faisaient tuer avec un courage admirable.

« On a trouvé quatre-vingt-dix-neuf cadavres de Kanacks dans les redoutes, et plus de cent fusils. Leur artillerie, composée de quatre caronades, a été enclouée, leur drapeau enlevé. Parmi les insurgés, on a trouvé trois cadavres d'Européens, dont l'un avait des épaulettes. Leur perte est portée à cent cinquante tués, mais peu de blessés, car on les massacrait immédiatement. Il paraît qu'ils veulent continuer la guerre. Malheur à eux, en ce cas, car elle sera affreuse. »

Une lettre écrite de Valparaiso le 1ᵉʳ juin, ajoute :

« Les Taïtiens, réunis à douze milles de la ville occupée par nos troupes, y avaient construit des redoutes armées de sept canons, et défendues par la partie la plus brave de la population. Cinq cents Français débarquèrent en face de ces ouvrages, qui ont résisté trois grandes heures à l'assaut le plus acharné. Enfin, les matelots, exaspérés par la chute d'une cinquantaine des leurs, de deux officiers tués et de deux élèves laissés pour tels, s'élancèrent à l'arme blanche avec une fureur irrésistible. On compta dans les redoutes, lorsqu'elles furent prises, cent soixante-dix cadavres de Taïtiens et deux Anglais déserteurs qui s'étaient joints à eux. Les naturels sont dispersés et atterrés par une défaite aussi complète. Notre perte a été de cinquante-deux hommes hors de combat et vingt-cinq morts. Les deux officiers tués sont restés sur le coup. L'un des élèves (Coloudre) a reçu une balle dans le bras, l'autre (Debris) a la cuisse cassée et deux balles dans les chairs du bras et de la poitrine. »

Un nouvel incident de l'affaire de Taïti a été rapporté par les journaux anglais. En voici le résumé :

« La corvette britannique *le Hasard*, capitaine Bell, arriva le 7 mai devant Papeïti. Une embarcation se rendit à terre avec le lieutenant Rose, chargé de paquets pour le lieutenant Hunt, du côtre *le Basilic*, qui fait l'office de consul anglais. En retournant à bord, elle fut hélée par une chaloupe armée de la frégate *la Charte*, qui ordonna à M. Rose d'aller trouver le gouverneur ou de se rendre à bord de la frégate. L'officier anglais refusa, ne voulant recevoir aucun ordre de l'autorité française. Il lui fut alors enjoint de passer de son canot dans l'embarcation française, ce qu'il fit ; mais à l'instant, il commanda d'amener le pavillon anglais, et il remit son épée à l'officier français. Conduit à bord de *la Charte*, le lieutenant Rose eut une longue explication avec le commandant de cette frégate. Après deux heures et demie de séjour à bord, M. Rose put se retirer sur son bâtiment. Il demanda des excuses; on les lui refusa, en lui disant que l'ordre de la rade était que toute communication fût interdite avec la terre. Le lieutenant de la frégate fit observer à M. Rose que pareille chose lui était arrivée à bord d'un bâtiment de la station de Gibraltar. Du reste, le lieutenant Rose se loue beaucoup de la politesse avec laquelle il a été traité à bord de *la Charte*.

« Cet officier vient d'arriver à Falmouth, apportant à l'amirauté les détails de cette affaire.

« Lors de son départ de Taïti, la reine Pomaré était toujours avec son mari à bord du *Basilic*.

« Madame Pritchard est arrivée de Taïti à Londres avec ses trois enfants. »

A la suite de ces deux affaires, l'ordre fut enfin rétabli à Taïti.

C'est vers le même temps que l'on apprend aussi en France la cruelle catastrophe du tremblement de terre de la Guadeloupe, qui vient ajouter aux embarras du ministre de la marine, déjà très-préoccupé par les graves questions de l'affranchissement et de la loi des sucres.

La commission supérieure, présidée par le duc de Broglie, termine et remet au ministre son rapport sur l'émancipation des esclaves, pour être examiné et ensuite transformé en projet de loi. La question des sucres exige aussi la préparation d'un projet de loi.

L'empereur de Maroc avait accordé à l'émir Abd-el-Kader un asile et des secours de tout genre, et il tenait une armée nombreuse réunie sur les frontières de l'Algérie. Malgré les représentations de la France, Abderrahman persistait dans cette attitude agressive. Dès lors, une expédition est décidée contre l'empire de Maroc.

Le maréchal Bugeaud, gouverneur général de l'Algérie, conduit un corps d'armée sur la frontière française, pour la faire respecter. En même temps, le contre-amiral, prince de Joinville, est investi du commandement en chef d'une escadre destinée à concourir, sur le littoral du Maroc, aux opérations de l'armée de terre aux ordres du maréchal.

Cette escadre se compose des vaisseaux *le Suffren*, sur lequel flotte le pavillon du contre-amiral, *le Jemmapes* et *le Triton*; de la frégate

Mouel Esto del   Outhwaite sculp

BOMBARDEMENT DE TANGER PAR LE PRINCE DE JOINVILLE.

(Maison pensule au 1er livreu.)

la Belle-Poule, des bricks *le Cassard*, *l'Argus* et *le Pandour*; des canonnières-bricks *la Tactique*, *l'Alouette* et *la Vigie*; des bâtiments à vapeur *l'Asmodée*, *le Groënland*, *le Cuvier*, *le Pluton*, *le Gassendi*, *le Véloce*, *le Lavoisier*, *le Phare*, *le Grégeois*, *le Rubis* et *le Var*.

Les troupes embarquées sur l'escadre se composent de huit cents hommes, infanterie de marine; deux cent trente hommes, artillerie de marine, et cent dix-sept hommes, sapeurs du génie.

En vertu des instructions du gouvernement, le prince ne néglige aucun des moyens pacifiques qui peuvent amener le Maroc à offrir une réparation à la France offensée. Mais l'empereur Abderrahman, aveuglé par le fanatisme, ne veut rien entendre et élève même des prétentions insultantes.

Le contre-amiral, commandant en chef, n'hésite plus à prescrire une attaque contre Tanger. Le 6 août 1844, l'escadre s'embosse aussi près que possible de la ville, et ouvre un feu terrible qui détruit les forts et batteries, ou les réduit au silence. Dans cette première journée, treize hommes de l'escadre sont tués ou blessés. L'ennemi en a perdu quatre cent cinquante.

Malgré la violence des vents et de la mer, l'escadre se porte, le 10 août, de Tanger à Mogador. Les bâtiments tiennent le mouillage jusqu'au 14, et l'escadre reprend le cours de ses opérations. L'ordre d'attaquer est exécuté avec autant d'élan que de précision. Les vaisseaux d'abord, puis les autres bâtiments à voiles, suivis des bâtiments à vapeur, ouvrent le feu contre les batteries ennemies, qui ripostent vigoureusement. La ville de Mogador est foudroyée.

L'île de Mogador, située en face de la ville, est encore défendue par des fortifications qui menacent d'opposer quelque résistance. Une flottille d'embarcation, protégée par l'artillerie des bricks et des vapeurs, débarque cinq cents hommes. Malgré la résistance de l'ennemi, l'île est occupée d'assaut le 15 août par la colonne d'attaque, à la tête de laquelle est venu se placer le contre-amiral commandant.

Dans cette seconde journée, l'armée navale a encore à regretter quatre-vingt-trois hommes tués ou blessés.

Le 16 août, une colonne de six cents hommes est débarquée sous la protection des bâtiments à vapeur *l'Asmodée*, *le Pluton* et *le Gas-*

sendi, et des bricks *le Cassard* et *le Pandour.* Cette colonne s'empare, sans coup férir, des batteries dites de *la Marine,* et les détruit.

Le 23 août, un boulet ayant été lancé de l'une des tours de la ville, un officier, à la tête de cent soixante hommes, escalade cette tour, qui vient d'être évacuée, et encloue toutes les pièces.

Le 26 août, la frégate à vapeur *le Groënland,* trompée par une brume épaisse, s'échoue près de Larache. Le bâtiment est incendié, pour n'être pas livré aux Arabes accourus sur le rivage pour piller.

Pendant que le prince bombardait Tanger, détruisait Mogador et occupait l'île qui domine le port, le maréchal Bugeaud remportait sur l'armée marocaine la brillante victoire d'Isly. L'empereur Abderrahman, ainsi battu de tous côtés, se décide enfin à demander la paix.

Elle est signée le 10 septembre, et aussitôt le contre-amiral commandant en chef donne l'ordre de cesser toutes hostilités, et d'évacuer l'île de Mogador. Voici les préliminaires du traité de paix avec le Maroc.

Le pacha d'El-Araich, Sidi-Bou-Sellam, a fait les premières ouvertures. Il écrivit le 5, au nom de l'empereur, une lettre pleine de protestations amicales, où il déclarait que son maître, qui, malgré les hostilités, n'avait pas cessé d'être notre ami, était disposé à souscrire toutes nos conditions.

Le consul général des Deux-Siciles, M. Martineau, qui plusieurs fois déjà avait montré du zèle et une courageuse activité pour tout ce qui touche aux intérêts français, M. Martineau voulut bien se charger de porter cette lettre au prince de Joinville.

Il s'embarqua à bord du bateau à vapeur *le Var,* et arriva à Cadix le 6 septembre.

Sidi-Bou-Sellam nous avait déjà donné de trop fréquentes preuves de sa duplicité, pour que l'amiral pût ajouter une foi entière à sa lettre. Il importait, avant tout, de s'assurer de l'étendue et de la nature des pouvoirs dont le rusé pacha se disait chargé.

En conséquence, le prince ordonna à M. Warnier, le même qui déjà avait signifié à Sidi-Bou-Sellam l'ultimatum de la France, de se rendre à Tanger auprès de lui.

Le Cuvier partit de Cadix le 6 dans la soirée; M. Warnier, et M. Martineau qui retournait à son poste consulaire, prirent passage à bord.

Le 7, ils arrivaient en rade de Tanger. M. Martineau descendit seul à terre; le kaïd l'attendait sur la plage pour recevoir ses ordres.

Dès que le fonctionnaire marocain connut la présence sur rade d'un envoyé français, il monta à cheval et se rendit au camp du pacha pour l'en prévenir.

A neuf heures, le pacha et le kaïd arrivaient en ville. Ils se rendirent aussitôt auprès du consul de Naples, qui fit peu de temps après arborer sur la terrasse de son palais un signal convenu.

M. Warnier descendit immédiatement à terre. Les autorités locales, militaires et civiles l'attendaient à la Marine. Des troupes en assez bonne tenue formaient la haie depuis le débarcadère jusqu'à la Casauba.

Le kaïd épuisa la formule des compliments orientaux; puis le cortége, précédé et suivi d'un peloton de soldats, se mit en marche. La population se montrait fort bienveillante, et les femmes remplissaient l'air de ce cri de joie bien connu à Alger, et qui est particulier aux femmes des côtes barbaresques.

A la porte de la Casauba, un poste d'honneur était sous les armes.

Sidi-Bou-Sellam accueillit M. Warnier comme une une vieille connaissance. Quand M. Warnier lui eut expliqué qu'il venait vérifier les pleins pouvoirs dont il se disait chargé, le pacha exprima ses regrets de n'avoir pas demandé à l'empereur une lettre spéciale à cet effet. Mais pour obvier à cet inconvénient, que l'éloignement de l'empereur rendait irréparable, le pacha affirma, par un acte en bonne forme, écrit en présence de témoins, qu'il avait reçu *ordre* de traiter avec le plénipotentiaire français. D'après les usages musulmans, le mot *ordre*, dont le pacha s'est servi, indique à la fois que le contractant au nom du prince est chargé de pleins pouvoirs, et qu'il est dégagé de toute responsabilité.

M. Warnier et Sidi-Bou-Sellam se séparèrent dans les meilleurs termes.

A deux heures, *le Cuvier* quittait la rade de Tanger et rentrait à Cadix.

L'acte donné par le pacha, attestant la mission dont il était chargé, parut suffisant à nos négociateurs. Le 9 septembre, la flotte quitta Cadix; elle arriva en rade de Tanger. Le 10, à dix heures du matin, le kaïd Abbou, gouverneur de Tanger, vint à bord du *Suffren* renouveler, de la part du pacha Sidi-Bou-Sellam, la demande de la paix.

Le prince accueillit avec distinction le kaïd Abbou, brave militaire qui, pendant la journée du 6 août, fut nommé gouverneur de la ville et chef de la garnison par acclamation publique.

Le prince donna au kaïd une paire de pistolets, en souvenir de notre attaque et de sa courageuse défense.

A deux heures, M. Warnier, accompagné de M. Auger, enseigne de vaisseau, d'un premier maître d'équipage et d'un sous-officier d'infanterie de marine, descendit à terre. Il présenta à Bou-Sellam le traité, et lui demanda s'il l'acceptait. Bou-Sellam accepta.

Aussitôt un signal fut hissé sur le palais consulaire de Naples. MM. de Glucksberg et de Nion descendirent à terre, se rendirent dans le palais du gouvernement, et signèrent le traité avec Bou-Sellam, à cinq heures du soir.

Vingt et un coups de canon saluèrent immédiatement notre pavillon arboré sur le palais de France.

Voici maintenant le texte du traité de paix conclu à Tanger, le 10 septembre, entre la France et le Maroc :

Sa Majesté le roi des Français, d'une part, et Sa Majesté l'empereur du Maroc, roi de Fez et de Sous, de l'autre,

Désirant terminer et régler les différends survenus entre la France et le Maroc, et rétablir, conformément aux anciens traités, les rapports de bonne amitié qui ont un instant été suspendus entre les deux empires,

Ont nommé et délégué pour leurs plénipotentiaires Antoine-Marie-Daniel Doré de Nion, etc.;

Et le sieur Louis-Charles-Elie Decazes, comte Decazes, duc de Glucksberg, etc. ;

Et pour Sa Majesté l'empereur du Maroc, roi de Fez et de Sous, Sidi-Bou-Sellam-Ben-Ali,

Lesquels ont arrêté les stipulations suivantes :

Article 1er. Les troupes marocaines, réunies extraordinairement sur la frontière des deux empires ou dans le voisinage de ladite frontière, seront licenciées. Sa Majesté l'empereur s'engage d'empêcher désormais tout rassemblement de cette nature. Il restera seulement, sous le commandement du kaïd d'Oueschda, un corps dont la force ne pourra excéder habituellement six mille hommes; ce nombre pourra toutefois être augmenté, si des circonstances extraordinaires et reconnues telles par les deux gouvernements le rendaient nécessaire dans l'intérêt commun.

Art. 2. Un châtiment exemplaire sera infligé aux chefs marocains qui ont dirigé ou toléré des actes d'agression commis en temps de paix sur le territoire de l'Algérie et contre les troupes de Sa Majesté le roi des Français. Le gouvernement marocain fera connaître au gouvernement français les mesures qui auront été prises pour l'exécution de la présente clause.

Art. 3. Sa Majesté l'empereur du Maroc s'engage de nouveau, de la manière la plus formelle et la plus absolue, à ne donner ni permettre qu'il soit donné dans ses Etats, ni assistance, ni secours en armes, munitions, ou objet quelconque de guerre, à aucun sujet rebelle ou aucun ennemi de la France.

Art. 4. Hadj-Abd-el-Kader est mis hors la loi dans toute l'étendue de l'empire du Maroc aussi bien qu'en Algérie.

Il sera en conséquence poursuivi à main armée par les Français sur le territoire de l'Algérie et par les Marocains sur leur territoire, jusqu'à ce qu'il en soit expulsé et qu'il soit tombé au pouvoir de l'une des deux nations.

Dans le cas où Abd-el-Kader tomberait au pouvoir des troupes françaises, le gouvernement de Sa Majesté le roi des Français s'engage à le traiter avec égards et générosité.

Dans le cas où Abd-el-Kader tomberait au pouvoir des troupes marocaines, Sa Majesté l'empereur du Maroc s'engage à l'interner dans une des villes du littoral ouest de l'empire, jusqu'à ce que les deux gouvernements aient adopté de concert les mesures indispensables pour qu'Abd-el-Kader ne puisse en aucun cas reprendre les armes et troubler de nouveau la tranquillité de l'Algérie et du Maroc.

Art. 5. La délimitation des frontières, entre les possessions de Sa Majesté le roi des Français et celles de Sa Majesté l'empereur du Maroc, reste fixée et convenue, conformément à l'état de choses reconnu par le gouvernement marocain à l'époque de la domination des Turcs en Algérie.

L'exécution complète et régulière de la présente clause fera l'objet d'une convention spéciale, négociée et conclue sur les lieux entre le plénipotentiaire désigné à cet effet par Sa Majesté le roi des Français et un délégué du gouvernement marocain. Sa Majesté l'empereur du Maroc s'engage à prendre sans délai, dans ce but, les mesures convenables et en informer le gouvernement français.

Art. 6. Aussitôt après la signature de la présente convention, les hostilités cesseront de part et d'autre. Dès que les stipulations comprises dans les articles 1, 2, 4 et 5 auront été exécutées à la satisfaction du gouvernement français, les troupes françaises évacueront l'île de Mogador ainsi que la ville d'Oueschda, et tous les prisonniers faits de part et d'autre seront mis immédiatement à la disposition de leurs nations respectives.

Art. 7. Les hautes parties contractantes s'engagent à procéder de bon accord et le plus promptement possible à la conclusion d'un nouveau traité, qui, basé sur les traités actuellement en vigueur, aura pour but de les consolider et de les compléter, dans l'intérêt des relations politiques et commerciales des deux empires.

En attendant, les anciens traités seront scrupuleusement respectés et observés dans toutes leurs clauses, et la France jouira en toute chose et en toute occasion du traitement de la nation la plus favorisée.

Art. 8. La présente convention sera ratifiée et les ratifications en seront échangées dans un délai de deux mois, ou plus tôt si faire se peut.

Ce jourd'hui, le 10 septembre de l'an de grâce 1844, correspondant au mois de chaaban de l'an alhegyre 1260.

Les plénipotentiaires ci-dessus désignés de Leurs Majestés les empereurs de France et du Maroc ont signé la présente convention et y ont apposé leurs sceaux respectifs.

Nous donnons ci-après les rapports, touchant l'affaire de Mogador et de Tanger, du prince de Joinville au ministre.

« Bateau à vapeur *le Pluton,* 10 août 1844.

« Je vous ai informé que, le 2 août, jour fixé pour la réponse à l'ultimatum de notre consul général, rien ne nous était parvenu.

« J'attendais alors, pour commencer les actes hostiles, des nouvelles de M. Gay.

« Le 4, une lettre de Sidi-Bou-Sellam, pacha de Larache, nous fut envoyée, plus mesurée, plus conciliante que les précédentes; elle renouvelait cependant l'insolente demande de la punition du maréchal. La lettre de Sidi-Bou-Sellam ne disait pas un mot de la dissolution du corps de troupes réuni auprès d'Oueschda. Quant à Abd-el-Kader, Sidi-Bou-Sellam assurait qu'il n'était plus sur le territoire marocain, et que les ordres étaient donnés pour l'empêcher d'y entrer.

« Pourtant, à la même époque, on disait au maréchal qu'Abd-el-Kader avait été interné, et qu'il se trouvait à deux journées en arrière du camp marocain. Ces correspondances n'avaient donc qu'un but, celui de nous amuser.

« Inquiet et gêné de ne rien savoir de M. Gay, j'avais envoyé à Rabat un bateau à vapeur (*le Véloce*), avec mission de s'enquérir de lui et de rapporter de ses nouvelles. Le *Véloce* revint le 5 à Tanger, m'apportant la nouvelle que M. Gay était en sûreté à Mogador.

« Enfin, le 5 au soir, *l'Etna*, venant d'Oran, m'a apporté votre dépêche du 27 juillet, m'ordonnant de commencer les hostilités, si la réponse à l'ultimatum n'était pas satisfaisante. Il nous a apporté aussi des nouvelles du maréchal, prouvant la fausseté des assertions marocaines au sujet d'Abd-el-Kader.

« Il n'y avait plus d'hésitation possible; on nous abusait avec des notes trompeuses, pendant qu'on préparait activement la guerre; nous n'avions plus qu'à recourir à la voie des armes.

« Le 6, au matin, j'ai attaqué les batteries de Tanger.

« Mes instructions me prescrivaient de détruire les fortifications extérieures, mais de respecter la ville.

« En faisant un débarquement, j'aurais pu facilement atteindre ce but; mais j'ai préféré agir avec le canon et mettre les batteries hors de service, en respectant le quartier des consuls où à peine cinq ou six boulets sont allés s'égarer. Ce résultat, nous l'avons atteint avec une perte de trois morts et seize blessés; les navires ont reçu quelques avaries légères.

« L'ennemi accuse une perte de cent cinquante hommes et quatre cents blessés; mais on ne peut savoir au juste le chiffre des morts, puisque, le 8, on était encore occupé à retirer des cadavres de dessous les décombres.

« Pendant l'affaire, M. Gay est arrivé de Rabat, où il s'était arrêté pour voir l'empereur. Je l'ai reçu le lendemain.

« Il m'a dit qu'il avait trouvé l'empereur très-abattu ; la nouvelle du retrait des consuls lui était parvenue. M. Gay m'a remercié de la sollicitude que nous avions montrée à son égard.

« Maintenant, je vais à Mogador, à l'autre bout de l'empire. Mogador est la fortune particulière de l'empereur; outre les revenus publics, la ville est sa propriété ; il en loue les maisons, les terrains.

« C'est, en un mot, une des sources les plus claires de son revenu. Toucher à cette ville, la ruiner, en occuper l'île qui ferme le port, jusqu'à ce que nous ayons obtenu satisfaction, c'est faire à Muley-Abderrahman, et à tout le sud de son empire, un mal sensible.

« Je me bornerai pour le moment à ces deux opérations; à savoir : prouver à l'empereur qu'il est délaissé par tout le monde dans sa cause (l'affaire de Tanger l'a prouvé); et que nous avons les moyens de lui faire du mal matériel (c'est ce que nous allons chercher à prouver à Mogador).

« En outre, notre apparition sur les côtes remènera beaucoup de monde de la frontière à la défense de leurs foyers, et dégagera d'autant le maréchal.

« Nous pourrons alors avertir l'empereur, que, malgré ce qui s'est passé, nous voulons encore la paix; que ce que nous avons fait à Tanger et à Mogador lui prouve qu'il ne faut pas jouer avec nous.

« S'il veut la paix, qu'il se hâte de nous accorder ce que nous demandons, et que les actes suivent les paroles. Sinon, s'il n'est pas content, si l'on continue sur la frontière à accueillir et à encourager nos ennemis, alors il faut qu'il s'attende à tout de notre part. »

« Bateau à vapeur *le Pluton*, Mogador, 17 août.

« Je suis arrivé devant Mogador le 11. Le temps était très-mauvais, et, pendant plusieurs jours, nous sommes restés mouillés devant la ville sans pouvoir même communiquer entre nous. Malgré des touées de deux cents brasses de chaînes, nos ancres cassaient comme du verre.

« Enfin, le 15, le temps s'étant embelli, j'en ai profité pour attaquer la ville.

« Les vaisseaux *le Jemmapes* et *le Triton* sont allés s'embosser devant les batteries de l'ouest, avec ordre de les battre et de prendre à revers les batteries de la marine. *Le Suffren* et *la Belle-Poule* sont venus prendre poste dans la passe du nord. Il était une heure de l'après-midi lorsque notre mouvement a commencé.

« Aussitôt que les Arabes ont vu les vaisseaux se diriger vers la ville, ils ont commencé le feu de toutes les batteries. Nous avons attendu, pour répondre, que chacun eût pris son poste. A quatre heures et demie, le feu a commencé à se ralentir; les bricks *le Cassard, le Volage* et *l'Argus* sont alors entrés dans le port et se sont embossés près des batteries de l'île, avec lesquelles ils ont engagé une lutte assez animée.

« Enfin, à cinq heures et demie, les bateaux à vapeur, portant cinq cents hommes de débarquement, ont donné dans la passe, sont venus prendre poste dans les créneaux de la ligne de bricks, et le débarquement sur l'île s'est immédiatement effectué.

« L'île a été défendue avec le courage du désespoir par trois cent vingt hommes mores et kabyles qui en faisaient la garnison. Un grand nombre a été tué; cent quarante d'entre eux, renfermés dans une mosquée, ont fini par se rendre.

« Nos pertes, dans cette journée, s'élèvent à quatorze tués et soixante-quatre blessés.

« L'île prise, il ne nous restait plus qu'à détruire les batteries de la ville qui regardent la rade. Notre canon les avait déjà bien endommagées. Il fallait les mettre complétement hors de service.

« Hier donc, sous les feux croisés de trois bateaux à vapeur et de deux bricks, cinq cents hommes ont débarqué; ils n'ont point rencontré de résistance. Nous avons encloué et jeté à la mer les canons; nous en avons emporté quelques-uns; les magasins à poudre ont été noyés; enfin, nous avons emmené ou défoncé toutes les barques qui se trouvaient dans le port.

« Je crois que nous aurions pu, à ce moment, pénétrer sans danger dans l'intérieur de la ville; mais ce n'aurait été qu'une promenade sans but et sans autre résultat qu'un inutile pillage. Je me suis donc abstenu et j'ai ramené les troupes sur l'île et les équipages à bord de leurs navires.

« Je m'occupe d'installer sur l'île une garnison de cinq cents hommes.

« L'occupation de l'île sans le blocus du port serait une mesure incomplète.

« Je me conforme donc à vos ordres en fermant le port de Mogador.

« La ville est, au moment où je vous écris, en feu, pillée et dévastée par les Kabyles de l'intérieur, qui, après avoir chassé la garnison impériale, en ont pris possession.

« Nous venons de recueillir le consul anglais, sa famille et quelques Européens.

« Je ne veux pas terminer sans vous dire combien j'ai à me louer de tous ceux que j'ai eu sous mes ordres dans la campagne que nous venons de faire.

« Tout le monde a servi avec un zèle qui ne se puise que dans l'amour ardent du pays, de son honneur et de ses intérêts, et dans un dévouement absolu au service du roi. »

« Bateau à vapeur *le Pluton*, Mogador, 21 août 1844.

« Je viens vous rendre compte de la partie purement militaire des opérations dirigées contre les côtes du Maroc, dans le courant du mois d'août, par l'escadre placée sous mon commandement.

« Le 5 août au soir, la résolution ayant été formée d'attaquer Tanger, toutes les dispositions furent prises.

« Le 6, à la pointe du jour, les bateaux à vapeur *le Véloce, le Pluton, le Gassendi, le Phare, le Rubis* et *le Var*, vinrent s'amarrer le long du bord du *Jemmapes*, du *Suffren*, du *Triton*, de *la Belle-Poule*, et des bricks *le Cassard* et *l'Argus*, afin de les conduire au poste d'embossage qui leur avait été désigné. Le calme qui règne généralement le matin dans la baie de Tanger nécessitait cette disposition.

« Vers huit heures du matin l'escadre se mit en mouvement.

« J'avais prescrit de venir prendre poste en courant est et ouest et mouillant deux ancres, dont l'une avec une grande touée dans l'est eu égard à la mauvaise qualité du fond et à la violence des vents d'est qui, depuis quelque temps, régnaient pendant la journée. *Le Jemmapes* arriva le premier sur la ligne ; mais, après sa première ancre mouillée, son remorqueur fut impuissant à lui faire élonger complétement sa chaîne. *Le Jemmapes* réussit cependant à s'embosser à quatre encâblures de la place. *Le Suffren*, parfaitement conduit par les capitaines Lapierre, du *Suffren*, et Bouet, du *Pluton*, vint prendre une très-bonne position.

« *L'Argus* vint chercher une compensation à sa longue et pénible station d'hiver à Tanger, en s'embossant juste par son tirant d'eau dans une position où il y avait beaucoup à donner et à recevoir. Je ne puis trop faire l'éloge du capitaine, le lieutenant de vaisseau Jean Gérard, des officiers et de tout l'équipage de ce petit navire; leur zèle et leur dévouement ont excité l'admiration de tous.

« *Le Cassard* se plaça de manière à battre d'écharpe une batterie marquée L sur le plan que je vous envoie, et dont les coups prenaient d'enfilade la ligne d'embossage. Quelques coups à mitraille bien dirigés la firent évacuer dès le commencement du combat. Le défaut de puissance des remorqueurs, joint à l'action des courants, empêchèrent *le Triton* et *la Belle-Poule* de prendre immédiatement leur poste. *Le Triton* vint à la voile, et *la Belle-Poule,* habilement retirée d'une position critique par le capitaine Maissin, du *Gassendi,* arriva en ligne vers dix heures; mais le feu de la ville était en ce moment presque éteint; la présence de ces navires devenait inutile; je les envoyai canonner les forts d'Abdul-Selim et d'El-Arbi-el-Saïdi, qui nous envoyaient quelques bombes à toute volée.

« Tous nos mouvements s'étaient effectués sans que l'ennemi y mît aucune opposition. A huit heures et demie, nous avons commencé le feu; il y a été répondu avec vivacité. Pourtant, au bout d'un quart d'heure, les canonniers arabes avaient déserté leurs batteries, dont les parapets étaient renversés par un tir remarquable de justesse. Deux batteries seulement prolongèrent la défense de la place, une casematée, située à la partie supérieure du fort de la Marine, et celle de la Casauba.

« Le feu du *Suffren,* dirigé tout entier sur la batterie casematée, finit par la mettre hors de service, tandis que *le Jemmapes* faisait évacuer la Casauba.

« A dix heures du matin tout était fini.

« Je suis resté avec *le Suffren* devant la ville jusqu'à cinq heures du soir, afin de bien constater qu'on ne songeait plus à se défendre, puis je me suis retiré. Vous savez dans quel but j'ai attaqué Tanger. D'après vos ordres, je ne devais pas l'occuper; mon but était atteint du moment que, par le silence de ses batteries, cette ville se reconnaissait vaincue.

« Comme j'ai déjà eu l'honneur de vous le dire, le quartier où se trouvent les maisons des Européens a été scrupuleusement respecté.

« Le feu a été mis dans plusieurs endroits par les fusées de guerre lancées par le vapeur *le Rubis*.

« Pendant toute cette journée chacun a rivalisé de zèle et de sang-froid ; je n'ai que des éloges à donner à tous.

« Dès la pointe du jour, les postes des navires avaient été marqués par des trouées ; M. le capitaine de corvette Duquesne s'est acquitté de cette mission, qui pouvait être chanceuse, avec son intelligence et son courage ordinaires.

« Nous avons eu trois morts et dix-sept blessés. Les navires ont eu quelques avaries peu graves. *Le Suffren*, le plus maltraité, n'a guère reçu que cinquante boulets.

« On porte à cent cinquante tués et trois cents blessés les pertes de l'ennemi.

« L'affaire finie, les bateaux à vapeur sont venus prendre les navires à voiles et les ont remorqués à leur mouillage.

« La journée du 7 s'est passée à mettre les navires en état de prendre la mer.

« Le 8, j'ai été rejoint par le bateau à vapeur *le Groënland*, dont j'ai requis les services pour aller chercher à Cadix des approvisionnements en eau, vivres et charbon pour l'escadre.

« Le 11, l'escadre était réunie devant Mogador.

« Ici nous attendaient des difficultés de plus d'une nature. Pendant quatre jours, la violence des vents et la grosseur de la mer nous ont empêchés de communiquer entre nous. Mouillées sur des fonds de roches, nos ancres et nos chaînes se brisaient et leur perte nous enlevait des ressources indispensables pour atteindre notre but. Tel navire n'avait plus qu'une chaîne et une ancre, encore celle-ci privée d'une de ses pattes.

« Nous ne pouvions d'ailleurs songer à nous maintenir devant Mogador, à la voile. La violence des courants et de la brise nous eût entraînés sous le vent, et nous aurions probablement perdu l'occasion d'agir. De plus, en faisant appareiller les vapeurs avec nous, ils auraient épuisé leur combustible ; en les laissant seuls, ils étaient exposés à manquer de vivres et d'eau. Il fallait donc rester au mouillage.

« Enfin, le 15, le vent s'apaisa; il ne resta plus de la tourmente des jours précédents qu'une grosse houle de nord-nord-ouest.

« Sachant combien les beaux jours sont rares dans cette saison et dans ces parages, je pris immédiatement toutes mes dispositions. Mais un nouvel accident vint encore entraver nos projets: le vent tomba complétement; nos navires, tourmentés par la houle, étaient ingouvernables, et je ne pouvais songer à employer les vapeurs pour conduire les vaisseaux à leur poste.

« Les préparatifs hostiles qui se faisaient à terre prouvaient qu'on ne nous laisserait pas approcher aussi facilement qu'à Tanger.

« Un seul boulet pouvait déranger les machines d'un bateau à vapeur, le forcer à s'arrêter dans une position critique, d'où nous n'aurions pu le retirer, et où il n'aurait pu se défendre. Les bateaux à vapeur étaient d'ailleurs une ressource à ménager précieusement pour retirer les vaisseaux d'un embossage sur des fonds de roche avec la houle et les courants portant en côte, et la certitude que, dès que le vent commencerait à s'élever, il soufflerait du large.

« Enfin, dans l'après-midi du 15, une faible brise du nord-nord-ouest s'étant faite, nous en avons profité; l'escadre a mis à la voile.

« J'avais communiqué à tous les capitaines un plan d'attaque, et assigné à chacun son poste; une fois le signal d'exécution fait, je ne suis plus qu'un témoin oculaire, qui tâche de se faire historien fidèle, et de raconter avec une vive admiration et une profonde reconnaissance avec quel zèle, quel dévouement, quelle intelligence de la part de tous, les ordres donnés ont été exécutés.

« Les sondes de la ligne d'embossage avaient été exécutées en plein jour par le capitaine Maissin, du *Gassendi*, et le lieutenant de vaisseau Touchard, mon chef d'état-major.

« Les trois vaisseaux sont venus d'abord au mouillage. *Le Triton*, capitaine Bellanger, en tête, conduisant l'escadre et s'avançant sous le feu de toutes les batteries ennemies, laissait tomber son ancre à sept cents mètres de la place, sans riposter à ses coups; venaient ensuite *le Suffren* et *le Jemmapes*.

« *Le Jemmapes* et *le Triton* se sont placés en face des batteries de l'ouest de la ville, ce dernier prenant à revers les batteries de la marine. *Le Suffren* est venu prendre poste dans la passe du nord, battant d'écharpe les deux batteries de la marine, et de front le fort rond situé sur un îlot, à l'entrée de la passe, tandis qu'avec ses pièces de retraite il répondait à une batterie de l'île, dont le feu d'enfilade l'incommodait.

« Cet embossage délicat, sous le feu de l'ennemi, sans que personne nous ait daigné y répondre, fait honneur aux capitaines qui l'ont exécuté.

« Une fois placés, nous avons ouvert notre feu. Les batteries de la marine ont été vite abandonnées, mais celle de l'ouest, présentant une quarantaine de pièces bien abritées derrière des épaulements en pierres molles de plus de deux mètres d'épaisseur, a tenu fort longtemps. Le vaisseau *le Jemmapes,* capitaine Montagniès, qui était le point de mire de tous ses coups, a fini par en avoir raison, non sans une perte sérieuse causée par des obus bien dirigés. Vingt hommes tués ou blessés à bord de ce vaisseau, parmi lesquels un jeune élève de grande espérance, M. Noël, mortellement atteint d'un éclat d'obus; des avaries graves dans la mâture, de nombreux boulets dans la coque, attestent la résistance énergique des canonniers ennemis.

« Une fois le feu des vaisseaux bien ouvert, l'ordre a été donné à la frégate *la Belle-Poule* et aux bricks *le Cassard, le Volage* et *l'Argus,* d'entrer dans le port.

« La frégate devait combattre les batteries de la marine, et les bricks celles de l'île.

« *La Belle-Poule* et les bricks sont venus passer à poupe du *Suffren.* Le commandant Hernoux a conduit sa frégate au fond d'un cul-de-sac, où elle avait à peine son évitage, tirant d'un bord sur les batteries de la ville, et de l'autre sur celles de l'île. De grosses carabines, placées dans les hunes, fusillaient à six cents mètres les canonniers de l'île.

« L'effet de cette manœuvre hardie a été tel que les batteries de la marine ont été immédiatement désertées.

« Les bricks sont allés mouiller en ligne devant les trois batteries qui protègent le débarcadère de l'île, et ont aussitôt engagé avec elles une lutte animée.

« Enfin, voyant le feu se ralentir, j'ai fait entrer dans le port trois bateaux à vapeur : *le Gassendi, le Pluton* et *le Phare.* Ils portaient cinq cents hommes de débarquement, conduits par le capitaine de corvette Duquesne et le lieutenant-colonel Chauchard.

« Ces bateaux à vapeur ont pris poste dans les créneaux de la ligne des bricks, joignant leur feu à celui de ces navires, pendant que la flottille de débarquement se formait. A cinq heures et demie, cette flottille s'est avancée sous une vive fusillade. On a sauté à terre avec enthousiasme, les hommes blessés dans les canots s'élançant des premiers, et, gravissant à la course un talus assez raide, on a enlevé la première batterie. C'est là qu'on s'est rallié. Le second maître, Toche, du *Phare*, y est entré le premier et a arboré le pavillon français.

« De cette batterie, deux détachements, conduits l'un par le lieutenant-colonel Chauchard, l'autre par le capitaine du génie Coffinières, sont partis pour faire le tour de l'île et débusquer trois à quatre cents Marocains des postes qu'ils occupaient dans les maisons et les batteries.

« On les a poussés ainsi jusqu'à une mosquée où un grand nombre d'entre eux s'étaient réfugiés. La porte enfoncée à coups de canon, on s'est précipité en avant. La résistance a été vive : un officier d'artillerie, M. Pottier, jeune homme plein de mérite, a été tué ; plusieurs officiers ont été blessés.

« On était engagé sous des voûtes obscures, au milieu d'une fumée épaisse qui empêchait de rien voir. Cependant les hommes de *l'Argus* et du *Pluton* persistaient à vouloir y pénétrer. Je jugeai que nous perdrions là beaucoup de monde inutilement ; je les fis retirer. On cerna la mosquée, et, la nuit étant survenue, on fit bivaquer les troupes.

« Le lendemain, au jour, cent quarante hommes se rendirent. Nous avons ramassé sur l'île près de deux cents cadavres.

« L'île prise, et le feu de la ville complétement éteint, je donnai l'ordre à *l'Asmodée* de venir retirer les vaisseaux de la côte, ce qui se fit pendant la nuit.

« Le temps était beau ; je gardai *la Belle-Poule* dans la passe. Elle continua pendant toute la nuit à tirer du canon sur les batteries de la marine, pour les empêcher d'être réoccupées.

« Le 16, les bateaux à vapeur *l'Asmodée, le Pluton, le Gassendi*, et les bricks *le Cassard* et *le Pandour*, vinrent s'embosser de chaque côté de la langue de sable sur laquelle s'élèvent les forts de la marine dont je voulais me rendre maître ; leur feu croisé coupait les communications de la ville avec ses forts.

« Sous cette protection, le commandant Hernoux et le capitaine Ed. Bouet conduisirent une colonne de six cents hommes de débarquement. Mais tout avait été déserté à notre approche, et la descente s'opéra sans résistance. Il ne restait plus qu'à achever l'œuvre de destruction que le canon avait commencée la veille.

« Toutes les pièces enclouées, jetées à bas des remparts, les embrasures démolies, les magasins à poudre noyés, enfin trois drapeaux et neuf ou dix canons de bronze enlevés comme trophées, tel a été le résultat de la journée.

« J'ai laissé intacts les vastes magasins de la douane, pleins de marchandises de toutes espèces; il aurait fallu les brûler, et je craignais que le feu ne gagnât trop vite d'immenses approvisionnements de poudre et de bombes répartis dans les casemates des forts.

« Après cette opération, j'ai renvoyé les troupes et les équipages. Nous étions maîtres de l'île du port; les batteries de la ville n'étaient plus à craindre; j'ai considéré cette opération comme terminée.

« Après notre départ, la ville, restée sans défense, a été prise par les Kabyles de l'intérieur, qui y ont mis le feu. Depuis quatre jours le sac de cette malheureuse ville est complet; les habitants ont fui dans toutes les directions.

« Dans quelques jours, il ne restera plus de la belle Souerah, que Muley Abderrahman appelait sa ville chérie, que des murailles criblées de boulets et noircies par le feu.

« La leçon est dure.

« Je ne vous citerai personne, monsieur le ministre, pour vous indiquer ceux qui ont fait leur devoir avec courage, intelligence et dévouement; il me faudrait nommer tout le monde. J'appellerai seulement votre attention sur les familles des hommes qui sont morts, sur le sort futur des blessés, et aussi sur le bien-être à donner à tous ceux qui, au seul nom de la France, ont accepté avec abnégation le rude devoir de faire garnison sur l'îlot de Mogador.

« Recevez, etc.

« *P. S.* Le 23 août notre établissement sur l'île était terminé, j'ai renvoyé à Cadix une partie de l'escadre.

« Dans la journée, un coup de canon fut tiré d'une des tours de la ville donnant sur la campagne, et le boulet étant venu tomber au milieu de nous dans le port, nous avons fouillé avec des obus les maisons qui avoisinent cette tour; puis j'ai envoyé M. le lieutenant de vaisseau Touchard, mon chef d'état-major, avec cent soixante hommes, planter des échelles au pied de la tour.

« On y est monté sans aucune opposition, et on a encloué les derniers canons qui pouvaient battre sur nous. Du haut de la tour on plongeait dans la ville qui semblait déserte et horriblement dévastée.

« Cette opération, qui n'était pas d'une absolue nécessité, a eu l'avantage de montrer à la garnison de l'île, qu'avec ses seules forces et les resources de la station locale, on tient la ville complétement à merci.

Ordre du jour publié à bord des bâtiments de l'escadre aux ordres de Son Altesse Royale le prince de Joinville.

« 12 septembre 1844.

« Le roi, en apprenant les succès obtenus sous les murs de Tanger et de Mogador, a bien voulu charger le contre-amiral commandant de transmettre à l'escadre le témoignage de sa satisfaction.

« Le contre-amiral est heureux d'avoir à remplir ce devoir, et il s'empresse de mettre à l'ordre du jour de l'escadre la lettre suivante, écrite par Sa Majesté :

Le roi au prince de Joinville.

« Neuilly, le jeudi 29 août 1844.

« Mon cher et bien-aimé fils,

« Je rends grâce à Dieu de t'avoir conservé au milieu des dangers que tu as si noblement affrontés, et d'avoir permis que ce soit par ton organe que j'adresse à l'escadre que tu commandes mes félicitations personnelles et l'expression de la reconnaissance nationale pour les nouveaux lauriers qu'elle vient d'attacher à notre pavillon.

« En félicitant nos braves marins d'avoir déployé cette valeur française, qui ne manque jamais à répondre à l'appel de la patrie, je m'applaudis que tu aies retenu leur ardeur jusqu'au moment où la justice de notre cause nous imposait le devoir de recourir aux armes.

« J'ai vu avec bonheur les efforts simultanés de notre marine et de notre armée couronnés par d'aussi brillants succès; et il m'est bien doux que ce soit mon fils qui ait conduit nos marins à la victoire.

« Je t'embrasse, mon cher fils, dans toute l'effusion de mon cœur.

« Louis-Philippe.

« Le contre-amiral commandant,

« Fr. d'Orléans. »

A présent que nous avons exposé les principaux événements militaires contemporains, on ne lira pas sans intérêt une relation succincte du voyage de *l'Astrolabe* et de *la Zélée* dans les mers polaires. Nous laisserons le capitaine Dumont d'Urville, commandant de cette expédition, parler lui-même, dans sa correspondance avec M. de Montrol :

Ne vous étonnez pas, écrivait cet officier, de recevoir de Hobart-Town une lettre qui vous entretiendra de notre passage à Samarang. Elle est écrite à la moitié d'une pénible traversée, contrarié que je suis à la fois par le temps et la cruelle maladie qui sévit à bord.

Comme Batavia, Samarang est bâtie sur les bords d'une rivière; la même direction a présidé à leur fondation et a doté les deux villes d'une rade éloignée et mal commode pour les nombreux navires de commerce qui la fréquentent. De l'endroit du mouillage, éloigné d'environ trois milles du rivage, l'œil n'aperçoit pas encore l'aspect d'une ville grande et populeuse, les édifices sont cachés par l'éloignement et par la disposition du terrain plat sur lequel ils reposent. Un nombre considérable de praons, bateaux malais, annoncent cependant le voisinage d'une grande ville de commerce ; on les voit, ouvrant de larges voiles de nattes aux brises régulières de la rade, évoluer dans toutes les directions, ou bien échoués, aux heures de basse mer, sur le banc de vase qui défend l'entrée de la rivière de Samarang, attendre patiemment le moment favorable pour la franchir. Les jambangans, légers bateaux de passage à fond presque plat, sont les seuls que cet obstacle n'arrête pas. Après avoir longé la longue ligne des grosses embarcations envasées, ils traversent des groupes de pêcheurs occupés à poursuivre de petits poissons, à l'aide de vastes filets disposés en forme de grandes poches, et atteignent enfin l'entrée de la rivière.

Aucun indice d'une grande ville n'apparaît encore : une terre basse et plate, aux bords vaseux, montre un sol vert, mais inculte ; de gros chiens y rôdent en quête des charognes qu'une police peu scrupuleuse laisse aller au cours de la rivière ; et sur les limites du rivage, des troupes de hérons blancs, gracieux oiseaux, épient paisiblement leur pâture sans s'effrayer de l'approche des embarcations. Bientôt, cependant, au milieu de quelques chalands chargés de marchandises, on atteint la porte de la douane Kantaor-des-Recherches, placée sur le débarcadère au Baum. Jusque-là, les jambagans conservent leur large voile triangulaire, mais, après avoir subi le rapide coup d'œil des douaniers indigènes, les bateliers la ferment à moitié, et, s'aidant de la rame et de la pagaie, remontent sans peine le faible courant de la rivière. Quelques coups d'avirons les conduisent auprès des premières habitations élevées sur le bord du canal. Ce ne sont d'abord que de chétives cases malaises, pittoresquement mêlées à des palmiers, projetant quelquefois leurs branches flexibles et leurs feuilles découpées sur le cours de l'eau. Des touffes de plantes grimpantes, ou le feuillage verdoyant de quelques arbres, débordent sur les palissades et les décorent, tandis que, au pied de la grossière échelle qui conduit de la maison dans la rivière, des Javanaises demi-nues et les cheveux épars lavent leur linge ou se baignent sous vos yeux. Souvent aussi des troupes d'enfants prennent leurs ébats tout auprès, et saluent votre passage de bruyantes et joyeuses acclamations.

Plus loin, la scène s'anime encore plus, les habitations grandissent, l'embarras de la circulation augmente et ne livre qu'un passage difficile entre les bateaux de charge amarrés sur les deux bords du canal et ceux qui remontent ou descendent sans cesse. Souvent l'espace laissé libre n'a pas vingt pieds de largeur, et ce n'est qu'avec un désencombrement graduel qu'on parvient à avancer et à apercevoir peu à peu les premières maisons bâties en pierre, mélangées cependant encore à quelques cases mal construites et précédées par quelques noirs magasins du gouvernement. Elles indiquent l'emplacement primitif de la ville européenne, maintenant presque entièrement abandonnée aux indigènes. A ses pieds, une foule revêtue de costumes bigarrés circule autour des boutiques ; un mouvement plus marqué, une activité plus grande annoncent enfin la ville populeuse, **la colonie opulente**.

Quelques pas plus loin, on peut déjà entendre le roulement des voitures traversant le premier pont qui unit les deux bords de la rivière, et l'on met pied à terre devant les belles rues actuelles du quartier hollandais.

Là, une longue suite de grands et somptueux édifices se présente au regard. Ils occupent de grandes surfaces de terrain, mais rarement ils dépassent en élévation le rez-de-chaussée ; sur leurs façades, de hauts piliers, d'élégantes colonnes forment des galeries abritées du soleil et rafraîchies par la moindre brise. Partout on aperçoit des murs d'une blancheur éclatante, partout règne une propreté exquise. Les esclaves malais, vêtus de longues robes ou demi-nus, en nettoient constamment les abords ou arrosent les rues. Leur nombre est considérable, et souvent, par une bizarrerie de goût fort à la mode, les serviteurs d'un riche Hollandais revêtent sur leurs costumes indigènes une veste à parements rouges, simulant une livrée ; souvent aussi les cochers portent sur leur coiffure malaise l'immense chapeau ciré et la cocarde noire des cochers d'Europe. Ce mélange est continuel, on peut le remarquer surtout à Batavia, où la société, entichée d'une morgue excessive, entretient strictement ces contrastes de vêtements burlesques sur des domestiques sans souliers, comme le signe distinctif d'une haute position.

Le beau quartier est aussi, à Samarang, celui des affaires. Les comptoirs, les grands magasins avoisinent les demeures des négociants, et exposent à la vue des étalages où viennent se confondre les marchandises de tous les pays. Meubles européens, objets chinois ou japonais, produits de l'industrie du pays sont entassés côte à côte. La France y voit un grand nombre de ses productions, surtout dans le vaste Joko, comptoir de MM. Tissot, seuls négociants français établis à Samarang, où le séjour des étrangers est difficilement toléré par le gouvernement. Toute l'île de Java est encore sous le poids de ces règlements prohibitifs, à l'exception de Batavia, seule ville où on leur permette de demeurer.

Une grande différence distingue les quartiers européens de ces deux villes. Dans la métropole, les maisons sont éloignées et isolées par de vastes jardins ; ici elles se touchent et forment de larges rues où il est permis d'aller à pied, tandis qu'à Batavia, ainsi qu'on nous l'a dit avec une admirable naïveté, on serait déconsidéré si l'on faisait usage de ses jambes. La distance des habitations plus salubres de Welterareden a rendu l'emploi des voitures utile, et depuis que le luxe colonial en a fait un meuble indispensable, tout le monde, jusqu'aux moindres employés, possède ou loue un cabriolet.

Si les rues de Samarang présentent une continuité de splendides demeures et possèdent quelque apparence de celles de certaines villes de notre continent, en revanche, elles sont privées de monuments. L'église luthérienne peut seule prétendre à ce titre. Située presque au centre du quartier européen, elle élève vers le ciel deux clochers en forme de tours. Sa construction la rend digne d'orner une ville; mais c'est le seul édifice de ce genre que possède Samarang, et dix minutes après l'avoir dépassée, on a déjà atteint les limites du quartier hollandais. Bientôt on l'a parcouru, et l'on commence à retrouver un mélange de bâtisses dont la beauté et la régularité décroissent progressivement. Des maisons basses, garnies d'échoppes, conduisent insensiblement vers la résidence des Chinois, dont la population nombreuse offre à l'étranger les scènes les plus variées et les plus curieuses.

Le Campang-Tchina, nom qu'on donne au quartier chinois, est le mieux bâti après celui des Hollandais. En le visitant, on peut facilement se croire transporté dans une ville chinoise. Les inscriptions des grandes portes qui en ouvrent l'entrée, celles des enseignes ou des affiches, le costume de la foule, sa physionomie, son langage, portent l'empreinte immuable du caractère national et rendent l'illusion complète. On se familiarise bientôt, cependant, avec les physionomies si caractéristiques et si semblables entre elles de ses habitants. Leurs yeux bridés, les pommettes saillantes de leurs larges figures les feraient reconnaître entre mille, quand bien même leur longue queue et leurs vêtements uniformément composés d'un large pantalon, d'une veste et d'une chemise se boutonnant sur le côté, et de couleur invariablement noire ou blanche, ne les faisaient déjà remarquer.

Une assez grande propreté, jointe à beaucoup d'ordre dans l'étalage des marchandises, distingue leurs boutiques. Toujours empressés à saisir la moindre occasion de lucre, ces hommes déploient la plus grande complaisance en offrant leurs marchandises; ils rendent obligeamment de légers services, qu'ils savent toutefois fort bien faire payer à l'acheteur novice. Toutes sortes d'objets se trouvent entre leurs mains, car presque tout le commerce de détail est exploité par eux, en même temps qu'ils possèdent exclusivement certaines branches de l'industrie.

Les professions différentes sont plus particulièrement groupées dans certaines portions du Campang-Tchina ; les marchands d'étoffe m'ont paru occuper la plus longue rue ; ensuite venaient des cordonniers, fabricants de grosses et massives chaussures, puis des tailleurs, etc. Un fabricant de cartes chinoises se faisait remarquer par l'activité qui régnait dans son atelier. Six robustes ouvriers travaillaient sans relâche à lisser ou peindre les cartons longs et étroits chargés de signes compliqués qui forment le jeu. Il fallait une grande consommation de cartes pour alimenter une semblable fabrique, et en effet, les Chinois sont très-joueurs. En outre, les indigènes ont appris promptement l'usage de ces cartes et s'y livrent avec fureur. Que de fois nous avons pu voir dans nos différentes relâches dans les Moluques et les îles de la Sonde, de misérables manœuvres jouer leur petit avoir dans des échoppes en plein vent, et souvent au coin même des rues.

Les Chinois, attirés sur tous les lieux de grand commerce par l'appât du gain, retournent souvent dans le Céleste-Empire, lorsqu'ils ont acquis une fortune. Ils parviennent à s'exempter des peines que la loi prononce contre les émigrants, en payant une certaine somme au mandarin du lieu où ils débarquent ; les autorités ferment alors les yeux sur leur conduite passée, et ils vivent en paix chez eux. Mais le plus grand nombre reste aux lieux où ils se sont expatriés. Ils s'allient à des femmes du pays, auxquelles ils apprennent leur langue et donnent leurs mœurs ; car les lois les plus sévères défendent la sortie des femmes chinoises de l'empire, et il paraît que ces lois sont impossibles à éluder. On n'a pas pu me citer aucun exemple de femmes nées en Chine, ayant habité ou habitant actuellement dans une des colonies de l'Inde.

Plusieurs tentatives d'expatriations semblables ont eu lieu, mais toutes ont été punies de supplices atroces. On cite cependant un Anglais qui a réussi à éluder les prohibitions du céleste empereur, et qui a fait, dit-on, de la femme chinoise ainsi enlevée, un objet de curiosité qu'il promène dans les grandes villes.

Il est digne de remarque que, dans le croisement répété de deux races chinoise et javanaise, le type chinois, ce type si connu et si frappant, n'est nullement altéré; on le reconnaît toujours. J'ai vu plusieurs Chinois à peau basanée, presque de la couleur de celle des Malais, mais les traits de la physionomie, la conformation des yeux, l'aplatissement de la figure, un je ne sais quoi de chinois enfin, les accompagnaient toujours.

La majeure partie de la population chinoise dans la Malaisie est issue des croisements répétés. Les alliances des deux peuples retiennent presque tous les émigrants chinois sur le sol où ils vont chercher la fortune.

Les vieux marchands enrichis y jouissent d'ailleurs d'une considération plus grande que celle qu'on leur accorderait dans leur pays, où ils n'occupent habituellement que le dernier rang de la société; leur existence est facile et douce, en outre ils possèdent tous les plaisirs et le culte de leur pays: grandes cérémonies, fêtes, festins, mets et même un théâtre, tout est chinois autour d'œux. Tout leur retrace les images de leur pays en dedans des murs du Campang; comme nous, ils peuvent facilement se figurer qu'ils sont en Chine, ou du moins laisser dormir le désir d'y retourner.

Le théâtre chinois, appelé Voyang-Tchina, est entretenu aux frais des riches marchands; les représentations sont fortement imposées par le gouvernement hollandais, et n'ont lieu qu'à l'époque de certaines solennités. La scène est élevée sur une des places du Campang, et la troupe, composée uniquement de femmes et d'enfants, commence le cours de ses représentations, qu'elle poursuit jusqu'à la fin en jouant pendant le jour et une grande partie de la nuit. A Samarang, la scène était petite et étroite; en face d'elle, une longue table était dressée auprès d'un autel du dieu Fohi; elle était servie pour les Chinois opulents qui payaient la troupe et les frais des représentations. Ils étaient là, assis gravement, jouissant d'un double plaisir, celui de la table, accompagné de la vue du théâtre. Quelquefois, lorsqu'une actrice excitait leur approbation, ils la témoignaient, non par des applaudissements, mais en envoyant à la personne un plat de leur table. Ces marques de satisfaction, moins bruyantes que les nôtres, étaient accueillies avec grande joie; l'actrice la témoignait par un grand nombre de révérences; puis, interrompant son rôle, au moment le plus éloquent, peut-être, elle mangeait paisiblement les mets qu'on lui avait offerts; ensuite, elle reprenait le cours de la représentation avec la dernière bouchée.

Pour nous et nos guides, entièrement étrangers à la langue chinoise, le sujet seul de la pièce nous était révélé quelquefois par les gestes des actrices ; et sans l'obligeante interprétation qui nous en était donnée par d'aimables spectateurs, les détails de l'œuvre seraient restés incompréhensibles.

Certes, le pathétique ne manquait pas aux scènes qu'on nous a traduites, et en même temps les gestes graves, compassés, les salutations lentement cérémonieuses, faisaient contraste avec le ton passionné de certaines situations dramatiques. Voici quelques scènes telles qu'on nous les a expliquées:

Un jeune mandarin, vêtu d'habits noirs et possédant toutes les perfections de la beauté chinoise, c'est-à-dire de grosses joues, un nez imperceptible et de longues moustaches, paraît épris d'une beauté chinoise ; des obstacles s'opposent à ses désirs, et il fait part du triste état de son âme à un confident.

Celui-ci lui propose de consulter un devin, et sur le consentement de son maître, fait le geste de monter à cheval et parcourt la scène en gambadant. Il explique en même temps au public, sur un ton très-monotone, qu'il est monté à cheval et qu'il va chercher le sorcier.

Puis il s'arrête et agite violemment ses jambes, ce qui veut dire qu'il est descendu de cheval et qu'il cherche le sorcier; il annonce ensuite qu'il l'a trouvé, raconte son entretien avec lui, remonte à cheval et revient vers le mandarin qui, pendant tout ce temps, est resté immobile à l'écart. Après dix minutes de saluts il apprend que le devin va arriver.

Tous deux chantent alors, accompagnés par les sons aigres d'un instrument à vent, et expriment les craintes et les espérances qui troublent leur cœur.

Le devin arrive ; de longs discours suivent sur un ton déclamatoire aigu et lent; les gestes sont uniformes et les salutations continuelles. Il remet au jeune Chinois amoureux un papier plié qui contient son horoscope, et quitte la scène ; ce dernier reste alors seul, après avoir exprimé, en chantant très-faux, son anxiété; il ouvre le fatal papier, lit avec empressement, puis recule épouvanté des sinistres pronostics qu'il contient; tout son corps frémit, il gémit, recule en piétinant et tombe enfin sur un fauteuil placé derrière lui. Le confident arrive alors et pousse avec son maître d'interminables cris de douleur.

Ici je quittai la représentation qui paraissait vivement intéresser quelques Chinois mes voisins. Ce que j'en ai raconté avait duré, avec les intervalles des génuflexions, courbettes et chants, au moins deux heures.

Une autre fois ces scènes étaient encore plus dramatiques. Plusieurs femmes étaient poursuivies par un homme armé d'un sabre ; elles tournoyaient avec rapidité et semblaient fuir sans changer de place. Le farouche exécuteur roulait des yeux exaspérés et finit enfin, après un quart d'heure de pirouettes, par tuer ses victimes l'une après l'autre. Voilà sans doute des scènes qui ne dépareraient pas quelques-uns de nos mélodrames ; les Chinois seraient sans doute fort étonnés de se savoir si près de nous sous ce rapport.

La vue de la foule des Chinois assistant à la représentation était au moins aussi curieuse que celle de la scène. Qu'on s'imagine une assemblée habillée uniformément, des visages semblables portant le même air, calme et sérieux, et suivant sans interruption l'œuvre dramatique. Une majeure partie des assistants fume, et comme ils sont debout, après un certain temps ils se retirent et font place à de nouveaux spectateurs. Auprès du théâtre se trouvent des marchands de victuailles où ils peuvent à la fois refaire leur estomac et reposer leurs jambes. Des ragoûts de tripang (holothurie), des soupes de nids de salangane, des plats composés d'ingrédiens extraordinaires y sont présentés au public avec de simples baguettes de roseaux pour ustensiles de table. L'embarras des novices à se servir de ces instruments est extrême ; mais on s'y habitue facilement, et l'on parvient même à manger du riz avec. Le moyen est simple : il consiste à rapprocher le plat de la bouche et à y pousser le riz avec une des baguettes ; on ne le trouvera peut-être pas gracieux, mais à cet égard les Chinois ont des idées tout à fait différentes des nôtres.

D'après l'énumération des aliments, il ne faut cependant pas croire que leur cuisine soit tout à fait mauvaise. Je n'osais m'aventurer qu'avec répugnance au premier essai que j'en fis ; nous repoussions tous les morceaux suspects, mais bientôt nous dûmes convenir que nous en avions mangé qui étaient agréables au goût. Je n'ai pas été surpris d'apprendre que souvent des Hollandais et même des dames, se font conduire dans ces restaurants pour y goûter un mets recherché, une espèce de hachis appelé kinibo.

Les Chinois excellent surtout dans la confection des confitures; ils en font de fort estimées, mais quelquefois aussi de fort bizarres. Ainsi, j'ai vu une fois de l'ail enfermé dans une enveloppe sucrée, et une autre fois c'était une herbe de mauvais goût. Ce sont eux qui fournissent presque exclusivement le pain et les gâteaux qui se consomment à Samarang; ils semblent d'ailleurs avoir pris à tâche de suppléer à tous les besoins et au luxe des Européens. Carrossiers, bottiers, tailleurs, fabricants de meubles, ils sont tout, produisent tout, et en même temps procurent pour les fêtes et leurs cérémonies les plus agréables distractions de la société hollandaise.

Après avoir parcouru le Campang chinois, et avoir examiné l'industrie, l'activité et l'adresse de ce peuple, qui a su se rendre indispensable, on est frappé du contraste que présente la population javanaise. En proie à un penchant décidé pour l'oisiveté, les indigènes ne travaillent qu'autant qu'il le faut pour pouvoir satisfaire des désirs très-bornés. Leurs vêtements sont d'une valeur minime, leur nourriture simple. Un peu de riz bouilli suffit à leur appétit; et, pourvu qu'ils puissent y joindre, de temps à autre, la jouissance de s'enivrer de fumée d'opium, ils s'estiment heureux. Telles paraissent être les bornes de leurs souhaits. Aussi les voit-on peu désireux, comme les Chinois, bien plus sensuels, de se donner de la peine pour acquérir un avoir. On voit, proportionnellement, peu de marchands parmi eux; mais, en revanche, les bateliers et les hommes de peine abondent. A chaque pas on rencontre des files de *roulis* (portefaix), offrant leurs services à la première demande, ou portant un poids à chaque extrémité d'un bambou flexible et criard, dont le bruit rauque accompagne sans interruption leur marche; mais une fois le salaire acquis, semblables aux lazzaroni napolitains, ils laissent passer l'occasion d'en gagner un second : comme eux, ils préfèrent le sommeil à l'ombre, ou le *dolce far niente* aux bords de la rivière. Certes ce tableau est digne de fixer l'attention; il est curieux de voir cette population soumise à la domination d'une nation, et exploitée par une autre, subissant avec résignation son double fardeau : elle laisse penser que cette disposition à une grande nonchalance est plutôt causée par un effet de l'éducation que par l'influence du climat, puisque, sous les mêmes circonstances de température, les mœurs des hommes d'origine différente sont si dissemblables.

Les habitations de la population javanaise se ressentent de leur état misérable : peu dispendieuses et faciles à bâtir, elles sont, grâce à l'ardeur du climat, formées avec de simples claies de roseaux, et se rencontrent disséminées sur toutes les directions, surtout sur les bords du canal. Là aussi, dans la longue rue qui s'étend du *Baum Kitchild* (petit débarcadère) au premier pont, se trouvent la plupart des petites échoppes réunies pour les marchands indigènes. La diversité des objets étalés est aussi grande que leur valeur est petite : quelques ferrailles, des bouteilles vides, du fil à coudre, des rotins et quelques comestibles forment la plupart de leurs fonds de commerce. A côté d'eux, on remarque quelques Chinois intrus; leur étalage n'est pas riche non plus, mais il l'emporte encore sur celui de leurs voisins.

Les principales industries que nous avions remarquées, sont celles des fabricants de coffres, de manches et fourreaux de criss (poignards malais), de lames de couteau et surtout de chaussures européennes. Cette dernière production surtout abonde de toutes parts, l'étranger est assailli par des marchands ambulants de bottes et de souliers, qui le poursuivent souvent jusqu'à l'hôtel, pour peu qu'il laisse espérer d'en acheter. Le prix en est excessivement bas; une paire de bottes coûte trois francs (une roupie et demie) et les souliers proportionnellement. Chose bizarre, malgré ces prix si bas, toute la population indigène marche pieds nus; quelques Kaulis seulement portent de mauvaises sandales qui garantissent à peine leurs pieds. Je n'ai pas pu savoir si c'était un usage imposé aux basses classes.

On rencontre aussi quelquefois dans les différents quartiers de la ville, mais dans celui des Chinois particulièrement, des colporteurs malais établis en plein air, sous l'abri protecteur d'une maison ou d'un magasin, vendant des criss, des marionnettes, des bouts de pipes, des mesures en bois, etc. etc. Mais ils sont rares comparativement au nombre des Chinois, et l'on doit penser avec fondement que les occupations particulières des indigènes consistent dans les travaux de l'agriculture. On les voit en effet remplir seuls les marchés : fruits, herbes, lait, légumes, riz, bestiaux et volailles, sont vendus par eux, à l'exception des cochons qui, étant en horreur aux mahométans, sont exploités par les Chinois.

Il est probable cependant qu'un plus long séjour sur les lieux nous aurait fait connaître un plus grand nombre de professions suivies par les indigènes. On nous a assuré qu'ils fournissaient fréquemment les meilleurs ouvriers de certains ateliers, qu'ils excellaient dans la construction des bateaux et des ouvrages de menuiserie. Mais je n'ai pas eu occasion de vérifier ces faits, et je ne considère mes impressions que comme celles d'une première vue. En général, elle a été défavorable à la population ; elle n'offre que des individus de petite taille, faibles et portant des physionomies repoussantes de laideur ; ces hommes paraissent étiolés, des rides précoces sillonnent leurs visages, et pour ajouter à leur laideur naturelle, leurs larges lèvres, teintes par l'usage de l'arek et du betel, d'une couche de couleur rouge, sanguinolente, sont toujours distendues par un rouleau de tabac haché qui, élevé sous la lèvre supérieure, déborde sur l'inférieure ; en les voyant avec cet accessoire de difformité, dans leurs misérables costumes, on ne peut s'empêcher d'éprouver un sentiment de répulsion et de dégoût.

Les fêtes malaises sont assez fréquentes. Elles ont lieu surtout pour les mariages, dans lesquels on déploie le plus d'apparat possible pendant un temps assez long. Les cérémonies en sont, nous a-t-on dit, fort curieuses. Malheureusement nous n'avons pas pu en être témoins : les noces se célébraient à l'époque de notre passage ; mais privés de moyens d'introduction, nous avons dû nous contenter de voir un peu la mariée, couverte d'ornements en argent, passer rapidement dans sa voiture. A la porte de sa maison, un orchestre abrité par un petit toit faisait retentir toute la rue de ses bruyants accords. Il était composé de plusieurs files de gongs produisant divers tons de la gamme, de timbales de grandeurs différentes, d'instruments à vent très-criards et d'une espèce de viole à long manche. Une harmonie assourdissante résultait de tous ces sons réunis : je ne pourrai lui trouver quelque analogie qu'avec les sons de l'orgue de Barbarie ; elle retentissait presque constamment ; les musiciens ne s'arrêtaient que pour manger et prendre un repos indispensable : nuit et jour ils continuaient leur tâche et mettaient tant d'action dans leur exécution, qu'à la fin de chaque morceau ils étaient en nage et épuisés de fatigue.

Confondus dans la population malaise, et cependant bien reconnaissables à leur taille élevée, leur costume et leur beau profil, quelques Arabes venus des bords de la mer Rouge habitent dans le quartier des marchands indigènes. Ces hommes conservent aussi scrupuleusement les usages nationaux sur le sol étranger, et ne s'y fixent pas. Ils ont toujours, en opposition avec les Javanais qui coupent leur barbe et laissent croître leurs cheveux, la barbe longue et la tête rasée. Ils portent le turban, de longues robes et des babouches jaunes. Souvent, en passant devant certaines maisons, des parfums d'aloès et de benjoin indiquent l'origine de ceux qui les habitent; la religion mahométane les lie assez étroitement aux Javanais qui la professent, et ce sont en général des Arabes qui desservent les mosquées. Ces hommes, aussi entreprenants que les Chinois, quoique moins industrieux, parviennent à acquérir des fortunes souvent colossales. On m'a montré un homme de cette nation riche de plus d'un million de roupies, quoiqu'un extérieur plus que simple ne donnât certainement pas une telle idée de son opulence.

Une grande démarcation existe dans la population de Java; c'est celle qui se remarque entre les Javanais proprement dits et les Malais qui se sont établis sur cette île. Une grande différence existe entre ces deux peuples que l'on confond à tort souvent. Elle est à l'avantage des Javanais qui paraissent le reconnaître eux-mêmes, car ils ont soin de prendre toujours le nom d'*Orang-Java,* homme de Java, et de désigner les autres sous le nom d'*Orang-Malayo* et *Orang-Bouguis*. Bien que ce ne soit pas dans le mélange continuel de sang qui existe dans une grande ville commerciale, qu'on doive s'attendre à trouver les beaux types d'une race, cependant les habitants de Samarang, Javanais, se distinguent des Malais par des nuances bien tranchées dans les mœurs, la physionomie et même les vêtements. Je crois aussi que la langue, la même au fond, contient des différences de dialecte. Elle est en général fort douce à l'oreille et très-facile à apprendre.

Le costume des Javanais est peu compliqué : un mouchoir, noué quelquefois avec élégance, retient de longs cheveux noirs sur le sommet de la tête ; une veste d'indienne à cul droit sur un gilet fermé sur le côté ou sur la poitrine par de petits boutons ronds, puis une pièce d'étoffe de soie ou de coton, recouvrant un large caleçon ou un pantalon de mode plus récente, forment celui de la classe moyenne. Pour le compléter, on y joint la ceinture portant le criss indispensable, en ayant soin de le placer devant en temps de péril et derrière le dos en temps de repos. Souvent on rencontre dans les rues des *orang-kayas*, petits chefs des environs ou de l'intérieur ainsi vêtus. Ils portent en outre, quelquefois, un chapeau sans fond, une espèce de cercle troué au milieu, et dont les ailes recouvertes en drap servent à les préserver du soleil. Presque toujours une escorte de deux ou trois hommes armés de lances les accompagne.

Les vêtements des individus de la basse classe, ceux des Malais particulièrement, sont simplement composés d'un caleçon court, d'un mouchoir pour la tête et d'une espèce de jupon qu'ils portent en écharpe le jour, et dont ils enveloppent leurs corps nus à l'approche de la nuit. Les femmes sont aussi fort peu couvertes : leurs seuls habits sont un *sarang* ou jupon de soie, ou d'étoffe grossière, qu'elles fixent sous les aisselles au moyen d'une ceinture, et une longue veste à laquelle elles joignent une écharpe, ornement dans la classe aisée, mais d'un grand secours pour porter des fardeaux dans le peuple. Leurs cheveux lissés et parfumés avec de l'huile de coco sont leur seule coiffure ; quelquefois elles portent aussi des pantoufles, mais ce luxe, que les hommes ne se permettent pas, est assez rare, et j'ai vu peu de femmes en faire usage.

Après avoir erré dans les différents quartiers d'une ville de quarante mille âmes selon les uns, de soixante selon d'autres personnes, on sent le besoin de respirer un air plus libre, et de voir la campagne. On y arrive bientôt au milieu d'une magnifique végétation équatoriale. Partout le sol fécond produit avec profusion, et n'attend pas le travail de l'homme pour étaler une exubérante fertilité. Des forêts de cocotiers peuplent les alentours ; des palmiers élancés, des arbres majestueux offrent une ombre protectrice aux nombreuses petites cases des cultivateurs et aux riches maisons de campagne des Hollandais.

C'est le soir surtout qu'il faut visiter ces charmants paysages, lorsque la fraîcheur revient après l'embrasement du jour, lorsque le sol et l'air perdent leur accablante chaleur. On se promène avec plaisir sur les routes fréquemment arrosées et parfaitement entretenues. Celle de Randion est la plus agréable ; elle conduit à la Résidence sous une voûte d'arbres immenses ; la brise y circule fraîche et chargée d'émanations aromatiques des champs voisins. Il semble qu'on renaît avec le déclin du jour, le mouvement n'est plus une fatigue, la marche un supplice.

Sur toutes les routes des sentinelles, armées de lances et de fourches garnies de piquants pour arrêter les malfaiteurs, font une garde vigilante et interpellent tous les passants dès huit heures du soir. Ces mesures sévères sont en grande partie dirigées contre les fumeurs d'opium, qui, dans l'ivresse, ont quelquefois des accès de fureur pendant lesquels ils commettent des assassinats. Il est permis de les tuer dans ces cas ; aussi on leur fait rarement grâce.

Malgré ces mesures apparentes, le gouvernement hollandais tolère, et par cela même encourage cette dépravation. Il est peut-être dans les intérêts de sa politique de laisser ces hommes passionnés pour le plaisir, s'y livrer de bonne heure et y ruiner le principe de leur vigueur. Les excès les énervent et détériorent leur constitution d'une manière frappante. Cette cause n'est pas aussi imaginaire qu'on pourrait le penser : on connaît l'histoire des longues guerres de Java et les peines qu'elles ont données aux vainqueurs, et on peut facilement penser qu'en laissant cette nation sujette se plonger dans un complet abrutissement, le gouvernement hollandais aura moins à redouter de ses efforts, d'autant plus que dernièrement encore les charges et les impôts qui pèsent sur elle étaient sur le point de faire naître des troubles. Autour de Samarang même il semblait que les indigènes n'attendaient qu'un chef comme le *prince de Salo*, exilé à Chamboine, ou *Duvan-Haro*, détenu dans la forteresse de Makasser, pour prendre les armes et attaquer leurs maîtres.

Un soir, attirés par des chants, notre curiosité nous fit pénétrer dans une maison de chétive apparence, où se trouvait une réunion de fumeurs d'opium. Un Chinois, peuple à qui, comme on le sait, aucun métier lucratif ne répugne, nous introduisit dans la salle, où douze ou quinze malheureux *koulis*, étendus sur le sol nu, ou levés sur le coude, présentaient les différents degrés de l'ivresse. On voyait à la lueur mourante d'une faible lampe leurs yeux hagards, leurs traits hébétés donner à leur physionomie un aspect hideux. Quelques-uns chantaient à plein gosier, d'autres paraissaient avoir perdu toute connaissance ou se vautraient sur le sol. Jamais je n'ai rien vu d'aussi repoussant : on ne saurait dépeindre toute l'horreur d'un pareil tableau.

Telle est l'exquisse des tableaux qui se sont déroulés devant nos yeux : les contrastes abondent. Sur un sol riche on voit une nation misérable, écrasée par le régime du monopole rigoureux, fournir au luxe et à la fortune de ses maîtres; mais la prospérité de ces colonies paraît avoir décliné. Déjà le commerce se plaint, et fait des vœux pour voir établir des enchères publiques des produits du pays, où les étrangers seront admis; on espère, par ce moyen, donner un nouvel essor à l'agriculture et à la fabrication du sucre, qui reçoit déjà des encouragements du gouvernement.

Cependant, malgré les restrictions du système actuellement en vigueur, on voit encore de grandes fortunes s'élever sur le sol classique des richesses, peut-être pas aussi promptement qu'autrefois, mais on en peut offrir des exemples, parmi les commerçants de Batavia surtout. On pourrait citer dans un autre genre M. B..., qui débarquait il y a quelques années à Java, ayant pour toute fortune un éléphant qu'il faisait voir à l'honorable public, au son d'un tambour et d'un fifre; parvenu depuis lors, par je ne sais quelles voies, à la position scientifique la plus élevée de l'île. Il aurait pu rendre d'éminents services aux sciences naturelles qui avaient fait sa fortune; malheureusement il paraît que, plus désireux d'amasser des richesses que d'augmenter le domaine des connaissances humaines, il se contente d'une prépondérance peu honorable, et qui n'a pas besoin de travaux pour s'acquérir.

Je ne saurais mieux terminer cette lettre qu'en vous entretenant de l'accueil charmant que nous avons reçu à Samarang. Autant celui qui nous avait été réservé à Batavia était froid, autant notre réception ici a été amicale et bienveillante. Ce sont là des jouissances que les voyageurs seuls peuvent apprécier à leur valeur. La veille de notre départ, M. Tissot offrit un bal à l'expédition, dans sa splendide demeure de Baudieu, véritable palais où, pendant toute une nuit, nous avons pu, au sein de cette aimable famille, oublier presque, en entendant parler notre langue, que nous étions à cinq mille lieues de notre pays... Avec les premiers rayons du jour, nous descendions encore une fois le canal de Samarang, et jetions un dernier coup d'œil aux bateaux de pêche gracieusement parés de leurs légers filets. Quelques heures après *l'Astrolabe* avait de nouveau pris son essor et perdu de vue les agréables et hospitalières rives de Samarang.

Depuis cette époque notre situation a bien changé ; à la joie, aux plaisirs ont succédé les jours de deuil. La dyssenterie, ce cruel fléau, a envahi les deux navires au moment même où nous quittions les parages où elle règne. Déjà nous avons eu la douleur de perdre des malades, et malheureusement l'avenir menace la vie de plusieurs autres avant que nous soyons arrivés à Hobart-Town...

Il y a deux jours que je suis de retour à Hobart-Town, et je m'empresse de vous transmettre les résultats de notre seconde excursion dans les régions polaires du sud. Ces résultats, je l'espère, seront de nature à exciter l'intérêt général. Ils devront surtout être favorablement accueillis par le roi, qui, lui-même, dirigea mes efforts vers les parages antarctiques. Pour répondre à son attente, il verra que malgré les fatigues, les dangers et le terrible fléau qui accompagnèrent ma première tentative, j'ai pris sur moi d'en hasarder une seconde sur un point du globe précisément opposé à celui qui m'avait été indiqué. Deux considérations puissantes me poussaient dans cette direction : d'abord le champ était complétement vierge puisque aucun navigateur n'y avait jamais pénétré au delà du 59° degré ; ensuite, d'après le petit nombre de déclinaisons de l'aiguille aimantée, jusqu'alors observées dans des latitudes bien moins élevées, les physiciens avaient été conduits à placer le pôle magnétique austral dans ces parages.

Mon unique regret était d'avoir affaire à des équipages fatigués par vingt-huit mois de la navigation la plus active qui ait jamais été accomplie, et de plus tout récemment décimés par l'affreuse dyssenterie. Cependant je savais qu'ils avaient confiance en mon étoile. Dans les états-majors, à travers l'ennui général, quelques personnes, encore animées du feu sacré, souhaitaient presque aussi ardemment que moi de voir cette nouvelle pointe s'accomplir, et m'invitaient à cette tentative.

Enfin, la concurrence des capitaines anglais Ross et américain Wilkes acheva de me décider. Je ne songeai plus qu'aux précautions nécessaires pour rendre cette nouvelle épreuve moins fatale que la première à nos marins; le succès le plus complet a couronné les mesures que j'ai prises.

Nous appareillâmes de Hobart-Town le 1ᵉʳ janvier 1840 au matin; mais le vent contraire me força de laisser retomber l'ancre dans la rivière au bout de quelques heures. Le 2, nous pûmes vider la baie des Tempêtes; mais nous fûmes encore quelques jours contrariés par les calmes ou les folles brises. Nous ne fîmes vraiment route que le 4 avec des vents qui ne cessèrent désormais de souffler entre l'ouest-nord-ouest et l'ouest-sud-ouest ; si bien que notre route put régulièrement valoir le sud-quart-sud-ouest, l'espace de plus de quatre cent cinquante lieues sans dévier d'une manière sensible.

Dans la journée du 10 janvier, nous passâmes fort près de la position assignée aux îles Royal-Company, sans voir ni terre, ni aucun indice qui pût annoncer sa proximité.

Depuis le 12 janvier, M. Dumoulin, toutes les fois que l'état de la mer le permit, observa l'inclinaison de l'aiguille aimantée, qui continua de croître avec une régularité satisfaisante, depuis 74 degrés jusqu'à 86 environ, là où il nous fut défendu d'aller plus avant. En outre, je faisais observer plusieurs fois par jour, les variations de l'aiguille ; les registres de l'expédition en présenteront de nombreuses séries.

La température décrut régulièrement et uniformément jusqu'au 15 janvier, où elle ne fut plus que de 2 degrés, tant à l'air qu'à la surface des eaux. Ce jour même, nous coupâmes la route de Cook en 1773, et depuis ce moment nous nous trouvâmes sur un espace de mer que jamais aucun navire n'avait sillonné avant nous. Le jour suivant, au matin, par 60 degrés de latitude et 141 degrés de longitude, nous vîmes la première glace, masse de cinquante pieds de hauteur sur deux cents d'étendue, débris informe et sans doute depuis longtemps travaillé et réduit par le frottement et l'agitation des flots.

Désormais, nous en vîmes régulièrement chaque jour quelques-unes, mais rares, clairsemées, et, en général, de dimensions moyennes. Aussi notre navigation, eu égard à la disparition presque complète des nuits, fut peu pénible jusqu'au 17. Alors, par 62 et 63 degrés, les glaces devinrent nombreuses et offrirent des masses imposantes, plusieurs d'entre elles ayant trois à quatre cents toises d'étendue sur cent ou cent trente pieds de hauteur.

Nos joyeux matelots, qui n'avaient quitté la viande fraîche que depuis deux ou trois jours, et qui tous, sans exception, se portaient à merveille, imaginèrent d'employer ce beau temps à une cérémonie de leur invention, analogue au baptême de la ligne. Cette fois, c'était le père Antarctique qui, à la tête de son cortége burlesque, venait nous ouvrir la porte de ses Etats, moyennant une initiation à laquelle chacun de nous devait se soumettre. Je me prêtai de bonne grâce à ces facéties; les officiers en firent autant, et ce fut une journée complète de fête et de réjouissance pour l'équipage de *l'Astrolabe*. Il n'est pas besoin de dire que les ablutions d'eau froide n'eurent pas lieu comme au baptême de la ligne; la température était loin d'y convier les acteurs; mais ils s'en dédommagèrent copieusement par des ablutions intérieures d'un autre liquide plus réchauffant. Cependant tout se passa parfaitement bien, il n'y eut aucun désordre.

Le 21, dès une heure du matin, je profitai d'une jolie petite brise du sud-est, pour cingler au sud-sud-ouest vers la terre. Pour y parvenir, nous avions à traverser une chaîne immense de grosses glaces en forme de tables et des plus fortes dimensions. Je cherchai des yeux le canal le plus ouvert et le moins périlleux. De deux à six heures, nos corvettes défilèrent tranquillement dans ces détroits de nouvelle espèce. Quelquefois les canaux n'offraient pas plus de deux ou trois encâblures de largeur, et alors nos navires semblaient ensevelis sous ces resplendissantes murailles de cent à cent-cinquante pieds de hauteur verticale, dont la masse énorme semblait prête à nous anéantir. Puis le canal s'ouvrant tout à coup, nous passions subitement dans des bassins plus spacieux, environnés de glaces aux formes bizarres et fantastiques, qui présentaient le spectacle le plus merveilleux, et rappelaient involontairement ces palais de cristal et de diamants, jadis si communs dans les contes des fées.

Un ciel pur, un temps délicieux, une brise à souhait, nous servirent admirablement dans cette audacieuse navigation. Nous sortîmes enfin de ces canaux tortueux et resserrés, dont les hautes parois nous avaient longtemps dérobé la vue des terres, et nous nous trouvâmes sur un espace relativement dégagé, d'où nous pûmes contempler la côte dans toute son étendue visible.

Distante de nous alors d'environ huit ou dix milles, c'était un immense ruban de terre, s'étendant à perte de vue du sud-sud-est à l'ouest-sud-ouest, haut de deux à trois cents toises, entièrement couvert de glace et de neige qui en avaient complétement nivelé la cime, en laissant subsister les ravines sur la pente des terres, ainsi que les baies et les points au rivage. Tantôt ces glaces n'offraient qu'une nappe plane, uniforme, d'une blancheur terne et monotone ; tantôt leur surface était sillonnée, hachée, trouée, tourmentée, comme si elles avaient subi l'action d'une violente convulsion ou d'un dégel subit et irrégulier dans ses effets. Un grand nombre de montagnes de glace, récemment détachées de la côte, n'avaient pas encore eu le temps de s'en éloigner et en défendaient le plus souvent l'approche.

Cette solide barrière nous interdisait tout progrès vers le sud ; mais le méridien sans déclinaison devait se trouver peu éloigné dans l'ouest. M. Dumoulin avait déjà observé près de 86 degrés d'inclinaison, et je pouvais essayer du moins d'approcher du pôle magnétique austral, autant que les terres me le permettraient. D'ailleurs une jolie petite brise de l'est-sud-est semblait sourire à ce projet.

Je mis donc le cap à l'ouest, et nos corvettes défilèrent le long de la terre à cinq ou six milles de distance, saluées de temps en temps par le cri rauque des grotesques pingouins, auxquels nos matelots répondaient de leur mieux. A midi, d'excellentes observations donnèrent 66 degrés 38 minutes latitude sud, et 138 degrés 21 minutes longitude est. Toutes les boussoles des navires affolaient d'une manière étrange, et sur *l'Astrolabe*, il n'y eut que le compas renversé de ma dunette qui continua de marquer la route avec une certaine précision. Notre nouvelle découverte s'étendait donc précisément sous le cercle polaire antarctique, puisqu'elle courait à peu près est et ouest. En outre, nous étions peu éloignés du pôle magnétique.

A cinq heures du soir, la brise fit place au calme, et j'en profitai pour expédier MM. Dumoulin et Coupvent sur une très-grosse glace, à deux milles de distance, afin d'y exécuter les observations d'inclinaison, déclinaison et intensité magnétiques tout à leur aise. Ces opérations leur prirent trois heures entières ; ils rentrèrent à bord à neuf heures trente minutes, très-satisfaits de leur station. Jusqu'alors nos yeux, armés de toutes les lunettes du bord, avaient interrogé minutieusement tous les accidents du sol, et n'avaient pu y saisir un seul point que la glace eût laissé à découvert. Malgré l'invraisemblance d'une glace compacte de quinze cents pieds de hauteur, on eût pu conserver encore quelques doutes sur l'existence positive de la terre. D'ailleurs, je tenais infiniment à pouvoir offrir à nos géologues des échantillons de cette portion de notre globe, les premiers sans doute qui auront été soumis aux regards des hommes.

Enfin, vers cinq heures trente minutes, après diverses déceptions occasionnées par les fausses annonces des hommes en vigie, M. Duroch attira mon attention sur des taches noires situées sur la partie même du rivage la plus rapprochée, partie qui nous avait été jusqu'alors masquée par une longue chaîne de glaces très-serrées qui régnait entre elle et nous. Après quelques instants d'examen, je ne pus conserver aucun doute : c'étaient vraiment des roches effleurissant à la surface de la neige qui frappaient mes regards; et sur ce point, la glace avait laissé le sol à nu dans une certaine étendue. Un moment j'hésitai à envoyer des canots aussi loin des navires (près de six milles de distance); car je savais combien les vents sont peu stables en ces parages, et les brumes épaisses et fréquentes. C'était une idée affreuse pour moi d'être exposé à livrer à une perte inévitable, à une mort horrible, les équipages de deux embarcations, si des vents du large venaient me forcer à m'éloigner subitement de cette côte dangereuse. Toutefois, plaçant ma confiance en ma destinée, dans l'aspect séduisant du ciel, et craignant de ne plus retrouver une aussi belle occasion, j'expédiai un canot de chaque corvette vers ce point intéressant de la côte.

MM. Duroch, Dumoutier et le Breton s'embarquèrent dans ma baleinière, et MM. Dubouzet et Leguillon dans la pirogue du capitaine Jacquinot. Le ciel nous fut favorable. Les matelots, qui partageaient eux-mêmes l'ardeur et l'enthousiasme de leurs officiers, ramèrent avec une vigueur incroyable ; et dès onze heures de la nuit, les deux canots rentraient à bord, après avoir accompli leur rude et longue corvée. Les deux embarcations étaient chargées de cailloux arrachés à la roche vive : c'étaient des granits de teintes variées, plus ou moins battus par la lame. Ils rapportaient aussi quelques pingouins, qui me parurent d'une espèce différente de celles que nous avions observées dans notre première course aux glaces. Enfin, M. Dumoutier me remit quelques fragments d'une grande *fucacée*, jetée par la lame sur la roche. Du reste, on n'avait observé aucune autre trace vivante d'être organisé, soit dans le règne animal, soit même dans le règne végétal.

A l'aspect de ces roches, personne à bord ne conserva le moindre doute sur la nature de la haute et puissante barrière qui fermait la route à nos navires. Alors, j'annonçai aux officiers rassemblés en présence de l'équipage que cette terre porterait désormais le nom de *terre Adélie*. Cette désignation est destinée à perpétuer le souvenir de ma profonde reconnaissance pour la compagne dévouée qui a su, par trois fois, consentir à une séparation longue et douloureuse, pour me permettre d'accomplir mes projets d'explorations lointaines. Ces pensées seules m'avaient poussé dans la carrière maritime depuis ma plus tendre enfance.

Ainsi, dans la nuit et la journée suivantes, 22 janvier, je continuai de suivre la terre à deux lieues de distance avec une petite brise d'est. Le ciel était toujours beau, mais il faisait très-froid. Dans la nuit, le mercure avait descendu à 5° 5' au-dessous de zéro, et en plein midi l'eau qui tombait sur le pont s'y congelait sur-le-champ à l'ombre.

Le 23, je voulus continuer de prolonger la terre qui s'étendait indéfiniment vers l'ouest ; mais, dès quatre heures du matin, les glaces se resserrèrent, et quand nous en fûmes assez près, nous reconnûmes qu'elles étaient soudées par une banquise qui semblait s'étendre de la terre vers le nord. En conséquence, je serrai le vent tribord pour essayer de doubler cette barrière inattendue par l'est ; mais au bout de chaque bordée, elle se remontrait bien tranchée, et paraissait nous envelopper de ses longs replis.

Alors je n'eus plus d'autre ressource que de louvoyer entre la terre et la banquise pour me relever du triste cul-de-sac où je me trouvais enfoncé. Vingt-quatre heures après, au bout de deux longues bordées, je virais encore sur le bord de la banquise, qui semblait toujours courir au nord-est, aussi loin que la vue pouvait s'étendre. Jusque-là, pourtant, ce n'était encore qu'une affaire de patience et de vigilance ; car, après tout, dans des circonstances ordinaires, nous pouvions toujours espérer de sortir par le chemin où nous étions venus. Mais le temps, si constamment beau depuis quatre jours, changea subitement : le ciel se chargea de toutes parts ; le vent fraîchit rapidement à l'est-sud-est, et, dès midi, soufflait en coups de vent furieux accompagnés de rafales violentes. Ces rafales étaient chargées d'une neige épaisse qui se glaçait en tombant sur le pont et les agrès, et bornait le plus souvent notre horizon à quelques longueurs de navire.

Acculés comme nous l'étions entre la terre, d'une part, et la banquise sous le vent; en outre, obligés de courir nos bordées au travers d'un espace parsemé de glaces, notre position devint des plus menaçantes. Je ne pouvais songer à garder une cape ordinaire sous la petite voilure, sans tomber promptement et inévitablement dans les fatales banquises où nous aurions été bientôt démolis. Il fallut conserver de la toile assez pour soutenir les corvettes le plus longtemps possible et les empêcher de tomber sous le vent. Heureusement nos solides mâtures purent résister à ce rude assaut. Mais, à moins d'avoir passé par ces épreuves, il est difficile d'imaginer ce que nos équipages eurent à souffrir en cette circonstance. La moindre manœuvre exigeait pour son exécution le concours de tous les bras, et entraînait les plus grandes difficultés à cause de la glace qui raidissait les cordages et les empêchait de courir dans les poulies, revêtues elles-mêmes d'une croûte de verglas et de neige glacée.

Je vis que le froid, la fatigue et l'épuisement allaient bientôt me priver du secours précieux des bras des matelots, si je voulais tous les conserver sur le pont. Aussi, malgré la gravité du moment, je les divisai en deux bordées, qui se relevaient d'heure en heure. L'une des bordées se réchauffait autour de tous les feux allumés et y séchait ses vêtements trempés de neige et d'eau de mer, tandis que l'autre veillait sur le pont. Mais toutes les deux se réunissaient pour chaque manœuvre à exécuter. Les officiers se relevaient aussi par bordées. Pour moi, abrité sous ma dunette, mais l'œil constamment fixé sur les moindres variations du temps ou de la mer, je n'en bougeai point pendant toute la durée du coup de vent, et je donnais de là les ordres à exécuter à l'officier de quart.

Nonobstant tous nos efforts et la voilure effrayante que nous portions, je m'aperçus bientôt que nous dérivions dans l'ouest, et que si le coup de vent durait plus de vingt-quatre heures, il nous restait bien peu de chances de salut.

La position de *la Zélée* devint encore plus précaire, et me causa les plus vives inquiétudes. Malgré la fureur des rafales, malgré l'épaisseur de la neige, elle avait su se maintenir à trois ou quatre encâblures dans nos eaux; elle avait même suivi notre virement de bord près de la terre Adélie, quand, à six heures trente minutes, elle me dit qu'elle carguait son grand hunier. Dans une pareille position, une avarie seule pouvait contraindre le capitaine Jacquinot à diminuer de voiles, et je lui fis signal de liberté de manœuvre, qu'il ne put voir; car, au même instant, un tourbillon de neige plus épais que les précédents sépara définitivement les deux navires.

Il n'y eut pas d'amélioration sensible dans notre position jusqu'à minuit; mais à partir de ce moment, le vent s'affaiblit par degrés, la mer s'adoucit, et l'horizon s'élargit jusqu'à un demi-mille, quelquefois à un mille de distance. Dans la matinée du 25, nous pûmes augmenter de voiles, et l'espoir vint renaître au cœur de tous les habitants de *l'Astrolabe*. Malgré le mauvais temps qui régnait encore, nous continuâmes hardiment nos bordées pour nous élever au vent.

Les craintes mêmes qui nous tourmentaient sur le sort de notre conserve furent peu à peu dissipées. Dès cinq heures, la vigie crut l'entrevoir un moment à six ou sept milles sous le vent à nous, peu loin des grandes îles de glace qui bordaient la banquise; à neuf heures trente minutes, quelques personnes crurent l'avoir vue très-clairement. Enfin, à six heures du soir, dans une longue bordée que nous poussions sur la terre, nous reconnûmes tout à coup et très-visiblement notre fidèle compagne, cinglant sous toutes voiles pour nous rallier; car elle était tombée à près de sept ou huit milles sous le vent. Aussitôt, je laissai arriver tout plat sur elle, et, deux heures après, les deux corvettes naviguaient paisiblement l'une près de l'autre, comme s'il n'était rien arrivé.

En ce moment, mon cœur fut soulagé d'un grand poids; car, quelle que fût la satisfaction que m'eût causée la découverte de la terre Adélie, elle eût été à jamais empoisonnée par la perte de *la Zélée*, si une funeste catastrophe eût terminé sa carrière, ou même s'il m'avait fallu l'abandonner dans ces tristes parages.

Dans la soirée, la mer s'embellit; il vint une petite brise de sud-ouest, et je conçus un moment l'espoir de pouvoir suivre cette fois la terre du côté de l'est, après avoir été si brusquement arrêté dans l'ouest. Toute la journée du 26 fut en conséquence employée à rallier la terre, dont nous n'étions plus le soir qu'à trois ou quatre lieues, et à réparer les avaries souffertes dans le dernier coup de vent. En douze heures, il avait fait plus de tort à nos voiles et à notre gréement que six mois de nos navigations antérieures.

Le 27, dès minuit, le vent repassa à l'est-sud-est et fraîchit très-promptement, accompagné de rafales et de grains de neige. Nous étions en ce moment engagés entre deux chaînes de blocs énormes et très-rapprochés qui se comptaient par cent et deux cents.

Cette position n'était pas agréable. Aussi, renonçant à tous projets ultérieurs d'exploration de la terre Adélie, je m'empressai de porter au nord, sous toute la voile possible, pour nous échapper du labyrinthe où nous étions engagés. Vers cinq heures, nous nous trouvâmes sur un espace où les glaces clairsemées nous permettaient du moins de naviguer avec moins de péril. Il était temps d'y arriver; car le vent souffla de nouveau à l'est avec une violence extrême, soulevant une mer très-dure, et nous enveloppant d'une neige épaisse et continuelle qui nous masquait entièrement l'horizon.

Cependant je laissai successivement porter au nord-nord-ouest, nord-ouest et ouest-nord-ouest, et même à l'ouest, afin de rallier au plus tôt le méridien sans déclinaison. Les fragments de glace étaient nombreux sur notre route; mais nous ne vîmes que quelques grosses glaces. La neige nous cachait les autres. Vers trois heures cinquante minutes, nous tombâmes tout à coup au milieu d'un lit fort épais des mêmes glaçons, qui nous fit juger que nous venions enfin de doubler à une petite distance la pointe nord de la fâcheuse banquise qui nous avait causé tant de soucis trois jours auparavant.

Ce second coup de vent s'apaisa vers minuit, après avoir rendu la journée encore très-pénible pour l'équipage, à cause du froid de la mer qui déferlait fréquemment sur le navire, et de la neige qui se glaçait en tombant sur toutes ses parties.

Le 28 janvier, le vent souffla du sud au sud-ouest avec un ciel très-sombre et une neige continuelle qui ne cessa de borner notre vue à une très-courte distance. Pourtant je poursuivis ma route à l'ouest. Dans la journée suivante, le vent repassa à l'est grand frais, par rafales et chassant une neige plus épaisse que jamais, qui nous maintint dans l'ignorance complète de ce qui se trouvait autour de nous. Elle encombra la corvette, et il fallut la jeter à la mer de temps en temps. Sur les trois heures de l'après-midi le ciel s'éclaircit; mais l'horizon resta fort embrumé. Toutefois je gouvernai au sud-ouest, et dès trois heures trente minutes notre route fut barrée par une banquise flanquée de quelques gros glaçons et distante au plus de trois à quatre milles. Sur les deux corvettes, quelques matelots crurent apercevoir des portions de terre au delà de la banquise. Mais ce fait mérite confirmation; je suis presque sûr que la terre Adélie, dont nous avions tracé environ cent cinquante milles d'étendue, doit se prolonger jusque-là, mais trop loin dans le sud peut-être pour qu'elle pût être aperçue du point de vue où nous étions.

Le 30, à trois heures du matin, le vent fraîchit de nouveau à l'est, souffla avec une grande violence dès cinq heures, et amena son cortége habituel de rafales, neige et grêle. Toutefois l'horizon étant un peu moins borné, je piquai dans le sud-ouest, filant six nœuds au travers d'une mer très-grosse.

A huit heures vingt minutes, la vigie signala la terre devant nous. D'abord simple ligne, basse, légère et confuse, elle s'éclaircit, se dessine peu à peu, et présente enfin à nos yeux un spectacle nouveau. C'est une muraille de glace parfaitement verticale sur ses bords et horizontale à sa cime, élevée de cent vingt ou cent trente pieds au-dessus des flots. Pas la moindre irrégularité, pas la plus légère éminence ne rompt cette uniformité dans les vingt lieues d'étendue qui furent tracées dans cette journée, bien que nous en ayons passé quelquefois à deux ou trois milles de distance, de manière à en saisir les moindres accidents. Çà et là quelques grandes glaces gisent le long de la glace compacte, mais en général la mer est presque libre au large. Ce jour, à midi, les observations donnèrent 64 degrés 30 minutes de latitude sud, et 129 degrés 54 minutes longitude est. La sonde ne trouva pas le fond à cent soixante brasses.

Touchant la nature de cette muraille énorme, les avis furent encore une fois partagés. Les uns voulaient que ce ne fût qu'une masse de glace compacte et indépendante de toute terre, les autres, et je partage cette opinion, soutenaient que cette formidable ceinture servait au moins d'enveloppe, de croûte à une base solide, soit terre, soit rochers, soit même bas-fonds épars en avant d'une grande terre. En cela, je me fonde toujours sur le principe qu'aucune glace d'une grande étendue ne peut se former en pleine mer, et qu'il lui faut toujours des points d'appui solides pour lui permettre de s'établir à poste fixe. Ainsi, dans les régions polaires arctiques, on voit en hiver de grandes étendues de côtes entièrement ensevelies sous d'épaisses croûtes de glace ; ainsi, même dans les régions septentrionales de la France, on voit, après d'abondantes chutes de neige suivies d'une fortes gelée, on voit, dis-je, les inégalités du sol s'effacer peu à peu et souvent disparaître complétement sous les couches de neige qui les recouvrent : seulement, dans cette hypothèse, j'avoue qu'il est difficile de s'expliquer la parfaite uniformité des couches de glace qui formaient notre grande muraille. Je ne saurais admettre que des masses aussi gigantesques soient le produit d'une seule année, et l'on devrait y distinguer l'apport des années successives par des couches plus ou moins inclinées à l'horizon.

Quoi qu'il en soit, après avoir couru à l'ouest-sud-ouest l'espace de vingt lieues, cette falaise glacée prit tout à coup sa direction au sud-ouest. Il était alors dix heures du soir ; je continuai ma route au sud-ouest, m'attendant à la retrouver au jour le lendemain matin. Mais le 12, à trois heures du matin, quoique j'eusse piqué au sud, à sa place nous ne trouvâmes plus qu'une formidable chaîne de grosses îles de glace, et plus loin, au sud-ouest, nous retombâmes sur une véritable banquise qui régnait désormais aussi loin dans l'ouest et le nord-ouest, que la vue pouvait s'étendre au haut des mâts.

La variation, de nord-est qu'elle était, était devenue nord-ouest et même assez forte. Nous avons donc dépassé, dans ces journées tempétueuses, le méridien où la déclinaison était nulle. MM. Dumoulin et Coupvent pensaient avoir recueilli des documents suffisants pour déterminer la position du pôle magnétique austral à moins d'un degré près, et ce pôle ne pouvait se trouver que sur la terre Adélie elle-même, ou du moins sur les glaces compactes qui l'accompagnent.

Je jugeai donc que notre tâche était remplie. *L'Astrolabe* et *la Zélée* pouvaient se retirer de la lice, après avoir fourni pour leur part un contingent honorable à la géographie et à la physique. Sans contredit, il n'eût pas été impossible de pousser plus loin à l'ouest, d'y tracer une plus grande étendue de la banquise, peut-être même d'y retrouver la terre ; car je pense qu'elle environne la majeure partie du cercle polaire, et qu'elle finira presque toujours par se montrer aux yeux du navigateur assez heureux ou assez téméraire pour franchir les masses de glaces accumulées qui la ceignent d'ordinaire, pourvu toutefois qu'une banquise rebelle et insurmontable ne viennent pas frustrer tous ses efforts; mais je pris en considération l'état des équipages, celui de *la Zélée*, bien plus faible encore que celui de *l'Astrolabe*. Je pensais qu'il y avait de la cruauté à abuser de leur courage et de la confiance qu'ils m'avaient témoignée en me suivant jusqu'ici sans murmurer, si je voulais les entraîner à des périls sans cesse renaissants. Je réfléchis que des travaux importants et une longue navigation réclamaient encore leurs concours et leurs forces pour huit mois. Enfin, je puis l'avouer sans rougir, j'étais moi-même très fatigué du rude métier que je venais de faire, et je doute fort que j'eusse pu y résister longtemps.

Ainsi, le 1er février 1840, par 65 degrés 20 minutes latitude sud et 128 degrés 21 minutes longitude est, je dis un adieu définitif à ces régions sauvages, et mis le cap au Nord pour rallier Hobart-Town. J'avais pris le parti de faire une seconde relâche dans cette colonie, afin de procurer quelques jours de repos et de rafraîchissement à nos marins avant de les remettre à de nouvelles fatigues. Certes, ils avaient bien mérité cette petite douceur ; car il est impossible de déployer plus de courage, de résignation, d'abnégation et de mépris de la mort qu'ils ne l'ont fait dans les moments les plus critiques.

Notre retour s'accomplit sans difficulté et sans accident remarquable. Les vents de l'est et du nord-est continuèrent de nous contrarier durant quelques jours. Mais ceux de l'ouest leur ayant succédé, nous poussèrent rapidement vers Hobart-Town, où nous sommes arrivés le 17 février au soir. Les glaces nous ont suivis encore assez longtemps, et nous avons vu la dernière par le parallèle de 57 degrés de latitude sud.

Dans cette courte, mais pénible et périlleuse campagne, tous les officiers, élèves et médecins des deux corvettes, sans exception, ont parfaitement fait leur devoir, et je n'ai que des éloges à donner à leur conduite.

Nous ajouterons à la relation du capitaine Dumont d'Urville,

qu'indépendamment de la terre Adélie, *l'Astrolabe* paraît avoir fait une autre découverte, à laquelle le commandant a donné le nom de *Clary*.

Le Colonial-Times, journal de Hobart-Town, revendiquait, pour la Grande-Bretagne, l'honneur de la découverte de la terre Adélie. Suivant l'auteur de l'article, cette terre ne serait autre que celle d'*Enderby*, reconnue par le capitaine Bireve, du navire *Tuba*.

Un des officiers de *l'Astrolabe* a répondu, dans *le Colonial-Times*, qu'*Enderby* est par 56 degrés de longitude est, tandis qu'*Adélie* est par 140 degrés, ce qui met une différence de 88 degrés de longitude entre les deux terres. Ainsi, la réclamation du journaliste de la Nouvelle-Galles du sud se trouve mal fondée.

Nous ne pouvons mieux terminer le présent ouvrage qu'en reproduisant les idées d'un jeune prince qui avait sérieusement étudié l'état des forces navales de la France, et qui s'était dévoué aux intérêts et à la grandeur de notre marine. Bien que notre dernier chapitre ait été imprimé après la glorieuse révolution que nous appelions de nos vœux, nous ne serons pas injustes envers l'ex-amiral de Joinville, dont nous estimons le caractère. Nous ne l'avons pas été non plus à l'égard de l'amiral de Mackau, et cependant, il eût été facile de le dénigrer au point de vue de la politique.

« Le but de la présente note, dit le prince, est d'appeler sur notre marine l'attention des esprits sérieux et réfléchis.

« Le pays, à qui l'instinct de ses vrais intérêts ne manque jamais, le pays veut une marine; il la veut forte et puissante. Cette volonté se révèle par des faits incontestables.

« Seulement, on ne sait pas bien quels sont les éléments essentiels, les véritables conditions de cette force dont on sent le besoin; on ne s'enquiert pas assez de ce qui se passe; on n'étudie pas assez la manière dont les fonds votés par les Chambres sont employés. On vit toujours sur le vieux préjugé, qu'il faut être marin, c'est-à-dire posséder des connaissances théoriques et pratiques toutes spéciales, pour être apte à connaître les affaires de la marine. Et ce préjugé, entretenu par diverses circonstances, a empêché jusqu'ici beaucoup de bons esprits de se livrer à l'étude de l'état réel de notre puissance navale.

« L'auteur de cette note voudrait, par quelques faits de la plus claire évidence, par quelques calculs très-simples, et enfin par des raisonnements à la portée de tout le monde, dissiper les ténèbres dont la question a été enveloppée comme à plaisir; et s'il parvenait à la rendre ainsi accessible et familière à chacun de ceux qui peuvent être appelés à en décider, il croirait avoir rendu un service véritable à l'arme à laquelle il appartient.

« Je crois pouvoir établir, sans crainte d'être contredit, que la popularité dont jouit la marine en France, que le désir ardent et si souvent manifesté d'avoir une marine forte et puissante, prennent leur source dans un sentiment qui peut se traduire ainsi :

« Sur mer, comme sur terre, nous voulons être respectés. Là, comme ailleurs, nous voulons être en état de protéger nos intérêts, de maintenir notre indépendance, de défendre notre honneur, de quelque part que viennent les attaques qui pourraient les menacer.

« Et, avant d'aller plus loin, je veux qu'il soit bien entendu que je ne prétends pas faire de politique dans cette note consacrée uniquement aux affaires de la marine. Si je parle de l'Angleterre, comme de toute autre puissance, ce ne sera pas par un étroit esprit d'animosité ou même de rivalité nationale, mais bien pour faire voir, d'après ce qui se passe chez les peuples étrangers, ce que nous devons rechercher, ce que nous devons éviter. Si je parle de guerre, ce n'est pas que je veuille voir mon pays échanger les bienfaits de la paix contre de ruineux hasards : non. Je crois seulement que, pour que la paix soit digne et durable, il faut qu'elle s'appuie sur une force toujours capable de se faire respecter.

« Prenant donc le cas de guerre pour base de mes raisonnements, je chercherai un exemple qui éclaircisse ma pensée, et je supposerai la France obligée de se défendre contre la plus forte des puissances maritimes : c'est nommer l'Angleterre. Cela posé, et procédant d'une façon tout abstraite et par voie d'hypothèse, j'entre dans mon sujet.

« Un fait d'une portée immense, qui s'accomplit depuis quelques années, nous a donné les moyens de relever notre puissance navale déchue, de la faire reparaître sous une forme nouvelle, admirablement appropriée à nos ressources et à notre génie national.

« Ce fait, c'est l'établissement et le progrès de la navigation par la vapeur.

« Notre marine ne pouvait être qu'une création factice alors que l'empire de la mer appartenait à celui qui mettait sur l'eau le plus de matelots. Notre navigation marchande ruinée ne nous fournissait plus assez de marins. On aurait lutté énergiquement pour venger des affronts, pour effacer de tristes souvenirs ; mais, quand même des succès passagers fussent venus attester le courage de nos marins, le nombre aurait fini par étouffer nos efforts. La marine à vapeur a changé la face des choses ; ce sont maintenant nos ressources militaires qui viennent prendre la place de notre personnel naval appauvri. Nous aurons toujours assez d'officiers et de matelots pour remplir le rôle laissé au marin sur un bateau à vapeur. La machine suppléera à des centaines de bras, et je n'ai pas besoin de dire que l'argent ne nous manquera jamais pour construire des machines, pas plus que les soldats ne nous manqueront quand il s'agira de soutenir l'honneur du pays.

« Avec la marine à vapeur, la guerre d'agression la plus audacieuse est permise sur mer. Nous sommes sûrs de nos mouvements, libres de nos actions. Le temps, le vent, les marées, ne nous inquiéteront plus. Nous calculons à jour et heures fixes.

« En cas de guerre continentale, les diversions les plus inattendues sont possibles. On transportera en quelques heures des armées de France en Italie, en Hollande, en Prusse. Ce qui a été fait une fois à Ancône, avec une rapidité que les vents ont secondée, pourra se faire tous les jours sans eux, et presque contre eux, avec une rapidité plus grande encore.

« Comme je le disais tout à l'heure, ces ressources nouvelles nous conviennent à merveille, et la forme de la guerre ainsi modifiée ne laisse plus les chances telles qu'elles étaient, il y a trente ans, entre la France et les ennemis qu'elle peut rencontrer. Aussi est-il curieux de voir à quel point les progrès de la vapeur et son emploi probable excitent l'attention de nos voisins.

« Le duc de Wellington, dans son témoignage devant le comité des naufrages institué par la chambre des communes, dit, à propos des côtes d'Angleterre opposées aux côtes de France :

« En cas de guerre, je considérerais que le manque de protection et
« de refuge qui existe maintenant laisserait le commerce de cette partie
« de la côte, et la côte elle-même, dans une situation très-précaire. »

« Dans la séance de la chambre des communes du 29 février 1844, une motion a été faite sur les ports de refuge à établir sur la côte d'Angleterre, et il est dit dans cette motion :

« Que c'était le devoir du gouvernement de Sa Majesté de pour-
« voir aux moyens de sécurité, non-seulement du commerce anglais,
« mais aussi des côtes de la Grande-Bretagne. On était tout à fait d'avis
« que si, à l'époque du camp de Boulogne, les bateaux à vapeur eussent
« été en usage, Napoléon aurait eu facilement les moyens de débarquer
« quinze à vingt mille hommes sur la côte. On ajoutait qu'on ne voulait
« pas dire qu'un semblable débarquement eût eu beaucoup de succès,
« mais l'effet qu'il eût produit aurait été de *détruire cette confiance que*
« *nous inspire maintenant notre position insulaire*. On terminait en
« abjurant la législature de prendre en considération les grands change-
« ments opérés depuis quelques années dans la navigation à la vapeur,
« et l'usage qui pourrait en être fait dans le cas d'une nouvelle guerre. »

« L'avertissement est bon pour la Grande-Bretagne ; il l'est aussi pour tous ceux à qui elle apprend que sa force réside dans cette confiance que lui inspire sa position insulaire.

« Malheureusement, nous n'en profitons pas.

« Ces cris d'alarme, jetés au sein du Parlement anglais, devraient avoir dans nos Chambres et par toute la France un retentissement salutaire ; notre ligne de conduite nous devrait être tracée de la main de nos voisins mêmes. Mais il n'en est pas ainsi : nous nous croisons les bras, l'Angleterre agit ; nous discutons des théories, elle poursuit des applications. Elle se crée avec activité une force à vapeur redoutable et réduit le nombre de ses vaisseaux à voile, dont elle a reconnu l'impuissance. Nous, qui eussions dû la précéder dans cette réforme, et qui du moins devrions l'y suivre avec ardeur, c'est à peine, sur le chiffre de nos navires à vapeur, si nous en avons six qui soient capables de soutenir la comparaison avec ceux de la marine britannique.

« Il est triste de le dire, mais on s'est endormi et l'on a endormi le pays avec des paroles flatteuses et des chiffres erronés ; on s'est persuadé, et l'on a réussi à lui persuader qu'il possédait une marine à vapeur forte et respectable. Erreur déplorable, source d'une confiance plus déplorable encore.

« Je ne suis pas de ceux qui, dans l'illusion de l'amour-propre national, nous croient en état de lutter sur mer d'égaux à égaux contre la puissance britannique; mais je ne voudrais pas non plus entendre dire qu'en aucun cas nous ne puissions lui résister.

« Ma pensée bien arrêtée est qu'il nous est possible de soutenir la guerre contre quelque puissance que ce soit, fût-ce l'Angleterre, et que, rétablissant une sorte d'égalité par l'emploi judicieux de nos ressources, nous pouvons, sinon remporter d'éclatants succès, au moins marcher sûrement vers notre but, qui doit être de maintenir à la France le rang qui lui appartient.

« Nos succès ne seront point éclatants, parce que nous nous garderons bien de compromettre toutes nos ressources à la fois dans des rencontres décisives.

« Mais nous ferons la guerre sûrement, parce que nous nous attaquerons à deux choses également vulnérables, la confiance du peuple anglais dans sa position insulaire, et son commerce maritime.

« Qui peut douter qu'avec une marine à vapeur fortement organisée nous n'ayons les moyens d'infliger aux côtes ennemies des pertes et des souffrances inconnues à une nation qui n'a jamais ressenti tout ce que la guerre entraîne de misères? Et à la suite de ces souffrances lui viendrait le mal, également nouveau pour elle, de la confiance perdue. Les richesses accumulées sur ses côtes et dans ses ports auraient cessé d'être en sûreté.

« Et cela, pendant que, par des croisières bien entendues, dont je développerai plus tard le plan, nous agirions efficacement contre son commerce répandu sur toute la surface des mers.

« La lutte ne serait donc plus si inégale!

« Je continue de raisonner dans l'hypothèse de la guerre. Notre marine à vapeur aurait alors deux théâtres d'action bien distincts: la Manche d'abord, où nos ports pourraient abriter une force considérable, qui, sortant à la faveur de la nuit, braverait les croisières les plus nombreuses et les plus serrées. Rien n'empêcherait cette force de se réunir avant le jour sur tel point convenu des côtes britanniques, et là elle agirait impunément. Il n'a fallu que quelques heures à sir Sidney Smith pour nous faire à Toulon un mal irréparable.

« Dans la Méditerranée, nous régnerions en maîtres; nous assurerions notre conquête d'Alger, ce vaste champ ouvert à notre commerce et à notre civilisation. Et puis la Méditerranée est trop loin de l'Angleterre : ce ne sont pas les arsenaux de Malte et de Gibraltar qui pourront entretenir une flotte à vapeur, si difficile et si coûteuse à approvisionner, et toujours en crainte de se voir réduite à l'inaction par le défaut de combustible. Libre donc à la France d'agir victorieusement sur ce théâtre; tous ses projets, elle pourra les accomplir avec des navires à vapeur, sans s'inquiéter des escadres à voiles, dont toute la surveillance sera trompée, dont toute la vitesse sera devancée.

« A la marine à vapeur encore, et à elle seule, est réservé le rôle d'éclairer nos côtes et de signaler l'approche des ennemis, de couvrir notre cabotage et de s'opposer de vive force, quand faire se pourra, aux débarquements, aux bombardements et à toutes les agressions de l'ennemi; car il va sans dire que la marine à vapeur ne saurait nous donner d'avantages qui ne puissent être retournés contre nous. La moitié de nos frontières est frontière maritime. Jadis cette vaste étendue de côtes pouvait être défendue par notre armée de terre : presque partout inaccessible, ou au moins d'une approche dangereuse aux navires à voiles, les débarquements y étaient peu à craindre, et les points importants, les grands ports et les lieux où la nature n'avait rien fait pour la défense, l'art s'en était emparé et les avait mis hors de toute atteinte.

« Aujourd'hui tout est changé : avec des navires à vapeur, nos côtes peuvent être abordées sur toute leur vaste étendue; de Dunkerque à Bayonne, l'Angleterre peut contre nous tout ce que nous pouvons contre elle. En quelques heures, une armée embarquée sur une flotte à vapeur à Portsmouth ou dans la Tamise se présentera sur un des points de notre littoral, pénétrera dans nos rivières, opérera un débarquement ou détruira avec la bombe nos villes, nos arsenaux et nos richesses commerciales. La rapidité de ses mouvements assurera son succès. L'armée française, ses forts et ses canons ne pourront être partout à la fois, et l'on saura en même temps l'apparition de l'ennemi, l'accomplissement de ses projets et son départ. A l'heure qu'il est, si une déclaration de guerre survenait, nous apprendrions dès le lendemain peut-être la destruction de Dunkerque, de Boulogne, du Hâvre, etc., que rien ne peut défendre contre un bombardement. Nous aurions la douleur de voir le drapeau anglais flotter dans la rade de Brest, notre grand arsenal, jusqu'à présent protégé par les difficultés de la navigation, multipliées à ses alentours, difficultés que l'emploi des bateaux à vapeur ferait disparaître.

« Ainsi, à l'aide de la marine à vapeur, l'Angleterre est en état de menacer toutes nos côtes sur l'Océan, et de régner même sur la Méditerranée en nous coupant avec Alger toutes nos communications ; elle peut, en outre, bloquer étroitement et efficacement tous nos ports, et cela dès aujourd'hui, si bon lui semble. Et pour lui résister, il n'y a pour nous qu'une ressource, qu'un seul moyen, celui dont elle userait contre nous, une marine à vapeur.

« Eh bien, il faut le redire, c'est là le côté douloureux de la question ; malgré toutes les illusions dont nous aimons à nous satisfaire, malgré tous les faits avancés, tous les chiffres alignés, nous n'avons qu'une force impuissante, une force dont l'existence purement nominale est toute sur le papier. Sur quoi se fonde-t-on, en effet, pour rassurer la France et lui prouver que sa marine est dans un état respectable ? Sur une escadre à voiles parfaitement armée, j'en conviens, et certes ce n'est pas moi qui lui dénierai ses mérites et sa gloire ; mais s'il est vrai que, par le simple progrès des choses, ce qui était le principal, ce qui était tout il y a vingt ans encore, n'est plus aujourd'hui qu'un accessoire dans la force navale, cette belle escadre serait bien près de n'être qu'une dépense inutile. Examinons un peu des faits qui se sont passés sous nos yeux, c'est de l'histoire contemporaine que chacun peut apprécier avec ses souvenirs.

« Depuis que les progrès de la navigation ont fait abandonner les galères (ceci est assez ancien), chaque État a eu des escadres, ou réunions de vaisseaux à voiles, comme expression de sa force navale. Des flottes françaises et anglaises se sont, pendant un siècle et demi, disputé l'empire de la mer, et, après des luttes longues et sanglantes, le pavillon britannique s'est promené d'un bout à l'autre du globe en vainqueur et en maître. On a pu croire la marine française anéantie.

« Elle ne l'était pas pourtant, et, la paix ramenant avec elle la confiance et le commerce, notre navigation marchande a pu employer et former assez de matelots pour qu'en 1840 on ait vu une escadre de vingt vaisseaux faire flotter avec honneur le pavillon français dans la Méditerranée.

« Bien des esprits ont été éblouis de ce brillant résultat; ils ont vu avec douleur cette belle flotte condamnée à l'inaction alors que le sentiment national était en eux si vivement blessé. Nous avions à ce moment sur l'escadre britannique la supériorité de l'organisation et du nombre. Nos matelots, commandés par un chef habile et actif, étaient bien exercés, et tout leur promettait la victoire. Je n'invoque pas là mes souvenirs, mais ceux d'un des plus habiles officiers de la marine anglaise.

Admettons que la querelle se fût engagée alors; admettons que le Dieu des batailles eût été favorable à la France; on eût poussé des cris de joie par tout le royaume; on n'eût pas songé que le triomphe devait être de courte durée. Il faut bien le dire, dans une rencontre entre deux escadres française et anglaise, le succès sera toujours vivement disputé; il appartiendra au plus habile, au plus persévérant, mais il aura été payé bien cher, et de part et d'autre les pertes auront été énormes, plusieurs des vaisseaux détruits ou hors de combat. Il s'ensuit que chacun rentrera dans ses ports avec une escadre délabrée, veuve de ses meilleurs officiers et de ses meilleurs matelots.

« Mais je veux supposer ce qui est sans exemple : j'accorde que vingt vaisseaux et quinze mille matelots anglais prisonniers puissent jamais être ramenés dans Toulon par notre escadre triomphante. La victoire en sera-t-elle plus décisive? Aurons-nous vaincu un ennemi qui se laisse abattre du premier coup, à qui les ressources manquent pour réparer une défaite, et qui, pour laver un outrage, soit accoutumé à mesurer ses sacrifices? Pour qui connaît le peuple anglais, il est évident qu'en de pareilles circonstances, on le verra animé d'un immense désir de venger un échec inconnu dans ses annales, un échec qui touche à son existence même. On verra toutes les ressources navales de cet immense empire, son nombreux personnel, ses richesses matérielles, s'unir pour effacer la tache imprimée à l'honneur de la marine britannique. Au bout d'un mois, une, deux, trois escadres, aussi puissamment organisées que celle que nous leur aurons enlevée, seront devant nos ports. Qu'aurons-nous à leur opposer? Rien que des débris. Et c'est ici le lieu de déchirer le voile sous lequel se dérobe à nos yeux le secret de notre faiblesse. Disons-le tout haut, une victoire, comme celle qui nous semblait promise en 1840, eût été pour la marine française le commencement d'une nouvelle ruine. Nous étions à bout de nos ressources : notre matériel n'était pas assez riche pour réparer du jour au lendemain le mal que nos vingt vaisseaux auraient souffert, et notre personnel eût offert le spectacle d'une impuissance plus désolante encore. On ne sait pas assez tout ce qu'il en avait coûté d'efforts pour armer alors ces vingt vaisseaux qui donnaient à la France tant de confiance et d'orgueil; on ne sait pas assez que les cadres épuisés de l'inscription n'avaient plus de matelots à fournir. Et, ce qu'il faut ajouter, c'est qu'au premier bruit de guerre, la pépinière si appauvrie de notre marine marchande se fût réduite à rien : le peu de bras qui pouvaient lui rester se fussent donnés tout aussitôt à la productive spéculation des armements en course.

« Plusieurs fois dans le cours de son histoire, la France, alors qu'on la croyait sans soldats, a bien pu en faire sortir des milliers de son sein, comme par enchantement; mais il n'en va pas ainsi à l'égard des flottes : le matelot ne s'improvise pas; c'est un ouvrier d'art qui, s'il n'est façonné, dès son enfance, au métier de la mer, conserve toujours une inévitable infériorité. Depuis le temps où nous cherchons à faire des matelots, nous sommes parvenus, il faut le reconnaître, à avoir des gens qui n'ont point le mal de mer; mais le nom de matelot ne se gagne pas à si bon marché.

« Voilà donc les débris de notre escadre victorieuse ou bloqués ou assaillis par des forces nombreuses qui, à la puissance de leur organisation, joignent l'ardent désir de venger une défaite. Le fruit du succès et du sang versé est perdu. Il n'est plus permis d'appeler du nom de victoire une supériorité d'un moment, qui n'a laissé après elle que la certitude de prochains revers, et cela parce que, sans prévoyance du lendemain, nous aurons compromis toutes nos ressources à la fois.

« Non, il ne faut pas accoutumer le pays à jouer en temps de paix avec des escadres, et à se complaire dans la fausse idée qu'elles lui donnent de sa puissance. N'oublions jamais l'effet que produisit le rappel de la flotte en 1840; c'était pourtant ce qu'il fallait faire alors, et ce qu'il faudrait faire encore à la première menace d'une guerre.

« Il est donc clair que le rôle des vaisseaux ne peut plus être désormais de former le corps même de notre puissance navale, l'emploi des navires à vapeur les réduit forcément à la destination subalterne de l'artillerie de siége dans une armée de terre. On les emmènera à la suite des escadres à vapeur, alors que l'expédition aura un but déterminé, alors qu'on aura à agir contre un fort, une ville maritime, qu'il faudra foudroyer avec une grande masse de canons réunis sur un même point. Hors de là, on ne leur demandera point des services qu'ils ne peuvent, qu'ils ne doivent plus rendre, et l'on se gardera de persévérer, par un respect exagéré pour d'anciennes traditions, dans une voie dangereuse, au bout de laquelle il pourrait y avoir quelque jour un compte bien sérieux à rendre à la France désabusée.

« Je n'hésiterais pas, pour mon compte, à entrer dès aujourd'hui dans la route contraire, et je me poserais nettement la question de savoir si maintenir huit vaisseaux armés et huit en commission, pour n'en retirer d'autre avantage que celui de frapper de loin les yeux des observateurs superficiels, ce n'est pas beaucoup trop.

« On me répondra peut-être que ces vaisseaux sont l'école des officiers, de la discipline.

« Mais toute réunion de navires, qu'ils soient à voiles ou à vapeur, atteindra le même but. Il n'est pas nécessaire d'avoir pour cela des vaisseaux, de toutes les machines flottantes les plus coûteuses, des vaisseaux que, guerre venant, il faudrait désarmer.

« Ne vaut-il pas mieux employer les loisirs de la paix à préparer et à aiguiser une lame qui porterait des coups assurés en temps de guerre ? Je ne crains pas de l'affirmer, de la formation d'une escadre à vapeur sortiraient plus d'idées nouvelles et de véritables progrès qu'il n'y en a eu depuis les leçons de la dernière guerre.

« Enfin, et tout est là, portons nos regards au delà du détroit, et voyons ce que fait l'Angleterre ; voyons la décision avec laquelle ce pays si sagace, si éclairé sur ses intérêts, a su renoncer aux vieux instruments de sa puissance, et se saisir d'une arme nouvelle. (1)

« Assurément, si quelque part on devait tenir au maintien des escadres à voiles, c'était dans les conseils de l'amirauté britannique : on en a tiré assez de profit et de gloire.

« Mais on a suivi la marche du temps, on a écouté les conseils de l'expérience, et l'on a compris que les vaisseaux devenaient inutiles

(1) *Voir* annexe A.

alors qu'une nouvelle force navale, capable de tout faire en dépit d'eux, était entrée dans le monde.

« Aussi, regardons-le, à notre escadre, clouée depuis longtemps par la force des choses dans la Méditerranée, qu'oppose le gouvernement anglais? Trois vaisseaux; mais, en revanche, il a onze bateaux à vapeur, dont neuf de grande dimension, et avec cette force, il en a assez pour faire régner son pavillon et triompher sa politique. Notre budget, je le sais, nous donne un effectif de quarante-trois navires à vapeur : c'est quelque chose; mais on sait en Angleterre à quoi s'en tenir sur la valeur sérieuse de ces navires, et voici quel total on met en regard du nôtre.

« En tout, la Grande-Bretagne compte aujourd'hui cent vingt-cinq navires à vapeur de guerre. Sur ce nombre, soixante-dix-sept sont armés, et il faut y ajouter deux cents bateaux de marche supérieure, aptes à porter du gros canon et des troupes, que la navigation marchande fournirait à l'État le jour où cela serait nécessaire.

« Ce n'est pas tout; pour se faire une idée de la force réelle de cette flotte à vapeur, il faut avoir vu de près tout ce que son armement a de redoutable, il faut avoir vu le soin et l'habile prévoyance avec lesquels tout y a été étudié. Les steamers de guerre anglais n'ont pas été construits et garantis bons pour tous les services indistinctement. Dans leur construction, on n'a eu qu'une idée, un but : la guerre. Ils réunissent, avec une entente merveilleuse des choses de la mer, grande vitesse, puissante artillerie, et vaste emplacement pour des troupes passagères.

« Oui, cet armement est formidable; oui, ce soin exclusif que met l'Angleterre à accroître et à perfectionner cette branche de son service maritime est un avertissement que nous ne devons pas négliger, sous peine de voir un jour en péril tout ce qu'il y a de plus cher à un peuple : l'intégrité de notre territoire et notre honneur national.

« Or, je le répète, il y a pour nous un moyen bien simple d'écarter ce péril et de rendre les chances de la lutte moins inégales, si jamais elles venaient à se présenter : c'est de nous armer comme on s'arme contre nous, c'est de donner à notre marine à vapeur, qui languit encore dans l'incertitude des expériences, une puissante impulsion et un large développement. Avec les ressources que cette marine ainsi perfectionnée nous fournira pour l'attaque et pour la défense, la France pourra légitimement se reposer dans le sentiment de sa force. Mais, il faut bien que je le dise, en cela comme en toute chose, pour faire le bien, il est nécessaire de s'en occuper, et de s'en occuper sérieusement.

« Notre marine à vapeur date de 1829 ; l'expédition d'Alger fut le théâtre de ses premiers essais. On fut frappé alors des avantages qu'il était possible d'en retirer, et l'on s'empressa de jeter dans le même moule un assez grand nombre de navires semblables à ceux qui avaient servi dans cette expédition. Cependant telle était l'importance tous les jours croissante du service d'Alger, que ces navires à peine construits devaient aussitôt s'y approprier, et que sans cesse requis d'urgence, et souvent même forcés de marcher sans que leurs réparations fussent terminées, ils ne pouvaient fournir la matière d'aucun essai fructueux, d'aucune amélioration. Ce qui leur manquait surtout, c'était d'être employés dans les stations où ils auraient pu être mis en comparaison avec les navires étrangers. Cet inconvénient, joint aux préventions exclusivement régnantes en faveur de la marine à voiles, fit que, de 1830 à 1840, les progrès de notre flotte à vapeur furent nuls. Cependant la science avait marché. La marine royale d'Angleterre, ayant le loisir d'expérimenter, et de plus, ayant sous les yeux une marine à vapeur marchande où le nombre et la concurrence amenaient des progrès de tous les jours, avait mis en mer des navires magnifiques.

« Les hommes qui gouvernaient nos affaires en 1840 furent frappés de ces progrès, et en sentirent la portée : une tentative énergique fut faite pour donner à la France une véritable marine à vapeur, par la création de nos paquebots transatlantiques.

« Malheureusement cette tentative a été la seule : malgré les efforts si louables et si persévérants du département des finances pour tracer une voie d'améliorations à la marine à vapeur par l'exemple de ses paquebots, on s'est obstiné à la laisser végéter, et aujourd'hui elle ne suffit plus aux besoins de la paix, loin d'offrir les ressources qu'elle devait fournir pour la guerre.

« Et l'on ne saurait accuser les Chambres de cette triste insuffisance. Chaque fois que des fonds ont été demandés pour doter la France d'une marine à vapeur, ils ont été votés avec un patriotique empressement. L'argent ne s'est jamais fait attendre; mais on espérait qu'il y aurait un résultat qui répondrait à tant de dépenses, à tant de sacrifices. Ce résultat apparait maintenant à tous les yeux. Par un excès de prévoyance trop commun chez nous, l'administration a cru devoir, avant tout, créer des moyens de réparation pour la nouvelle marine. Dans tous nos ports s'élèvent aujourd'hui de magnifiques ateliers enfermés dans des monuments grandioses. Ces ateliers sont destinés à réparer les avaries et à pourvoir aux besoins de la marine à vapeur, et cette marine ne fait que de naître.

« Cependant, comme on ne peut pas laisser ces vastes ateliers sans emploi et leurs ouvriers sans ouvrage; comme, du reste, par la force des choses, tout ce que nous avons de navires à vapeur est employé à Toulon, et que là seulement il y a des navires à réparer, qu'a-t-on fait des ateliers construits dans les ports de l'Océan? On les a employés à fabriquer des machines, au lieu d'en donner la construction, comme un encouragement, à l'industrie particulière.

« Nous avions déjà Indret et ses coûteux produits. Fallait-il ajouter encore à ce luxe de constructions? Fallait-il employer l'argent destiné à l'accroissement et à l'amélioration de la flotte, pour élever des monuments dont l'utilité présente est loin d'être démontrée?

« Nous avons toujours été portés à augmenter sans mesure les immeubles de la marine, au détriment de ce qu'il y a dans l'arme d'efficace et d'agissant. Il serait bon d'essayer du système contraire, et j'ai la conviction que l'on trouverait aisément les moyens d'armer une véritable flotte à vapeur et d'encourager une industrie utile, en demandant au commerce de belles et bonnes machines comme il sait les faire.

« Si je traçais ici le tableau réel de notre marine à vapeur, si je disais que sur ce chiffre de quarante-trois navires à flot que comporte le budget, il n'y en a pas six qui puissent soutenir la comparaison avec les navires anglais, on ne me croirait pas, et je n'aurais pourtant avancé que la stricte vérité. Le plus grand nombre de nos bâtiments appartient à cette classe de navires, bons en 1830, où ils furent créés, mais aujourd'hui, à coup sûr, fort en arrière de tout progrès. Ces navires, assujettis dans la Méditerranée à une navigation sans repos, sont presque tous arrivés à une vieillesse prématurée. Comme je l'indiquais tout à l'heure, ils ne suffisent plus au service d'Alger et aux missions politiques qu'il faut bien leur confier, à défaut de bâtiments meilleurs. Les officiers qui les conduisent rougissent de se voir faibles et impuissants, je ne dirai pas seulement à côté des Anglais, mais des Russes, des Américains, des Hollandais, des Napolitains, qui ont mieux que nous.

« On m'accuserait d'atténuer comme à plaisir nos ressources de guerre, si je n'y faisais pas entrer nos paquebots transatlantiques et ceux de l'administration des postes. Sans doute il y a quelque utilité à attendre de ces navires; mais d'abord ils n'appartiennent pas à la marine, qui n'a rien à leur demander en temps de paix, et l'on s'est trompé, en outre, quand on a cru pouvoir, dans leur construction et leurs aménagements, les approprier à la fois à leur service et à celui de la guerre. (1)

« On fait contre l'emploi général d'une marine à vapeur l'objection de la dépense.

« Ma première réponse sera qu'en fait de précautions à prendre pour la garde de son honneur et la défense de son territoire, la France a souvent prouvé qu'elle ne calculait pas ses sacrifices. Mais j'accepte l'objection, et j'accorde que les machines et les chaudières coûtent fort cher; j'ajoute seulement que rien n'obligerait à faire en une seule année toute la dépense, et que, dans l'intérêt même d'une fabrication aussi étendue, il y aurait avantage à en répartir la charge sur plusieurs budgets consécutifs. Il faut considérer ensuite que les machines bien entretenues durent fort longtemps, de vingt à vingt-cinq ans, et que, si les chaudières s'usent beaucoup plus vite, il est possible de les rendre moins coûteuses, en substituant dans leur construction le cuivre à la tôle : non que ce premier métal ne soit plus cher que l'autre, mais il dure davantage, et, après l'appareil usé, conserve encore sa valeur.

« J'ai essayé d'établir des calculs sur les frais de création et d'entretien du matériel des navires à vapeur comparés aux frais qu'entraîne le matériel des navires à voiles; malheureusement je n'ai pu donner à ces calculs toute la rigueur désirable, n'ayant eu d'autre base à leur fournir que des hypothèses : les publications officielles n'offrent que des données incertaines à cet égard. M. le baron Tupinier, dans un ouvrage plein d'intérêt, s'est livré, dans le même but que moi, à des calculs qui

(1) Voir annexe A.

ne sont que de savantes probabilités, et qui, comme les miens, sont exposés à pécher par la base, puisqu'ils ne reposent que sur des suppositions.

« Dans cette fâcheuse impuissance de donner des résultats d'une exactitude mathématique, j'ai laissé de côté les dépenses du matériel des navires à vapeur, me bornant à faire observer que les navires à voiles ont aussi un matériel qui s'use vite et en tout temps, tandis que celui des bâtiments à vapeur ne s'use que lorsque la machine marche et rend des services.

« Puis j'ai pris la solde et l'habillement des équipages, la consommation du charbon, seules données appréciables, et de ces données j'ai tiré cette conclusion, qu'un vaisseau de deuxième rang entraine une dépense équivalente à celle de 4 navires de 220 chevaux;

« Qu'ensuite notre escadre actuelle de Toulon coûte ce que coûterait une escadre de

5 frégates à vapeur de 450 chevaux,
22 corvettes à vapeur de 320 chevaux,
11 bateaux à vapeur de 160 chevaux.

38 navires pouvant porter 20 000 hommes de troupes.

« Je demande maintenant que l'on compare les services que pourraient rendre, d'une part, 8 vaisseaux, 1 frégate et 2 bâtiments à vapeur, lents et incertains dans leurs mouvements, absorbant un effectif de 2 767 matelots; de l'autre, 38 navires à vapeur montés par 4 529 matelots et pouvant porter tout un corps d'armée de 20 000 hommes. Vienne la guerre, et il faudra désarmer la première de ces escadres, tandis que la seconde est bonne en tout temps. (1)

« J'aurais pu étendre bien davantage ces considérations relatives à la marine à vapeur, mais je me borne à de simples aperçus, laissant à d'autres le soin de presser mes conclusions et d'en faire sortir tout ce qu'elles renferment. Je crois toutefois avoir démontré d'une manière suffisante qu'une flotte à vapeur est seule bonne aujourd'hui pour la guerre offensive et défensive, seule bonne pour protéger nos côtes ou agir contre celles de l'ennemi, et seconder efficacement les opérations de nos armées de terre. Il me reste maintenant à parler d'un autre moyen

(1) Voir annexe B.

d'action que nous aurions à employer, au cas d'une guerre à soutenir contre l'Angleterre.

« Sans avoir pris part aux longues luttes de la marine française contre la marine britannique dans les temps de la Révolution et de l'empire, on peut en avoir étudié l'histoire et en avoir recueilli l'expérience. C'est un fait bien reconnu aujourd'hui que si, pendant ces vingt années, la guerre d'escadre contre escadre nous a presque toujours été funeste, presque toujours aussi les croisières de nos corsaires ont été heureuses. Vers la fin de l'empire, des divisions de frégates, sorties de nos ports avec mission d'écumer la mer sans se compromettre inutilement contre un ennemi supérieur en nombre, ont infligé au commerce anglais des pertes considérables. Or, toucher à ce commerce, c'est toucher au principe vital de l'Angleterre, c'est la frapper au cœur.

« Jusqu'à l'époque dont je viens de parler, nos coups n'avaient point porté là, et nous avions laissé l'esprit de spéculation britannique accroître par la guerre ses prodigieux bénéfices. La leçon ne doit pas être perdue aujourd'hui pour nous, et nous devons nous mettre en état, au premier coup de canon qui serait tiré, d'agir assez puissamment contre le commerce anglais pour ébranler sa confiance. Or, ce but, la France l'atteindra en établissant sur tous les points du globe des croisières habilement distribuées. Dans la Manche et la Méditerranée, ce rôle pourra être confié très-bien à des navires à vapeur. Ceux qui font l'office de paquebots pendant la paix feraient, par leur grande vitesse, d'excellents corsaires en temps de guerre. Ils pourraient atteindre un navire marchand, le piller, le brûler, et échapper aux navires à vapeur de guerre eux-mêmes, dont la marche serait retardée par leur lourde construction.

« Il n'en saurait être ainsi sur les mers lointaines : là ce sont des frégates qu'il faut spécialement destiner aux croisières, et quoique en apparence il n'y ait rien de fort nouveau dans ce que je vais dire, je voudrais pourtant appeler sur ce point l'attention.

« Mon opinion sur les frégates n'est point du tout la même que sur les vaisseaux. Loin d'en réduire le nombre, je voudrais l'accroître ; pour la paix comme pour la guerre, il y a à leur demander d'excellents services, et on les obtiendrait sans surcroît de dépense, en distribuant seulement nos stations d'une manière mieux entendue.

« La frégate seule me paraît propre à aller représenter la France au loin, et encore, la frégate de la plus puissante dimension. Seule, en effet, elle peut, avec une force efficace et un nombreux équipage, porter les vivres nécessaires pour tenir la mer longtemps de suite; seule elle peut, comme je l'indiquerai tout à l'heure, s'approprier également aux besoins de la paix et à ceux de la guerre. A mille ou deux mille lieues des côtes de France, je n'admets plus de distinction entre ces deux états; les stations lointaines, qui peuvent apprendre une guerre plusieurs mois après qu'elle a été déclarée, doivent toujours être constituées sur le pied le plus formidable. Les motifs d'économie doivent ici disparaître devant des idées plus grandes et plus élevées. Il ne faut pas que jamais, par une ruineuse parcimonie, les forces de la France puissent être sacrifiées ou même compromises.

« Jusqu'à présent nos stations lointaines ont été composées d'une frégate portant le pavillon de l'officier général commandant la station, et de plusieurs corvettes ou bricks. Deux motifs ont amené cet état de choses: les demandes des consuls, toujours désireux d'avoir un bâtiment de guerre à portée de leur résidence; et, en second lieu, la grande raison de l'économie, si souvent invoquée, qui a fait réduire la force et l'espèce des navires, dont on ne pouvait réduire le nombre.

« Il en est résulté que, voulant être partout, nous avons été partout faibles et impuissants.

« C'est ainsi que nous envoyons des frégates de quarante canons (1) et de trois cents hommes d'équipage là où l'Angleterre et les États-Unis d'Amérique ont des frégates de cinquante canons et plus, avec cinq cents hommes à bord. Les unes et les autres ne sont pourtant que des frégates, et s'il fallait qu'elles se rencontrassent un jour de combat, on dirait partout qu'une frégate française a été prise ou coulée par une frégate anglaise ou américaine; et quoique les forces n'eussent pas été

---

(1) Ainsi, pour la station du Brésil et de la Plata, nous avons une frégate portant le pavillon de l'amiral commandant la station. Les gouvernements anglais et américain ont aussi une frégate; mais voici la force respective de ces navires:

   France, *Africaine*, 40 canons, 311 hommes.
   Angleterre, *Alfred*, 50 — 445 —
   Amérique, *Raritan*, 60 — 470 —

Le reste de la station est composé de petits navires, et là encore nous sommes en infériorité de nombre et d'espèce.

Autre exemple: Notre station de Bourbon et de Madagascar, destinée à protéger

égales, notre pavillon n'en resterait pas moins humilié par une défaite.

« En principe, j'établirais que les stations ne se composent chacune que de deux ou trois frégates de la plus forte dimension. Ces frégates marcheraient ensemble sous les ordres d'un amiral, et profiteraient ainsi de tous les avantages de la navigation en escadre. Constamment à la mer, chefs et matelots apprendraient à se connaître et à s'apprécier, et l'on ne reprocherait pas à nos amiraux cette paresseuse immobilité qui semble les clouer au chef-lieu de leur station. Partout où cette division navale se montrerait, et elle devrait être continuellement employée à parcourir toute l'étendue de sa circonscription, on la verrait forte et respectable, ayant les moyens de réprimer sur-le-champ les écarts des gouvernements étrangers, sans ces coûteux appels à la mère-patrie dont le Mexique et la Plata nous ont donné de si tristes exemples.

« Nous n'aurions plus ces petits navires disséminés sur les points où résident nos agents diplomatiques, et si propres, par leur faiblesse même, à nous attirer des insultes que notre pavillon doit savoir éviter, mais ne jamais souffrir.

« Nous ne serions plus exposés à voir, au début d'une guerre, la plupart de ces navires d'un si faible échantillon ramassés sans coup férir par les frégates ennemies.

« Loin de là, nous aurions sur tous les points du globe des divisions de frégates, toutes prêtes à suivre les traces de ces glorieuses escadrilles qui ont si noblement lutté pour la patrie sur les mers de l'Inde. Elles croiseraient autour de nos colonies, autour de ces nouveaux points saisis sur des mers lointaines par une politique prévoyante, et destinés

---

notre établissement naissant de Mayotte et à soutenir les catholiques d'Abyssinie, dont l'amitié conserve à la France une des clefs de la mer Rouge, se composera de :

    1 corvette de 22 canons ;
    1 brick de 20 canons ;
    1 gabare (transport) ;
    1 vapeur de 160 chevaux.

Tandis que la station anglaise du Cap comptera :

    1 frégate de 50 canons ;
    1 frégate de 44 ;
    2 corvettes de 26 ;
    2 bricks de 16 ;
    1 vapeur de 120 chevaux.

à servir de base à leurs opérations, aussi bien qu'à devenir l'asile de nos corsaires.

« J'ajoute que cette manière de représenter au loin le pays serait bien plus avantageuse à notre commerce, que la manière dont nous le faisons aujourd'hui. En effet, on craindrait bien autrement la venue d'une division pourvue de tous les moyens de se faire respecter, que la présence permanente d'un petit navire que l'on s'habitue à voir et que bientôt on oublie. Ou je me trompe, ou cette visite toujours attendue, toujours imminente, serait pour les intérêts français une très-puissante protection, et nos navires marchands se trouveraient beaucoup mieux de l'influence de notre pavillon ainsi montré de temps en temps à des pays qui se font une idée incomplète des forces de la France, que de la présence souvent tracassière pour eux de nos petits navires de guerre.

« On a pu remarquer que je n'ai point parlé de bateaux à vapeur pour ces stations lointaines; je crois que nous ne devons les y employer qu'accidentellement, et avec la résolution de les enfermer dans nos colonies au premier bruit de guerre.

« En général, il faut que nos navires à vapeur ne s'écartent de nos côtes que d'une distance qui leur permette de les regagner sans renouveler leur combustible. Je raisonne toujours dans l'hypothèse convenue d'une guerre contre la Grande-Bretagne, et il tombe sous le sens que nous aurions en ce cas peu d'amis sur les mers; notre commerce maritime ne tarderait pas à disparaître. Comment, loin de France, s'approvisionner alors de combustible? Nos navires à vapeur, dénués de ce principe de toute leur action, seraient réduits à se servir uniquement de leurs voiles, et l'on sait qu'ils sont, quant à présent, de pauvres voiliers : ils n'auraient pas beau jeu contre les corvettes ou les bricks du plus mince échantillon.

« Peut-être l'emploi et le perfectionnement de l'hélice, en laissant au bâtiment à vapeur toutes les facultés du navire à voiles, amèneront-ils un jour quelque changement à cet état de choses. La vapeur deviendrait alors un auxiliaire puissant pour nos croiseurs, mais cette alliance de la voile et de la vapeur ne devrait rien changer néanmoins à ce que j'ai établi plus haut. Le bateau à vapeur destiné à servir en escadre ou sur nos côtes, devra toujours avoir une grande vitesse, à la vapeur seule, comme premier moyen de succès.

« J'ai achevé ce que je voulais indiquer dans cette note, et n'ai plus qu'à me résumer en peu de mots.

« Prenant les chances, quelque éloignées qu'elles soient, d'une guerre avec l'Angleterre, comme base de notre établissement naval, j'ai dit que je pensais qu'on pouvait le définir ainsi :

« Puissante organisation et développement de notre marine à vapeur sur nos côtes et dans la Méditerranée ;

« Établissement de croisières fortes et bien entendues sur tous les points du globe où, en paix, notre commerce a des intérêts, où, en guerre, nous pourrions agir avec avantage.

« Pour réaliser la première partie de ce que je demande, il faut arrêter au plus vite le courant malheureux qui entraîne la marine dans des dépenses inutiles de matériel et d'établissements sans proportion avec ses besoins, aux dépens de la flotte, expression réelle et vivante de notre force navale.

« Ceci nous donnera les moyens de subvenir aux dépenses vraiment nécessaires.

« Il faut ensuite retirer notre confiance aux vaisseaux, et nous appliquer à étudier et perfectionner nos bateaux à vapeur ; les essayer surtout, avant d'en jeter un grand nombre dans le même moule, ce qui, en cas de non réussite, amène des mécomptes dont nous n'avons vu que trop d'exemples.

« Faire à chaque service sa part.

« Entretenir une escadre d'au moins vingt bateaux à vapeur installés pour la guerre. Livrer à cette escadre l'étude de la tactique à rédiger pour une flotte à vapeur.

« Assigner au service de paquebots d'Alger une part suffisante, mais rigoureusement limitée, comme on l'a fait pour le service du Levant. Les besoins de la guerre ne sont pas tellement impérieux en Afrique qu'il faille y sacrifier toutes les ressources de la marine et toute idée d'ordre et d'économie. La marine pourrait se débarrasser avantageusement de ses bateaux de cent soixante chevaux, en les donnant comme frais d'établissement à ce premier service.

« Créer un certain nombre de navires à vapeur légers, où tout serait sacrifié à la vitesse, pour porter les ordres du gouvernement.

« Enfin, tenir vingt-deux frégates de premier rang au moins armées pour le service des stations lointaines.

« A part les frais de création des navires, les dépenses d'entretien ne dépasseraient pas celles de notre flotte actuelle. Avec une marine ainsi organisée, nous serions en mesure de résister à toute prétention qui blesserait notre honneur et nos intérêts, et une déclaration de guerre ne risquerait jamais de nous trouver sans défense; enfin, nous aurions les moyens d'agir immédiatement, sans livrer à un seul hasard toutes nos ressources.

« Et, j'insiste sur ce dernier point, tous ces résultats, nous les obtiendrons sans une sérieuse augmentation de dépense. (1)

« Que si, pour démentir mes assertions, on les appelait du nom d'utopies, nom merveilleusement propre à faire reculer les esprits timides, et à les enfoncer dans l'ornière de la routine, j'inviterais ceux qui me répondraient de la sorte à considérer attentivement tout ce qui s'est fait depuis quelques années et ce qui se fait encore aujourd'hui en Angleterre, et à dire ensuite si, de bonne foi, on ne peut aussi bien le réaliser en France.

« Il m'en a coûté, dans tout le cours de ce petit écrit, de faire subir à mon pays un affligeant parallèle avec un pays qui le devance de si loin dans la science de ses intérêts; il m'en a coûté de mettre à nu le secret de notre faiblesse en regard du tableau de la puissance britannique. Mais je m'estimerais heureux si je pouvais, par le sincère aveu de ces tristes vérités, dissiper l'illusion où sont tant de bons esprits sur l'état réel des forces navales de la France, et les décider à demander avec moi les salutaires réformes qui peuvent donner à notre marine une nouvelle ère de puissance et de gloire. »

(1) Voir annexe C.

ANNEXE A.

L'état général de la flotte, au 1ᵉʳ janvier 1844, porte :
- 43 navires à vapeur à flot ;
- 18 en construction ;
- 18 paquebots transatlantiques, dont plusieurs sont achevés, et les autres fort avancés.

Enfin, l'administration des postes compte pour le service de la correspondance du Levant, d'Alexandrie, de Corse et d'Angleterre :
- 24 paquebots de 220 à 50 chevaux.

Total : 103.

En tout, cent trois bâtiments à vapeur ; chiffre considérable, mais qu'il importe de réduire à sa valeur réelle.

On écartera d'abord de la liste les vingt-quatre paquebots de l'administration des postes et les dix-huit transatlantiques, construits, installés pour un service de paix.

On sait que, dans le navire à vapeur, l'appareil moteur est placé au centre. C'est donc là qu'est la partie vulnérable, puisque la vitalité du navire y réside, et il est vrai de dire que, dans le vapeur, le centre ou le *travers* est le *point faible*.

Les extrémités, au contraire, par leur éloignement du moteur, par l'acuité de leurs formes et leur peu de surface comparée à celle du travers, protégent mieux ce moteur et le mettent moins en prise.

C'est donc là qu'est le *point fort*.

Dans le navire à voiles c'est le *travers* qui est le côté fort ; on y a développé une nombreuse artillerie : il est donc convenable, il est rationnel de le faire combattre en présentant le travers ; de là, la ligne de bataille et tout le système de tactique dont elle est la base.

Mais dans le vapeur, où les conditions de force ne sont plus les mêmes, où le travers est au contraire le point faible, est-il également convenable, également rationnel d'armer le travers, puisqu'en y plaçant du canon, c'est dire qu'on l'offrira aux coups de l'ennemi ?

Sur ces quarante-trois navires, seize à dix-huit sont en réquisition permanente pour le service d'Afrique; neuf autres, trop faibles pour figurer comme bâtiments de guerre, sont affectés à des services de localité.

Il reste donc seize à dix-sept navires disponibles pour les missions éventuelles et pour les stations à l'étranger; sur ce nombre on en compte trois de quatre cent cinquante chevaux, un de trois cent vingt, six de deux cent vingt, et le reste de cent soixante et au-dessous.

Tel est l'enjeu qu'au début d'une guerre la France aurait à livrer à la fortune des batailles!

Une publication officielle nous apprend que le chiffre total des armements de la marine à vapeur de l'Angleterre était, en mars dernier, de 77, dont 48 employés au service des stations.

Nous en consacrons à peine 3 au même service! La différence de ces deux chiffres suffira pour faire apprécier la part faite à la marine à vapeur dans les deux pays, et quel degré d'importance lui est attribué dans l'emploi des forces navales.

Les autres bâtiments, complétant le chiffre 77, sont ou disponibles dans les ports pour les missions éventuelles et le service local, ou employés comme transports entre les différents points du littoral.

Pour compléter notre aperçu comparatif, il nous reste à parler des navires en construction en Angleterre.

En juillet 1843, le nombre en était de 13, et au commencement de 1844, nous le trouvons de 27, deux navires de 800 chevaux figurent dans ce nombre; 11 autres sont des 450, et dans le cours de l'exercice 1844-1845, il sera mis 6 bâtiments de 450 sur les chantiers. Ainsi, tandis que sur la liste des bâtiments à flot nous ne comptons que 2 450, *la Dévastation* et *le Firebrand*, celle des bâtiments en construction nous présente un développement considérable de cette classe, et qui mérite d'être signalé. C'est que le 450 n'en est encore qu'à son début; il a été précédé par le vapeur de 320 chevaux, qui, lui-même n'est venu que plusieurs années après le 220.

Ces trois classes marquent trois périodes distinctes dans les constructions militaires de la Grande-Bretagne, et chacune de ces trois périodes présente des types perfectionnés et d'une puissance croissante.

La construction des machines a suivi la même progression. Voici l'état des commandes faites par le gouvernement aux diverses usines.

En 1839, il a été demandé à l'industrie 1565 chevaux vapeur.
En 1840. 2100
En 1841. 1626
Et enfin en 1842. 5445

C'est avec cette sage mesure, mais aussi avec cette continuité raisonnée, que l'on procède en Angleterre. Il est vrai qu'il n'en a pas été toujours ainsi, et que là, comme ailleurs, on a eu d'amères et coûteuses déceptions; mais au moins on en a gardé le souvenir, et cette leçon du passé n'est pas perdue pour le présent.

Pourquoi n'avons-nous pas à signaler chez nous la même marche prudente et mesurée? Pourquoi faut-il, au contraire, accuser une précipitation qui nous fait procéder par dizaines dans des essais au moins incertains, comme si, en construction navale, nous avions le droit de croire à notre infaillibilité?

Si cette précipitation a créé pour l'avenir une situation grave, à Dieu ne plaise que notre pensée soit d'en faire tomber la responsabilité sur un corps aussi savant que dévoué, et que l'on nous envie à bon droit! Non, la responsabilité appartient au pays tout entier. Quand on veut une marine, marine à voiles ou marine à vapeur, ce n'est pas seulement au moment où le besoin se fait sentir qu'il faut la vouloir; il faut la vouloir longtemps, il faut la vouloir toujours, parce qu'en marine rien ne s'improvise, pas plus les bâtiments que les hommes.

Cette vérité est devenue banale à force d'être répétée, et cependant pourquoi se lasser de la redire, puisqu'on ne se lasse pas de la méconnaître? En 1840, on a voulu tout d'un coup une marine à vapeur; on a voté des millions. Que ne pouvait-on aussi facilement voter des bâtiments éprouvés! Pour répondre à cette impatience, qui ne se serait pas accommodée, à coup sûr, des sages lenteurs de la prudence, qui les aurait peut-être accusées, il a fallu se hâter, mettre en chantier des navires de quatre cent cinquante, de cinq cent quarante chevaux, couvrir les cales de nos arsenaux de constructions nouvelles et inconnues.

Dieu veuille que cette impatience, à laquelle il fallait obéir coûte que coûte, que cette précipitation, commandée alors par les circonstances, comme elle le sera toujours, toutes les fois qu'on se laissera surprendre, ne soit pas chèrement payée, et que nous n'ayons pas, comme autrefois l'Angleterre, nos *quarante voleurs !*

ANNEXE B.

S'il est vrai que, pour le commerce, la navigation à la voile est plus économique que la navigation à la vapeur, il n'en est pas de même pour la marine militaire.

Dans une marine militaire, les services des bâtiments à vapeur, comparés à ceux des bâtiments à voiles, sont beaucoup moins coûteux qu'on ne le croit généralement.

On va appuyer cette assertion sur l'autorité des chiffres.

La dépense d'entretien du bâtiment à vapeur à l'état d'armement se compose : de la solde, des vivres, du combustible.

Quant aux prix du combustible, il est d'après le prix d'adjudication :

  A Cherbourg, de. . . . 24 fr. 40 c. le tonneau.
  A Alger, de. 31 90
  A Toulon, de. 32 44
  A Brest, de. 23 80
  La moyenne est de. . . 29 fr. 40 c.
  Soit en nombre rond. . 30

C'est sur cette base que l'on a évalué l'entretien d'une frégate à vapeur de 450 chevaux (solde, vivres et combustible) : cet entretien coûte moins que celui d'une frégate à voiles de 2° rang (solde et vivres). Avec la dépense d'un vaisseau de 2° rang, on entretiendrait 2 frégates de 450 chevaux, ou 3 de 320, et avec celle d'un vaisseau de 1er rang, on aurait près de 6 vapeurs de 220 chevaux capables de transporter promptement et sûrement 3000 hommes.

Nous avons à Toulon une escadre de 10 vaisseaux; elle compte en outre 1 frégate, 1 vapeur de 450, 1 de 220. C'est une grosse dépense. Veut-on savoir quelle force à vapeur on aurait au même prix, non pas à l'état d'immobilité, mais naviguant un jour sur cinq, c'est-à-dire employée dans un service aussi actif que celui d'Afrique ? Le compte est facile à faire :

On a d'abord. . . . . 1 de 450
Et. 220
qui sont attachés à l'escadre.
Pour un vaisseau de 1ᵉʳ rang, on pourrait avoir. . . . 5   220
Et. 1   160
Pour les 2 vaisseaux de 2ᵉ rang. 4   450
Pour les 3 vaisseaux de 3ᵉ rang. 14 220
Et enfin pour 2 vaisseaux de 4ᵉ rang. 10 160
La frégate sera comptée, si l'on veut, pour. 2   220

C'est-à-dire qu'au même prix on entretiendrait en activité de service :

    5 frégates de 450 chevaux à
        1 000 hommes chacune. .   5 000 h.
    22 corvettes, de 220 à 250
        hommes chaque. . . . 11 000
    11 vapeurs de 160 à 300
        hommes. 3 300
          38   19 300 h.

En tout. . . . . 38 bâtiments pouvant porter près de 20 000 hommes.

Voilà ce qu'on pourrait avoir au même prix.

ANNEXE C.

EXPLICATION DU TABLEAU D.

On a calculé, d'après les données fournies par le budget de 1845, la dépense d'entretien en solde et vivres des navires à voiles armés, et des navires à voiles et à vapeur en commission, et l'on a trouvé qu'elle était de . . . . 18 553 616 fr.

On a calculé ensuite, d'après les mêmes données, la dépense d'entretien en solde et vivres des navires à vapeur armés; on y a joint les 18 000 000 fr. portés au même budget pour frais de combustible, et l'on a trouvé que la dépense des navires à vapeur était de 5 517 004

Total pour l'entretien des bâtiments portés au budget . . . . 24 070 620 fr.

On a cherché alors quelle serait, toujours dans les mêmes conditions, la dépense d'une flotte composée d'après les idées émises dans la note précédente, et dont voici le résumé :

1° POUR LES BESOINS DE LA POLITIQUE,

Escadre ainsi composée :

1 vaisseau de 1er rang.
1 — de 3e —   } 3 vaisseaux de ligne.
1 — de 4e —
5 vapeurs de 450 chevaux.
5 — de 320 —   } 20 bâtiments à vapeur.
10 — de 220 —

2° STATIONS : ANTILLES ET MEXIQUE, BRÉSIL, OCÉANIE, MER DU SUD, BOURBON ET CHINE.

On n'a porté que de grandes frégates, parce que ce sont les seules qu'on puisse opposer avec succès aux nouvelles frégates anglaises, telles que *le Warspite, la Vindictive*, etc., armées de 50 canons de 68 et de plus de 500 hommes . . . . 22 frégates
1er rang.

3° MISSIONS.

Bâtiments à vapeur. . . { 1 de 450 chevaux.
4 de 220 —
5 de 160 — } 10 bâtiments à vapeur.

Bricks de 20 canons. 5

4° SERVICE LOCAL DES COLONIES, PÊCHERIES, CÔTE OCCIDENTALE D'AFRIQUE.

Canonnières, goëlettes, bâtiments de flottille. 27

Avec le temps, ces 27 navires pourraient être remplacés, au même prix d'entretien et avec avantage pour le service, par 18 navires à vapeur de 120 à 80 chevaux.

5° SERVICE D'AFRIQUE : CORRESPONDANCE, TRANSPORT D'HOMMES ET DE MATÉRIEL.

Bâtiments à vapeur de 160 chevaux. 20
Corvettes de charge. 13

On obtiendrait une réduction notable sur l'entretien des corvettes de charge, en les armant commercialement.

6° SERVICE DES PORTS ET COLONIES.

Bâtiments à vapeur de 120 chevaux. 10

7° SERVICES DIVERS.

Vaisseau-école. 1
Bâtiments de servitude.

D'après ce projet, la dépense des bâtiments armés serait de :

15 219 107 francs pour les bâtiments à voiles. } 24 135 672 fr.
 8 916 565   —   —   à vapeur.

La dépense des bâtiments, portée au budget de 1845, est de :

18 553 616 francs pour les bâtiments à voiles. } 24 070 620 fr.
 5 517 004   —   —   à vapeur.

Différence en plus au projet. . . . .   65 052 fr.

TABLEAU D.

BATIMENTS A VOILES.

La dépense d'entretien pour les 74 bâtiments à voiles du projet se monterait à la somme de. . . .   15 219 107 fr.
Le total des crédits demandés au budget de 1845 pour les bâtiments à voiles se monte à. . . . . .   18 553 509 fr.

Différence en moins au projet. . . . . .   3 334 509 fr.

BATIMENTS A VAPEUR.

Entretien des 60 bâtiments à vapeur portés au projet. . . . .   8 916 565 fr.
Total des crédits demandés en 1845 pour les bâtiments à vapeur. . . . .   5 516 612 fr.

Différence en plus au projet. . . . . . .   3 399 953 fr.

FIN.

TABLE DES MATIÈRES

CONTENUES DANS CE VOLUME.

LIVRE QUATRIEME.
DEPUIS LOUIS XVI JUSQU'A LOUIS-PHILIPPE.

Pages.

CHAPITRE PREMIER. — *Voyages de découvertes.* — Lapérouse. — Son départ de Brest. — Naufrage d'une embarcation. — Lapérouse au Kamtschatka. — Nouvelle catastrophe. — Le capitaine Dixon. — *Le King-George* et la *Queen-Charlotte.* — Départ de Spithead. — D'Entrecasteaux. — *La Recherche* et *l'Espérance.* — Dangers courus par ces navires. — Retour en Europe. — Mort d'Entrecasteaux. — Désastres de l'expédition. — Vancouver. — *La Découverte* et *le Chatam.* — Départ de Falmouth. — Taïti. — Retour en Europe. — Naufrage du capitaine Viaud 1

CHAPITRE II. — *Le Directoire.* — La flotte hollandaise prise par la cavalerie française. — Expédition de Quiberon. — Perfidie des Anglais. — L'Ile-Bourbon et l'Ile-de-France. — Rébellion des colons. — Croisières. — *La Cybèle* et la *Prudente.* — Robert Surcouf. — Les corsaires *l'Émile, la Confiance, le Revenant.* — Combats. — Le capitaine Potier. — Mort de Surcouf. — Combat de la *Bayonnaise* et de *l'Ambuscade.* — Bonaparte quitte l'Egypte. — Coup d'État du 18 brumaire 89

CHAPITRE III. — *Le Consulat.* — L'Angleterre et la France. — Sollicitude de Bonaparte pour la marine. — Siége de Malte. — Combats du *Généreux* et du *Guillaume-Tell.* — *La Diane* et *la Justice.* — Escadre de l'amiral Ganteaume. — La division Linois. — Combats d'Algéziras et du détroit de Trafalgar. — *Le Real-Carlos* et *l'Herménégilde.* — *Le Formidable* contre trois vaisseaux et une frégate. — Expédition de Boulogne. — Terreur de l'Angleterre. — Courses de *la Preneuse.* — Saint-Domingue. — Flottille de Boulogne 117

CHAPITRE IV. — *L'Empire.* — Napoléon proclamé empereur. — Inauguration solennelle de la Légion d'honneur. — La flottille de Boulogne. — L'amiral Bruix est remplacé par le contre-amiral Lacrosse. — Tentative d'incendie de lord Keith. — Catamarans. — Combat de la division du contre-amiral Linois. — Force et composition de la flottille de Boulogne. — Escadre du contre-amiral Missiessy. — Armée navale du vice-amiral Villeneuve. — Escadre espagnole. — Flottes combinées. — Combat du cap Finistère. — Rapport de l'amral Villeneuve. — Rencontre de l'armée anglaise. — Combat de Trafalgar. — Villeneuve se rend. — Mort de Nelson. — Tempête. — Le vice-amiral Rosily. — Combat de *la Topaze* et de *la Blanche.* — L'escadre invisible. — *Le Marengo* et la

TABLE DES MATIÈRES.

Pages.

Belle-Poule. — Coalition contre la France. — Les contre-amiraux Linois et Willaumez. — Les frégates *l'Italienne*, *la Calypso* et *la Cybèle*. — Combat de *la Junon*. — Incendie de l'escadre de l'île d'Aix. — Les aspirants Potestas, Turibault, de Mackau. — Duperré dans l'Inde. — Combat de *la Vénuse* et du *Ceylan*. — *Le Rivoli*. — *La Gloire*. — *La Melpomène*. — Marins de la garde. 147

CHAPITRE V. — *La Restauration*. — Retour de Louis XVIII. — Réduction de l'armée de terre et de mer. — Mission de la marine militaire. — Naufrage de *la Méduse*. — Abolition de la traite des nègres. — Épisodes de cet infâme trafic. — Le budget de la marine et des colonies. — Blocus et bombardement de Cadix. — Indépendance de Saint-Domingue. — Mission du capitaine de vaisseau de Mackau. — Révolution de la Grèce. — Combat de Navarin. — Héroïsme du lieutenant de vaisseau Bisson. — Attaque et reddition du château de Morée. — Voyage de Dumont-Durville. — Inauguration du monument érigé à la mémoire de Lapérouse. — Expédition du capitaine de vaisseau Gourbeyre contre Madagascar. — Naufrage de *l'Aventure* et du *Sylène*. — Conquête de l'Algérie. — L'amiral Duperré. — Révolution de 1830 209

CHAPITRE VI. — *Le Gouvernement de Juillet*. — Déchéance de Charles X. — Avénement de Louis-Philippe. — Budget de la marine. — Expédition du Tage. — Le contre-amiral Roussin. — Expédition d'Ancône. — Le capitaine Gallois. — Prise de Bône. — La Belgique. — Le contre-amiral Ducrest de Villeneuve. — Le contre-amiral de Mackau. — Expédition contre Bougie. — Le capitaine Parseval-Deschesnes. — La station des Antilles. — Expédition contre Carthagène. — Les ministres Jacob, Dupin, Duperré. — Blocus de Buénos-Ayres par le contre-amiral Leblanc. — Bombardement et prise de Saint-Jean-d'Ulloa. — Le contre-amiral Charles Baudin. — Passage du Rosiaro. — Le capitaine de corvette Penaud. — Expédition contre Buénos-Ayres. — Le vice-amiral de Mackau. — *La Belle-Poule* et les cendres de Napoléon. — Escadre d'évolution de la Méditerranée. — Les îles Marquises. — Taïti. — Attaque. — Le capitaine Dumont-d'Urville. — Prise de Mogador. — Bombardement de Tanger. — Le prince de Joinville. — Marine à vapeur. 285

PLACEMENT DES GRAVURES.

TOME PREMIER.

Frontispice rehaussé d'or.	
Amiral français.	1
Naufrage en pleine mer.	6
Elève de première classe.	16
Combat de Salamine.	107
Flotte transportée par terre.	155
Teuta, reine des pirates illyriens.	217
Descente des pirates sur les côtes d'Italie.	234
Galéaces transportant la duchesse de Longueville, sous François Ier.	395

TOME DEUXIÈME.

Le Corbin (*Frontispice.*)	
Vice-amiral.	1
Une captive chrétienne au Harem.	44
Premier maître.	63
Second maître.	153
Lassalle à l'embouchure du Mississipi.	327
Le Soleil-Royal au mouillage.	338
Jean Bart à bord du corsaire anglais.	397
Défense de Québec.	398

TOME TROISIÈME.

Dévouement du Vengeur (*Frontispice.*)	
Le pirate Morgan enlève la belle Espagnole.	60
Navigateurs attaqués par des ours blancs.	126
Capitaine de vaisseau.	213
Bougainville abordant à Taïti. — Iles Marquises.	332
Combat naval d'Ouessant.	372
Combat du Québec et de la Surveillante.	374
Mort de de Langle.	388
Aboukir.	396

TOME QUATRIEME.

Pavillons maritimes. (*Frontispice.*)	
Enseigne de vaisseau.	1
Matelot à l'abordage,	88
Naufrage de la Méduse.	211
Négrier poursuivi.	232
Inauguration du monument élevé à Lapeyrouse.	266
Naufrage sur les côtes de l'Algérie avant 1830.	268
Incendie du Trocadéro.	300
Bombardement de Tanger.	324

Paris. — Imprimerie d'ALEXANDRE BAILLY, 10, rue du Faubourg-Montmartre.

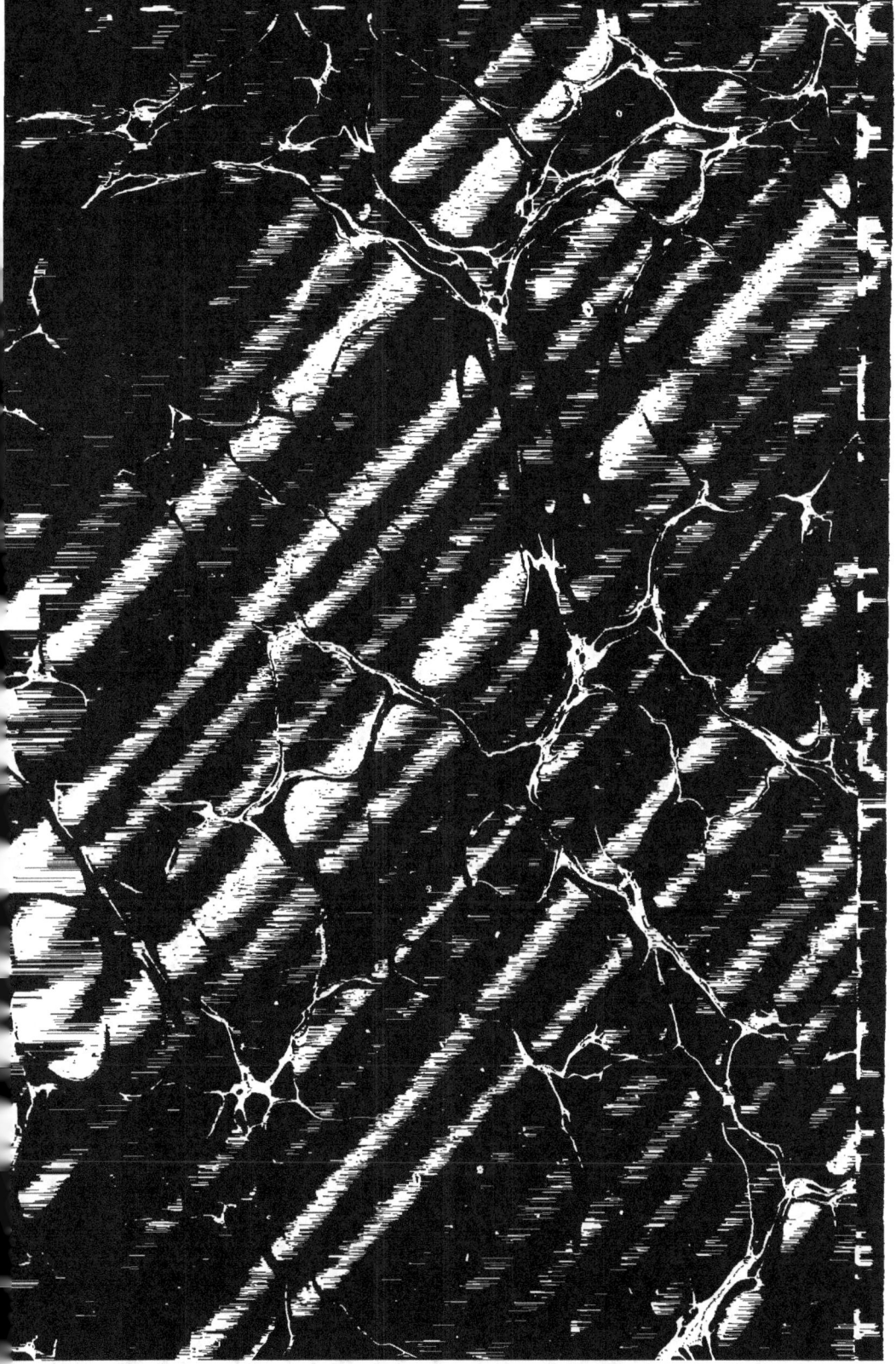

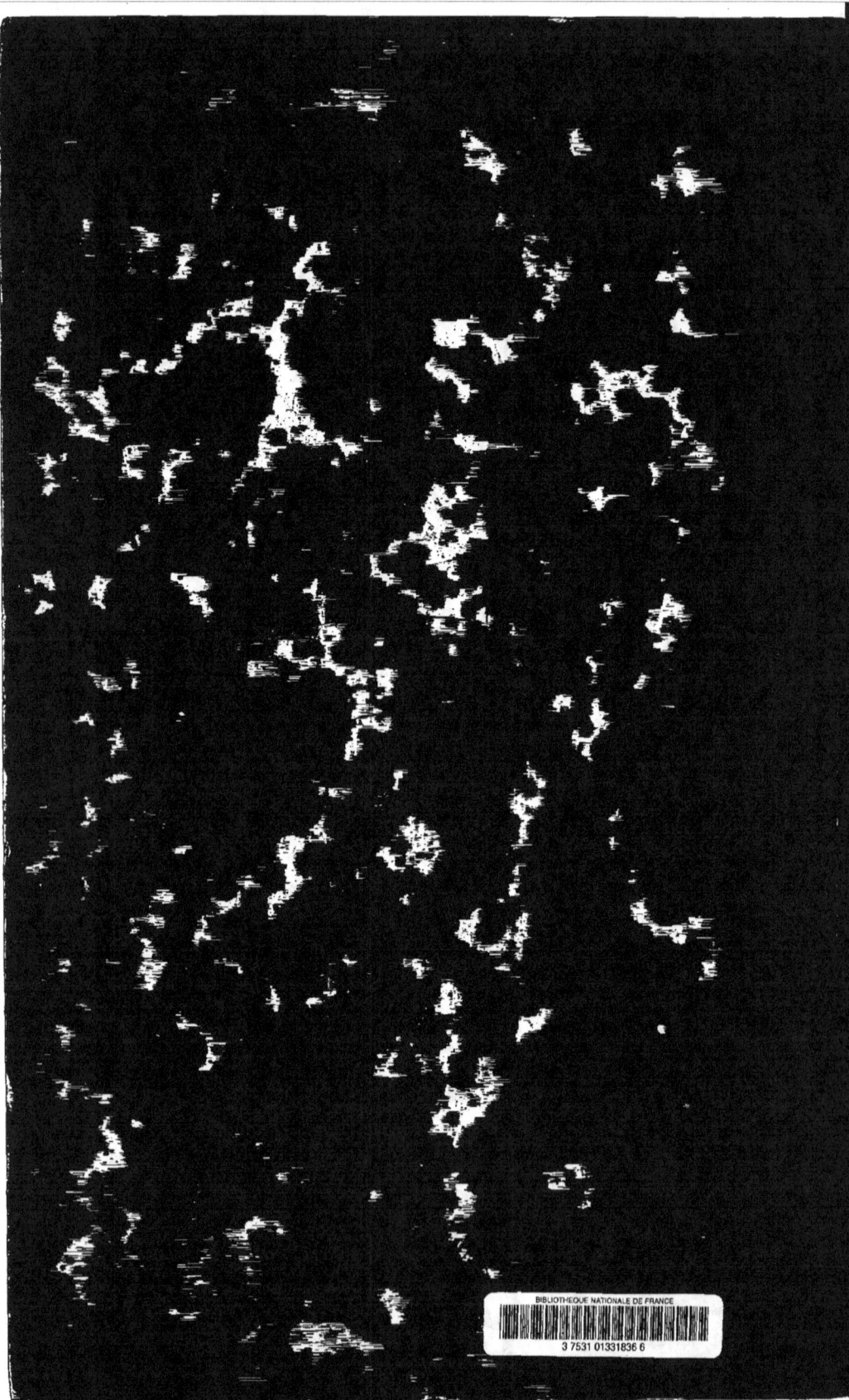

www.ingramcontent.com/pod-product-compliance
Lightning Source LLC
Chambersburg PA
CBHW070623230426
43670CB00010B/1632